经济学与实在

Economics and Reality

JINGJIXUE YU SHIZAI

[英] T. 劳森 Tony Lawson 著
龚威 译

高等教育出版社·北京
HIGHER EDUCATION PRESS BEIJING

图字:01-2012-4054 号

Economics and Reality/Tony Lawson

图书在版编目(CIP)数据

经济学与实在 /(英)劳森著;龚威译. --北京:高等教育出版社,2014.1
书名原文:Economics and Reality
ISBN 978-7-04-038489-5

Ⅰ.①经… Ⅱ.①劳… ②龚… Ⅲ.①经济学-研究 Ⅳ.①F0

中国版本图书馆 CIP 数据核字(2013)第 223031 号

策划编辑 丁艳红　责任编辑 丁艳红　封面设计 张志奇　版式设计 于 婕
责任校对 王 雨　责任印制 田 甜

出版发行	高等教育出版社	咨询电话	400-810-0598
社　　址	北京市西城区德外大街 4 号	网　　址	http://www.hep.edu.cn
邮政编码	100120		http://www.hep.com.cn
印　　刷	北京宏伟双华印刷有限公司	网上订购	http://www.landraco.com
开　　本	787mm×960mm 1/16		http://www.landraco.com.cn
印　　张	26	版　　次	2014 年 1 月第 1 版
字　　数	460 千字	印　　次	2014 年 1 月第 1 次印刷
购书热线	010-58581118	定　　价	64.00 元

本书如有缺页、倒页、脱页等质量问题,请到所购图书销售部门联系调换

物 料 号 38489-00

献给我的父母！

英文版出版说明

社会科学理论正在经济学领域中经历着某种复兴。社会科学理论批判地分析社会研究主题的具体性质,分析各种类型的方法、范畴和解释模式,因其便于对社会客体进行科学研究而理所当然地受到支持。这样的批判分析正在重新兴起。经济学家们正在解决诸如能动性与结构之间的关系、经济与社会之间的关系、调查人与调查对象之间的关系等问题。经济学领域再次兴起对如因果关系、竞争、文化、歧视、演化、货币、需要、次序、组织、权力、概率、过程、理性、技术、时间、真理、不确定性和价值等基本范畴进行详细理论讨论的兴趣。

众所周知,在现代经济学中,"理论"这个称谓已被把自己限制在反历史、反社会的数学"建模"的藩篱之内的经济学家们所盗用。但是,现代学院派经济学,一种常常被吹嘘为社会科学中最科学的理论,已处于某种混乱状态。其所谓的"理论模型"愈来愈被发现与真实世界的状况无关,其基于经验的预测模型不能很好地进行预测。据那些就该学科提供评论的人报告,经济学家的实际做法与他们声称利用的"方法论"之间存在着明显的差异。许多严肃思考这种状态的学者认为,尽管广泛存在着相反的自我标榜,却鲜有根据可以把经济学看做是一门科学。

在这部涉及面很宽的创新性著作中,T. 劳森(Tony Lawson)断言,这些问题的根源在于经济学家们没有能够创造出适合其科学主题的研究方法。在逐步弥补这个缺陷的过程中,T. 劳森与许多最近的社会科学理论家分道扬镳,坚持认为构建一门有效的、实际上是解放性的经济科学是完全可行的。事实上,他断言,在精确的自然科学意义上,经济学是能够成为一门科学的。然而,他确信,为了实现这种可能性,经济学家必须在最低限度上对语境表现出比目前大得多的敏感性,对理论概括与解释采取比目前更广阔和更具批判性的视野。

虽然《经济学与实在》这本书饱含哲学思想,但它却自始至终植根于现实问题、实践活动和经济学家们的著作。这本书探讨的是经济学的现状、可能性与限度,相信经济学研究人员、经济学方法论研究者、社会科学哲学家、各学科理论教师,以及有关学科的博士生和研究生等都会对它感兴趣。

中文版前言：T.劳森的经济学方法论概述

诺贝尔经济学奖得主 M. 弗里德曼（Milton Friedman）发现："经济学已经日益成为数学的一个深奥分支，而不是研究现实问题的学问。"①另一位诺贝尔奖获得者 R. 科斯（Ronald Coase）则说："现行经济学是飘浮在空中的一种理论体系，与现实世界中发生的事没有多少关系。"②西方非主流经济学家，特别是以剑桥大学 T. 劳森为主要代表的批判实在论者对主流经济学的弊端已进行了多年的批判。他们认为，主流经济学的致命弱点在于过分依赖自然科学特别是数学方法来建立经济学体系，因而严重脱离实际，既不能解释现实经济现象，更不能给决策者提供可靠的参数作依据。T. 劳森的意图不但在于批判现代西方主流经济学的弊端，而且在于通过改变人们的思想，改变经济学现状和社会现实。这里着重介绍 T. 劳森的经济学方法论即批判实在论和他对主流经济学的批判，以及他对如何改造西方经济学的战略思路。

西方经济学惯于使用建立在自然科学之上的科学哲学与方法论。W. 汉兹（Wade Hands）在一篇描述经济学方法论的进步状况和新方向的论文中说，关于经济学中实在论的讨论已成为"一件了不起的大事"。经济学方法论中的实在论之争，自从从工具主义者与科学实在论者的辩论中派生出来后一直进行着。各种"实在论"正出现于方法论文献中，尤其是对经济学方法论影响极大的科学实在论。

T. 博伊兰（Thomas A. Boylan）和 P. 奥戈尔曼（Paschal F. O'Gorman）列举了科学实在论者广泛接受的四种观点：第一，与工具主义相反，最低标准是一种理论陈述的真或假。第二，与相对主义相反，真或假的陈述必须是独立的，即虽然一位理论家提出了这样的陈述，但其真或假是独立于该理论家

---

① Friedman, M. Conversation with Milton Friedman, p. 124 in S. B. and V. H. (eds), Conversations with Leading Economists: Interpreting Modern Macroeconomics, Cheltenham, Edward Elgar. 1999, p. 137.

② Coase, R. 1999. Interview with Ronald Coase, Newsletter of the International Society for New International Economics, vol. 2, no. 1, p. 3-10.

的头脑的。第三,与建构主义相反,在本体论水平上,世界是独立于人们而存在的,世界以哪种方式存在,人们的看法或感觉对此并不产生意义。第四,与康德的唯心主义相反,世界上真实独立存在的对象及其性质是可知的。因此对象之间原则上没有不可穿越的屏障,即使它们不能被直接观察到,也不能直接到达人的头脑。科学的任务和理论的作用就是更精确地发现这些对象是什么和它们的基本性质如何。

这四点从语义上描述了实在论(真或假)、本体论(存在)和认识论(关于世界的知识)的特征,它们经过修改调整后为大多数科学实在论者所认可。科学实在论与其他科学哲学的主要区别涉及各种理论在描述、预测和解释方面的作用。一种理论可以做所有这三件事,但经验主义的基本天性是描述,工具主义的天性是预测,而科学实在论的天性则是解释。科学实在论、本体论和认识论的主要对立面是方法工具主义。像"实在论"这个术语一样,对工具主义也有各种不同的解读。然而,这些解读的基本观点是,理论陈述的真假并不重要,陈述仅仅是预测的工具而已。它只是"推演的手段",从中可推演出可检验的意义。对工具主义者来说,重要的是一种理论有能力提供可检验的预测并用经验证据来证实预测,因而从广义说,工具主义与逻辑实证主义、逻辑经验主义和证伪主义是相通的。由此看来,工具主义与科学实在论的主要区别在语义学和认识论上,但在本体论上可以是一致的。一种改进后的工具主义承认某种科学理论所假定的实体是存在的,但却否认陈述的真或假在评价该理论中的重要性,因而最重要的是预测的精确性。

对科学实在论者来说,关于世界的某些知识如果仅限于描述和预测,那是不会令人满意的。除了"这像什么"和"如果——那就——"这样的问题外,实在论者还想知道事物为什么是这样的,或为什么它们会这样发生而不是那样发生。科学实在论通常要求对不可被直接观察到的理论对象做出真实解释,想知道并相信有可能认识事物表象后发生着什么。实在论者认为,诸如基因、电子和引力这样的理论对象是存在的——尽管它们不能被直接观察到——并认为这些实体的内在本质可解释像疾病、智力、电和下落的苹果等类似事物的各种现象。极端科学实在论者认为,只存在科学理论的对象,而极端常识论者则认为只存在关于事物的日常非科学观念。大多数实在论者则居于两者之间。

与科学实在论相反,建构经验主义给科学提出的任务是对可观察事物提供模型描述——科学理论化的最高目标是建构具有足够经验意义的模型:至于理论假设的隐秘的实体、实质和因果机制,建构经验主义者并不否认其存在的可能性,但却怀疑关于它们的任何判断。解释被归入实用主义思考的范围。对照之下,科学实在论者则坚持认为,纯粹的理论解释既是可能的,也是理想的,因为解释通常依赖于某种因果性和必然性。这样,对科学实在论者来说,要解释就要对科学研究的对象之间的假设因果关系进行分析。建构经验主义可以被视为工具主义与实在论之间的妥协。不像工具主义者,建构经验主义者不否认理论陈述的真或假。然而,也不像科学实在论者,建构经验主义者否认充分描述或经验模型之外关于陈述真或假的任何东西。

科学解释的标准观点是 C. 亨佩尔(Carl Hempel)和 P. 奥本海默(Paul Oppenhei-mer)在 1948 年概括的总定律或推理法则(D-N 模式)。该模式由于尽力用消解式的简单方式将经验主义、工具主义和科学实在论的各种元素结合起来,因而在自然科学和社会科学两个领域都颇受欢迎。D-N 模式的逻辑是,任何有待了解的事物都可在一套初始条件下或至少一条一般规律下得到解释或被归纳。例如,根据一般规律,金属受热后会膨胀,因此,如果铜是一种金属,在任何其他可变因素没有变化的条件下,给一个铜管加热,就足以解释该铜管膨胀的原因。D-N 模式意味着对称命题,即预测与解释除了其时间维度外是同一回事:预测产生于事件发生之前而解释则产生于其后。正如 W. 汉兹在 1998 年所注意到的那样,科学解释的 D-N 逻辑既与逻辑经验主义相一致,也与 K. 波普尔(Karl Raimund Popper)的证伪主义相一致。然而,D-N 推论解释模式目前正遭受着诸如 T. 劳森那样的批判主流经济学的实在论者的炮轰。

(一) T. 劳森的批判实在论(critical realism)

批判实在论运动是由 R. 巴斯卡(Roy Bhaskar)的著作所引起的,它发端于 20 世纪 70 年代的哲学阵营,并在 20 世纪 80 年代得到长足发展。如今,批判实在论已涵盖了经济学、管理学、社会学、生物学、物理学、城市空间学等诸多学科领域。批判实在论与马克思主义在某种程度上是相通的。有学者认为,马克思就是一名批判实在论者,他的思想的产生远先于批判实在论的诞生。批判实在论提供了马克思当时所缺失的全面的科学哲学,它能让马克思主义的概念置于更可靠的哲学基础之上。

批判实在论在经济学中的发展在很大程度上归功于剑桥学派，并深受T. 劳森的影响。T. 劳森原是数学家，后来成为马克思主义学术型经济学家，对哲学和经济学方法论特别感兴趣。T. 劳森自己说过：“我先是研究数学而后进入经济学，广泛而不加批判地把形式方法与系统方法应用于对他们来说显然不适合的情况很快给我留下了印象。结果，我的兴趣迅速转向本体论问题，尤其感兴趣的是研究如何使推理的方法与模式转化为有关社会存在的观点。然而，我首先是通过研读经济学而不是哲学著作才接触这些问题的。”①

T. 劳森的论著甚丰，他的中心思想及论述集中体现在他的《经济学与实在》(Economics and Reality，1997)和《重新定向经济学》(Reorienting Economics，2003)两本书中。T. 劳森批评主流经济学的目的不仅在于揭示其不足之处，更重要的是要调整经济学的方向，并表明这样做可能会促使社会发生根本性的变革。他发现，所有机构和社会组织都是人们选择和实践的产物，可通过批判据以行动的观念，对这些机构和社会组织施加影响，这样就能达到改变现实的目的。

1. 本体论

对本体的关注是T. 劳森论点的核心，他对本体论在社会科学中的一般和具体作用及范围是这样定义的：

(1)是某事或存在某事；一个实体，一件事；

(2)会是什么或会存在什么；一切事物的共同点是什么。

T. 劳森把(1)称为科学本体论。为便于操作，就必须将它限制在关于世界的某个具体方面或领域的那些实体或事物上，因为对存在的所有事物进行研究是不可行的。此外，这样的研究必须限制在被认为是最基本和最有意义的实体或事物上。T. 劳森把(2)称为哲学本体论，把它看做一种思辨的哲学模式，这种模式将某具体领域定义为(1)中所有实体的共有特点并进行归类。因此，哲学本体论的任务是对事物进行分类，提供一种分类语法，这样，可将某个领域许多看上去不同的实体，按照往往是隐蔽的共同特点和本质特性联系起来。(1)和(2)都不是固定不变的，因为它们取决于具体的研究背景，而且从历史上看它们也是相对的。

T. 劳森对符合上述思路的本体论分析与对理论本身的研究，以及寻求

① Lawson，T. Economics and Reality，London，Routlege. 1997，p. xiii.

关于世界的知识做了进一步的重要区分。后者研究的是理论家关于存在什么的假设和信念,它是借助赞同某一具体理论、理论体系、理论范式、研究计划等而进行的。这样的研究包括科学理论的合理性、对各种理论的接受或拒绝以及对有关知识的探索等。T. 劳森还认为,搞乱这两种类型的分析就会造成认知谬误:"认为对存在的研究就是对各种存在理论及预设的研究,就是在制造认识谬误,就是使本体论沦为认识论。"①T. 劳森为此自造了两个术语——描述本体论(ontographology)和预设本体论(opology)——来把这样的分析同严格意义上的本体论区别开来,在"ontographology"一词中,"graph"的意思是"写作、描述或再现的艺术"。"opology" 一词中"op"的意思是"充当各种本体论预设",即把本体论前提与本体论假设结合在一起。

T. 劳森相信,科学本体论和哲学本体论两者都是可能的和理想的。这与许多科学哲学家形成了鲜明对照:这些科学哲学家认为,本体论唯一合理的角色是研究关于存在而不是研究存在。因此,只有对各种理论的本体论预设及其对世界的各种看法的一致性及理论家信念和知识的研究才是有价值的。有些哲学家则采取了不那么极端的立场,认为实质性的本体论是可能的,但只有在最好的科学理论所假设的实体独立真实存在时才是可能的:所谓"最好的",指的只能是自然科学理论。这是像 W. 奎因(Willard Van Orman Quine)那样的哲学家所持的自然主义(naturalism)观点。他们认为,这样的理论才是"顶级观念系统"。而像社会科学那样的其他描述性的理论化系统则是"次级观念系统"。立场更加中庸的哲学家则认为,"哲学本体论的作用是有限的",但却又认为它必须与成功的自然科学实践联系起来。比如,虽然 T. 劳森和 N. 卡特赖特(Nancy Cartright)具有相似的本体论观点,但在运用哲学本体论分析法来形成对社会实在的看法方面,N. 卡特赖特却不如 T. 劳森那样雄心勃勃,这是因为她似乎准备论证某些对成功科学实践的观察而引起的世界结构假设,却不打算揭示与成功科学无关的经验的一般化特征。

由此可见,学者们对本体论的作用与范围有着不同程度的重视:否定主义者拒绝承认任何科学本体论或哲学本体论的作用,而只看重描述本体论、预设本体论研究中内在形而上学的价值;像 W. 奎因那样的本体论者赞成淡化了的科学本体论,在那里只有自然科学理论所假设的实体才能算数;像

① Lawson, T. Economics and Reality, London, Routlege. 1997, p. 2.

N. 卡特赖特那样的本体论者也承认哲学本体论有一定的作用,但却把关于实在思辨的假设限制在基于对最好最成功的自然科学实践所观察的那些东西上;包括T. 劳森在内的批判实在论者却看到了科学本体论与哲学本体论在社会领域中的更广阔和更根本的作用。

哲学本体论可采取不同的形式。T. 劳森喜欢的理论形式是如R. 巴斯卡所描述的那种超验实在论,在这种形式下,人们演绎地从经验与实践的某些一般特点来推演出使这些经验和实践可能存在的世界会像什么样的结论:"因而,根据科学的超验实在论的观点,实质在于从任何水平的显性现象知识向借助先前知识所产生的知识转化,向借助产生这些知识的结构所产生的知识转化。"①例如,根据R. 巴斯卡的观点,T. 劳森注意到实验方法在自然科学中的广泛应用,这种方法在实验室条件下通过隔离、分离和引发因果机制设计了事物的规则性。这些被普遍接受的前提反过来必然包含着使像实验控制这样的自然科学成功实践,因而成为可理解的东西的自然界的一般特点与性质,如结构、因果性、可分离性和开放性、封闭性。然而,T. 劳森强调超验实在论并非是通向哲学本体论的唯一道路,"但我的意思并不是说这是唯一的哲学本体论方法,更不用说根据那个方法对它进行定义了。"②另外,他提出的超验方法与康德的超验唯心论并不是一回事,在康德的理论中,从人类思维中派生出来的概念是普遍的,不可能是错误的。但对T. 劳森来说,在他的哲学本体论定义下,超验推理可被认为是"可能有错的,在实际上是对经验的某些或其他一些特点的有条件考察和一种实践,在哲学本体论中,是一种对包括人类活动在内的人类经验的一般化特征的考察"③。

T. 劳森对自然领域和社会领域进行了区分,区分的标准是社会领域内一切事物的存在至少部分地依赖于人。因此,前述的(1)成为了社会科学本体论(研究社会领域中最基本或最重要的实体);(2)成为了社会哲学本体论(研究这样的社会实体有什么共性,是什么使它们的存在成为可能)。对于(1),T. 劳森注意到,尽管人们广泛认为本体论在自然科学中不那么成问题,但社会科学本体论在这方面至少有一个优势,那就是怀疑社会领域里常

① Bhaskar, R. Reclaiming Reality, London, Verso. 1989, p. 20.

② Lawson. T. A Conception of Ontology, Cambridge University, Cambridge Social Ontology Group website. 2004. p. 10.

③ Lawson. T. A Conception of Ontology, Cambridge University, Cambridge Social Ontology Group website. 2004. p. 10.

识性实体的理由比自然领域里那些也许只有间接才能接触的假设性实体的理由要少一些(例如,原子只能借助电子显微镜才能观察到)。比较而言,市场、货币、机构、公司等都是人们日常经验的许多直接特征,而电子、电磁波、夸克等却不是。然而,比较成问题的却是这种社会实体在经济理论中的表现方式。

T. 劳森认为,即便对社会领域的分析被限制在关于社会理论的形而上学的描述本体论、预设本体论的研究方面,但这本身就是相当有价值的。社会预设本体论有助于阐明各种假设。因而有助于凭借其他理论来说明理论家在这个问题上对世界的看法。例如,通过阐明马克思关于资本主义的理论其实并不是一种决定论。它还有助于揭示一个理论家及学派所持的本体论假设与其他观念之间不一致的地方,例如一般均衡理论与 A. 斯密(Adam Smith)在《国富论》中阐述的"看不见的手"是一回事等这类错误观念。然而,对 T. 劳森来说,社会预设本体论还没有走得更远。这样的研究尚不能"对社会实在的基本结构提供深刻洞察;它对感知以外的世界的解释如果有的话也是微乎其微的"①。与其如此,还不如致力于社会科学本体论。但这可能吗?

T. 劳森针对这个问题发表了多种著述,其目的是概括论证社会科学本体论的可能性和必要性及哲学本体论有助于达到这个目标的可能性。T. 劳森表明,社会哲学本体论能够为思考存在于社会领域中的基本实体和事物提供规程与观念框架。然而,他又说,单凭哲学本体论还不能对社会实在给予更具实质性的说明,必须辅之以经验研究。哲学本体论的作用是给社会理论指明方向,对社会实体和机制的鉴别与阐释必须与其相一致。举例来说,T. 劳森断言,人们与社会的日常交流和对其的观察,为人们提供了无可争议的前提,如一切社会实践都部分地惯例化了,社会是按社会规则和法典构造起来的。这些规则提出条件,但却与社会实践并非一回事;社会是按社会地位及其内在关系构成的;社会结构是持续性的并能再生产自身;变化与转化是这种社会结构的固有特性;开放性是社会现实的特征,因为与不同方面的关系和相互关联意味着它们在实验条件下是不易隔离与分开的;社会现实由不同阶层构成,较高阶层产生于较低阶层,并依赖较低阶层而存在并包含许多因果力,这些因果力不可能还原到在较低水平上发挥作用的因果

① Lawson. T. A Conception of Ontology, Cambridge University, Cambridge Social Ontology Group website. 2004. p.14.

力。通过混合模态三段式的哲学本体分析所得出的社会实在的这些广泛特征,意味着社会实在是“一种自然发生的、未预先安排的、有结构的、可转化的运动过程,从中通过不断变化着的相互关系形成各个部分”①。因而,要对严格意义上的社会科学本体论范围内的这些社会实体和实在进行更详细的研究,那就不可避免地要进行调整,使之与通过哲学本体分析的先前过程得出的那些概念保持一致。

2. 超验实在论

在T.劳森看来,“经验实在论”凭借对原子事件和事件之间的恒定联系的感觉印象或观察,来对自然界和社会界的实体进行鉴别。这是一种休谟式的实在认知方式。按照这种方式,人们没有推断因果性、力、实质或中间结构存在的逻辑基础。对经验实在论者来说,一切现象都是个体事件之间的关联,这些关联就是建立科学的经验主义的基石。复杂现象确实能够且必须还原为更基本的事件规则性,科学研究主要就是由发现这种事件规则性的过程构成的。

一旦这样的事件规则性被可靠地加以确立,它们就会采取经验概括或科学规律的形式。这些经验概括是自然科学中所谓的“覆盖律”或科学解释的D-N模式。在现代主流经济学的建模中也存在类似的演绎主义方法。然而,T.劳森注意到,应用于探索自然科学规律可靠性的经验性概括,至今极少出现于经济学中。他认为,在经济学模型中,正是公理与假设提供了普遍“覆盖率”,而模型预测就是依据覆盖率推导出来并接受经验检验的,虽然主流经济学没有明说,但却默认支持这种解释模型:“虽然主流经济学并不明言有赖于演绎解释模式,但却没有否认过。与其说是其核心假设,倒不如说科学中的普遍性被认为是理所当然的,因此,任何捍卫和证明其合理性的企图都是不必要的。”②T.劳森认为,主流经济学不加批判地接受演绎方法,使其陷入了被动局面,特别是它不能对社会实在给出令人满意的解释。

为此,T.劳森提出了另一种与“超验实在论”相一致的本体论。尽管用了这样的名称,但“社会实在”这个概念却不是从康德的“关于事物本身”的先验知识论中派生出来的,而是得益于R.巴斯卡的著作。T.劳森表示,超验实在论在两个方面不同于经验实在论,第一个不同是,“世界不仅由事件

① Lawson. T. A Conception of Ontology, Cambridge University, Cambridge Social Ontology Group website. 2004. p.19.

② Lawson. T. Economics and Reality, London, Routlege. 1997, p.92.

和事态及经验和印象所构成,而且由存在于底部的结构、各种力量、机制和趋势所构成,不管它们是否被觉察。这些结构、力量、机制和趋势支配或支持着实际事件";第二个不同是,"根据超验实在论的观点,各种不同层面的实在并非是相互一致的。"①

实在包含着三个领域:经验领域(经验与印象)、真实领域(除经验外的实际事件与事态)和真正领域(除事件和经验外的各种结构、力量、机制和趋势)。这三个领域在本体上被认为是不同的并且互不可约。另外,它们也不是同步的,因为一个或更多层面的实在不会同时出现。T. 劳森举了"风中树叶"的例子。引力是作用于树叶并使树叶飘落的真正力量,但这个作用于树叶的力量有可能被风力、摩擦力等抵消。因此,引力的真正机制与空中飘动树叶这个实际事件并不是同步的。这样,趋势在超验实在论中具有了根本性的意义:一种趋势是一种无条件行动的持久力量,即使同时存在着许多抵消趋势。像这样的趋势不是经验的——它们是产生一种具体结果的因果结构、各种力量和机制的超事实性质的表现。

T. 劳森确定了具有超验分析特点的推理模式(溯因推理)与演绎和归纳模式的区别。比如,从一般判断"所有乌鸦都是黑的"到具体判断下一只乌鸦必定也是黑的,这是演绎推理;从观察到的事实——许多乌鸦是黑的到一般判断"所有乌鸦都是黑的",这是归纳推理。对比而言,溯因推理(retroduction)是另一种推理模式,即从观察到许多乌鸦是黑的,推导出能预知乌鸦是黑的那些机制、因果力与结构。

超验实在论的本体论和经济学解释模式可能出错且不是基于先验前提,指出这一点是重要的。特别是超验实在论在社会领域中与在自然科学中有所相同,必须把相关的社会真实特征,如有意向的人的能动性、无明显的事件规则性等因素考虑进去。此外,T. 劳森在其所有著述中都认为超验实在论在总体上和实质上是正确的,即使某些具体的相关社会本体论概念也许是错误的,并可能会根据该领域的研究成果而被修正。

有了这些超验分析工具,T. 劳森把相当多的精力都用于揭示主流经济学中的前后矛盾、各种僵局和其他困难,以及不同的主流经济学家是如何应付这些问题的。在他看来,这些裂隙都源于主流理论采用了不适当的经验实在论的本体论和实证演绎方法。计量经济学和经济学理论都是他特别关

① Lawson. T. Economics and Reality, London, Routlege. 1997, p.21.

注的对象。

（二）对主流经济学的批评

T. 劳森把计量经济学的实质视为评价事件规则性的休谟式稳定关联，从而得出与自然科学中决定规律相似的社会领域中的经验规律。在计量经济学概率律框架中，这样的规则性被称为随机事件规则性。T. 劳森争辩说，比肩自然科学规律的社会经验规律至今尚未被发现——鉴于经济计量方法所依赖的关于社会实在的谬误观念，这样的发现是不可能产生的。T. 劳森将矛头直指经验“规律”和以回归方程得出的经验“规律”与预测的极端不可靠性，在那里，参数估计的不稳定性与其说是例外倒不如说是规律。

T. 劳森研究了主流经济学内部对这些问题的一些反应，特别是 R. 卢卡斯（Robert Lucas）的批判。他说，R. 卢卡斯正确地指出了回归估计的一个主要问题，那就是它们并非如标准计量经济学应用中不明确假设的那样是政策参数，因此不能为决策者提供可靠的指导。然而，T. 劳森又认为，R. 卢卡斯批判的回应其实仍不能解决该问题，因为它们没有说明这些困难的根本缘由。R. 卢卡斯本人的最初回应是敦促决策者接受简单可靠规则的指导并与公众进行有效沟通，说清楚这些规则每一主要变化的理由。他的另一主要回应是坚持认为，个体能够理解经济的基本结构及其运作方式，并能理性地改变自身期望值以适应政策的变化。经济计量模型可通过理性预期假设提供的内生预期办法使其保持内在一致，这意味着期望值是由建模者确定的完全同样的结构参数所决定的。所以，该模型就应当能够提供稳定的参数，供计量经济学家用来预测政策变化和其他“震荡”的结果。

T. 劳森认为，R. 卢卡斯、T. 萨金特（Thomas J. Sargent）等人为应对计量经济关系估算上的反复失败而采用的策略，可称为寻求内封闭与外封闭。这些封闭是确定预设（随机）事件规则性的必要条件。外封闭要求把有关的独立或“强制”变量从非独立变量中分离出来。R. 卢卡斯对政策不变性的批判及其回应就是一个例子。一个被错误规定的模型，被放大到涵盖了此前一直被视为外在变量的许多附加变量，这样的变量因而成了该模型的内生变量了。T. 劳森注意到，内封闭对取得可靠的经济计量关系也是必要的，因为讨论中的各变量“分析单位”的行为必须在不同的时间、地点和社会环境里保持恒定。追求内封闭表现为强调经济计量关系赖以建立的微观基础和不变结构，这种强调是新古典经济学家所提倡的。这些微观结构也是新古典经济学家以最优理论框架中理性优化个体的形式所提供的。

总之,如果没有这样的内封闭和外封闭,计量经济学就不可能提供可靠的经验概括。因此,在T. 劳森看来,问题就出在如R. 卢卡斯、T. 萨金特这些正统经济学家那里,他们错误地把社会实在看作是由事件规则性所构成的。由于社会和经济领域是开放的而不是封闭的,"此系统即便是孤立系统,那也是罕见的。因而,为获得封闭而满足外在条件的过程,意味着必然会产生问题"①。

T. 劳森通过探讨支撑经济学中规律随机性的原子论(atomism)和孤立主义谬论,概括了他对计量经济学的批评:"这些都是假定,假定所有行为和方面都能以某种形式赋予或还原为隐蔽的原子表征,通过分析处理,它们似乎都从所有未确定因素中被有效地分离出来。在这些谬误的影响下,计量经济学家不断试图支撑封闭条件。在有限范围内,趋势被安排得如此井然有序,这相当于寻求庞大得足以包括一切的系统和小得什么也不包括的个体。这就是对计量经济学失败所作反应的最终走向。"②在T. 劳森看来,唯一可行的出路是"假设在宇宙与原子之间有一个独立存在的结构主体,它在一个结构复杂而彻底开放的、内部相关联的、变化着的世界里行动"③。

按照T. 劳森的看法,正统经济学理论面临着与计量经济学相类似的困境,主流内部对这些问题的反应与调整,同样注定会走向死胡同,这是因为他们没有看到混乱的真正本质。根本问题是主流经济理论遵循的是演绎方法,而这种方法来源于把社会实在错误地描绘成在本体上系由事件规则性所构成的观念。

T. 劳森注意到了主流理论家对公理与假设做出的区别。公理是最一般的行为陈述。相比之下,假设是与公理相一致的更具体的断言。例如,根据F. 哈恩(Frank H. Hahn)的观点(T. 劳森认为F. 哈恩是少数准备公开捍卫其方法的主流理论家之一),需要更多投入以获得更多产出的主张就是一个公理,而生产函数(例如柯布道格拉斯生产函数)的具体形式则只能算是假设。主流经济学的许多本质特征是假设而不是公理,例如充分的完全竞争、与生产规模成比例的不变收益和完全信息等。这些东西在经济理论说明中都不被看做是本质的东西,而被看做随着解释经济现象方面所取得的进步而今

① Lawson. T. Economics and Reality, London, Routlege. 1997, p. 83.

② Lawson. T. Economics and Reality, London, Routlege. 1997, p. 84.

③ Lawson. T. Economics and Reality, London, Routlege. 1997, p. 84.

后可以被拆除的"脚手架"。根据F.哈恩的观点,只有个体主义、某些关于理性的假定和均衡分析对新古典主义的主流经济理论来说才是本质性的。

T.劳森还注意到最近对主流经济学理论提出的一些修正,并揭示了产生这种现象的原因。例如,有些理论家考察了一些理性个体模型的结果,这些模型假设个体是遵守规则的机械行为人,而另外一些经济学家则把群体或社会聚合体当作单一理性个体。寻求解决均衡问题的单一途径已被代之以多元模型路径。主流派过去往往喜欢建模的简单性,新正统派则承认复杂性和更具体的经验假设。计算机能力的加强使模拟体现这样的复杂性和经验特殊性成为可能。但在T.劳森看来:"这样的变化只能说是一种最新策略,意在延长已被根本误导的理论的寿命。可以看到,这种变化的本质是必然使该理论继续丧失解决显而易见问题的能力。它们既无助于从理论上解释真实世界事件,也无助于政策的形成。"①

与计量经济学不能充分解释真实世界的道理一样,正统理论建立在不适当的演绎实证主义基础之上。计量经济模型强调规律随机性,而正统经济理论和模型则以规律决定性为其特点。计量经济学家所追求的经验概括或"规律",被正统经济学理论的公理和假设所代替,而这些东西都源自前述的内封闭与外封闭,因而必须依赖演绎推理模式来表明模型的内在一致性和一个或多个均衡状态及其纯粹特性的存在。

据T.劳森的说法,虽然正统经济理论在公理和假设的内容上具有某种程度的弹性,但它的演绎主义推理模式却是其最具本质、最具刚性的方面。为此,T.劳森指出,"鉴于正统理论在公理与假设等实质性前提上的弹性和其解释模式的刚性,我认为在试图理解社会现象的语境中坚持演绎主义不仅应当被认为对该经济理论具有根本性,而且应当被认为在实际上是它的组成部分……我还认为,主流理论可被视为在经济学领域中一味地、不加批判地死守演绎主义的解释模型。"②

如果建立在社会原子论和个体主义方法论之上的正统经济学的本体论被认为有所不足的话,那么,T.劳森心目中酝酿着什么样的替代观念?在《经济学与实在》中,T.劳森论证了与其超验实在论相一致的可供选择的社会现实观念及解释模式。这些观念与模式对主流经济学以外的其他社会科学家并不陌生。除了上述开放系统与封闭系统的区别外,T.劳森还认为社

---

① Lawson. T. Economics and Reality, London, Routledge. 1997, p. 90.

② Lawson. T. Economics and Reality, London, Routlege. 1997, p. 130.

会实在由人和在功能上依赖于人的能动性的社会结构所构成。这些社会结构是不可约的，因而不能把它们解释为大量个人行为的机械性总和或累积结果。T. 劳森指的是这些社会结构的各种不同元素，如人类行为的习惯和惯例、社会的各种规条、社会关系和社会地位、社会系统（诸如公共机构那样的组织）和社会集体（在社会中处于一定地位的各种群体），它们都是很重要的。马克思说："人们自己创造自己的历史，但他们并不是随心所欲地创造，并不是在他们自己选定的条件下创造，而是在直接碰到的、既定的、从过去继承下来的条件下创造。"①在这样的社会环境中，个体是按照情境理性理论行动的：不仅个体的行为选择受制于其所处环境，而且个体自身、他们对自身需要和动机的表达、铸就其能力的方式、他们的价值观以及兴趣等也要受其出生和成长背景的制约。

但是，超验实在论者是如何鉴别那些重要的相关社会结构、力量和趋势的呢？在自然科学中，以实验形式、控制组等类似手段进行的干预，用以发现实验条件下产生经验规则性的深层因果机制。在社会科学中，正如 T. 劳森所说的那样，既然开放社会环境下严格的经验规则性是例外而不是规律，自然科学的各种实验干预和控制在这样的社会背景中不可能适用，那么，像经济学这样的社会科学怎么可能办得到？T. 劳森的超验分析法依赖于十分普遍的局部规则性或"半规则性"（demi-regularity），把它们作为社会背景中可能的因果机制和结构的标志。尽管开放的社会系统因存在着许多相互分割、相互抵消的因素而具有混乱性质，但相对稳定的局部规则性的确会出现。这样的半规则性只是局部的，因为它们只有在具体时间和具体地点才会发生。

令人关注的半规则性是相对而言的，因为它们是随着时间推移、性别差异和地点不同而通过直接或间接对比来表达的。此外，并非所有的局部规则性都那么令人感兴趣。在 T. 劳森看来，令人关注的局部规则性是那些使人感到吃惊的，与现有信仰、预期和理论相冲突或不协调的半规则性，因而，英国目前"周日去教堂的人通常比周二多"这样的半规则性很难说得上是值得进一步研究和令人关注的半规则性。

因而，对比性半规则性会促成可能的因果机制假设。但这里需要的超验推理模式并非归纳或演绎，而是溯因推理，它是一种鉴别半则规律性产生

① 马克思.《马克思恩格斯全集》(第 8 卷).北京：人民出版社，1961：121.

因素的推理方式。T.劳森认为，很难说得再具体了："除了有可能在类推或比喻的逻辑之下操作和凭借研究者的洞察力、信仰和经验外，关于这种独立于背景的溯因推理过程没什么可多说的。"①另外值得一提的是，演绎法在评价已选定的因果假设中也有一定作用——如果那些假设是真的，从推理中还可能产生哪些更符合逻辑的经验结果呢？进一步的研究需要考察，因果机制发挥作用的条件是否已经存在，这样的经验结果在各种背景中是否实际上已显现。

（三）改造主流理论的战略思路

T.劳森认为，与正统派不同的其他传统经济思想在不同程度上都体现了批判实在论的许多本质元素。"结果证明，大多数被视为非主流经济学家的学者对这问题都已经进行了有意义的反思。这里我指的是像J.凯恩斯（John Maynard Keynes）、F.哈耶克（Friedrich August von Hayek）、K.马克思、M.多布（Maurice Herbert Dobb）、T.凡勃伦（Thorstein B. Veblen）、A.马歇尔（Alfred Marshall）、G.沙克尔（George L. Shackle）和N.卡尔多（Nicholas Kaldor）那样的经济学家。他们的著作为中心论点提供了大量的原始背景材料……事实上他们的贡献还大得多。他们已经以这种或那种形式表达了该论题的基本原则。"②T.劳森《经济学与实在》一书的重点是批判主流思想，而不是详述非主流思想。经济学中的异端思想和其他实在论社会观点在T.劳森2003年的著作《重新定向经济学》中得到了进一步的探讨。该书还对J.凯恩斯和后凯恩斯主义、制度经济学与女性主义进行了更深入的阐述。T.劳森指出，所有这些对社会实在的不同解释具有某些共同之处，它们能够并应当被纳入超验实在论及其分析方法的范围，形成统一的社会解释框架。除了这些共性分析外，还有推动这场变革的战略性问题。从战略上看，要通过实现批判实在论所建议的"本体转折"来达到改变主流思维和调整经济学方向的目的，那就需要非主流经济学各派团结一致反对主流思想中的谬误，构建协调一致的新理论框架。T.劳森从多方面说明了主流派（学院派经济学）何以变得如此强大、如此根深蒂固的原因。各种非主流理论的共性是反对主流理论的演绎主义方法和其在经济学界的霸主地位，每一种理论都可替代主流理论的某些部分，但它们由于各自为战而不可能说服学院派改弦

---

① Lawson. T. Economics and Reality, London, Routlege. 1997, p. 212.

② Lawson. T. Economics and Reality, London, Routlege. 1997, p. xii.

易张走向理想的道路。这是一个“团结则立,分裂则倒”的问题。

T. 劳森认为,只有参照超验实在论去实现社会实在的“本体转折”,才能把主流经济学从困境中解救出来。他把现代经济学的困境概括为下列四点:第一,学院派经济学目前在很大程度上被主流传统或正统派把持着,其实质是死守数学演绎模型;第二,主流理论已处于很不健康的状态;第三,主流理论表现如此差劲的一个主要原因,是数学演绎方法正在被应用于其不适合的情况;第四,与目的相反,现代主流理论实际上阻碍着实现其既科学(自然科学意义上)又具有强大的说服力的可能性。虽然 T. 劳森认为上述每一点基本上都是不证自明的,但他还是对它们进行了进一步诠释与论证。对于第一点,T. 劳森提到了包括理论家和方法论者在内的一些经济学家,他们已经对经济学中的形式建模法和数学依赖性进行过讨论并表达了忧虑。T. 劳森从历史角度对现代主流经济学中的数学化趋势进行了饶有趣味的阐述,指出富有诱惑力的数学的雅致、简单和严格,奠定了其在经济学理论中似乎固若金汤的统治地位。这样一来,正统经济学实际上被视为形式数学模型及其演绎方法的同义词。

T. 劳森认为第二点不是那么不言而喻的。首先,虽然有许多经济学家赞同 T. 劳森的观点,认为主流经济学在理论和实践上都存在严重弊病,但另一些经济学家却持不同看法。他们认为正统经济学表现得完美无缺,并在总体预测和为政策制定者提供说明性指导方面非常成功。还有一些经济学家承认主流经济学的业绩虽然不是那么大,但随着数学和计量经济学的进步也处于不断改进之中。其次,有经济学家认为,假如绝大部分经济学家不相信主流理论,那它也不成其为主流了。T. 劳森关于社会结构自我再生产的论证带有一点讽刺意味。主流正统派也许正是竭力推行社会趋势自我再生产和采取策略回避批判(包括批判实在论的批判)的一个绝妙的例子,它对变化采取日益抵触态度以使自己长存下去。

第三点的关键是要看人们在多大程度上认同形式演绎模型方法和数学依赖性不适用于社会领域的观点。而要接受第四点,就需要对有可能替代主流的各种理论进行评价,特别是那些闪耀着超验实在论元素光芒的理论。

尽管 T. 劳森对自己的观点进行了详尽精心的论证,对批评和误解做出了谨慎的回应,但他的《重新定向经济学》一书似乎仍不足以改变某些守旧派的有关基本结论。当然,T. 劳森认为他的意图不在于说服坚守主流的死硬派,他的目标指向对新思想采取更开放态度的新一代经济学家。尽管 T.

劳森的批判属于真知灼见，但主流理论是否真得在凋零，它能否返老还童或者需要脱胎换骨，尚在争论之中。

《经济学与实在》和《重新定向经济学》的出版在西方学术界引起了强烈反响，在各种研讨会与学术刊物上进行了大量讨论，这使T.劳森的思想有了许多新的发展，这样的讨论仍在继续中。T.劳森既是经济学家，又是数学家、社会本体论哲学家。旁观者清，当局者迷。他从数学和社会科学哲学的角度观察经济学，也许更易看出症结所在。T.劳森是较早反思西方经济学的学者之一，虽然他的观点仅是一家之言，但研究他的思想对创建新的经济理论和经济学教学改革无疑具有重要的借鉴意义。

龚威

2013年6月

目　　录

前言与致谢

第一部分　科学与经济学

第一章　决裂点的持续紧张 …… 2
第二章　实在论、解释与科学 …… 14
第三章　超验实在论的优越性 …… 26
第四章　实证主义的遗产 …… 34
第五章　争论的本质 …… 41
第六章　走向更加丰富的本体论 …… 59

第二部分　现代经济学的问题

第七章　计量经济学 …… 64
第八章　经济“理论” …… 79
第九章　替代方法和成功解释的基础条件 …… 100
第十章　主观主义 …… 125
第十一章　现代经济学的限度 …… 142

第三部分　人的能动性与社会

第十二章　社会与经济的再生产相互依赖 …… 146
第十三章　简论行动主体 …… 162

第四部分　经济解释

第十四章　主要目标与可能的障碍 …… 178
第十五章　不能利用实验方法的经济科学 …… 185

第十六章　抽象 …… 211
第十七章　论经济学中的真理 …… 221
第十八章　例证说明 …… 230

第五部分　经济政策与预测

第十九章　经济政策与有目的的变革 …… 254
第二十章　经济科学与预测 …… 261

注释 …… 269
参考文献 …… 323
人名索引 …… 350
主题词索引 …… 364

前言与致谢

“请别谈实在。我们是经济学家!”这句话是最近版(1994 年 3 月 5 日)的《时代高等教育增刊》中两则评论的标题,它点破了一种被越来越广泛地观察到的现象。根据这个观点,现代经济学与对真实世界的事物的理解无甚关系。无须说,这个观点并不为所有经济学家所接受。乍看起来,给往往代表一种社会“科学”的学科赋予这样的特点确无道理。然而,在下面的评价中我却认为它并非是完全错误的。有一种感觉,那就是社会实在在很大程度上被经济学所忽视。由于利用这个观点进行的大量更大范围的活动产生了许多令人遗憾的反响,我将进一步阐明这种忽视如何正在削弱着该学科。 xii

然而,我在此处的目的并非仅仅是要指出这个学科当前的许多局限,而且要力图超越这些局限。我的总目标,如果有点儿不怎么时髦的话,是要把实在(或更多的东西)带回到经济学中。当然,在以这种方式制订我的目标和承认上述对该学科的看法的某种正确性的同时,我并不是想要说现代经济学完全缺乏对实在的认识。的确,这是不大可能的。因为无论采用什么方法、做法,或设定什么目标,总要预设一种世界观,即使这种世界观不怎么明确或未经经验检验。这里,现代经济学的显著特点表现在既极少关注使其方法适合于现有的关于社会本质的思想和观点,也极少明确确定所选择的方法可适用的各种条件。问题不在于用该学科按照自己设定的标准来衡量,其缺乏成功,毋宁说,在于它的方法与程序是根据其技术复杂的性质或程度,或依照其符合正统做法或类似东西的先入之见制订的。绝大多数经济学家似乎完全理所当然地认为,如果要研究真实世界的问题或情况,其所选择的方法也一定是“适当”的。在这种意义上说,实在的确被现代经济学所忽视。我们将看到,正是这个假设,即经济分析的各种方法可在没有清楚 xiii
了解社会现象的本质的情况下制订出来,能够说明导致该学科无数失败的原因。

简言之,现代经济学的显著标志是,由于它没有注意到对社会存在的本质的详尽阐述,因而在事实上忽视了本体论问题。因此,这里陈述的理论是在为补偿这个忽视而产生的欲望的驱动下产生的。其目标是对自然现象和社会存在进行经得住时间考验的说明,所采用的观点既能解释和解决困扰该学科的无数问题,又能使有可能结出硕果的各种做法获得有利地位。研究这些问题并致力于详尽阐述关于具有许多特征的实在的各种理论,通常被置于哲学实在论或本体实在论的标题之下。这本书中所持的观点是鲜明的实在论观点。因此,这本书是由经济学的实在主义理论所构成,同时也为经济学构建一种实在主义的理论。

在这里,有必要简单地介绍一下这种研究的背景。与大量的关于现代经济学方法论的研究不同,本理论并非源于对哲学的正规研究。我首先研究的是数学,借此进入经济学领域后,正如我所见,广泛而不加批判地把形式主义的方法与系统方法应用于对它们来说显然不适合的情况,立即给我留下了深刻印象。结果,我的兴趣很快就转向了本体论问题,我尤其感兴趣的是,如何使推理的方法与模式转化为关于社会存在的观点。然而,我首先是通过研读经济学家的著作而不是哲学家的著作接触这些问题的。鉴于我很快深信传统经济学方法与操作惯例,非常明显地不适合于成功地研究社会实在,我设想许多其他经济学家早就得出了同样的结论。因而,我想他们早就已经对此种情况进行了调查研究并作出了反应。无论如何,我对经济学语境具有一种领悟力,特别是对我主要感兴趣的部分。

结果证明,主要(但不是唯一)是那些被认为是非主流的经济学家们,在很大程度上一直对这些问题进行着反思。我这里要提一下这样一些经济学家的名字:J. 凯恩斯(Keynes)、F. 哈耶克(Hayek)、K. 马克思(Marx)、M. 多布(Dobb)、T. 凡勃伦(Veblen)、A. 马歇尔(Marshall)、G. 沙克尔(Shackle)、C. 门格尔(Menger)、K. 博尔丁(Boulding)和 N. 卡尔多(Kalddor)等。归根结底,正是这些经济学家的著作为下面提出的中心论点提供了原始背景材料。

事实上,他们的贡献远比这大。用这种或那种方式,他们已经表达了此基本命题的许多根本原则。举例来说:

J. 凯恩斯曾经写道:

> 如果我们正在研究用数字可测的各种独立力量的行为,这种行为能被充分分析,这样我们才会知道我们在研究着独立的原子因素,试图彻底全面了解它们之间的相互关系,其相对变动着的力量在时间推移中作用于恒定而同质的物质材料,那么,我们也许能够应用多元相关性的方法比较有把握地弄清它们的行为规律……

（J. 凯恩斯，1973b：286）

K. 马克思说：

人们自己创造自己的历史，但是他们并不是随心所欲地创造，并不是在他们自己选定的条件下创造，而是在直接碰到的、既定的、从过去承继下来的条件下创造。（马克思. 马克思恩格斯文集. 第2卷. 北京：人民出版社，2009：470. 译者注。）

（K. 马克思，1849：300）

T. 凡勃伦说：

制度结构的成长与变化是群体中个体成员行为的结果。通过许多个体的惯例化行为，制度结构产生于个体的经验，由此便出现了制度。源于同样经验的同样制度发挥着指导和决定目的和行为结果的作用。

（T. 凡勃伦，1909：243）

F. 哈耶克补充说：

不同的规则依照年龄、性别、地位或某种个体当前所处的具体情况适用于不同的个体。

（F. 哈耶克，1967：243）

每一位经济学家都在以浓缩的形式表达着下面主题的一个重要方面。但是，要花多大的精力才能有血有肉地将这些评价阐述清楚啊！

当我最终求助于正规哲学语言时，我自然而然要去寻找那些对本体论问题或形而上学问题一直进行着探讨的哲学家们的著作。这些文献对我后来的影响看上去进一步把我的理论与其他关于经济学方法论方面的著作区分了开来。因为，虽然后者往往深深植根于科学哲学文献，但正是那些认识论评价的问题（即那些关于接受或拒绝理论的理性基础的认识论问题）一直统治着经济学方法问题的讨论。这场讨论主要依靠K. 波普尔（Popper）的哲学和其他如附和K. 波普尔哲学的I. 拉卡托斯（Lakatos）等人的著作。U. 梅基概括了这种状况，指出“所谓K. 波普尔优势，就是K. 波普尔式主流在经济学方法论研究中占了上风”（Mäki，1993a：5）。对我来说，令我感到怀疑的是，这种常常或多或少离开显而易见的本体理论，对认识论问题进行的强调会是那么富有成效。说实在的，我倒是倾向于U. 梅基的评价：“K. 波普尔优势导致了经济学研究中智力资源的错误配置”，造成了（除了别的问题外）忽视“对实际研究工作中涉及的形而上学理论的本质”的质疑（1993a：6）。这本书也可被视为重新定向关于经济学方法辩论的一种尝试。

xv

尽管如此,任何哲学观点,包括如下面主张的以本体论为方向的观点,最终都会具有认识论的意义。因此,有些读者仍然会有点吃惊地发现,K. 波普尔或波氏(认识论上的)命题与范畴相对来说是无足轻重的——明显不如在有关经济学方法论的可比较语境中那么富有意义。再说,这个"疏忽"也许看上去更加令人吃惊,因为事实上 K. 波普尔公开宣称他自己就是一个实在论者、可错者、反实证论者,并承认把科学从非科学中区分出来的可能性——所有这些都是在后面的论述中得到公开认可的看法。

所以这样做的基本理由是,我不仅明确地把重点放在本体论问题上,而且捍卫一种具体的本体论,这个理论与 K. 波普尔预设的理论,至少在他的最为人们熟悉的关于证伪的著作中提出的理论,很不相同。因此,那些认识论上的问题和意义也相应有所不同。与 K. 波普尔一样,我当然想要批评由(站不住脚的)实证主义(positivism)哲学观造成的后果。但是,虽然 K. 波普尔(1992)声称有责任"杀死"实证主义或至少是维也纳学派的逻辑实证主义,但却从未出手过任何致命的打击。实证主义,包括逻辑实证主义,建立在至少两个根本的假设之上。它不仅假设科学在其发展中本质上是一元论的,还假设其在结构上是可演绎的。如果说 K. 波普尔对知识论的贡献,特别是他有关证伪主义(falsificationism)或"演绎主义"的贡献(K. 波普尔,1992:81)有助于削弱前一个假定的话,那么这些同样的著作(至少如大多数人所解释的那样)并没有触及假设的演绎主义的结构。我在这里首先要着力批判的正是科学演绎主义的假设,包括其对存在或本体论的不明确的论述。

然而,我应当立即补充说的是,尽管通常与 K. 波普尔有关联的证伪主义者或演绎主义者的理论,在这里是作为一种一般化的做法遭到拒绝,但 K. 波普尔在该理论中致力于追求科学中的客观真理与理性的精神的态度却
xvi 是值得赞同和支持的。的确,在一段时间里,除了一两位著名经济学家外(例如 Mäki,1992a,1992b,1994),许多经济学家在风行一时的理论之间荡来荡去,无所作为,鲜见有经济学家提及(更不用说认可)追求真理的目标,尽管在这样的情况下,仍然有许多主流经济学(mainstream economics)家坚持要求 K. 波普尔以他的权威支持他们所做的事情。看起来有必要在此明确重述一下 K. 波普尔关于这些现象的看法:

> 我真的这样想,是我们自己的被压抑的可错性才应当为我们可悲的形成小圈子的倾向和追随看上去时髦的东西的倾向负责:这使我们

中的许多人与狼共嚎。所有这些都是人性的弱点，这意味着它不应当存在。但实际上它当然确实存在，甚至被发现存在于科学家之中。而且，由于其存在，我们首先应当克服存在于我们自身中的这种弱点，然后，也许应当克服别人的。因为，我认为科学应当为客观真理而奋斗，为仅仅依靠事实的真理而奋斗，为超越人类权威、超越公断、当然也超越科学时尚的真理而奋斗。有些社会学家并未理解，这种客观性正是科学，因而也是科学家有可能达到的目标。科学为达到追求真理的目标至少已经奋斗了2 500年了。

(K.波普尔，1990:34)

许多哲学家如R.阿尔(Harre)、M.赫西(Hesse)和S.图尔明(Toulmin)一直致力于对科学在结构上是可演绎的假定的批判，他们的著作对后来产生了影响，正如除K.波普尔以外的那些把科学发展的实证主义观点攻击为一元论的哲学家们，如G.巴凯拉德(Bachelard)、I.拉卡托斯(Lakatos)、T.库恩(Kuhn)和P.法伊尔阿本德(Feyerabend)所做的那样。但在我看来，R.巴斯卡(Roy Bhaskar,1978,1979,1986,1989)已非常成功地把两种倾向的观点结合了起来，为科学构建了一种可持续的本体论，他的理论已最终被证明对我自己的理论最为有用。虽然我在20世纪80年代后期才接触到它，但它对我后来的影响非常之大。

尽管如此，我仍应当强调，即便是对R.巴斯卡的著作，我也没有在此作明确的评述。虽然R.巴斯卡的著作很有影响，但目前的这本书却未对它进行介绍和评价或做任何类似的工作。想了解R.巴斯卡的读者不仅可去研读R.巴斯卡本人的著作，而且可请教于A.科利尔(A. Collier,1994)颇有助益的介绍与评价。就结构和内容而言，这本书是根据经济学的状况构思的。正如R.巴斯卡在某处明确承认的那样，他的思想和术语在固定的、不随时间而改变的这种意义上说是不一致的。更确切地说，它们显示了一种发展中的一致：随着新问题的解决，所关注的问题会更加广泛，因而，较早的结论和术语也会随之而得到修正。至少在意图上，下文中任何与R.巴斯卡著作中一致的地方也是从这种发展的意义上而言的。 xvii

因而，本书是关于经济学的，是关于现状和真正的可能性与限度的。虽然下面的主题也许在广义上被解释为是哲学的，但它的前提却来自于并牢固地植根于实际问题、通常的做法和经济学家们的著作。本书预期的读者首先是经济学家，特别是那些至少打算质疑公认的教条的经济学家们。其后的核心论点的确具有比较广泛的意义，但写作此书的本意却是针对经济学界的。它是对经济学这个学科的主要方向持续不满的产物，并深信有可能做得明显更好一些。现在，概述一下本书中每个部分的内容，可使读者从总体上综览其论证过程。

第一部分：在第一章中，我通过引起读者对普遍存在于经济学中各种各样的问题和紧张冲突的注意展开讨论。在第二章中，指出了最终植根于或至少寄生于实证主义结果的一种具体的科学与诠释的“演绎主义”观念已被广泛接受，并在总体上阐述了一种可供替代的“超验实在论”的观点。在第三章中，阐明了与前者相比后者的相对优越性。在第四章中，表明第一章中提到和描述的那些现代经济学的问题和冲突状况，源于大量依赖科学与解释的演绎主义观念，而较优越的超验实在论的阐释则摆脱了这样的一些问题。在第五章中，对用来形成这些结果的推理方法进行了较为详细的分析。在第六章中，对所提出的观点的意义作了进一步的详细阐释。

第二部分：在第一部分对中心论点进行了广泛论述的基础上，此部分的目的是更加详尽地探讨主流经济学所依赖的科学与解释的演绎主义的各种方法，并指明在每种情形下所出现的问题的种类。第七章的重点是计量经济学（econometrics），第八章的重点是“经济理论”，第九章重点评论当今试图贬低需要对任何尚待解释的实际现象进行解释的各种论调。在第十章中，我将表明实证主义的经久影响，甚至导致了F.哈耶克早就想创造一种替代主流方法的“主观主义”路径的意图，这条路径当前很有影响。在第十一章里，概括了从第七章到第十章中所阐述的各种理论的本质特点，并指出了一些可以想象的到的，但未摆脱实证主义的各种桎梏的替代路径。

xviii 第三部分：第一部分中所支持的一个基本假定是，根据在探究任何给定客体的本质中所获得的见解对分析方法不断进行改进具有许多好处。有了这个认识，第三部分的重点将放在社会存在上，特别是放在关于人的能动性、社会结构和他们之间不可还原的相互依赖性的本质上。第十二章论述社会结构，第十三章着重论述人的能动性，包括主观性和人类理性的本质等。

第四部分：有了在第一部分和第三部分中所阐述的关于社会存在的概念后，在第四部分里将详尽说明经济科学实践的各种各样的后果。在第十四章中，我将引出有关经济解释的基本方向的各种含义。在第十五章中，我将讨论如何评价各种不同的解释社会现象的理论。在第十六章中，我将集中论述被严重忽视的科学抽象的根本问题。关于解释结果的认识论地位的问题将在第十七章中考虑,在本章中还要对客观真理的可能性进行评价。第十八章用例证说明所主张的阐释方法。

第五部分:这部分是本书论证的结尾部分。在第十九章中,我将简单阐明政策问题和有目的的变化的意义。在第二十章中,我将通过考察经济预测问题的后果,把所论述的各种线索串在一起。总的基本结论是该学科需要根本性的变革,这些变革包括放弃其许多最为珍视的做法,希望实现一种行之有效的经济科学的解放。不过,要取得这样的成就不可避免地会要涉及与经济学自身环境有关的更大的敏感性问题,也要涉及比目前所能见到的更具反思性和批判性的有关经济学方向性的问题。

此刻,等待着我去做的最后一件事,是愉快地向那些在此书撰写与出版的各个阶段做出了贡献的人们表示感谢,至少是其中一部分人。首先,我要感谢帮助我打字的那些人。我承认直到最近我才学会了“文字处理”,这一点我感到惭愧。因而,虽然最近的几个版本实际上是我自己尽力打出来的,但因这项工作进行了很长时间,许多人参与打完了前几稿。我要特别感谢 L. 克洛斯(Louise Cross)、N. 勒顿(Nacirah Lutton)、M. 马雷茨(Maxine Maresz)、A. 塞夫(Aliye Seif)、J. 沃尔波尔(Jackie Walpole)和 A. 多布(Ann xix
Wddop),感谢他们熟练的技能、惊人的耐心和对我的鼓励。

其次,我要感谢许多“实在论与经济学剑桥研讨班”的参与者们。这个研讨班自 1990 年 10 月以来已举办了五年多的时间,后来的大多数论点都来自曾在这个研讨班上提出、经过认真讨论和改造过的思想。虽然参与者太多,不可能把他们的名字都在此列出来,但我必须特别感谢 S. 费力特伍德(Steve Fleetwood)、G. 哈考特(Geoff Harcourt)、G. 霍奇逊(Geoff Hodgson)、M. 皮科克(Mark Peacock)、S. 普拉特(Steve Pratten)、J. 伦德(Jochen Runde)、R. 巴克豪斯(Roger Backhouse)、D. 吉利斯(Donald Gillies)、W. 汉兹(Wade Hands)和许多不同专业的不具名的审阅者,他们审读了本书的全部初稿并提出了许多宝贵意见。G. 霍奇逊和 J. 伦德还对部分修改稿重新进行了审阅与评论。我对他们表示真诚的感激。

B. 考德威尔(Bruce Caldwell)、P. 大卫(Pall David)、J. P. 大卫斯(John Davis)、S. 迪金(Simon Deakin)、P. 戴尔齐尔(Pall Dalziel)、S. 道(Sheila Dow)、J. 费得克(Johannes Fedderke)、A. 费希尔(Aly Fischer)、P. 科尔(Prue Kerr)、C. 劳森(Clive Lawson)、U. 梅基(Uskali Mäki)、P. 诺斯奥弗

(Pat Northover)、G. 帕斯特洛(Gabriele Pastrello)、J. 普拉顿(Jonathan Perraton)、R. 罗塞姆(Roy Rotheim)、W. 塞缪尔斯(Warren Samuels)、L. 图拉诺(Leslie Turano)和 A. 维尔科斯(Arnis Vilks)等人审阅了许多不同的章节或帮助形成了某些章节的基本论点,并提出了宝贵意见。我还有机会与 R. 巴斯卡(Bhaskar)就论证的各个方面进行讨论。我对所有这些人满怀感激之情。这里,我还要特别提到 E. 索菲阿努(Evie Sofianuo),她是一名博士生,与我一道工作,在她患不治之症的最后阶段,还抽出时间就许多章节提出了大量建设性意见。语言无法表达我对此事的感情。

其他一些人在本书的成书过程中也给予了大力支持与鼓励。虽然这是另一个范围的工作,这方面帮忙的人太多,不能一一提到,但我必须感谢我的家人,他们在完成这个项目的过程中吃了不少苦。这里,我要特别感谢我的伴侣 J. 佩欣特(Joelle Patient),她不但为我提供了一般性的支持与鼓励,还对全书的各个方面提出了详细的有价值的建议与批评。后一个贡献远远超过了有理由期望一个伴侣能够做到的事情,而且被证明这对完成全书具有不可估量的意义。克洛(Chloe)和朱利恩(Julien)也以她们自己的方式给予了支持,特别是朱利恩,曾两次仔细核对引文及其出处的准确性,我必须向她致谢。我还不能忘记希瑟(Heather),当时她才七岁,不仅容许我使用家庭电脑,而且还注意到了我从事的这个项目的持久性,并告诉我等她"长大"后一定帮助我完成它,假如此书到时还没有完成的话。在这样的无私精神面前,我没有别的选择,只能尽我的能力快速写完原稿。我衷心感谢所有这
xx 些人和所有帮助过我的其他人。

最后,我要感谢下面杂志与文集的编辑和出版者,感谢他们允许我在此复制了其较早出版的一些著作中的材料的修改版:

《抽象、趋势和特征化事实:经济分析的一种实在论方法》,参见《剑桥经济学杂志》(Cambridge Journal of Economics),1989 年第 13 卷,1 月号,第 59—78 页;重印于 T. 劳森、G. 帕尔玛(G. Palma)和 J. 森德(J. Sender)主编的《N. 卡尔多政治经济》,1989 年版,伦敦:学术出版社;还重印于 P. 伊金斯(P. Ekins)和 M. 马克斯-尼夫(M. Max-Neef)主编的《真实生活的经济学:了解财富创造》,1992 年版,伦敦、纽约:劳特利奇(Routledge)出版社,第 21—38 页。

《实在论与 F. 哈耶克:持久转变的个例研究》,参见 M. 科隆纳(M. Colonna)、H. 哈格曼(H. Haggemann)和 O. 哈穆达(O. F. Hamouda)主

编的《资本主义、社会主义与知识:F. 哈耶克的经济学》第 2 卷,1994 年版,切尔腾纳姆:爱德华·埃尔加(Edward Elagar)出版社。

《批判实在论与选择、解释及变化的分析》,参见《奥地利学派经济学的进展》(Advances in Austrian Economics),1994 年第 1 卷,1 月号,第 3—30 页。

《后凯恩斯主义的本质及其与其他传统的关系》,参见《后凯恩斯经济学杂志》,1994 年第 16 卷,4 号,第 503—538 页;重印于 D. 普雷奇特科(D. L. Prychitko)编著的《为何经济学家们见解不同:现代思想流派入门》,1996 年版,纽约:纽约州立大学出版社(State University of New York Press)。

《一种经济学的实在主义理论》,参见 R. 巴克豪斯(R. E. Backhouse)编著的《经济学方法论的新方向》,1994 年版,伦敦、纽约:劳特利奇(Routledge)出版社。

《为什么如此众多的经济学家反对方法论》,参见《经济学方法论杂志》,1994 年第 1 卷,1 月号,第 105—133 页。

《'R. 卢卡斯批判':一种推论》,参见《剑桥经济学杂志》,1995 年第 19 卷,2 月号,第 257—277 页。

《关于现代"经济理论"的实在论视角》,参见《经济问题杂志》,1995 年第 29 卷,1 月号,第 1—32 页。

T. 劳森

1996 年 1 月于剑桥大学

第一部分

科学与经济学

3

第一章　决裂点的持续紧张

当今的学院派经济学已处于不健康的状态。多年以来,不断暴露出大量问题,这使我们对该理论的许多分支解释、认为其总能应对真实世界的事件或有助于政策评价的能力产生了相当大的怀疑。这些问题特别困扰着相当霸道的“主流”或“正统”经济学理论,[1] 计量经济学和形式主义的“经济理论”是该理论的核心部分。我这里主要关注的正是这些问题。而且,这种令人不愉快的局面似乎越来越被学术界内外的人们所认识。

举例来说,在学术界以外,英国的《观察家杂志》(1992 年 9 月 20 日,第 7 页)得出结论说:“不存在像经济学这样的东西。这个领域里充满了巫术、大话和伪科学。”《新科学家》(1992 年 10 月 31 日,第 26—31 页)甚至刊登了经济学家们通过观看自己的掌纹预测经济变量和计量经济学家们蒙着眼睛摆弄数字的素描。P. 唐纳森也宣泄了这样的情绪,他报告说:“(我)越来越怀疑,经济学家们实际上不太善于处理我们面临的实际问题”(P. 唐纳森,1984:11)。“似乎主要应当谴责的是经济学家们所干的事与实际不相干”(P. 唐纳森,1984:13)。

在经济学界内,对现状的不满情绪似乎也越来越被非正统经济学家和正统经济学家双方所承认。事实上,非正统经济学家早就认识到并一直强调着这种情况(G. M. Hodgson,1988)。然而,值得注意的是,那些对该学科的性质和现状进行反思的主流经济学家们也越来越表现出某种忧虑。举例来说,计量经济学界已经注意到了大量诸如题为“计量经济学——炼金术还是科学?”(Hendry,1980) 或“让我们揭穿计量经济学的骗局”(Leamer,1983)这样的文章。近来,E. 李默(Leamer)观察到,“搞了三十多年的参数估计后,计量经济学会发现自己已处于严格的监视之下,面临着前所未有的怀疑”(Leamer,1983:42),以至于到了这样的程度,“几乎任何人都不会严肃
4 地看待其他人的数据分析”(Leamer,1983:37)。同时,“经济学理论”或“纯理论”,现代最享盛名的学问,包括传统的典范式的一般均衡理论,最近也似乎被认为是一种陷入严重困境的理论。这里最要命的,是连珠炮似地发表了类似题为“现代经济理论固有的局限性:皇帝没有衣服穿”这样的文章

(A. 克尔曼[Kirman,1990]), 或出版了大量名为《陷入混乱的经济学》(P. 怀尔斯与 E. 劳斯[Wiles and Routh,1984])、《经济学的危机》(D. 贝尔与 I. 克里斯托尔[Bell and Kristol,1981])或《经济学的死亡》(P. 奥默罗德[Ormerod,1994])这样的著作。另外,像 F. 哈恩(Hahn,1991)那样的"纯理论家"也发表了一系列评论,事实上承认了他们长期以来一直对该理论的成功所抱希望的破灭。一位诺贝尔经济学奖得主(W. 列昂惕夫[Wassily Leontief])对现代整个经济学感到绝望,基本上把它视为一种随心所欲的理论,认为它在提高解释力方面几乎是完全失败的:

> 大量的经济学专业期刊中充满了数学公式,把读者从一套套貌似多少有点道理实则完全武断的假设引向虽被精确陈述但却毫不相干的理论结论……经济学家们年复一年地不断建造着难以计数的数学模型,并极为详细地探究着其形式特性;计量经济学家们把所有可能的、各种形式的代数函数应用于本质上相同的各类数据,却无论如何也看不出能够提高对真实经济系统的结构和运行机制的有系统的解释力。
>
> (W. 列昂惕夫,1982:104)

无须说,对这种形势的某些判断是由主流经济学家内部的一些人作出的,这些人也提出了某些"解决办法"。但没有一种办法证明是成功的。我将论证,这种失败反映出对混乱局面的本质缺乏足够的分析。至今所尝试过的"解决办法"取得的成效甚微,说实话,至多不过是改善了某些症状的表现形式。在某些情况下,这些办法本身可被理解为仅仅是深层问题的新表现。因此,本书的一个目的是试图阐明困扰现代经济学的混乱局面的真正本质,以找到一条正确的行动路线。

目前,当任何理论陷入了某种混乱的时候,此种无序的迹象在另一方面也表现为:该理论无法满足自己为自己设定的标准。现代经济学也是如此,特别是我这里主要关注的影响极大的主流经济理论。引起关注的最为人所知的原因,是经济预测人员不能足够精确地进行预测,"理论家"们也不能对任何引人注目的真实经济现象提供非武断性的解释。然而,至少同样引人注目的是:紧张与不协调关系在该领域广泛存在,经久不绝,此种问题最为 5
恰当的称呼,就是"理论与实践的脱节"。在现代经济学界,在很多情况下,一方面经济学家们在他们的理论阐述中宣称自己做着这件事,而另一方面,从他们的许多做法中看得很明显,许多善于思考的同行们也承认,他们实际上却在做着不同的事。鉴于这样的理论与实际不一致的情况所产生的那些混乱和不确定性，会导致令人不愉快的妥协和临时的（ad hoc）调和，会导致对批评的明显压制及其他异常行动，这些不一致现象的存在至少与实际后果中的大量缺点一样显著。

虽然在我心目中理论观点与实际做法不符的现象相当严重，存在于经济学学术研究的各个方面，但为了达到我的目的，只需确定几种既广泛流行又持久存在的形式就足够了。我将简述涉及实施方法、应用社会理论和实践方法论的三种类型。这些例子应当足以表明所存在的问题的广度与性质，它们还会使下述观点更加清楚：任何打算把该学科改造成比过去五十年左右更加有用的东西的计划，都将需要超越和解释现代理论的长期不一致问题和其他各种问题，在某种程度上说，这些问题与现代理论不能预测和解释任何实际经济事件或经济形势相比，其存在范围更广。

1. 方法上的不一致

我要考虑的第一个不一致之处，也是人们常常评论的问题，是理论家们（例如 Blaug, 1980；McCloskey，1983，1986）反复使用的具体方法、实践、研究手段和推理模式与他们声称的理论观点不一致。正如 D. 麦克洛斯基（McCloskey，1983）在说明当时的情况时所说的那样：

> 经济学家们不遵循其方法论规定的探究规律。这也是件好事。假如他们遵循的话，对于那些他们通常谈论的大多数事情就会哑口无言。鉴于经济学家们往往夸夸其谈、言过其实，许多正规方法论显然不是其科学信仰的根据。
>
> （D. 麦克洛斯基，1983：482）

换句话说，根据 D. 麦克洛斯基的看法，经济学家们对论道"有两种态度，即正式的和非正式的、明确的和隐晦的。在对抽象概念和方法论的反复咀嚼
6 方面，他们喜欢用的正式说辞表明，他们是现代型的科学家"（McCloskey，1983：484）。但在 D. 麦克洛斯基的评价中，他们的实际做法并不符合这样的说辞。

计量经济学就是一个范例性的例证。举例来说，人们广泛地注意到，当计量经济学家们在建立并评价自己的"模型"时，他们频繁地"操作"着如果不是数千个也是数百个的回归，而这种做法却与他们公开认可的经典推理理论背道而驰。此外，当把他们的模型用来预测未被觉察的具体的未来经

济形势时，计量经济学家则反复对估计参数值进行专门修改，或加入一些“附加”因素，以便产生“合理的”或“可信的”结果，从而，违背了 R. 卢卡斯（Lucas）所称的“经济政策理论”（Lucas，1976）。这样一来，虽然经济学家们的确还对后一种理论说点“好听的话”，R. 卢卡斯却“看到许多迹象，这些迹象表明，从事实际建模的计量经济学家们就连‘好听的话’也极少说过”（Lucas，1976：22）。正是这种理论与实践的明显不一致催生了影响极大的评价经济政策的“R. 卢卡斯批判”（Lucas，1976：22）。在这篇批判中（将在第七章中讨论），R. 卢卡斯特别集中论述“计量经济学的预测人员对可获得的数据序列（的某些子集）表现出的冷漠”；“频繁地对经济计量关系做重大修改和重新组装”；“非常明显的做法是……为了达到预测目的把一些模式用于最新剩余以修改截段估计”等（Lucas，1976：22），所有这些做法都与公认的理论不一致。

并非只有计量经济学界以外的人们关注这些问题和与其相关的问题。实际上，最著名的评价之一是由 E. 李默（Leamer，1978）提供的，此人本身就是一位备受尊敬的理论与实践型计量经济学家。E. 李默指出了计量经济学的理论与实践之间的明显存在的鸿沟。与此同时，他还对大多数计量经济学家在接受这种现实时所保持的冷静态度给予了注意：

> 经济学行业中相当大一部分人认为经济计量理论与这方面的实践基本上不相干，这种情况令人感到难堪。经济计量理论与其实践之间的巨大鸿沟很有可能导致该行业陷入紧张局面。事实上，一种冷静的平衡弥漫于我们的各种刊物和会议中。我们一方面心安理得地把自己划入统计理论家的犹如誓不结婚的神父行列，另一方面又把自己归于积习难改的有罪孽的资料分析家的队伍。神父被赋予了罗列罪状的权
> 力，并因其表现出的特殊才干而备受世人敬畏。罪人不可能逃避罪孽， 7
> 他们需要为自己的过错公开忏悔。
>
> （E. 李默，1978：vi）

实际存在的情况更令人困惑不解。那些教授计量经济理论的人与那些建立计量经济模型的人不仅使用着同样的措辞（那些理论上的措辞也许被认为是正式认可的研究方法的根据），他们通常还扮演着在互不相容的活动之间漂来荡去的双面个体角色。请再想一想 E. 李默的经历：

> 我于 1966—1970 年在密歇根大学做经济学硕士研究生时，就开始思考这些问题。当时有一个非常活跃的群体，他们致力于建造美国的

> 计量经济模型。碰巧计量经济模型在那栋楼的地下室制作，计量经济学课就在顶层的教室里上（第三层）。令我迷惑不解的是两个地方使用着同样的语言。更令我感到困惑的是某些在地下室胡作非为的人的变形行动。这些人一登上三楼就变成了最高贵的教父。
>
> （E. 李默，1978：vi）

所有这一切将产生什么样的后果？我们可以承认，理论与实践的不一致本身就是所有成长、学习和发展过程的特点。它们是一种动向指标，即为了取得更多进步，对现行的分析框架必须进行某种改造。例如，如果理论在实践中贯彻不下去，或如果实践取得了某些理论认为不可能的成果，那么，至少理论就需要修改。正如任何研究项目的进展那样，随着时间的推移，唯一有可能保持的或合理渴望得到的那种一致性总是一个发展的过程，正如蝌蚪成长为青蛙或最初的想法和匆匆记下的东西变成一篇论文一样。然而，E. 李默正在观察的现代计量经济学的真正失败，是培养出大量这样的计量经济学家，这些人能容忍该学科明显存在的不协调一致的现象，从而赞成大量的妥协方案、特别策略等诸如此类的举措。这种结果是不可避免的。

应当强调指出的是，E. 李默本人却没有犯这种过错。的确，他的书是以下面的信仰为前提条件的，即“不知你为什么在犯罪就是罪”，它代表一种“抛弃统计教父们的高人一等的优越感，要在不可避免的罪恶绝不可能是罪恶的假设之下行事”的欲望（Leamer，1978：vi）。然而，他最终认识到他自己
8 提出的解决办法，即用贝叶斯的推理理论代替经典理论只能取得有限的成功，结果，E. 李默对其前景也感到相当悲观：

> 我看不到能使任何数学推理理论充分适用的已露端倪的发展。不管是好是歹，真正的推理将继续是一种相当复杂的和不易搞懂的东西。
>
> （E. 李默，1978：vi）

但是，如果说数学推理理论不适用于经济现象的话，这并不是说不存在令人满意的能让人搞懂的替代方法。无疑，另一种值得预期的可行的假设是，需要一个在某种程度上说比从古典方法转到贝叶斯推断更加根本的转变。此外，鉴于计量经济学家们似乎必须确定包括参数估计和模型外推法在内的哪种等式描述比其他任何形式计量练习都容易接受的问题，自然会产生形式统计推理方法是否真有必要的问题。无论如何，到时我将阐明超越这些问题，实现该学科在总方向上的根本转变肯定会获得成功的前景。可是，在明确讨论这样的问题之前，我还会举出更多具体做法与理论不一致

的例子，以及在这些例子中那些理论被认为是做法的根据。因为我们不仅仅在计量经济学家的操作中发现了理论与实践一直步调不一的现象。[2]

2. 社会理论层面的不一致

其他紧张或不一致现象在经济学理论的实质性内容方面已开始显现，或说得更精确一点已经很明显。特别是，在他们的日常讨论中，概括性的言语中，公开和计划性表态中，主流经济学家们往往会提到许多重要的理论主题，因为其正式操作方法不适于那些主题，所以，必然造成严重的紧张状况。这些主题甚至包括诸如选择、制度、市场、货币、社会关系、不确定性和变化等经济学的基本范畴（参见 Farmer and Matthews，1991：106）。我这里只集中讲其中一个主题。大多数经济学家们似乎承认一种直觉，即人具有实施真正选择的能力。经济学家日复一日地用"选择"这种语言进行思考，并且使之进入他们的纲领性立场，不仅如此，经济学家经常把他们的研究主题，至少是其中重要的一部分，称之为"选择理论"。"选择"这种修辞方式如此盛行，以至 J. 杜森伯里得出一个著名的结论："经济学与社会学的区别是，前者 9
完全是关于人们如何做出选择的学问"（Duesenberry，1960：233）。[3]

但它并非是选择的学问。在主流经济学杂志和书籍里的形式化"模型"中，人的选择最终被否认了。因为，如果真正的选择有什么意义的话，那么，任何个人都总是能够别样行动的。而这正是现代"理论家们"在他们建立形式化模型时所不能容许的。这也就是说，虽然选择的真实性在经济学家们非正式的讨论和对公众的宣传中被他们广泛承认，但在他们形式化的实质性分析中，这种选择的实施总是缺失的。实际上，与其处境相比，个人被以这样的方式描述：几乎总是只有一种更好的或理性的行动道路，而这却是一条老走的旧路。尽管存在着挑动性的言辞，但是人的行动，诚如被模型化了的那样，本就不可能是别样的。（关于这一点，还可参看 Shackle，1972，1989；Loasby，1976；Farmer，1982；Hodgson，1988，1993a；Runde，1997）

这里讨论的不一致问题与上面讨论过的计量经济学理论脱离实际的现象，在主流经济学家们的论文中也得到广泛承认。在这一点上，人们把注意力往往放在了所谓"困境"、"复杂难题"之类的说法上，却很少有人去专心解决这个问题。似乎通常的办法是希望明显的紧张局面会自动消失。在实际工作中，应对的方式往往带有随意性。这方面有一个人们比较熟悉的例子，那就是把假定的计量经济关系分割为内生变量和外生变量，而只有后者才被视为是可被选择的，尽管在操作中这样的选择仅仅是制定政策的精英们的特权。但是，对后一种变量的选择的可能性刚一产生，就会遭到同一理论认为的会内生出更多变量的趋势的残忍破坏。最近的一个实例是，合理预期假设的支持者们竭力说服其他主流经济学家接受所有理性代理人的信仰都是（在那个假设的意义上说）符合理性的观点，并劝说他们做出符合这种假设的模型来。T. 萨金特（Sargent）和 N. 华莱士（Wallace）注意到了由此而出现的一个所谓困境或“复杂难题”的版本：

> 经济学家面临的复杂难题可以用下面的话来描述。为了使一个模型具有规范性意义，它必须包含某些参数，那些参数的值可由决策者选择。但如果这些值可被选择的话，理性代理人将不把它们看做是固定的，并会利用各种手段预测其值。如果该经济学家利用这些手段建立经济模型，那么，那些参数就会变成内生变量，不再以用于其他内生变
> 10 量的简化形式的方程出现。如果他在建立经济模型时不考虑那些手段，那他就不是在要求别人接受理性信仰。
>
> （T. 萨金特和 N. 怀莱士，1976：183）

对正统经济学的这个谜，M. 雷德尔（Reder）用另一种说法进行了描述：

> 与稳定性偏好的假设相关但却在逻辑上不同是“为了内生化的冲动”。这个趋势的主要表现是 G. 施蒂格勒（Stigler）试图解释和约束政治决策者们的行为，但它并非是唯一的……
>
> 要成功地内生一个新变量就必须提高经济学的解释能力，能取得这样的成功当然有许多好处，然而，必须看到一旦变量被变成内生的，它们就不再充当社会选择的对象了。
>
> 在变量被内生化的时候——选择被解释——“社会”的选择自由就会被视为错觉。自由似乎不在于选择的权力，而是（按黑格尔的说法）在于认识到它是必需的。对 A. 斯密的追随者们来说这是一个不可能的结论，肯定也不是他们所希望的结论，但却是一个只有通过这个研究方向的失败才能使他们得到挽救的结论。
>
> （M. 雷德尔，1982：34—35）

我们也许还会注意到，在主流经济学的论说中，所谓认识过程总是一种决定论的过程，并在事实上是相当个人主义的事情，在这种情况下，每个人都会从不提出任何问题地记录经济“信号”或其他相互没有联系的信息。通常情

况下，后者的信号会采取市场价格的形式。但是，一般地说，任何可测量的事件或事态都是一个潜在的候选者。在这个过程中显得最重要的是人是被动的感知器，是没有反思的接收器，是任何被视为可获得的“信号”的记录器。

其结果只有一个结论，那就是人在主动创造自己的历史过程中的任何贡献都被否认了。的确，把具有能动性的人描述为机械般行动的动物是主流经济学的一贯做法，在这样的描述中，人在外力的唯一影响下被推着前行。在这里，有必要重复一下 T. 凡勃伦对这种通常被称为“享乐主义”个人的、极具感染力和经久不衰的评价：

> 享乐主义关于人类的概念是将人视作闪电般地计算快乐与痛苦的
> 计算器，他像一个追求快乐的摇摆的同质小球，外界的刺激使他移动，
> 但不会使他有所改变。他既没有前因又无后果。他是一个孤立的、确
> 定的人类已知数，除了冲击力使其在不同方向移动外，他始终处于稳定
> 均衡态。他在空间上自我驱动，绕着自己的灵魂轴心对称地旋转，直到
> 外界力量强加于他，使他不得不屈从。当这些作用消失之后，他又成了 11
> 和以前一样静止的和不易冲动的欲望小球。本质上，享乐主义的个人
> 不是一种原动力，除了在受制于外在的和异己的环境力量强加给他的
> 一系列变化这种意义上，他并不位于生活过程中。
>
> （T. 凡勃伦，1919：73，74）

因而，令主流经济学家们进退两难的是：是否要抛弃人的选择是真实的这一广泛感觉到的直觉观念，还是要坚持它，抛弃根本不适合于它的那些方法和相关理论。从形式上看，在设计形式化“模型”和坚持认为这是唯一“适当”的方法（即便“非正式的做法”也许很不相同）时，主流理论家们选定前者。不过，相当明显，如果选择是不断被使用的人的能动性的真实特点的话，我们就应当有所作为，这比只是赞成许多做法或理论（解释理论和人的行为与情境理论）好得多，因为按照那些做法和理论它（选择）最终是得不到支持的。

3. 方法论上的不一致

这里要提到的第三个紧张局面与方法论的主要方向有关。虽然主流经济学家们反复断言，“方法论”或“哲学”与经济学的进步无关，并积极地贬

损它,但同样的那些经济学家自己却似乎忍不住要去参加明显是关于方法论的讨论与探索活动(参见 Backhouse, 1992;Hahn,1992a,1992b)。方法论似乎在理论上被视为无益于经济学,或被认为是使经济学分心的事,但在实践中又被认为是必不可少的或至少是不可避免的。

在这里,这个谜的部分困惑是为什么方法论竟被认为在理论中是可有可无的。当然,在以后的讨论中,有必要对这种理论观加以解释。但现在可以说明的是,这样的一种理论方向带有普遍性,并正在从许多方面表现出来。也许最直接的方式是长期反复唠叨这样的模棱两可的话:“不要想它,只是做就行了”,或“方法论者们疯了”,或“能干的人搞经济学,不能干的人搞方法论”。[4] 另外,一个限制方法论的有效办法,是主流经济学杂志显然不愿多刊发这方面的文章。更明显的表现是许多负责研究经费分配的重要部门,公开拒绝促进其发展。例如,英国目前为经济学专业的学生提供和
12 推荐的培训,都明显缺乏方法论的内容。随便翻阅一下经济与社会研究委员会[5] 最近提供的《研究生教育指南》就知道,所提供的 20 个学科指南中只有 2 个学科指南(另一个是关于城市规划的),没有明确列入详细说明需要以某种方式开展“社会科学哲学”或类似教育的章节,经济学指南就是其中之一。

但这种反对方法论的倾向并非是连贯的或一致的。[6] 那些特别高声地反对方法论的人不但在他们的重要论文中反复折回到这个论题上,而且,如果是在咖啡馆或局部性研讨会上的话,常常发现他们争论和捍卫的只能被说成是明显的方法论/哲学问题。举例来说,F. 哈恩(Frank Hahn)既发表方法论方面的论文(参见 Hahn,1984,1985),又在我的研究所里经常参与关于方法论问题的局部性辩论。然而,他的正式表态却一直是反对进行这方面的教育和研究的。因而,在 1992 年 7 月出版的那期《英国皇家经济学会简讯》里,当 R. 巴克豪斯(Backhouse)提问道“我们应当忽视方法论吗?”时,F. 哈恩答复的标题就是“对 R. 巴克豪斯的答复:是的”。随后的交流会本身就是对 1992 年 4 月上旬 F. 哈恩发表在《时事通讯》上的一篇论文的回应,这时正值 F. 哈恩从剑桥大学退休之际,他在该刊物上以劝告青年经济学家的形式进行了各种“反思”。在这些反思中,他特别建议要“像回避瘟疫那样回避对经济学中的数学”问题的讨论,并建议“根本不要考虑方法论”[似乎无关]。当 R. 巴克豪斯于当年 7 月在《新闻通讯》中指出 F. 哈恩本人也在应用方法论时,F. 哈恩很不情愿地承认了这一点,但这样的承认却被他吃惊地感到竟

会有人认为经济学家应当学习哲学，或在哲学/方法论上花大量时间，给冲淡了：

> 方法论如原罪般不会离去，R. 巴克豪斯说得对，我本人就犯了这样的罪。假如我没有……情况也许就会好一些。我真正想要劝告青年人的是，不要在它上面花大量时间与心思。他们现在学习哲学，下一步该学习什么玩意儿？
>
> （F. 哈恩，1992b）

这里要强调指出，正统经济学家不只是正式贬损方法论，他们还明确地唐突无理地这样干。虽然他们不像忽视诸如真实世界的结构和权力的滥用、大量的战争、饥饿和其他痛苦、社会衰落等一样忽视这个主题，但他们却如 F. 哈恩所做的那样，鲁莽地断言从事任何方法论方面的工作都是浪费时间。此外，他们这样做时，在很大程度上并没有多少明确的、有说服力的论 13
据。大多数用来说服人的话都是些乏味的断言。看上去敌手们几乎感到不值得花心思去思考这个问题。B. 考德威尔（Caldwell，1990：64；1993：45）记录了类似的观察：

> 在 1989 年弗吉尼亚里士满举行经济学史学会会议期间的一次题为“方法论对经济学家或经济史学家重要吗？”的一个分会上，有些与会人员对此问题的回答是否定的。作为一名观察员，我对这次会议感到失望，之所以失望，并非因为研究方法论受到攻击，而是因为攻击是那样的苍白无力。主要忧虑似乎是许多经济学家认为研究方法论只是浪费时间。一个专题讨论小组成员甚至建议，为了不冒犯我们的经济学同行们，只要我们用另外一个名称，继续从事方法论研究就安然无事。为了不产生任何怀疑，一开始就应说明，至少在美国，大多数经济学家对方法论的态度冷淡，许多经济学家公开表示敌视。对这些态度进行解释确实是一个值得进一步探讨的方法论话题。但其存在至少在目前应当被视为一个已知的事实。
>
> （B. 考德威尔，1990：84）

现在看来，F. 哈恩的印象也许有某些正确性，即经济学界关于方法论的讨论，从过去的情况来看，往往被证明在很大程度上是没有成效的。但是，如果的确如此，那么，之前广泛流行的一个评价，即方法论不可能产生什么成果，正如我们将在下文中看到的那样，就既不是由此而产生的评价也不是具有任何正确性的评价。它纯粹是一种断言，换句话说，对它从未进行过真正的论证,而只是武断地那样判断而已。然而,由于缺乏具有说服力的论证而遭到失败后,我怀疑,主流经济学家们不会再那么武断或采取任意歧视的做法。更确切地说,对这些人来说,对方法论采取不予理睬的态度看上去是一个常识问题,一种自然由更加普遍的信仰系统和心态决定的直觉力的表现。这样一来,不予理睬的态度就会显示出一副在哲学上中立的面孔。这是要求任何一个从事经济理论研究的经济学家都采取的一种显然明智的态度,下面的话可充分体现这种态度:"不要去想它,听之任之就行了。"然而,我再说一遍,它表达了一个经济学家们做不到的约定。其实质意义是,经济学界广泛接受的这个约定与在行动中显然不能与其保持一致的两种并存的
14 现象,是一种需要进一步解释的现象,这种现象又一次表明现代经济学存在着很不理想的混乱与不协调状况。

总而言之,现代经济学处于一种不健康的状态。最明显的是,按照它自己的主张,它表现得很差劲,既不能对事件提供具体精确的预测,又不能说明我们生活于其中的这个世界。但在两者同等重要的意义上说,整个理论充斥着混乱与不协调现象。不过,这种比较普遍存在的情况的严重性却极少得到承认。当然,这里强调的持久的、理论与实践不一致的状况,必将被大多数务实的经济学家所认识。在主流圈内工作的经济学家或与主流打交道的人中,只有少数人(Blaug、Hendry、Leamer、Lucas、McCloskey、Reder 等)才准备以他们所许诺的某种严肃的态度对待这些不一致的现象。更准确地说,占支配地位的势力打算把那些令人伤脑筋的难题或紧张局面看作在必要时可容忍的温和的刺激,期望它们到时会慢慢自动消退。这样一来,对现代经济理论在解释、预测或其他阐明现实的方法上的失败,他们仅能作出一系列有限度的反应:继续修改该理论的某些部分,收集更多的数据,开发越来越复杂的计算机软件,等等。

虽然这样的发展通常是受欢迎的,但它们基本上应付不了大量存在的问题、紧张和混乱局面,以及随之而来的行动异常等,更不用说解决这些问题了。这种情况使人们开始接受惯用的实践与被认为为其提供依据的理论之间的长期脱节的现象。所有这些反应在一定程度上具有共同的特点:现行的经济学研究方法在实际工作中基本上没有被触动。然而,一旦我们正视遍布于该学科的问题的深度与广度,道理就很明白,必须对其做出更深刻、更彻底的反思与回应。除了别的事情,明摆在我们面前的任务就是必须从根本上对方法论进行广泛、深入和持久的研究。事实上,在以后的章节中

将会看到，要解决现代经济学中众所周知的理论与实践相脱节的问题，以及其他更具一般性的该学科的局限性问题，就必须按其本来面目对其从根本上进行改造。

15 # 第二章　实在论、解释与科学

现代经济学的问题与失败应当如何解释,如何解决？这里提供的答案是:(1) 这些问题是经济学家们广泛而不加批判地依赖一种靠不住的科学与解释观念的结果;(2) 这些问题可通过用一种更加适当的新观念代替原有观念得到解决,这种新观念来自采取明确的实在论的取向。下面的几章将详尽阐述这个“答案”。在阐述的过程中,我将表明,从这个意义上说,实在论的取向如何能够有利于形成比现行经济学与实践更加相关的经济学,或甚至有可能在现代经济学学科的解释规范与准则的范围内采取这个取向。然而,直到第四章我才会充分讨论刚才提到的那些问题和不一致现象。

1. 实在论(realism)

我将以描述我界定实在论的那种观点开始讨论。实际上,任何坚称某种有争议的实体(诸如黑洞、阶级关系、经济均衡[equilibrium]、引力、中微子、公用事业等)的存在的观点在该术语的哲学意义上都可被称为实在论。很清楚,按照这个定义,我们大家都是某种实在论者,因而,有许许多多可想象得到的实在论。科学中的所谓实在论观点,即科学实在论,断言科学研究的最终对象基本上是独立于对该对象的研究或至少先于对其的研究而存在的。现在,我要论证的实在论概念与本体论或“形而上学”有着明确和密切的关系,也就是说,与探究存在的本质,其中包括研究对象的性质、构成和结构等密切相关。的确,它与本体论有直截了当的关系,特别与详细阐明自然实在与社会实在各个方面的广泛本质有直接关系,它解释了其后用来给各种不同的观点命名的实在论这个术语。因此,最重要的是实在论这个术语
16 在这里是用来专指对实在(无论是自然实在还是社会实在)的本质进行描述或说明。

但为什么要把精力耗费在如此定义的实在论上？当然,想必经济学家们认为可以且应当避免浪费时间去深思如“实在论”和“本体论”这样的问题,仅仅认可如正规经济学教科书和最近的一些文章里定下的那些目标、准

则、方法和程序，并且照办不就行了吗？甚至承认已经证明过去五十年左右，现代经济学是失败的众所周知的事实，不是个使其如以前那样继续下去的正确办法不就行了吗？（尽管这种承认是比较艰难的。）

当然，后者至少在主流圈内通常是受欢迎的反应方式。我们将会看到，这里的问题是随后对社会存在的本质的忽视在实践中已经导致了某些方法与程序的产生，而这些已被公认为"正确的"经济学的根本方法与程序，虽然多少被认为是普遍有效的，但实际上它们已很不适合用于分析社会对象。[1] 在鼓吹其理论时，现代正统派经济学家们似乎仅仅假设，无论采用什么方法，社会实在都必须给予"配合"。我们会发现，正是这个假设才是产生前一章中提到的该学科那些问题的根本原因。为了避免这种认识论上的还原论，特别是为了寻求适用于社会科学研究对象的方法，本体论才成了我们这里明确关注的对象。换言之，我试图捍卫的实在论方向坚持认为，其所设计的社会科学研究方法能够也的确应当把那些关于社会存在的本质的可利用的深刻见解考虑进去。换句话说，通过采取这样一种策略，该学科的那些显著问题就能够得到解决。

2. 演绎主义（deductivism）

但是，经济学中真的有一套既对主流理论又对我正在提出的观点带有根本性的方法或做法，而这些方法或做法却与分析社会现象无关吗？甚至承认了正统经济学明显不能解释或换句话说不能阐明真实世界的现象后，难道就不可能将此归咎于任何一套被错误地普遍化了的分析方法或分析模式吗？我认为实际上是可能的。我将论证，主要"罪犯"就是可被指称为"演绎主义"的解释模式，或者更具体地说，是演绎主义解释主要依赖的"规律"概念（或"有意义的结果"或"理论表述"）。

这个规律概念[2] 是从事件或事态的恒定关联的角度出发进行表述的。这是在事件或事态的实际过程水平上，把规律解释为与结果相联系的恒定关系，或解释为在此水平上依靠这样的关系。按照这种观点，常常被称为 17
"覆盖率（covering laws）"的规律所表达的是"只要事件 x，那么事件 y"这样一种形式的规则性。对这个公式化的表述应当进行一般化解释。因此，例如"事件 x"可是许多事件的一个集合，事件之间的暗示关系可能是概率性的（因而，y 可被解释为一个序列的平均数或极限），或者是确定性的。在实践中，关于规律的著名观点往往与这样一个原则有关，即这样的规律必须由其实例来评价（证实、确证、证伪和检验等）。所谓演绎主义，我的意思是仅指建立在与这种理论评价有关的各种规律的事件规则性之上的许多理论（科学理论、解释理论、科学进步理论，等等）的集合。

现在，一般地说，解释某个事件、某件事情或某种现象（即“待解释事物”），就是要提供一个最初现象可借以被弄明白的说明（“解释要素”）。因而，根据演绎主义的解释，待解释事物必须从一套初始条件和边界条件加上“只要事件 x，那么事件 y”的形式的普遍规律中推导出来。显然，根据这个演绎主义概念，解释与预测完全是一回事（这就是所谓的对称命题）。前者的演绎产生于事件发生之后（或知道已发生），而后者则产生于（知道）事件发生之前。[3] 根据演绎主义，解释规律、理论和科学是根据三段论的小前提以相似的方式进行的。

附带说明一下，我们可以注意到，这个解释理论以各种不同的方式被理解为覆盖率模式，即 K. 波普尔-亨佩尔解释模式（K. 波普尔最近首先重新表述了一次，而亨佩尔一直是其最热忱的支持者），又被称为演绎法则模式（nomological 中的 nomos 在希腊语中是法律的意思）或简称为 D-N 模式。就“统计定律”而言，D-N 描述往往被“归纳—概率”标签或 I-P 标签所代替，虽然在前面的演绎法则的标题下包括两者。

解释的演绎主义模式很容易说明白。假如我要用 D-N 模式解释我的车的散热器里今天早晨有冰这样一件事，我就需要一套初始条件，和至少一条逻辑上导致这个事件的通用的“覆盖率”。这个解释的一个可能的竞争者包括以下初始条件：(1) 昨天我的车的散热器里有水，(2) 我的散热器不漏水，(3) 昨天夜里气温降至摄氏零度以下，根据经验规律水在摄氏零度时结冰。[4]

18 在实践中，这种解释反复以以下方式展开：

1. 初始条件

2. 法则或理论

---

3. 解释和预测的现象

因此，刚才的例子可以改成下面的方式表示：

L1. 昨天我的车的散热器里有水

L2. 我的车的散热器不漏水

L3．昨天夜里气温降至摄氏零度以下

L1．水在摄氏零度时结冰

P1．今天早晨我的散热器里有冰

我认为，这样理解的演绎主义，特别是支持它的法则概念（不管事件的规则性可能被贴上什么标签或被如何解释）是现代主流经济学的特征的说法是无可争议的。例如，正如不断追求某种盖然性的事件规则性是计量经济学的特征一样（见第七章），假定如通常解释为“公理”或“假设”的严格而恒定的事件关联性是现代“经济理论说明”[5] 的一个条件（见第八章和第九章）。更确切地说，约定认为演绎解释模型理所当然是普遍有效的。少数经济学家，其中主要是非正统经济学家，时而对主流经济学家们在相当程度上依赖演绎观念的现象所表达的一定的忧虑，往往被误解为不认可那些被提出的实质性前提、公理或假设。对推理模式的批评是某种在主流内似乎极少认真思考过的东西，演绎主义的相关性从来未受到过质疑。如 F. 哈恩 1985 年所写的那样：[6]

> 经济理论的反对者们常常争辩说，它是重言逻辑式（tautologous）的，因为它是由来自公理与假设的逻辑推理构成的。如果一个人对这样的批评家有好感，那么，这个人就把他们理解为以间接的方式表明他们并不在意这些公理与假设。不管怎样，所有学科的所有理论都是以这种方式进行的。
>
> （F. 哈恩，1985：9）

不过，我在这里很想对一般化了的演绎主义的相关性的预设提出质疑。我尤其想确定由其预设的关于实在的概念，特别是由其所依赖的法则理论或法则似的陈述所预设的概念，并评价被当做描述社会现象特征的这个概念的相关性。换句话说，我的目的是要确定社会物质的特点，因为这个特点能使以演绎主义的解释理论和相关的科学法则观念为前提的方法与技巧的运
用合法化。一旦达到了这个目的，我们就能评价已被揭示的该本体论概念 19
的相关性的范围，同样也可评价演绎主义的相关性的范围。更具体地说，我们就能够确定后者对社会领域的实际意义。

3．经验实在论（empirical realism）

事实上很明显，如果讨论中的解释理论与科学取决于鉴别或假设“每当

有事件 x,那么就有事件 y”这种形式的规则性的话,让我们查看一下这样的事件的恒定关联赖以产生的那些封闭系统,那么,演绎主义的普遍性或广泛的实用性的一个先决条件就仅仅是,实在是以这样的无所不在的封闭性为其特点的。

这样说来,有没有根据设想这样的事件规则性或封闭系统具有普遍性的特点呢?从历史角度看,讨论中的科学与解释的观念之所以受到人们的鼓励,大概来自植根于 D. 休谟的因果分析的一种实证主义版本,或至少来自如通常所理解的 D. 休谟的论证。现在,按照我对这个术语的理解,[7] 实证主义首先是一种关于认识及其性质和限度的理论。具体地说,该理论宣称人的认识采取了感官经验和印象的形式。但任何认识理论均预设了某种本体论。因为必须假定(哪怕仅仅是隐晦地):实在的本质是如此,以至于它可能是所要求或规定的那种认识的对象。讨论中的实证主义观念需要把实在描述为,它是由构成原子状事件的经验或印象的对象所组成的。的确,在实证主义中,实在实质上被定义为在经验中得到的东西,我援用 R. 巴斯卡和其他人的说法,把关于实在的这种观念称为经验实在论。

从这个观点出发,可得出这样的结论:如果科学要真正成为可能的话,它就必须采取详细说明那种类型的规则性的形式,即“只要事件 x, 那么事件 y”的公式。因为如果具体的认识被限制在从经验中得到的原子状事件上的话,获得包括科学认识在内的一般认识的唯一可能性是对联系这些事件的模式进行详细阐述。因而,这样的恒定事件模式或形式的规则性“只要事件 x,那么事件 y”,就构成了休谟式或实证主义的因果律解释。此外,如果科学的成功被认为具有广泛性,那么,同样会得出 D. 休谟的因果律一定具有普遍性的结论。

接下来必然是,如果我打算反驳假设的演绎主义解释观念的普遍实用
20 性的论点的话(即是说,它在社会语境中的有用性是高度受限的),那么,极其重要的是我必须提出一种替代经验实在论的本体论(即是说要提出一种替代断言实在已被原子状事件和其恒定联系彻底阐明的观点的本体论)。这就是说,我现在必须提出一种至少容许有可能用一种不同的科学观念去探索著名的事件规则性的本体论理论。当然,鉴于我的这项工作的意图,同样重要的是我必须确认,这个替代观念适合于分析社会领域的各种特点,而演绎主义方法却不适合这样做。

然而,在明确考虑社会现象的特殊性之前,即在具体详细阐述一种社会

本体论的理论之前，还有必要更加充分地描述一下自然界的物质的特征。因为，我们将发现，即便在这个领域，“只要事件 x，那么事件 y”这种形式的自发的事件规则性也几乎不是普遍存在的，而只有在相当特殊的情况下才会出现。事实上，在比较高的抽象水平上，有可能详细阐述和捍卫一种哲学本体论，正如结果所证明的那样，这种本体论既可描述自然现象的特征又可描述社会现象的特征，而且，我们还能看到它支持另一种比演绎主义能更广泛地说明科学与解释的方式。在本章的剩余部分，我将集中阐述这个新观念，并把它与已经描述过的演绎主义框架进行对比。只有在下一章才会说明替代理念较之演绎主义的优越性。因为此时我主要关注的是表达我力图捍卫的观念的实质，又因为在正在谈论的抽象水平上，人们将看到这个观念到时候会被应用于自然现象和社会现象两个领域，我将从我的目的出发间或引用来自上述两个领域的实例说明问题。[8] 然而，在第三章，当我要论证此观念的相对适用性的时候，我将根据各自的优势分别考虑自然与社会两个领域的具体情况。

4. 超验实在论（transcendental realism）

重申一下：我要论证的替代经验实在论的新理论，是一种到时候将会发现能被应用于自然与社会两个领域的理论（尽管值得再次强调的是在较高的抽象水平上而言），是一种在超验实在论的名目之下最近已被明确系统化了的理论。这里，我大量参考了 R. 巴斯卡的著作。目前，在两个非常重要的方面超验实在论与经验实在论有所不同。首先，根据超验实在论（关于这 21
个具体称谓的理由到时会明白），世界不仅仅是由事件、事态、我们的经验或印象构成，而且还由存在于低层的结构、各种力量、机制和趋势构成，不管它们是否被觉察，不管它们是否支配或促进着实际事件。第二个不同之处是，根据超验实在论的观点，不同层面的实在相互之间并非是一致的。[9]

让我来展开论述一下这些差别并简略陈述我对设定范畴的理解。我打算捍卫的观念认为，世界部分地是由很多复杂事物所组成的（包括许多系统和复杂的有结构的情形），这些事物借助其结构具有以某些方式行动，以及促进各种活动和发展的某些能力。自行车借助其构造或结构具有有助于乘骑的能力；火药具有引起爆炸的能力；语言系统具有促进语言行为的能力。这样的能力是存在的，不管它们是否被运用。自行车有助于乘骑，即便它老是停在车棚的后面；火药具有造成破坏的能力，即便它从未被点燃过；语言系统具有能使交谈发生的能力，即便在场的人选择不说话。在许多情况下，我们能从我们所知道的一件事物的结构中推断出该事物中潜在的某种能力。在建造或最终“试验”任何具体的火箭、飞机、桥和降落伞之前，肯定会推断出大量关于它们的动力或能力的东西。因而，复杂的事物由于其结构具有各种力，我们可研究它们的结构，在某些情况下，可由此推断出其具有的某些能力来。

机制基本上是一件有结构的事物的行动或工作的方式。自行车和火箭以某些方式工作。当然，如果不具有那样的能力，它们也不可能以那样的方式工作或行动。因此，机制是以事物的因果力的形式存在的。具有结构的事物的能力的运用通常只能是某种输入的结果：摩擦火柴、举起和挥舞铁锤、打开计算机或与其互动、收缩声带、教师和学生来到学校或雇员来到工作场所，等等。机制一旦被触发（在相关之处）就会产生效果。因此，有结构的事物具有因果力，当其被触发或释放时，这些因果力就会发挥生成机制的作用，决定世界上发生的实际现象。[10]下面，我将展开阐述趋势这个概念。

这样说来，展现在我们面前的这个世界不仅仅存在于事件的实际过程和我们的经验中。更确切地说，它存在三个不同的实在领域，即经验领域（empirical，经验和印象）、真实领域（actual，除了经验之外还有实际事件和事态）和实在领域（real，除了实际事态和事件之外，还有结构、力量、机制和趋
22 势）。那片秋叶飘到地上，不仅让我们体验了其飘落的过程，而且，根据讨论中的观点，处于这样的运动下面并支配[11]它的是真实的结构和机制，如引力（或弯曲空间）等。同样的道理，世界不仅由皮疹、小狗长成大狗和英国相对缓慢的生产率增长等“表面现象”所构成，而且由处于深层的有支配力的结构或机制所构成，诸如在病毒、遗传密码和英国的劳资关系的活动和运作中各自所必需的那些结构与机制。在英国，目前不仅奶牛正在早死，或表现出其身体功能正在失控的迹象，不仅人们看到它们的行为出现病态（在英国大家都知道是“疯牛病”），而且，根据暗中信奉上述观念的科学家的说法，这种现象是由某种尚未完全认识的动因或因果机制支配着，目前正在追踪研究以揭示出更多的原因来。[12]

现在，根据这个理论，不仅显然存在的三个领域在本体上是不同的和不可还原的（实在领域不可能被还原为真实领域，而真实领域也不可能等同于

经验领域），而且，至为重要的是，它们的特征构成部分（机制、事件和经验）是不同步的，或者说是互不一致的。这种在本体上个别的事物的非同形论是与经验实在论的第二个显著差别。因此，正如经验与事件不一致一样，这使对一定事件的各种经验进行对比成为可能，事件与支配它们的机制通常也是明显不同步的。现举一个关于事件与经验的独立性的例子。我们可以注意到，不同的人们观看橄榄球赛或曲棍球赛时，他们会多次体验同一个事件（射门得分或罚球），但他们各自的体验是多少有点不同的，正如一个人观察过一个事件但后来看到电视上的"回放"时觉得不同一样。秋叶的例子表明了对事件具有影响力的事件机制的独立性。在这个例子中，秋叶的运动与引力的作用是不一致的，因为它们还要受到空气动力、热力和其他因果因素的影响。换句话说，事件是由各种各样的、也许是互相抵消的影响力共同决定的，因而，尽管支配根因有必要"显现"出来或隐蔽，事件则极少能被直接看透。[13]

趋势的范畴就是基于后一种情况形成的。因为实际事件或事态可能由许许多多往往是互相抵消的机制共同决定，任何单个机制的行动，虽然是真实的也许本来就是必需的，也许不会直接显示出来或"现实化"。由于相关系统的开放性，机制的富有特征的也许不会现实化的行动方式或发挥作用的方式在此被概括为"趋势"的概念。正是这个连续性活动的思想（以与持续性力量本身相区别）促成了趋势观念的产生与对其的理解。一句话，各种 23
趋势是各种可能被利用或可能起作用，但却不能被直接感知或不能在任何具体的后果中显现出来的潜在可能性。

那么，问题应当很清楚，我正在使用的"趋势"这个术语的含义与许多经济学文献中对它的解释是不同的（见 Pratten，1944）。此处，根据其基本用法，对一种趋势的表述从事件水平看不是关于长远的、"正常"的、通常的或平均结果的。它也不会还原为一个关于事件或事态的反事实（counterfactual）陈述（假定世界是不同的，就可能产生那种陈述）。的确，它绝对不是在事件的实际过程中关于任何东西的断言。宁可说，它是关于一件有结构的事物或能动因的典型的非经验性活动的超事实（transfactual）陈述；这里，超事实的东西并非是反事实的东西，但它却把我们带到了这样一种境地，在那里事物不顾实际后果地发展着。换句话说，关于一种趋势的陈述并不是一个关于某个实际事物或经验事物的有条件陈述，而是一个关于某个非实际和非经验事物的无条件陈述。它不是一个受假定其他条件不变限制的关于逻辑必然性的陈述,而是一个不加附带条件的关于自然必然性的陈述。它不是关于假如情况不同就有可能发生的事件的,而是关于一种正在起作用的力量的,不管施加这种力量后会发生什么事件。举例来说,它是关于作用于我手上这支笔的引力场的,不管我把这支笔抛向空中还是继续用它写字还是让它掉进了真空管,引力场继续发挥它的作用。

5. 科学、推理与法则陈述

现在可以看到,超验实在论支持一种与上述被程序化了的演绎主义很不相同的关于科学与解释的观点。根据这种超验实在论的观点,科学不再被限制在,或者依赖于寻求恒定的事件关联上,而是把确定和阐明支配或促进事件过程的结构、机制、力量和趋势作为目的。科学的目标是确定比较持久的结构并理解其行动的特殊方式。解释(到时将以一定方式做较详尽的描述)需要对那些促成产生或有助于某些已确定的显著现象的结构、力量、趋势提供说明。只有借助持久的力量、机制和相关趋势,世界上的现象才会得到解释。

因此,可以看出这个框架中的趋势在科学中具有根本意义。因为趋势总会造成结果,尽管是非经验性的,总会以某种方式在其后的结果中显露出
24 来,所以,根据我提出的观念,科学是可行的。又因为多种趋势反复与其他各种往往是可能不断改变着的抵消性趋势的复合连在一起共同发挥作用(因此,极少有可能将任何单个趋势弄明白),因而,科学通常是重大而复杂的。

现在我们还能看到,这里提出的科学与解释的观念需要一种与实证主义所支持的任何模式很不相同的推理模式。人们对各种事件之间的各类关联的一般化的关注,促使他们特别重视有关质疑归纳法与演绎法相比(包括其"证伪主义"变量在内的)两者的比较优势和局限性的方法论的争论。的确,无可置疑的是,尽管对关于经济方法的讨论给予了如此高度的关注,甚至促进了对 F. 哈恩和其他人的评价活动,方法论分析却成效甚微。因而,重要的是认识到超验实在论所主张的重要推理模式既非归纳法也非演绎法,而是一种可程序化为溯因推理式(混合模态三段论)或不明推理式或"似乎"推理式。建立在类推和比喻的基础之上,它存在于从关于某种重要现象的概念推到关于某种完全不同的事物、机制、结构或条件的概念的运动之

中,而这些因素至少部分地要为一定的现象负责。如果演绎推理是用由一般判断"所有乌鸦都是黑色的"到具体推理下一只被看到的乌鸦将是黑色的这样的例子说明的话,那么,归纳推理的例子则是:从具体观察到许多黑色乌鸦推到一般判断"所有乌鸦都是黑色的",而溯因推理或不明推理则由下述例子说明:从观察到许多黑色乌鸦推到一种对乌鸦来说是内在的(也许也是外在的)决定其黑色的机制理论。从范式上看,它是从"表面现象"到某种"较深层"的具有因果性东西的运动过程。[14]

因而,根据超验实在论,科学的目标是揭示因果因素,也就是说,它关注的是确定结构与机制及其支持的趋势,这些东西在不同水平上产生、支配或促成各种现象。如果科学的目标是阐明支配表面现象的结构,那么,法则或法则陈述既不是关于经验的陈述,也不是关于事件或其规则性的陈述(不管是无限制的还是受假定其他条件不变条款限制的),而是阐明结构和其特殊活动方式的精确陈述。[15]此外,从这个观点出发,不可能存在这样的先验假设:在科学解释的努力中,揭示深层实在的过程有某种终结。举例来说,如果需要解释的现象是铜的良好导电性能,我们可在铜的原子结构中找到原因,后者又会表明下一个需要解释的现象,等等。当然,随着实在的深层被揭示出来且被理解,这个已获得的知识有可能引导我们基于深层水平上的 25
解释修改我们以前对任何现象的观念。因而,我们可以看到,在这个体系中的科学,通过连续不断的螺旋式发现和理解、进一步发现和修改后的更加充分的理解,而不断前进着。

6. 知识(认识)是进一步产生知识(认识)的已有手段

因此,超验实在论与经验实在论的不同之处在于前者把世界看成是部分地由各种客体构成的,其中包括因果律,这些客体是有结构的,用巴斯卡的话说,它们是不可迁的(intransitive)。说这些客体和因果律是有结构的,是在它们不可被还原为事件与其模式的意义上而言的;机制、趋势和结构是根据因果律被指称的。在其独立于被人们认定的过程而存在、持续和行动的意义上说,它们是不可迁的;用因果律指称的机制、趋势和因果结构不能还原为我们对它们的认识,并且,至少某些部分是独立于我们对它们的认识而持续和行动的(即便有时候对社会结构与过程的认定与理解会导致其发生转变——见下面的第五部分)。

但是，根据超验实在论，如果科学的基本目标是鉴别与理解这样的客体，我们的认识可能来自何处？它们是如何产生的？很明显，只要承认不可迁的范围，我们就能理解对(可能的)不变客体的不断变化的认识是怎样可行的。但如果世界上的客体并非仅仅以感官经验的形式出现(并有效地凭借那些经验构成)，特别是，如果结构和机制独立于其被确认的过程而行动的话，我们对它们的认识又如何产生？如果认识并非仅仅以经验形式存在，就难以理解它是从无中创造出来的。那么，它必须通过先存在的像知识那样的物质的转化才会产生。换句话说，有必要(再次引用巴斯卡的话)承认认识或认识论的可迁的(transitive)范围以补充不可迁的(intransive)范围[16]，或已经确立的本体论(ontology)。也就是说，有必要承认认识的可迁客体的范围，其中包括事实、观察、理论、假设、猜测、预感、直觉、臆测、反常现象等，这些东西是进一步产生认识的条件，[17]特别是它们能通过科学的艰苦的社会实践促成转化或最终主动被转化。总而言之，必须承认知识是进一步产生知识的已有手段，必须承认科学是不断进行的具有转化力的社会活动。知识是一种社会产品，主动地借助先前的社会产品被生产出来。

26 当然，如果这必须是我们关于认识的本质和其生产方式的观点的话(认可讨论中的看法)，我们关于科学目标的观念仍然是产生关于独立于我们对其的认识、或至少独立于任何个体对其的认识而存在的客体的认识。尤其是，如果要重说一遍的话，科学的基本目标是产生对机制的认识，那些机制单独或联合起来产生实际显现的现象。

总之，对科学与解释的两种广义观点已进行了阐述和比较。第一种被特征化为演绎主义，主张和依赖普遍性，预先假定自发事件的规则性是普遍存在的；认为需要在实际事件或事态水平上系统地阐述其规则性是科学和解释的一个重要方面。与这种观点截然不同，被系统化为超验实在论的观点却反对需要对讨论中的这种(僵硬的)事件规则性(event regularity)进行详尽阐述。它宁可把科学解释为难免有错的社会过程，它主要关注的是识别与理解结构、力量、机制和其趋势，这些主因已经产生或以某种有意义的方式帮助产生了某种被识别的令人瞩目的现象——机制等一经触发就会在开放系统和封闭系统中同样发挥作用。在这个观念中，科学的特点是它的溯因推理模式，是在任何一个实在水平上从关于对某种现有现象的认识推到关于处于实在深层的机制的认识，深层机制曾帮助产生了最初的重要现象。[18,19]

在此阐述这些观点时，毫无疑问，我对超验实在论的观点采取了积极的描述性方向。然而，要说它无论在对自然领域的分析还是对社会领域的分析方面都比演绎主义优越，还需要进一步论证，这将是下一章的重点。

27

第三章　超验实在论的优越性

如何可能在两种明显对立的观点之间做出选择？实际上，一旦我们考察在其中颇为吃香的事件规则性竟然得到公认的背景的实质时，关于科学成果的结构的实证主义或休谟式观念的缺陷，和作为解释真实现象的概括形式的演绎主义的缺陷立即就暴露了出来。

1. 自然科学：源于实验的 R. 巴斯卡推理

我首先重点论述自然科学的情况，到时再转向社会领域。此时，我特别想考虑两个观察，它们之间的相关性是由 R. 巴斯卡揭示出来的。第一个观察是：也许除了天文学之外，大多数在科学中被认为很有意义的恒定的事件关联，实际上只有在受限的实验控制条件之下才会发生。换句话说，它们实质上不是自发的，而是人类干预的结果。第二个观察是：尽管如此，通过控制的实验活动所得到的结果或观点与其他形式的知识一起，仍然被成功地应用于实验场合之外。[1] 换言之，事件的恒定关联实际上是极为罕见的，在时空上受限制的，并通常是人为的，而类似定律那样的知识却一般显得切实可用，其中一些（但只有一些）被实验所证实。

很容易看出，这些观察向任何把定律或“有意义的成果”与事件的恒定关联拴在一起的观念，即把它们与“只要事件 x，那么事件 y”这种形式的规则性拴在一起的观念，提出了严肃的挑战。因为，如果这样的规则性只有在实验室那样的受限条件下才会出现的话，这就带有相当有限的含义，即科学与其成果远不具有普遍性，而实际上被有效地阻断了与世界上正在发生的大多数事情的联系。换言之，大多数公认的科学成果并不具有“无论任何时
28 候，只要发生事件 x，总会接着发生事件 y”这样的形式，而是具有“只要条件 e 成立，无论任何时候，只要发生事件 x，总会接着发生事件 y”这样的形式，这里，条件 e 通常等于对实验状况的条件的要求。此外，这种状况的一个反直觉含义是，假定一条自然定律表示的任何事件规则性都依赖于人的干预。由于科学家和实验室技术人员，在建造和组装任何必要的实验设备中和在

做实验的过程中都在起重要作用，没有他们的作用，被观察到的规则性，即假定的自然定律就不会出现。除了这样的问题外，至少同样有意义的还有，关于规律的恒定关联的观点，不但没有回答而且根本没有解决，什么支配着实验条件以外的事件的问题。这样做，还使在实验条件下获得的结果成功地被应用于实验室外这样的观察，没有得到任何有效的解释。

那么，我们如何理解那些明显观察到的事实？科学家们在其实验活动中如何能够频繁地共同确定事件的一种具体模式（如果没有他们的干预，这种模式就不可能产生）？我们又如何理解在实验室外成功地应用科学，尤其是在不一定出现事件规则性的情况下？为了使这样的实验做法、实验结果和其被成功地应用于非试验场合成为可能，那样的世界会像什么样？

为了给这样的问题提供一套令人满意的答案，有必要放弃自然方式的概括化是由事件规则性构成的这样的观点。反过来，我们必须接受某种很像超验实在论的解释那样的观念，在那里，科学研究的对象是有结构的（不可还原为事件的）、不可迁的（独立于其被鉴别而存在和行动的）。即是说，实验活动和实验结果、在实验中确定的知识应用于实验室以外的场合这样的东西，只有借助关于像在本质上是开放的世界上处于事件流背后并支配事件流的结构、力量、生成性机制及其趋势的超验实在论的本体论，才能被容纳，才能获得空间。例如，一片秋叶的下落不符合实验规则性，完全是因为它受各种并存机制和对抗机制等复杂因素的支配。树叶的行动轨迹不仅要受引力的支配，而且要受空气动力、热力、惯性力和其他因素的支配。因此，根据这个观点，实验活动可被理解为试图通过阻断所有其他潜在的抗衡力量的办法，进行干预以达到隔离一种具体的令人感兴趣的机制的目的。其目标是设计一种系统，在这个系统中，任何被研究的机制的行为更加容易被鉴别。由此看来，实验活动之所以成为可理解的东西，不是因为它们制造
了一种在其中实验规律奏效的罕见情况，而是因为所设计的干预的目的是 29
要造成那些特殊情况，在那些情况下，能从经验上确定一条非经验规律、一种机制或趋势。规律本身总是在起着作用；如果触发条件成立，不管正在发生着其他什么事，该机制都会被启动并开始发挥作用。基于这种超验实在论的理解，举例来说，一片树叶受引力趋势的支配，不管它在我的手掌里还是从屋顶或烟囱上方“飞过”。通过这种推理，我们就能使把科学知识应用于实验条件之外的问题变得可理解了。一种机制在其中作用的有关背景与该规律的特定性质不具相干性。

简言之,虽然传统的关于科学的后休谟式的观念要求必须发现事件的恒定关联,这样的事件规则性诚如已经说过的那样,主要被限制在由实验控制的具体场合。不像经验实在论,超验实在论能够理解这种场合的意义。根据超验实在论的观点,人们熟知的后休谟式观念建立在对所出现的特殊情形的不充分的分析与对其不合理的概括之上:在那种情况下,一单个(或一套)稳定的方面或机制事实上被物理性隔离,并由此在经验上被确认。

上述论点的一个前提是,除天文学之外的观察结果中,严格的事件规则性通常被限制在控制实验的情况之下。但我们如何理解天文学,特别是如何理解被I. 牛顿如此成功利用的天体封闭?难道这种具体封闭的事实和其引人注目的性质还不足以证明D. 休谟坚持认为的因果律的现实存在吗?回答是否定的。首先,有可能从超验实在论的观点出发对天体封闭提供一种解释。之所以出现这种现象,是因为就行星而言那些相当特殊的条件是成立的,其内在状态和作用于它们的外在力量在相关方面是足够稳定的,至少在大多数人通常关切的时期,即在人的有生之年是这样。恰当的解释是,I. 牛顿的机械力学假设了天体(倾向于)如何运动的理论;天体现象仅仅起到了充当假设趋势的证据的作用。因此,如果我们太阳系里各行星的内在或外在状态不是那么稳定,而是会发生某种程度的变化,也许有大量流星体穿过太阳系,结果这样一种力学就需要打乱人们熟悉的关于天体现象的运动模式。在这一点上,超验实在论却没有任何问题。其次,说得更准确点儿,必须承认虽然天体封闭情况自然令人注目,但在构成自发封闭中,它却
30 代表了一种比较罕见的现象。无疑,恰恰是其奇特的性质能说明从P. 拉普拉斯(Laplace)起的总失败中的一部分,最终才意识到这种情况比较少见,意识到天体封闭远不能表示这种非同寻常的情况可望在某种程度上到处占上风。这个失败反过来似乎在很大程度上要为下述现象负责:广泛认可(如果不是明言的)原先在哲学界,目前尤其在社会科学界,实际上普遍存在着事件的恒定关联,因而也广泛认可实际上存在着"因果"律的现实性的教条。

2. 社会科学:从人的意向性进行推理

人们不会不注意到,支持对科学与解释进行超验实在论描述的论证到目前为止仅仅集中在"自然"科学方面。然而,不难想到超验实在论的观点还与社会领域有关。考虑一下现代经济学的两个往往很显著的成问题的特

点。第一个是所谓的事后结果,即受欢迎的那种有意义的事件规则性在社会领域尚待发现(见第七章)。第二个是在第一章里已谈到的情况,在主流经济学家的计划性主题中(如果不是在实际分析中)特别显著,那就是人可进行选择。当然,后一种情况是很成问题的,因为人们看到同样一些经济学家却不能使真正的选择与其经济"建模"理论协调一致。这样,需要追问的一个有趣问题是,人们能进行选择的这种现实意味着什么?如果选择是真实的,任何人总是本可以作出别样的行动;每个人总是本可以作出与他或她实际上已做的不同的行动。正如 J. 凯恩斯所坚持认为的那样:"决定消费或不消费的确在个人的权力之内;决定投资或不投资也是这样"(1973a:65)。这个观点的一个必要条件是,在事件的确本可能是不同的意义上说,世界(不管是社会的还是自然的)是开放的。换句话说,如果在许多条件 x 下一个人实际上选择了做 y,而事实上这同一个人却可能的确没有做 y。也就是说,选择预设了世界是开放的但实际事件本可以不必是开放的。

但是,选择的可能性不仅预设了事件本有可能是不同的,而且预设了能动力(根据作者在第十三章首段对 agent 和 agency 的定义,我把前者译为"能动力",有时译为"主体",通常指人,也可指物,把后者译为"能动性",通常指人具有的特殊能力——译者注)。对他们正在做的事具有某种想法,并明白想在其活动中获得什么。即是说,如果选择是真实的,那么,人的行为在某种描述下一定是有意向的。意向性又与认识或见识密切相关,因为人必须至少对能使其意向性行为可行的条件有所了解,认识又以认识对象的某种程度的持久性为先决条件,这种持久性要足以促使那些认识对象被人认识。这样,正如广泛报道的那样,如果科学上有意义的事件规则性在社会 31
领域不常出现(至少尚待发现),那么,决定人的实际行为的认识的持久性对象一定存在于一个不同的层次,即存在于支配但不会还原到包括人的活动在内的事件的结构的层次。

关于人的意向性和选择的过去的事实表明,的确存在有助于形成意向行为的真实的物质原因或物质结构。但不能由此说存在许多能说得上是清楚的"社会的"结构。因而,如果说"社会的"这个术语此处是用来专指任何特别的事物,那么,它必须依赖人的有意向的能动性。这是对这个术语的标准解释,似乎不会引起争议。现在的问题是这样的社会结构是否存在。如果它们存在,如果,像自然界的许多特征如力和趋势等,它们不能被直接感知或不能总是被直接感知,发觉它们的可能性将会依靠对其影响(效果)的感知。换句话说，在确定社会科学的真正可能性时，我们必须承认，科学不仅采用感性标准，而且采用因果标准将实在归属于一个假设为实的客体。后者取决于该实体的能力，其存在是否有助于物质的东西发生变化还值得怀疑。不能直接观察的实体可通过在实际事件或事态的层面对其后果的感知而有可能得知其存在。我们已经看到，这是实验活动的一个基本方面。只有在因果标准的基础上，物质世界的许多特点才为人们所熟知。因而，虽然放射性物质、电、磁场和引力满足这个标准，但却不满足感性标准；对它们的察觉分别依赖于（测定放射性能的）盖革计数器、验电器、罗盘和也许甚至是正在下落的树叶与苹果。通过这种方式，假设实体的实在可在很大程度上从经验上得以确定，虽然不是直接的。

一旦我们接受了对人的能动性的依赖是社会的特点的观点，承认因果标准是归属实在的标准，就很容易看到可识别的社会结构的确存在。很明显，诸如社会规则、关系和地位等既依赖人的能动性又决定着我们的日常实际活动。人的有意向的活动如说话、写作、在公路上驾车行驶、兑现支票、做游戏、讲课等是不可能的，如果没有如语法、公路法、银行系统、游戏规则、师生关系等这样的社会物质条件的话。一切都是结构，它们先前存在并影响着（既促进又限制）相关的人类活动。例如，J. 康芒斯（Commons，1934）把这种社会结构的特性描述如下：

32 如果一位商人拒绝使用过去发展起来的银行，一个劳动者在其他人愿意来时不愿来干活，这位商人和这个劳动者也许是勤劳的，但他们却不能在工业社会生活。这是人们很熟悉的常识……但是，当惯例发生变化，或法官和仲裁人通过判决一项争议而强制执行一种惯例，或工人或农民为了改变一种业务惯例而举行罢工，或一场革命没收了资本家的奴隶和其他财产，或一项法令禁止一种习惯了的生活方式，或一家持股公司将旧惯例扩大到许多新领域，在这样的时刻，人们就会意识到惯例的强制性一直存在，只是没有受到质疑和被扰乱而已。

（J. 康芒斯，1934：701）

也就是说，正是这样的结构对人的能动性的依赖才表明它们具有社会性，它们的能力反过来又对实际情况或行动产生影响（使它们怎样或限制其怎样），同时，正如引力场和磁场等自然界的不能感知的客体那样，证明着自己存在的真实性。

因此，从非常一般化的水平上看，超验实在论的观念可延伸到社会领域。在自然领域，严格而恒定的事件关联（至少在天文学以外）主要发生于实验控制的条件之下。当然，在社会领域内实验控制的可行性是相当有限的。那么，有没有根据期望科学上有意义的恒定的事件关联成为社会领域的一个特点呢？如果自然界与社会之所以相似，是因为两者都是以位于事件过程下的结构为其特点的话，它们当然又因社会的结构（为符合“社会的”这个指称的定义）为了自己的存在反过来依赖人的能动性而相异。这样，虽然语言系统因有助于人的行为而像引力，但又因其反过来依赖人的行为而与引力不同。因而，人的能动性与社会结构是互为先决条件的。任何一方都不可还原为或等同于另一方，或不可从另一方的角度完全得到解释，因为每一方都有赖于对方。因此，这里有意义的是，因为社会结构有赖于人的能动性，所以，它只能在人的活动中显示出来。鉴于人的行为具有开放性，即每个人总是有可能采取别样行动，必然的推论是社会结构从来只能存在于一个开放的系统中。这样一来，经济规律必须解释为以严格的事件规则性表现的各种趋势的这种情况是极为罕见的，换言之，它们通常仅存在于自身被有意识地造出来的条件之下（如某些年假的发生那样），结果就是，在其经济外衣下的后休谟理论作为一般方法看来已被引入了歧途。

3. 本体论与认识谬误 33

我已经论证了，在与其相关的科学规律的结构观念指导下的演绎主义解释模式仅限于其合理的应用范围，并试图给它定位和确定其相关性的条件。结果，至少在天文学的范围之外，这种解释模式的相关性主要被限制在实验控制的情况下，极少给出期望将这种模式有意义地、科学地应用于社会领域的理由。

然而，对经济学的行为有何影响？我通过阐明超验实在论的本体论和相关的解释模式既适用于自然领域也适用于社会领域的观点批判错误的认识论的还原论，这样做，我有没有掉进同样的错误泥坑？我认为没有，但也许需要对这个分析的两个方面在这里做进一步的强调。第一，赞成超验实在论，无论在自然界还是在社会领域，都不是一个先验的看法。我当然还没有根据其对自然王国明显的适宜性或诸如此类的原因，断言超验实在论的观念与社会领域的相关性。更确切地说，对超验实在论的本体论和与其相关的科学及解释的各种概念既适用于自然领域也适用于社会领域的理由已分别做了说明。对前者来说,论证的前提一直是实践经验;在后者的情况下,论证的主要议题是,将人的选择与意向性的事实和在一定程度上至今完全没有任何科学意义的社会事件规则性的现象解释清楚。[2] 碰巧,超验实在论的本体论和一般解释模式及科学观念受到了上述两种情况的支持。但是,这个结果是本体论探索的一个结论而不是前提。

在这一点上花点工夫是值得的,因为我的理论的核心目的是要表明本体论探索的意义和坦率地正视有争议的本体论问题的意义。我们即将看到,归根结底,支持现已名声扫地的实证主义的科学观念的错误正在于放弃了明确的本体论推理。对 D. 休谟来说,这个错误在于依靠经验范畴给世界下定义。这不但需要给认识论范畴赋予一项本体论的任务,而且还构成了一个普遍性错误具体例子,再次用 R. 巴斯卡的话说,这个错误可被称为认识谬误。这个谬误在于这样一种观点:关于存在的陈述总是能够被还原为关于认识的陈述,或仅仅按照关于认识的陈述对其进行分析,本体论的问题总能被转换为认识论的术语。对 D. 休谟来说,这样的立场最终不能避开本体论,但只有通过曲解一个隐晦生成的东西而取胜(假如发生 D. 休谟的原
34 子状事件和封闭系统),因而产生了一个隐性的实在论(这里指经验实在论)。它还掩饰了一种根深蒂固的人类中心主义的偏见,可被称为“人类的谬误”,即是说一切存在都可根据人的某种属性进行分析。D. 休谟的立场鼓励这样一个观点:与某些事物或现象的偶然出现的特性不同,被体验或欢迎可能的体验是实在的一个本质特征。一个显而易见的、不可避免的后果,就是没有能力辨别诸如上面考查过的实验情况那样的一些条件,在这些条件下,经验事实上在科学中是重要的。

4. 走向社会与经济相区别的科学

有必要反复强调的分析的第二个方面,是我一直为之辩护的超验实在论观点,已经在相当高的概括化或抽象化水平上得到了系统地阐述。虽然人们发现在此高度上的分析已足以削弱作为现代经济学特点的演绎主义理论,但已被系统说明的这个理论若要很好地阐明社会领域里可能的富有成效的研究特点的话,它还不够具体。为了进行更多有意义的研讨,必须对社会和经济的结构的具体性质做进一步的评价,必须明确地考虑社会本体论问题。这是我在第三部分将要完成的任务。然而,即便在此阶段,在详尽明

确的阐述中也已有足够的线索表明,虽然社会科学的可能性已被证明,但研究社会客体往往要求采用与在自然科学中使用的那些方法、技术和标准相当不同的方法、技术和标准。例如,如果认识能力预设了受影响的社会结构一直持续到某种程度,那么,这样的结构依赖天生起改造作用的人的能动性的事实就意味着它们将只是相对如此,比大多数自然科学客体快捷或更加受时空的限制。因此,与自然科学相比,也许经济学更明显地需要必要的历史和地理条件。除此之外,因为它们依赖人的能动性,社会结构必须不断被再生产,其结果是经济学必须关注天生就是动态的事物。过程这个术语因而对社会科学具有根本性。所谓过程,我的意思并不是像有些人认为的那样,它仅仅是一系列的事件。更确切地说,过程在这里指的是某种结构、机制,或事物的发生、再生产和衰落,某种实体及时地形成、重新形成和衰亡。很清楚,如果社会具有内在的动态性,社会科学就必须有所警觉,其方法必须调整,以适应这种情况。除此之外,社会结构依赖于有意向的人的能动性的性质,还必然要求一场社会科学内的不可避免的阐释学运动,一场其结果 35
也许比任何类似或可比的自然科学内的运动更大的运动(其理由将在第十五章中讨论)。另外,设计的不可能性、缺乏自发产生的封闭社会系统等,都必须依靠社会科学中理论发展和评价的非预测的纯解释标准。

这样的考虑已经表明,许多社会科学的方法和运作方式不会还原为自然科学的方法与运作方式。这些问题将在后面展开讨论。这里的基本结论是,尽管社会现象具有特殊性,社会领域的可认识的有结构的开放的状况,似乎容许一种在自然科学意义上能科学地研究社会形式的理论。然而,不管能否产生或在什么程度上产生一门成功的社会科学,最终都要视局部条件和包括经济学家在内的仍然对研究重大社会问题感兴趣的人们的努力而定。

36

第四章　实证主义的遗产

现在,我们既要解释现代经济学中反复出现的问题,其中包括前面讨论过的理论与实践不一致的问题,又要评估如何才能解决该学科存在的诸多困难问题。实际上,很容易看到,在第一章中评论过的那些问题均出自无批判地接受和依靠实证主义的某些成果,尤其是解释的演绎主义方法所仰仗的科学规律的恒定关联的观念。鉴于社会领域从根本上就是开放的,这个方向注定会遇到各种困难。

1. 经济学在结果层面的失败

最直接的结果是,因为自然科学方面饶有趣味的事件规则性似乎极少出现于社会领域,当然也就不具有普遍性,因此,经济预测人员(计量经济学家)不能精确预测未来的经济情况,公理演绎解释者(理论家)不能阐明经济规律,实在也不足为奇。

然而,承认这种情况,并不是就此说解释社会现象是不可能的。毋宁说,我们必须采取一种与演绎覆盖律模式相比很不相同的解释观念。具体地说,经过精心构思的社会解释方法并不是企图从几套个体条件和恒定关联"规律"推导事件,而是要确定和阐明负责产生或促生令人感兴趣的社会现象的结构和机制。到时我们将会看到这样的认识不仅是能够获得的,而且足以达到政策规划等类似的目的。

2. 方法上的混乱

37 打算怎样解释看到的理论与实践不一致的现象?首先从方法上考查一下显然不一致的现象。经济学家们的行为常常与其正规"方法论"不一致的明显理由,是如果他们希望阐释社会现象,希望做相关的经济研究,他们在某种程度上必须那样做。因为,采用正式认同的标准、方法和技术的根据是恒定关联的普遍性与有效性的假设,而社会世界是开放的,几乎不受局部封闭的影响。无须说,不可能保证非正式的做法会取得成功。然而,鉴于计量经济学家往往在任何正式分析之前,似乎就知道某几套预测或估计至少是有些道理的,看上去以某种方式或在某个阶段某些洞察力正在被获得,有时,经济学家必须考虑社会系统一定程度上的开放性和其具有的结构的性质。

那么,又如何解释正统态度的顽固性?无疑有许多理由。在某些情况下,它是纯粹的机会主义。碍于学术界内部要求符合主流、追随主流的巨大压力,某些经济学家也许感到,即便不采用植根于占统治地位的后休谟范式的实际技术与实际做法,也必须屈从于某种措辞。其中一些必然是纯粹虚假的自我陈述。这可能是有意义的,因为即便是一些与主流派有些瓜葛的经济学家在他们的研究和政策制定中有时也是很有见地的。虽然有理由设想在这些情况下那些研究者按照这里提倡的超验实在论的观点在干事,但却不能认为他们已经意识到他们在这样做。他们无须继续或坚持那样做。不管还有别的什么情况,经济学不能按照经济学家们所宣称的那样定义,也不必按照他们实际上做的那样定义(尤其是当他们竭力按照实证主义的关联观念行事时)。的确,根据正在起作用的趋势和反趋势,出现下面的情况几乎是毫不令人吃惊的:发誓对许多方法论观点矢志不渝并不能被认为或也许不能被认为那些观点就是形成实际做法的基础,其中包括任何通过其产生深刻见解和突破的方法论观点。

然而,在大多数情况下,阐释者根本就不愿哪怕质疑一下某些被视为正确的基本方法,这种倾向是长期忽视本体论研究的结果。对某些人来说,这恰恰就是演绎方法的影响力所在,这种影响力建立在其在自然领域成功地被一般化的错误观念之上,在社会领域的失败记录迄今未能减弱坚持在此领域获得成功的努力,或看上去没有减弱,或至少未能减弱对其做法的正确性的认识。这种盛气凌人的态度正是我在本书中企图挑战的对象。但是,不管什么解释,从广阔的视野看,经济学家们实际上或据说遵循的方法和进行的活动是很不相同的,这一点是完全可以解释的(尽管仍然有困难)。 38

3. 社会理论中存在的问题

我们如何说明第一章中已经鲜明提到的紧张状态的另一层意义,即主流经济学家明显不能或不愿在其"理论"或"模型"的范围内,为他们公开承认的直觉观念即人们行使着真正的选择的观点提供空间？可以看到，解释再次依赖于主流对演绎主义的坚持，特别是坚持其关于科学规律的有关观念。当然，依赖任何一套既定的方法都需要对各种既被公开叫好又在实践中“可行”的实质性断言加以种种限制。如果公认的方法被确定为一种优先使用的方法（而特别忽视来自本体论的深刻见解），那些隐含的限制将会被大大误解和/或未经检验，结果导致在实质性研究中出现不必要的混乱。正是把演绎方法特别是相关的科学“规律”观念摆在优先地位的做法，才使得最终必须把真正的选择当做错觉来处理。因为，只要赞同了演绎主义的理论框架，因而赞同了经济行为可通过恒定关联的形式得到解释的限制，那么，如果一个人在条件 x 下做 y，这个人在这些条件下不可能已经做了 y，这是不能被容许的，即是说事实上 y 已经被选择了。赞同某些社会领域里的实证主义必然导致产生某些实质性的观念，在这些观念中人的选择被排除了。[1]

应当很清楚，如果赞同超验实在论的理论框架，就不会出现这样的问题，人的选择资格保持原状。只要承认存在一个不可被还原为包括人类活动在内的实际现象但却支配、促进、产生和决定这些现象的结构与机制王国，就可避免实证主义的决定论（determinism）。因此，虽然语言结构有助于语言行为的形成但却不能决定说什么话。真正选择的空间仍然保留着。同样的道理，公路法规（犹如引力那样的自然机制）有助于驾驶安全却不能决定走哪条路；市场机制有助于购买与销售却不能决定任何一桩具体买卖。

不像超验实在论的观点，对自然科学规律结构的实证主义阐释和受其支持的演绎主义解释模式，不能为人类选择的现实提供有意义的空间。事实上，对科学的实证主义解释支持人类纯粹是被动的这样一种观念。这个观点直接来自把实证主义的主张当作专门的认识理论。因为，正如任何一
39 种认识理论都要预设一种本体论一样（如果是实证主义，这种本体论在于经验所给予的原子状事件），它还要预设一种社会理论，即是说要对人的能动性和各种习俗制度给予某种程度的重视，特别是，这些东西必须具有一种能够获得具体类型的认识的形式。这样一来，实证主义支持一种把能动力（即人或主体）看作原子状事件的被动感收器和其恒定关联的记录器的观点。正如实证主义的科学观念在现代经济学中很大程度上被不加批判地接受一样，与此相关的把能动力看作原子状事件的被动接收器的设定也我行我素，未受到挑战。

在经济学中，科学结构的实证主义观念和把个体描述为纯粹被动的看法两者之间的这种联系，也许与别的任何事物一样是通过相互作用的方式获得的。但是，不管可能会怎样，从已获得的优势地位看，很容易理解第一章中记载的观察，即正如在主流经济学中所表现的那样，认识的获得与记录原子状事件或事态没有什么两样。正如我们还注意到的那样，与经济行为相关的事件或事态被解释为(价格)“信号”，而能动力通常被假设为会以最优方式对这些信号做出响应。虽然关于这些题目能找到一些变式，但似乎没有一种变式会损害能动力的基本概念，在其中把能动力看作具有以纯粹个体方式被分析的有知识的自动力。

能与超验实在论的观念发生联系的那种社会理论必然是相当不同的，我将在适当时候对这个论断展开论述。但是，我们对实验控制活动进行的重新审视已经表明，必须承认能动力和习俗制度在一定程度上有助于实在的各个方面的操作的实施，这样，就更加容易评估和揭示实在。毫无疑问，与D.休谟的将认识还原为印象的观点相比，从超验实在论的这个观点出发，就有可能解释包括实验室和教育过程及科学活动特别是科学工作在内的科学制度(惯例)的存在和再生产。

4. 自相矛盾的方法论取向

最后，我将讨论关于方法论的正式立场与实际立场之间的明显差异。这里的任务是弄明白一个明显相悖的情况，在这样的情况下，经济学家们特别是那些主流经济学家们，一方面感到有必要给显然属于方法论或哲学上的推理摸黑，另一方面他们本身似乎又抑制不住对方法论进行长期思考与评论。

首先得考虑一下为什么竟然会出现这样的情况，即尽管常常发誓反对 40
方法论研究，正统经济学家总是不断被拉回到方法论问题。除了其他原因外，一个明显的原因是各种被正式认可的方法的反复失败。对这些失败的解释恰恰是，所有这些被认可的方法为了其有效性和广泛用途都预设了自发的事件规则性的普遍性，而有意义的备受欢迎的那种社会规则性却尚待发现。无批判地坚持演绎主义，又一次迫使正统经济学家转而在行动上反对起他们自己来。

当然，不断拒绝去质疑有关事件规则性(或建构假设的事件规则性)仍然对科学极为重要的基本信仰,反过来导致任何修正方法或修正路径也总是要遭到失败。因而,这样的失败起到了强化先验倾向的作用,使得经济学家们能够与哈恩(Hahn,1992a,1992b)一起强调,已发现方法论在实践中无成效的后验结果。

然而,真正的失败,是经济学中出现的这样的方法论研究(当然是由主流经济学家所进行的研究)不断忽视显而易见的本体论研究,纯粹采取了既定的演绎主义研究框架的结果。某些前提,也许是无意识地,似乎总是被当做神圣不可侵犯的定律。因此,此刻正是我们回顾 A. 怀特海(Whitehead,1926)的评价的大好时机,他的评价特别提醒我们注意现代经济学未经检验的那个预设,即包括经济学成果在内的科学成果必须与恒定关联形式相一致。他说:

> 当你批判一个时代的哲学时,不要把你的注意力主要集中在那些其鼓吹者感到必须捍卫的思想观点上。会有一些该时代所有不同体系的追随者无意识地预设的某些基本假设。这样的假设看上去显而易见,结果却是人们不知道他们在假设些什么,因为他们从未见过说明事理的别的方式。有了这些假设,有限数量的某些类型的哲学体系的存在是可能的,这些体系构成了该时代的哲学。
>
> (A. 怀特海,1926:69)

一旦我们摆脱了实证主义的影响,并且明确承认本体领域的存在,具体地说是明确承认独立于(至少部分地独立于)以科学研究为研究对象的不可迁客体王国的存在,方法论方面显著的问题就会迎刃而解。这样,方法论分析就可被认为有能力对包括经济学在内的科学研究做出关键性的、富有成效的贡献。无疑,这正是我在这里竭力要达到的目的。这也是我要在下面
41 第五章中讨论的内容,在该章中我还将展开阐述超验实在论所主张的认识获得的过程。

首先,怎样解释正统派对方法论所怀的敌意?当然,有许多有意义的因素。在第一章中,我注意到主流经济学家对方法论的反对看上去几乎是一个常识性问题,是根据认同理论自然产生的一种立场。鉴于我已把主流经济学确定为演绎主义的,并在此基础上把其持久存在的问题归咎于受实证主义的影响,需要提出的一个显而易见的问题是其鲜明地反对方法论是否也是(至少部分地)实证主义的后遗症。我认为很可能是。在第二十一章中,我强调指出,包括实证主义和 D. 休谟对印象的描述在内的任何认识论

都预设了一种本体论(在实证主义那里,是关于原子状事件和其恒定关联的本体论)。在本章里,我已进一步提出任何认识论还预设了一种社会理论(在实证主义那里,它是把人当做原子状事件的被动接收器看待的)。现在,我们进一步认识到任何认识论还需要一种方法论。因为每种认识论都意味着存在某种方式,在这样的方式中获得具有该理论特色的结果。在实证主义的背景下,隐晦的方法论其实很明确。由于实在事实上被定义为经验中给出的东西,一切经验都被认为是确定的。结果,认识过程必须被视为是一元的,是不可改造的事实的堆积。这样一来,任何科学或哲学上的批判都没有了空间。现状总是被保持着。结果产生了一种保守思想,用来解释现代正统经济学实践活动的合理性,这种人所共知的思想在实证主义范围内被精确地表达为对方法论或哲学的有用性的一般性否认。

我并不是想说经济学家们有意识地遵循着这种推理方式。我已经提示过,更有可能的是,一旦实证主义的某些如“因果律”概念这样的核心的关键性成果被认同,该理论框架的其他成果也许会通过产生共鸣的方式成为其中的一部分。但不管过程如何,我们现在可以看到,对方法论明显站不住脚的态度正如最后所有被确认的问题那样,全都源于对本体论的普遍忽视。一个促成其他许多错误的基本错误,是未能以明确的方式详细阐明研究对象的性质,即社会科学的不可迁客体的性质。绝大多数经济学家宁可带着一套现成的理论、程序和技术着手研究,而研究的对象的类型和性质是否适合于用这样的方法进行研究的问题却极少被提及。结果是,在没有一个清 42
晰的分析不可迁客体的观念的情况下,科学批判变得不可理解,哲学上对科学实践的批判变得不可能,因而,哲学上的反思通过自我否定以继续维持现状而告终,没有达到任何别的目的。在这方面,经济学家们正在实践着他们自己的科学主义(scientism)谬误。

简略地说,在最近的经济学理论阐释中忽视本体论的严重后果,是由公然而无批判地依赖实证主义的各种各样的成果造成的。现代经济学理论的所有众所周知的失败和矛盾似乎都以这种或那种方式源自其植根于这个被误导的观点的后果之中,特别是源自坚持一个科学结构的观念或其“各种规律”,而这个观念或这些科学规律正是被误导的那个观点所支持的。这个观念在社会领域里的相关性非常有限。前进之路在于拒绝实证主义理论和以其为条件的演绎主义推理模式,接受关于科学与阐释的批判实在论(critical realism)的观念,使其处于相称的地位。这个战略计划在实践中是否富有成效，正如我已经认识到的那样，除了其他人的努力外，全仗包括经济学家在内的社会科学工作者的艰苦劳动。但是，尽管还存在一些问题，这个战略计划至少具有能够避免主流理论的那些弊端的优势，根据现在建立起来的观点，那些弊端或不一致的现象就成为可理解的东西了。

第五章　争论的本质 43

我对现代经济学的连续不断的失败和不一致现象已经做了解释，并对可能的富有成效的进路提出了明确的方向。这个成果主要是通过方法论与哲学上的探索取得的。这一点需要强调一下，因为甚至在方法论者和元方法论者中，似乎也产生了一种共识，认为方法论的研究不可能取得这样的成果。最近的一个占了上风的观点是规范的方法论必定是基础主义的，因而是任意的、不确定的。来自方法论和哲学的任何批判性论证都被认为是强加于人的[1]，甚或直接被认为无效的。[2] 而上述推理方式却畅通无阻，按照这条思路，方法论就应当采取某种好似只竭力描述现代经济学家的做法、修辞或语境那样的东西的形式（或被这种形式所代替）。的确，近来经济学方法论的大量论著的一个特点，就是缺乏对经济学家们的实际做法的批判。[3]

在这样的背景下，重要的是承认，尽管我的论证一直具有明显规范性的特点，但却没有采用这样的基础主义的立场。因为有可能对这一点有所怀疑，所以，我现在想稍稍回顾一下我探讨的过程，较详尽地考虑论证的性质。我想为我遵循的具体路径进一步说明理由，并表明事情进展的状况。到此，我已经跳过了某些哲学上的细节与背景以便更直接地表达基本论点。然而，我明白我对某些问题只作了简略论述，对某些方面也讲得不是太详细。在后者的一系列忽略中，非常明显地包括在凸显所捍卫的观点的时候对超验这一术语的任何解释。因此，在本章中，我还想通过再次论证来补充有关细节。这项工作应当能够清楚地说明论证中的各种线索是如何串在一起的。[4]

1. 与规范方法论相对的情况 44

首先，一些元方法论者为什么会认为方法论不能对经济学研究进行批判性输入？直截了当地说，争论大致是如下这样进行的：如果方法论者假定把来自讨论中的、学科“之外”或“之上”的论据当做前提的话，其输入的信息必定是无关的，或换句话说，如果不是无关的，那就不是之外的。[5] 然而，如果方法论者把对该学科来说是内部的论据、观点或论断当做前提,那么,这就意味着他们有必要支持某个实质性论证,或至少(也许是任意地)会根据那个论证做判断,不可能会添枝加叶。[6]

当这样说时,很容易看到该论证的两个方面一定都错了。关于第一个方面,方法论对经济学暗示的后果,当然可来自对确定的包括各种实践活动在内的具体历史的社会形式的研究,而这些研究却发源于经济学以外。[7] 在这方面意识到外部结果、外部标准和外部比较的模态状况是重要的。这一点容易被那些不承认依靠"外部"成果的方法论能发挥任何可行的作用的人们所忽视。当然,没有依据认为一个领域的成果或取向能够自动或轻率地被应用于另一个领域。但是,这些成果仍有可能在表述提出的问题、指明实际方法的种类等方面有所作为,这种可能性也许是值得探讨的。我们总是通过将一个领域与另一些领域进行类比而推理的。在科学中,各种思想与观点继续在用不明推理式从一个领域推到另一个领域。举例来说,当某种生理疾病的一个新症状被确认后,医学研究人员通常会根据先前在不同领域取得的经验假设一种病毒是造成那种症状的原因。但这样做,只是标志着一项研究的开始,而不是其结论。它表明存在一种可能的研究方向,一种已经证明在其他背景中获得成功的研究方向。在理论上真实的东西,在科学实践中同样可以是真实的。如果某些实践被判断为科学实践,例如实验实践活动,发现在一个领域获得成功并富有启发性,那么,就有理由探讨用那样的实践在表面上不同的其他一些领域获得类似成功的可能性。因而,可以假设哲学完全可以在任何领域发挥一定的作用(一个有争议的问题留在下面讨论),没有任何先验的理由认为,在一个领域取得的成果不能用来为另一个领域构想可能性——没有任何先验的理由,用 E. 温特劳布(Weintraub)的话来说,"没有一种能够影响对经济学研究进行深思的观点能完全
45 离开经济学研究"(Weintraub,1989:486)。总之,合理地拒绝规范方法主义,即仅仅坚持认为对一个方法论领域有价值的理论(被假设)对另一不同领域不具有广泛的相关性,并不是说在整个科学领域哲学不可能产生任何合理的、富有成效的影响。

还剩下反对规范方法论的论证的第二个方面。这里的问题是方法论或哲学怎样才能合理而富有成效地采纳某学科或某学科领域内在的前提?具体地说,怎样才能避免只是赞成这种理论观点或那种理论观点,而没有自己的东西可添加?在这里,承认存在显性科学哲学的替代品并不等于承认缺

乏哲学的看法,是极为重要的。更确切地说,它是一种隐性的并往往是很差劲的哲学。那么,不管经济学家(无论是计量经济学家、公理演绎理论家、解释学家等)的理论或实质性的取向可能是什么,这些经济学家的做法均会受到(作为竞争对手的)某种以科学为方向的哲学的支持或影响。当然,其中许多往往是不明言的或未承认的,并可能与其他信仰相冲突。但是,正是由于这个原因,哲学分析才可能发挥作用。科学实践或其他社会形式的显性的方法论研究,在报导公开对立的经济学家或别的什么人的过程中,通过将已经是隐性的但尚未被认识的某种知识转化为显性知识而做出贡献,这种可能性总是存在的。正如 I. 康德所说,哲学的功能是分析已经存在但还不明确的概念。我们已经看到,现代经济学学科充满着混乱,在那里理论与实践的不一致现象随处可见。这样,哲学的一个根本目的就是进行内在批判。具体地说,哲学能够揭露实践中不明确的信仰里存在的内在矛盾(不一致),或者说,哲学能够证明某些信仰事实上是如何不能容纳某些通过实践实际上正在做的事情的。简言之,作为批判理性活动的哲学总是一种真正的可能性。

2. 科学的一个问题

如果哲学有助于科学实践的可能性是某种不可被据理否认的事实的话,我这里感兴趣的也是在前几章中一直讨论的问题是,是否有可能进一步用哲学来研究属于社会科学的经济学。具体地说,能否可能详尽阐明一个完备的科学构想或科学方法并用其评价经济实践的科学可能性或科学性?在这样的探讨过程中,我深信不仅目前经济学的危机迫切要求我们重新审视自然主义的问题,即重新审视社会现象能否在与自然现象同样的意义上, 46
像自然现象那样容易受到解释的影响的问题,而且,科学哲学的最新发展也容许做这样的重新审视。

然而,在这样的质疑式的探索中,看来此刻正是我与许多经济学方法论者和元方法论者,也许是他们中的大多数分道扬镳的时候。对这群人来说,对科学进行区分的企图显然已基本上被抛弃。这是由种种原因造成的。然而,像 D. 麦克洛斯基(McCloskey,1986)和 P. 米罗沃斯基(Mirowski,1989)这样的极少数人甚至采取了一种先验立场,对把科学描述为一种显然必要的实证主义或“现代主义”的事业的任何企图不屑一顾,那个立场不可避免地与一种傲慢态度密切相关：

> 事实上，方法论主要用来区分我们与他们，区分科学与非科学。一旦现代主义者为诸如占星术、精神分析、针灸、营养医学、汤匙弯曲这样的非科学，或他们不希望讨论的任何其他事物，发现了一个班图斯坦（黑人家园），他们就以清醒的头脑继续做手边的事。方法论和其必然结果即分界问题（什么是科学？如何将其从非科学中区分出来？）往往是通过将讨论限制在分界线的我们这边的办法来终止争论。对关于方法论和认识论的用途的怀疑主义的答复已不具说服力。的确，通常认为为了说服别人没有必要如此屈尊。
>
> （D. 麦克洛斯基，1986：26）
>
> 我们可以毫不夸张地说，在经济学是不是一门科学的问题上，已经有过多的捶胸顿足、号啕大哭、咯咯欢叫和深刻反省了。在当今时代，这已经主要成为了新一轮沾沾自喜的满足和自我陶醉的序曲……
>
> 让我们以承认下面的看法开始：不存在科学方法，不存在经济研究计划为了保证其自身的科学地位和合理性而采纳和信奉的一套永不过时的标准。这个教训是科学实证主义哲学在20世纪末衰亡时留下的遗产。现在将这个事实与以下假设并置，即假设经济研究在树立自己的成果信誉同时避免被贬为江湖骗术的时候总会遭遇最大的困难。结果，篡夺科学的合理性的压力总是使经济研究不堪重负。何况，在可预见的未来地平线上任何时候都不会出现减轻这种压力的迹象。
>
> （P. 米罗沃斯基，1989：356，357）

47 然而，对我所提倡的那种战略的抵制甚至还来自许多在原则上准备甚至积极主张对经济学实践采取一种更加明确的评价立场的方法论者。B. 考德威尔（Caldwell）的方法多元论（pluralism）或批判多元论为我们提供了一个实例，明确接受对“经济学家们的方法论著作”进行评价的任务（Caldwell，1989：42，43）。但B. 考德威尔对如何进行评价的问题则含糊其辞：“有各种各样的评价标准；有许多评价方法论者的方式”（Caldwell，1989：45）。在此基础上，他又添了几行字：“‘多元论’出现于批判多元论，然后又出现于受评价的方法论的多元性和用来评价它们的标准的多元性”（Caldwell，1989：45）。但有一个他似乎没有完全排除在外的方法正是我感兴趣的那个：详尽阐述一个科学概念并用它评估经济学的科学可能性（Caldwell，1989：44，45）。[8]

最近采取反分界主义立场的人（至少在那些对被看做是科学的实践的一种批判性评价的思想采取积极态度的人们中）越来越多的主要理由，是事后认识到以前那些企图把科学区分出来的努力包括某些很有影响的活动均告失败。说真的，在过去的10年到20年里，科学与非科学分界的问题是经济学方法论者们或至少在一部分人中大量的讨论和辩论的基础（参见下述论文中的富有意义的讨论：Backhouse，1994；Blaug，1980，1994；Caldwell，1982，1988a，1989；Hands，1985，1993a，1993b；Hausman，1989，1992：Mäki，1993a）。这些讨论很大一部分的核心是区分科学的K.波普尔的证伪主义标准[9]和其提出的认识论问题[10]。现在，特别是因为K.波普尔企图把科学从非科学中区分出来的努力被认为已经失败，与成功科学的实际做法不一致，[11]分界问题最近似乎被广泛放弃。B.考德威尔实际上已明确承认，正因为这个失败，他的具体想法才亮了出来："假如那些企图获得成功，就不需要批判多元论了"（B.考德威尔，1989：44）。

然而，对B.考德威尔和像他那样的经常探讨科学的规律性[12]和科学界的问题的人们来说，[13]却出现了一种显然是进退两难的局面。因为，或者在科学家的做法与看电视的人、搞日光浴的人和那些嚼口香糖的人的做法之间存在着真正的差别，根据这些差别，科学家这个标签适用于前者而特别不适用于后者，或者没有理由连续不断地用科学家这个术语来称谓这群人而不是称谓那群人。在这一点上，如M.布劳格（Blaug）那样的持K.波普尔观点的人倒是正确的。坚持谈论科学却又拒绝滑到唯名论去就是承认要给其一个真实的定义。我认为，后者就是B.考德威尔和大多数其他人最终必须 48
做的事。

简而言之，正如事先不能排除提供有用的方法论分析一样，不能推论认为追求对科学的描述注定要遭到失败。如果以前在两个方面的努力到目前为止均已被证明不成功甚至具有削弱的倾向的话，那么，惟一有说服力的结论就是我们应当试图从这些失败中学习点什么，而不是完全抛弃各自从事的有关工作。肯定地说，据我所知，在那些不同意此结论的人的著作中不可能发现相反的论点。更确切地说，有时已被陈述但说得很隐晦的假设是，到目前为止的失败和滥用招致所有情况下的失败与滥用。我正在试图说明的是，这是一个在实践中行不通在逻辑上同样不成立的结论。

3. 实在论与科学

一旦对科学进行真正的定义的要求被承认,着手完成这项工作的任务被认可,能够想象得到的方式或途径就会有很多。在前几章中我提出的发人深省的对科学的描述是一种实在主义描述。让我再强调一下,科学实在论是这样一种理论,它认为科学研究的最终对象在大多数情况下是独立于科学家和他们的实践活动而存在和行动的。我在这里主张的具体观点是一种形而上学的实在论,它在于描述科学探索前的世界像什么样,并探讨科学活动的可能性。这样的实在论既不依靠也不支持对任何实际理论进行实在主义的解释。但是,一旦成立,它就能对如何从事科学研究提出深刻见解。

很清楚,这样一种形而上学实在论的可能性会明确引出哲学本体论的问题——关于本质与存在的理论或问题显然会进入画面。但是,关于哲学本体论的疑问或有争议问题当然会出现于每一则对科学的评论中。每一种哲学都预设了一种实在。任何妄图否认或驱除本体论的人只能通过不正当的秘密的方式才能获得成功。我们已经看到,像 D. 休谟那样的坚持认为我们所能拥有的只是经验或印象的学者们,预先假设了一个可知的经验中产生的原子化事件的世界。但是,这种对一种隐式本体论的依赖倾向,对那些希望暗中认为知识仅仅是人类的建构的"后现代主义者"和其他人同样是正确的。这样,那些欲将科学贬低为会话的人预设了那种会话的客体。即便他们声称会话仅仅是关于会话的,他们仍然在作为不可迁的认识客体的会
49 话与作为可迁的认识形式或知识媒介之间做出了区别。同样,企图将方法论贬为思想史或幼稚的描述主义或由其替代的人预设了一种经济思想、习俗或惯例、会话或不管什么正在被重述或仅仅被描述的事物的实在。

因而,实在论是不可避免的。一切认识理论、以科学为取向的哲学和社会惯例等均预设了一种本体论,即某种关于实在的本质的观念。同样,相互对立的本体理论可以支持很不相同的科学观念。重要的问题是,在为科学阐明可持续本体论或科学的形而上学时如何才能最好地进行。在前几章里讨论这个问题时,我深受 R. 巴斯卡(Bhaskar,1987)对他的"超验实在论"的观点的详尽阐述的影响。从科学实验惯例方法的有关前提出发,巴斯卡通过研究这样的方法的可理解性推论出对科学形而上学的解释。也就是说,巴斯卡是通过探索世界必定像什么样才会使实验程序与实验方法成为可能

而进行工作的。[14]这样的探索模式被称为超验。它说明将此术语用于如此得到的实在的概念的理由。然而,由于对这种研究的性质可能产生各种各样的误解,我想将各种有关步骤明确地勾画一下。最近,我在这里支持的这个观点已被系统化为超验实在论并正在引起经济学界的某种重视。但同样清楚的是(特别是有些方面的学者的否定态度)"超验研究方法"的性质频繁地遭受误解,任何由此产生的成果和因那些成果确立的地位同样遭到误解。现在,让我简略地阐明这种推理模式的本质和因其成果而获得的地位。

4. 超验分析

用来建立一种超验实在论的科学的形而上学的论证构成了一个一般推理模式或方法的具体例子,这种推理模式或方法采取了一种形式,探索我们的经验的某个核心的、特别有意义的或特别普遍的特点的可能性的条件。现在,如果像 R. 巴斯卡那样,我们按照 I. 康德的做法把后来的一般研究模式称为超验的,那么,它就需要强调在此方法中没有任何固有的东西强迫我们接受个人主义和唯心主义的模式,而 I. 康德正是在这样的模式中构思他自己的研究的。这里,有几点需要详尽阐述。首先,需要阐明的经验的各种特点和其在哲学上概念化的方式(即超验推理的前提)也许都是可修改的、
可被质疑的,从历史角度看是短暂的、在空间上是高度受限的。第二,任何 50
需要作这样的说明的人类活动也许依赖于人们所拥有的大量的作为物理的、生理的和社会的能动因子的力量,并非仅仅是那些在思维与感知中非常直接地被涉及的东西。第三,以其前提的方式出现的分析本身也许可被正式修改与质疑,这样的分析可产生实在主义而不是唯心主义的结果,因而从认识论上说是相对主义的而不是绝对主义的,并且,它可能支持那些也许仅属于专门领域的结论。

由于这样的超验分析的缘故,前提与哲学论证的结论必须构成不受宿命论左右的取决于未来事件的断言。如果按这样的方式推理,其结果是哲学便能够建立我们希望得到的那种综合的先验知识,但只能是在相对的有条件的意义上而言的。也就是说,以超验分析的形式运用哲学需要事先将特定的社会形式概念化,而对任何结果的解释必须是有条件的,对它们的表达必须使用假定的说法。根据这个观点,超验性研究既不独立于各种各样的科学和其他社会实践而存在,也不被用来研究一个另外的世界:哲学所研

究的与科学所研究的是同一个世界。根据R.巴斯卡的观点,总的来讲,哲学超验地研究那个世界,其目的是揭示我们的某些概括化实践的概念关于那个世界预设了些什么。再说一遍,它代表了一种研究方式,这种研究必须采用偶然历史前提和特殊的社会条件,其目的是产生假设的、有条件的结论,这种研究绝不可能被排除,它总是处于改进与变动之中。根据这个观点,不存在一般哲学,只有关于具体的由特定的历史地理条件决定的社会形式的哲学。

这里,一个明显有意义的问题是,在没有隐含着任意地、"表面地"、毫无根据地或是说服不了人地信奉被描述的那些做法的认知价值或其他价值的条件下,超验性研究的那些前提是如何被选定的?科学活动或研究活动绝不会发生于一种哲学的真空之中。一切与科学有关的实践活动都会从一种或多种盛行的科学哲学中获取信息。与一般意义上的哲学一样,超验性研究采取内在批判的形式。为超验性分析选择的前提应当能被研究者所接受(如果针对科学的有条件综合性先验知识是其目的的话)。但对那些支持目前占统治地位但却靠不住的哲学观念或至少有争执的哲学观念的人们来说,那些前提至少从根本上应当是可以接受的,如果可能的话,也是至关重要的。

51 换句话说,超验性论证的前提将是对具有显著地位的各种实践活动的描述,而实践活动的显著地位是由具有影响力的或有可能具有影响力的以科学为取向的哲学赋予的。按照这样的构思,成功的超验论证将构成对科学的先验的解释的超验反驳(或超验认证)。如此构想出来的超验分析最终是一个明确否定的过程。其目标将是一种不大可靠但却具有影响力的科学方向的哲学,这种哲学专注于某些在一定程度上未加充分分析的活动。其目的首先是要把科学方向的哲学的本体论预设、社会学预设和其他预设阐述清楚,并借此使其具有科学方向的实在论、社会学等的理论形式。这种分析,是通过在充分分析后表明讨论中的活动如何被认为在预设着一种,与因而受到批判的以科学为方向的哲学的观念不相容的超验实在论而完成的。

5. 对实验活动的解释

在第三章中阐明的论点就是这样的一个明确否定。这里要提出的基本问题是:实验如何可能?有这样一个哲学语境,即在这种语境中实验研究主要受到康德主义(或先验唯心论)和经验主义的支持。对于这样的传统来说,“只要事件(类型)x,那么事件(类型)y”形式的规则性至少是因果律(和认识的其他特征)的必要条件(对先验唯心论来说),也许是充分条件(对经验主义来说)。这些传统利用实验设备、知识并实际应用这些“规律”,认为它们在科学研究中具有根本性的认识意义。R. 巴斯卡的重要贡献是要证明,实验生成的可理解性和实际应用科学知识的可理解性的一个条件是,科学研究的对象是独立于其所支配的事件模式而存在和行动的真正的结构与机制。基于这种分析,正如我们在第二章中所见的那样,对科学发展的理性描述很容易给予说明。

鉴于此,我们可以看到科学哲学是如何具有为科学实践提供方向性信息的可能性的。因为虽然我们的分析意味着,当科学家们从事科学研究时,他们是在不明言地按照某种像超验实在论那样的理论干事,但并不是说超验实在论或任何其他哲学总是或一直被遵循着,或一直占支配地位或被公认。正是由于这个理由,R. 巴斯卡才能作出下面的结论:“一个……具有科学哲学家资格的人,完全有权批评缺乏科学性的任何科学实践。”(1979:15)但上述结论绝不意味着哲学能够代替它做实际科学工作。如果说对超验实在论观点的详尽阐述,能为科学成功地发现支配某些被确认的令人感兴趣 52
的现象的结构与机制的假设提供根据的话,哲学却不能做这样的具体发现工作。这是科学独有的任务。然而,哲学却能以通过人所共知的方式对科学有所作为:(除别的手段外)影响向实在提出的问题和实现这种影响的方式。另外,鉴于现代经济学研究中随处可见的种种混乱与不确定性,任何批判理性哲学的基础工作或促进这类批判的工作似乎特别有可能结出果实。

6. 经济学作为科学的可能性

前面所讲的自然科学的实在主义分析如何用来评价包括经济学在内的社会科学的可能性?前面几章中得出的核心结论是,科学的实质在于,在任何一个水平上从某种明显的现象到产生那种现象的各种结构的转变。这样,探究自然主义的可能性问题就等于,在阐明社会领域的客体中探究造成一种比较性转移的可行性问题。

从这个观点出发,我们立即就可看到,前面的来自自然科学哲学的(实证主义的)指令从来就是没有根据的。因为不仅自然主义的可能性一开始就无根据地被假定为正确的，而且（自然如此的）科学方法一直未被充分地或正确地表达过。具体地说，支撑有自然主义倾向的现代正统经济学的科学观念依赖于普遍的恒定事件关联的公式，这种科学观念因经济学继续贯彻实证主义的指令而被重新肯定，而在由主观主义者、阐释主义者和其他人提供的明确反自然主义的方法中又遭到反对（见第十三章）。然而，已经发现实验设备的可理解性与应用科学知识的可理解性，预设了科学研究的对象是独立于由它们共同决定的事件而存在与行动的真实的结构和机制，因而，因果律必须分析为趋势，这些趋势作为事件规则性（包括概率规则性）只能在相对不寻常的特意设计的条件下才会明显表现出来。因此，与 K. 波普尔、C. 亨佩尔、M. 布劳格（Blaug）和 T. 哈钦森等人的具体断言以及像 F. 哈耶克、G. 沙克尔[15]那样的反自然主义者的默认预设相反，来自事件规则性的可演绎性对自然科学的解释既不充足甚至也不是必需的。在因果律与其经验主义基础之间有一个本体鸿沟。简言之，对经济学的实证主义方法论指令不仅无法被证明是正当的，而且就其对自然科学的观念来说是错误的，同
53 时，人们最熟悉的主观主义的或阐释主义的反差则需要重新定向，也许需要被摈弃（Sofianou，1995；Runde，1997）。

即便这样，尚不能认为，追求涉及普遍受欢迎的事件的恒定关联的结果对那些研究社会领域客体的人来说不是一个可行的广义目标。如果把一种先验的自然科学观念当做研究社会客体所必需的相关因素强行加以兜售是一个错误的话，那么，仅假设一种观点与自然科学的相关性有限，仅凭这一个理由，就认为那种观点与研究社会领域的问题几乎没有相关性的看法也一定是错误的。是否具有相关性只能通过直接探讨社会研究的可能性才能决定。不过，我们有可能承认实证主义涉足社会领域的前提，即认为实证主义提供了一种充分而适当的自然科学方法，是错误的。鉴于这个前提，在解释许多经济学家顺从 K. 波普尔之流和 I. 拉卡托斯等人的指令的欲望时看上去是一个主要因素，我们的分析并非是没有意义的。无论如何，“只要有事件 x 发生，就有事件 y 发生”的自然科学观念是值得怀疑的。当然，有根据认为自然科学的超验实在主义观念在探讨推定的社会科学与推定的自然科学之间的关系时，有利于造成更加公正的比较与建立更加合理的标准。但是，在给定的语境中，实质上那就是其所能取得的一切。确定一种社会科学（包括经济学）是否可能，必须直接依靠社会领域。

那么，为什么我一直采取的是质疑自然主义的可能性的路径？为什么

在追求详尽阐述社会调查的过程中甚至需要一种自然科学观念？当然，这样的观念有助于驳斥对支持实证主义指令的自然科学的种种错误认识。同样真实的是，采取这样的路径是合乎逻辑的并具有出成果的可能性。但仍然有一些问题。在质疑什么是经济学家力求达到的有用目的过程中，为什么不从关于社会调查方法的前提出发并直接阐明一种社会科学的实在主义的形而上学？为什么要绕道去阐述一种自然科学的形而上学，然后去质疑由此而受到支持的自然科学观念理解社会生活的适当性，即便解决这些问题是有可能的？为什么不仅仅利用通过对实验情况的分析而表明的超验方法，而把由此而获得的自然科学成果搁置一边？

一个答案是，除了从两方面着手进行之外没有别的更充分的先验理由，或者说，把它们看作只是同一理论的两个分支。毫无疑问，社会分析的真正可能性必须直接由通过考虑社会领域的各个方面来决定。但是，有目的地 54
忽视一套可能相关和有用的成果与一开始就硬塞一种自然科学哲学同样具有局限性。

然而，之所以采取这条路径还有源于现代经济学这个学科的性质与状况的其他后验理由。具体地说，当我们把经济学家的实际做法看作超验研究的一个前提之源时，我们发现，不存在适合我们目的的任何一套已被广泛接受的和可以接受的做法。请注意，我们对自然科学状况的分析中利用的那些前提所依靠的是争论各方都认可的实验操作的各个方面。在自然科学的范围内，换句话说，凡在可行的地方，这样的操作都是日常程序的一个组成部分。在实质性争论中持不同见解者全都依靠实验工作从经验上证实某些机制，或者证实自己或他人的观点，或者证明那些观点没有根据。同样，通常被视为最重要的一种活动的实验研究受到了占统治地位的后休谟的非超验实在论的自然科学哲学的支持：经验主义和康德主义也一样。比较之下，在经济学中，各种各样的大量存在的实际做法（计量经济学、公理演绎推理、单一输出模型建构、综合推理法、模式模型建构等）不仅是实质性理论争议的焦点，而且，它们还预设了不同的、一般来说很不相容的关于经济和社会的观念。

我们在这里是不是遇上了不可克服的问题？即便姑且认为 R. 巴斯卡的分析为我们提供了关于自然科学实践的本质的深刻见解，如果我们不能考察以同样的方式适用于社会领域的研究的可能性的话，这些成果对我们又有何用？如果我们没有足够的手段研究那些令人感兴趣的问题的话，构想那些问题的优势何在？在此刻，难道我们不应当听从 B. 考德威尔（1988a）的话，把所有被自称为经济学（“科学的”）大群体中的经济学家们所支持的一切做法包括进去？他说：

> 如果我们不去试图解决某种分界问题，我们怎么知道什么才算得上“经济学”？方法多元论指望经济学专家们确定什么是经济学。当然，眼下专家们之间在这个问题上的意见并不一致。即使该学科的一名临时观察员也会看出被异端理论派从各方面包围的一个庞大的无明确方向的主流，异端派是一个由各种派别的人组成的群体，有时觉得它们之间的唯一联系是对主流派分析的不满。这个群体应当包括哪些派
> 55 别？多元论的答案是：他们中的所有派别。
>
> （B. 考德威尔，1988：235—6）

也许经过同样多的论证后，B. 考德威尔可能会同样回答道：“一个也不包括。”因为不仅不同传统的经济学家的最卓越的实践是相互冲突的，这些冲突往往在对社会实在的不相容的描述的预设方式中表现出来，而且，所有最卓越的方法即便按照他们自己的说法和标准同样也是很不成功的。正如我们所注意到的那样，预测人员不能进行具体而成功地预测，公理演绎解释者不能解释令人感兴趣的任何现象或任何有价值的东西。一句话，经济学不能转化为经济学家的实践活动。[16]根据这样的失败背景，的确应质疑作为经济学的社会科学是否有可能，如果是可能的，这个婴儿在事实上是否有待诞生，看来绝不是没有道理的。无论如何，现代惯例性做法的多样性和明显的竞争性质，使通过或者认可所有做法或者只重视其中任何一种的办法，都不可能在不立即回避争论中的这个问题的实质或放弃该问题的条件下确定经济学可能的科学性。

那么，如何做才有可能进行？如果我们不能就社会科学活动或惯例性做法的许多方面取得一致的意见并根据那个意见着手工作，我们就必须竭力确认某些在一定程度上普遍承认的实质性的社会生活本身的特征，那些特征不是一开始就偏向这种或那种关于社会科学（或经济学）惯例性做法的观念而事先决定成败。正是因为这种情况，质疑自然主义的可能性、利用受到支持的科学的超验实在论的观点不仅提供了一条正确的路径，而且，这条路径是可供选择的最有希望的一条。

然而，难道目前我们似乎必须致力于调查研究的一个领域的实质性内容，特别是社会领域，在决定能否在实际上对相关领域的客体科学地进行研

究之前，尤其要致力于对社会领域的客体，（或至少是其客体的一些方面）即社会和经济的性质的研究吗？但这在过去总是不可避免的。如果没有关于XYZ的某种先验观念的话，甚至连“可能有XYZ的科学，或者的确有对XYZ任何形式的研究吗？”这样的问题也不可能得到解决。如果对推定研究对象没有某种先验描述，方法论总是会走向不相关。重复地说，方法论在实践上必须是有条件的，它与科学，或更一般地说与人类生活协同存在，而不是与其分离。它的对象是同一个实在，它的前提总是扎根于深厚的实在的土壤。

总而言之，在确定一种对自然科学的描述中所强调的情况与社会领域必须正视的形势是很不相同的。在对实验状况的分析中，一直以来的观点 56 是，科学是存在的，在其惯例性做法中它包括实验活动。我们提出的问题是，世界必须像什么样才能使这样的科学实践成为可能？在这里，相比较而言，一门社会科学的现实性不能被视为既定的或不会引起争议的。更准确地说，我们正在质疑其可能性，我们最有可能做的事，是把当前对自然科学的最充分的描述当做制约条件。我已经论述过，这个描述是由R.巴斯卡的自然科学的超验实在论哲学提供的。因而，我们面临的形势是，眼下我们有了关于自然科学的观念（通过反思自然科学实践而获得），我们希望确定是否存在令人感兴趣的特殊领域的客体（此处具体说是指社会领域），这些客体的特点或性质容许对其存在进行科学的研究。

7. 人的有意向的能动性

如果大家认为“依靠人的有意向的能动性”是可被视为社会现象的关键因素的话，那么，人的有意向的能动性加上对它来说是分析性的选择能力，就为我们提供了着手研究社会科学的可能性的一个方便的、被广泛认可[17]的前提。正如我们所见，选择的实在预设了既包括自然界也包括人类社会的这样一个世界，这个世界是开放的。因此，我们立即就能肯定，人们熟悉的实证主义在自然领域的指令的内容（尤其包括坚持认为经济学家们接受把事件规则性的观念至少看作科学的必要构件的解释方法或方式的普遍有效性）作为适合于社会研究的规定是无效的。如果社会领域的确有什么持续存在的事件规则性的话——补充上述选择现象的派生物是完全没有任何科学意义上的规则性的事后经验（参见Lucas，1979）——它们很可能是像一年一度的假期或购货时间那样的有规律的、重复发生的有意产物。这样，经济学的正统观念是经济学中正在发挥作用的实证主义哲学的几乎没有掩饰的表现,它最终不能认可人们行使自己的选择权的现实,尽管后者是其明确要求受到支持的人类行为的一个方面。[18]

但是,如果说社会领域是开放的(在包括行动在内的事件总是有可能是别样的意义上说),我们就必须确立社会科学是可能的这样一个观点。这仍然是我们关注的核心问题。因此,从超验实在论的角度解释,我在第三章中讨论过但仍然值得研究的问题是,是否存在许多种类型的社会结构,即是否
57 存在有利于但却不可还原为人的行为和其他现实性的社会现象,而那些社会现象是可被识别的。为了找到答案,有必要借助大量的社会调查本身。我们可以再次承认,如果的确存在社会结构,并且,这些结构是持续性的,那么,鉴于对人的能动性的依赖,它们与纯粹的自然结构一定是显著不同的。有了这样的设想,如果以这样的方式存在一个具体的社会结构,这个结构就是某种(假如人类明天会消失)随着人类消失而"消失"的东西。但是,这项工作必须留给包括经济学在内的社会研究而不是哲学去做,让它们去揭示这样的社会结构的本来面目。

如果我们求助于社会调查,正如在第三章中所看见的那样,社会结构的构成部分显然是规则、关系、地位等诸如此类的东西。也许社会就是由它们组成的。目前对所有确定的假定存在的社会研究,不管是对工业社会还是非工业社会的研究,都在用这样的措辞进行表达与解释。这样的"社会"在语言使用、游戏和交换方式等方面是由规则管理的。这样的社会是根据具体的个人所占据的地位(君主、部落首领、教师身份、学生身份等)构成的典型的等级结构社会。这样的地位总是根据与其他人的关系界定的,如教师与学生、部落首领与其部落成员、地主与佃户,等等。请注意,即便是最具"自己风格"的"方法论个人主义者"在其论著中(见 Hodgson,1988)也免不了要提到这样的社会结构,或至少免不了使用表达这样的社会结构的语言。更准确地说,后者群体中的成员似乎出自使自己与其他人(不管可能是谁)保持距离的明显需要而产生了动力,这些人显然把必然出现的人的特性如意向和目的归功于某些或另一些"聚合体"或"集体"。

这样,诸如规则和关系这样的社会结构概念就广泛地出现于各种解释的语境之中。然而,这种认识还不足以确立自主性或所表达的推定项目的实在。因为也许还会表明讨论中的范畴仅仅是"理论概念"或某种这样的东西,纯粹被用来组织我们对例如日常生活的惯例模式的解释与理解。结果,

如果一种情况被用来说明自然主义的可能性，就有必要认为，正如讨论中的问题里的那些客体一样，这样的科学研究的推定客体既是真实的又是不可还原的。

让我们再次回顾一下，这里的一个重要的观点是，科学不仅利用感性标准而且利用因果标准将实在归属于假设客体。后者凭借一个其是否存在尚不能肯定的实体的能力致使物质的东西发生变化。磁场和引力场满足的正是这个因果标准，而并非感知能力，它的后盾是前面简述过的 R. 巴斯卡的实验情况分析。因此，要完成的任务，是要证明如果没有社会或至少没有各 58
种各样的社会结构，包括行动在内的某些物质条件就不可能发挥作用。证明了这一点的可能性后，我们对那些结构的真实性的认可就不无道理了。正如我们在第三章中所见的那样，这是很容易取得的。要是没有语言规则、交通法规、银行制度、游戏规则和师生关系，诸如说话、写作、在公路上驾驶、兑现支票、玩游戏和讲课等人的有意向的活动就是不可能的。前者全都是先存在的结构，它们不仅能使那些活动可行而且能约束它们，在这两个方面都是有作用的。它们的先存在能确立它们的自主性，正如它们的作用能确立它们的实在一样。

这样，通过刚才的阐述，社会科学的真实可能性已被确立。这是从人的有意向的能动性依赖社会物质原因（因而确立了后者的存在）的观点出发，通过超验论证的方法取得的。那些社会物质原因在任何个体采取行动之前就可被利用（因而确立了其相对自主性，使其能接受社会调查研究）。可以说，从人的有意向的能动性（经济学中超自然主义和反自然主义传统认可的一个前提）出发的超验论证确立了自成一类的实在和各种形式的社会结构的短暂先存在，它们是其必要的条件与手段。

8. 限度与极限

我想往后退一点，简略说明一下或进一步强调一下正在被坚持的问题的限度与极限，然后，结束本章的论述。从本章特别强调的重点看，本书中的论证也许使一些人感到不够多元化，或至少令人觉得过分致力于有限的研究方向。假定事实的确如此，我想通过再次强调所支持的哲学理论，和该哲学理论所提倡的那种经济学的无限度性质，来结束这部分的讨论。

第一，虽然自始至终的重点是实在论，尤其是我已经承认事物是独立于对其的描述而存在和行动的，而且，这个立场并未得到认识的绝对主义或基础主义观点的补充，而是受到认识上的相对主义的支持。认识相对主义的观点是，我们只能在具体的（历史方面和社会方面相对的）与有可能改变的描述下认识这些事物。很明显，如果不可迁认识客体在很大程度上独立于我们对它们的认识而存在，我们实际上拥有的那些认识是不能被确定的，或不能说与这样的客体相一致，认识不能还原为或等同于客体。更准确地说，
59 认识存在于具体历史的、以符号为中介和表达手段的、依赖实践的形式之中。因而，许多具有“科学知识的社会学”传统的见解（科学实践是一种被置于社会背景之中的社会过程，其结果构成一种社会产物）是可接受的（为了进行有益的讨论，请参见 Mäki，1993b）。我们还可承认，在“科学知识经济学”标题下，包括狭隘的物质刺激在内的实用主义目标往往是有影响力的，最近这个观点被汉斯等人系统化了。即便如此，承认包括科学实践在内的一切社会存在的社会的和实用主义的特性，并不必要采取“随便什么都行”的立场，或类似的立场。虽然如这里所主张的实在论的观点承认纯粹的实用主义方面和隐性标准（和那些如措辞、简单性、雅致性、连贯性等的往往也是显性标准）的不可避免的作用，但在此过程中却不需要一种判断相对主义。更准确地说，把认识相对主义与本体实在论联系在一起有助于判断理性（judgemental rationality）。

第二，超验实在论本身就是一种自觉的非基础主义的、可错的、瞬变的、实践上有条件的社会产物。在自己发展的过程中，这个理论的聚焦是部分可调整的，无限制亦无固定目标的。它并不料想任何一方对分析或对分析对象抱有客观公正的态度，或因任何一方设想那样的态度。的确，其讲究实际的和在实践上有条件的品格反映在公开承认以依赖哲学外的兴趣与立场为前提。后者是（如果确有可能）只有通过较广泛地研究历史—社会经验才能证明正确的信仰。同时，超验实在论也不假设存在前提、论点、结论的自明性（或简单性等）。实验的惯例性做法在获得自然科学概念方面已提供了切入点，因为除了其他条件外，这些做法总是被认为对物理学与化学具有根本性。在评价其他推定科学的科学性时，它们是通常使用的比较方法。但没有任何托词可以说由此进行的分析是无所不包的或确实是比“第一步”更有意义的事。显然，所主张的观点还需要在期望能相互丰富的过程中，通过依靠科学范围的研究得到检验与拓展。同样，这样的分析与比较有可能扩展到非科学活动的领域。肯定地说，不能预设科学，更不用说子科学，是唯

一能够为如经济学那样的社会科学活动提供富有成效的比较形式的手段。更准确地说,科学或其任何子系统可望就实在只能提供一个具体的重点、观点、角度或倾向,尽管在某些情况下是一个很有意义的视角。

再强调一下,这并不意味着超验实在论的观点是不可错的、完美的、包 60
罗一切的或必须是持久的。然而,由于它与当前最受重视最成功的科学的实际前提与实质内容无与伦比地相一致,我认为它可称得上是现有的最好的科学解释理论。但那并非就是一切。

让我再补充说明一下,标题中用来描述所维护的本体论理论的"超验"这个术语的使用,按照对超验观点的讨论,既是可理解的,也是可被质疑的。之所以可理解,正是因为本体论理论,即讨论中的实在主义观点,得到来自从经验出发的具体的超验论证的支持;之所以是可被质疑的,是因为该论证的特殊性。因为至少可以想象,替代观念也可借助从(相同或另外的)已被接受的经验特征出发的超验论证而最终获得支持,从而,有利于同样有资格对"超验实在论"进行归属不同的,也许是与其相竞争的解释理论。因此,那种能抓住以上阐明的本体论的有结构的不可迁性质的标签就是较好的标签。也许这个标签是"结构实在论"或"超事实实在论"。然而,我在这里之所以坚持超验实在论这个名称,是因为它已被牢固地嵌入了越来越多的文献中,也因为至少到目前为止,尚未出现比它更可行的另一种本体论理论。但这个用法也许只是暂时的。当然,如果具有竞争力的"超验实在论"的许多描述可以这样获得,那么,根据其较强的解释力,根据其对经验的一系列概括性特点的较强的阐释能力,以及其对明确否定态度的承受力,那些描述必将是所有描述中最好的。

第三,如果上面确认的结果支持自然主义的话,即在自然科学意义上研究社会客体的命题可能是科学的,那么,成为可能的各种优先选择就必须采取高度受限的,特别是非还原主义的和非科学的形式。也就是说,所主张的观点既没有断定自然界和社会领域主题身份的肯定存在(还原主义),也没有否定(如科学主义所做的那样)在适合于研究社会客体和自然客体的方法中存在或也许存在许多有意义的差异,即依赖它们各自客体的特殊性的差异。即便如此,一种对科学的描述已经产生,在这种描述之下,合理的、即使多少有点具体的自然科学与社会科学两者的方法均可适合。

第四,虽然已经表明科学哲学或方法论在科学实践中具有主动和富有成效的介入能力,它却不能做属于科学分内的事。如果诚如上面所述,哲学

分析表明了科学家需要揭示支配令他们感兴趣的现象的结构的话，哲学分
析却不能做这样的揭示工作。它可以在解释不一致与混乱方面为科学“效
61 劳”，[19]可在帮助新科学的产生中扮演“媒婆”的角色，但它至多只能做这些
事。当然，如果我们必须承认，哲学被限制在充当服务角色的范围，那么，有
必要强调指出，在现代经济学这个学科中还有大量的服务性工作要做的观
点是正确的。[20]

第六章　走向更加丰富的本体论 62

在本书中，我的目标不仅是要解释现代经济学的混乱现象，而且要力争提出一个行之有效的替代方法或理论。在争取达到后一个目标的过程中，我发现有必要求助于本体论研究。的确，现代经济学中广泛存在的混乱局面的一个根本原因，显然恰恰是在总体上忽视了本体论上的研究。这个忽视本身被那个认识谬误所强化，即认为关于存在的陈述总是能够改用关于存在的知识的陈述来表达，本体论因而可被还原为认识论。由于本体论不可避免，这个错误的结果只能导致一种隐性本体论的产生，在这种本体论中，真实的塌缩在现实的之上，现实的又以人类为中心被认同，或以人的经验、人的量度或其他某种人的特征为依据被认同。[1] 这样的“现实论”因而起到了否认世界的区别、否认世界的深度和否认未来开放性的作用。

1. 有层次的实在

在更具建设性的分析部分，迄今为止的重点一直是，树立实在不可能如此被还原为事件或事态的现实过程的观点。也就是说，实在的不仅是开放的，而且是有层次的。真实的（包括必要的和可能的）不可能被还原为现实的领域（包括可能的现实事例、事件的现实过程）；反过来，现实的也不可能被还原为经验的或观念的。这种本体论上的层次化已发现是后验自然科学成功的先决条件，并在自然科学意义上为社会科学提供了基础。也许还可以说，显然它不仅是科学的一个条件，而且是艺术、体育和诸如做饭、购物和交谈等日常活动的一个条件。

但是，如果到目前为止的重点是关于实在的层次化问题，我现在想先简略地说明一下，好些进一步的相关见解已隐含（有时明确包含）在了已展开 63
的论证之中，然后结束本部分的论述。尤其是，包括社会领域在内的世界也可被视为是以否定性（真实的不在）、有改造能力的人的意向因果性、突现性和内在关系性或整体性为其特点的。到此，虽然我仅仅论及这个主张的每个部分，我只希望表明其显著特点均已包含在了迄今为止的讨论之中，因此，我打算介绍本书的后面几个部分所采取的某种方向性的东西。

2. 否定性、意向因果性、突现性、内在关系性

如果我们有必要接受用因果标准（和感性标准）归因于实在的话，（换句话说，只有根据这个标准，我们才能通过其效应认识到磁场等的存在），那么，可以说不在场也可能是真实的。作物种植区的干旱、在经济的某具体领域政府的不干预政策、运输业罢工等分别与下雨、积极的政府监管和按时行驶的火车与公共汽车一样具有因果效应，一样是更加不容置疑的真实。

对人的能动性实际上如对意向因果性一样已经进行了详尽阐释。它有目的地帮助着（具有内在动力的）过程和事态，如果没有这样的能动性，这些事件或事态通常就不可能发生。我们在第十二章和第十三章中将会看到，真实理由必须是有意向的人的行为的原因。这些原因也许已惯例化、已被默许，往往是无意识的、多重的和相互矛盾的。

但是，人的能动性不仅是意向因果性，而且是被深深嵌入的意向因果性。从哲学上说，它是由具有突现力的唯物主义取向所支撑的（见第十三章）。突现性可被定义为两种特征或两个方面之间的特殊关系，其中的一种可产生于另一种，虽然产生出来的特征或方面也许会反作用于前者，但在因果关系和分类上仍然不可还原为前者。真实的突现性显然依赖于存在的开放性，它排斥现实论（一种认为真实的可以还原为现实的理论），需要有一个水平观念或层次观念（物理的、生物的、社会的，等等）。我们追求社会领域的独立科学，重视人的能动的意向性，包括承认实在和以行动为条件的社会结构的相对自主性，这等于承认社会对于自然的不可还原性。的确，很清楚的是，我们信奉的唯物主义的形式[2] 最终需要：本体形式单一依赖社会形式，社会形式单一依赖生物形式，生物形式单一依赖物理形式，并且与在分类和因果上具有的互无还原性联合起来共同发挥作用。这样，虽然，举例来说，
64 我们可以承认在历史—地理上有机物质源自无机物质，人类源于原始人，但当我们要解释那些部分地归因于有意向的人的能动性的物理和生物状态时，就有必要参考未被物理学或生物学界定的包括各种力的那些性质。简言之，人类世界必须被看做非可还原的因果上有效力的相依性存在方式。

突现的实在反过来导致了决定方式的多元性的可能。也就是说，任何事件、事态或行动均可同时受到不同类型的规律的支持或制约。因而，物理

规律和我的生理状态都使我能够写这本书，同时也对我的写作方式设定了一些限制，但它们决定不了我写的内容。后者还不仅取决于包括文化和科学在内的社会决定方式，也取决于心理决定方式。如果机器受物理或力学规律的支配，经济因素则决定何时何地应用这样的规律。我的驾驶既受力学定律和引力作用的制约，也受交通规则的制约。

对突现性和多元决定方式的这场讨论导致了对整体性范畴的继续使用。整体是（或包括）一些具有内部相互联系的元素或方面的系统，也就是一些在其中某些方面构成另一些方面的存在或实质（特点和行为方式）的系统（见第十二章）。这些是这样的一些系统，在这些系统中，相互依赖性或内部依赖性或联合体的形式和结构因果性地影响着那些元素，那些元素的形式和结构又因果性地相互影响着，并影响着整体。范式例子包括抑扬顿挫的旋律和各种绘画，每种都由许多内部相互关联的部分组成的整体组成。每种都必须被设想为一个整体，不能纯粹通过分别对每个组成部分的分析理解它。正如J.凯恩斯所说，“对一个实体的美的任何判断都必须来自把其当做一个整体进行的思考，而不能从对各种不同部分的判断中推演出来”（1904：12）。

很容易看出，内在关系性普遍存在于社会王国。正如地主是佃户的必要条件一样，雇主预设了雇员，教师预设了“学生”，等等。同样清楚的是，这些类型的个体能够利用的力量以某种方式依赖于他们之间的相互关系（将在第十二章详述）。同样，个体们在罢工中、战争中、骚乱中、庆祝活动中能够采取并的确在上述活动中采取的行动方式，主要是由作为整体的那个事件和他们身在其中的关系决定的。由公司建立的就业惯例和劳资关系往往与当地的环境有着密切的内在关系，特别是与机会、技能和对当地劳动力供给的感受有着密切的内在关系。在“工业区”，公司之所以常常能够正常运转，是因为当地集中了一批生产配套产品的其他公司。一个工业区也许可 65
被视为一张内部相关的空间网络。即便是本书，也是由其元素在语义上处于网络关系中的句子构成的，除了其他因素外，从存在上看它是由经济学学术理论构成。一句话，世界被（正如我们到时将要探讨的那样）密集的（如果不是全部的话）整体占领着。

所有这些特点都需要在合适时候以“批判实在论”为标题进行详尽阐述。在此刻，如果需要重复的话，我只想说，它们已经包含在了迄今勾勒出的画面之中，并且已经很清楚，我们必须欢迎的关于这个世界的观念如下：

除了别的因素外，这是一个完全结构化的，开放的，本质上动态的，以突现性、新颖性、整体性、因果上有效力的不在场等为其特点的世界。我们立即就可看出，相比之下，为正统经济理论提供信息的科学理念所预设的原子论和封闭的本体论（见第七章）是何等的肤浅！因此，在现代经济学中，（通常不明言的）社会图景是以决定主义而不是以起改造作用的有意向的能动性，以静态平衡而不是变化，以外在主义（D. 休谟提出的一种理论，认为任何地方的事件都是“松散和分开的、连接的而绝不是联系的”）而不是内在关系性，以现实论而不是以开放性、深层性、突现性和不包括否定性的单一性为标志的。它把一幅可爱丰富复杂的全景图变成了一块单色的平板、一簇线条。这全都是因为坚持必须使科学成果变为“只要这样，那么那样”的形式的观念，我们有理由把这种观念称之为教条。

在本书的第三部分到第五部分中，我将展开阐述刚才概述的社会本体论和其对经济学的意义。首先，我仍然会回到更加关键的讨论；我将进一步详尽阐明至今受到支持的那个评价，即正统理论的各种各样的流派由于接受了著名的科学观念而被逐渐削弱。因为在许多人眼里，我对现代经济学最为珍视的一些方面的评论过分草率，所以需要更多的论证。在第二部分中，为了后一个目的，我现在打算通过分析和对这里所支持的观点的阐述，更加详尽地表明何以不仅主流思想更具传统的特点，而且包括为了解决其持续性的问题而拿出的“救药”在内的最近发展也是可以理解的。在这方面，我还将表明主流理论为何那么频繁地被发现走错了方向，并逐一说明不可避免地接着发生的各种回归现象。

第二部分
现代经济学的问题

69

第七章　计量经济学

本章和接着的四章的意图是，要进一步说明，已经相当突出的解释性演绎主义描述的许多特征，和特别是与其有关联的最终是实证主义的显著成果的观念或科学规律，何以在现代经济学的大多数著名流派中如此显而易见，以及它们何以要为该学科的许多问题负责的原因。我将以讨论通常集中放在计量经济学的题目之下的那些活动与方法开始。因为这些活动与方法可被视为非常直接地依靠讨论中的科学规律的后休谟观念。

那么，什么是计量经济学？广义地说，计量经济学家们关心的是如何决定我一直在讨论的恒定的事件关联，尽管是概率性的。这些竞相罗致的关系不无频繁地被解释为“因果性”。然而，该术语的这一用法基本上是休谟式的。具体地说，某个“因变量”y 被认为与一系列“自变量”x 有函数关系，这样，后者中的移动或变化就会导致前者中可预见的变化。这样的“变量”被用来代表经济事件或事态[1]。鉴于这种结构，计量经济学的一个基本任务就是为任何这样的假设关系提供数量内容。这需要估计那些受欢迎的关系的参数值和相关的概率分布值，通常通过运用数学和统计方法进行经济资料分析而取得（例如 Pesaran，1987：8）。

真实情况是，经济学中的计量工作并没有被这个做完做尽。举例来说，确定诸如某种现象的增长手段或增长率的资料文本的总汇统计可被置于计量经济学的总题目之下。这样的活动在这里并没有受到质疑，并没有暗示说在后者和有关活动行得通的地方，它们的努力是不合规则的。我正在强
70 调的具体的实在论的重点并非是反经验的。同样的情形是，计量经济学家偶尔关注“时间变化”参数模型，根据他们的理解与解释需要修改随后的讨论[2]。但是，非常庞大的经济计量工作似乎是以追求事件规则性（虽然是概率规则性）为其特点的，这正是下面所要给出的、可供选择的方向。

1. 经济“规律”的缺位

与计量经济学理论相悖的最显著的一点是后验结果，即经济学中有意

义的不变事件规则性尚有待发现，不管是概率的还是别的什么的，尽管资源不断向这项工作配置。50 年前，T. 哈维尔莫（Haavelmo，1944）通过创造“计量经济学中的概率方法”证明了自己的努力的正确，他评论道：“经济学至今尚未获得如在自然科学中获得的非常精确和普遍的规律”（1944：15）。随着时间的流逝，这种局面似乎没有明显改变。[3] 计量经济学家们通常在一有新的观察数据[4] 可供使用时，[5] 就对“估量关系”反复遭到“失败”的原因进行苦苦思索。

在本卷的第一部分，我对这种不断失败的现象已经阐述明白，并且已经表明社会实在依赖于具有改造作用的人的能动性，因而，它在本质上是开放的，几乎不受科学上令人感兴趣的局部封闭的影响。鉴于这样的理解，任何其方法预设了局部封闭的普遍性途径都会遭到失败就不令人感到惊讶了。然而，如果我正在论证的观点是正确的，我应当能够比这解释得更多一些。具体地说，我应当能够把计量经济学家们为了解决其问题而作出的一系列努力的性质或方向阐述清楚。以前的失败无疑引发了令人深思的、有意义的反应，其中包括设想的“解决办法”。鉴于所有这样的“办法”都需要以科学规律的实证主义观念为前提（虽然是不明言的），预料置于此系列中的任何趋势的种类或方向也许都是可行的。我应当能够表明假设的这类“办法”不仅根本就不是办法，而且事实上它们是一个仍未得到充分分析的问题的、容易理解的表现。

下面是我目前的直接目标：说明对计量经济学的失败所作出的系统反应的方向。然而，在此过程中，我将通过集中分析相当突出的、影响重大的、指出了前进道路的评论，避免采用因选择个别经济计量用途（以及说我的观察只能用于某个精心挑选出的“稻草人”的指控）而招致不满的策略。在这方面并不缺乏合适的候选者。然而，在过去二十年左右的时间里，对计量经济学的失败所作出的所有反应中，有一种反应因其臭名昭著而最为突出。 71
这里我指的是具有超级影响的“R. 卢卡斯批判”和由其激发的一系列反应。从我的目的出发，考察这个批判的本质和对其的反应显然是很方便的做法。如果我正在主张的观点中预料的那些种类的趋势能够显现，如果到了这样的程度，我提出的解释就可视为具有了牢靠得多的根据。

2. “R. 卢卡斯批判”

在确认正在谈论的趋势之前，让我简略地回顾一下 R. 卢卡斯的论点的基本内容。R. 卢卡斯的起始点是在第一部分就已提及的那个看法，即理论与实践是互不一致的。具体地说，R. 卢卡斯指出：“许多迹象表明，实践型计量经济学家对支持那种实践活动的理论充其量只是口头上说说而已。”

> 最令人注目的迹象是经济计量预测人员对 1947 年以前的数据系列表示冷漠。在经济政策理论的范围内，更多的观察资料总是使参数估计和预测处于显要地位，对极值 x 的观察资料尤其如此；然而，即使是来自 1929—1946 年的现成的年度序列（资料）也极少被用来核对战后的突发事件。
>
> 第二个迹像是反复不断地对经济计量关系做重要修正。目前正在进行的价格—工资那部分的修改就是一个很好的例子。理论上预测的固定结构以内不断提高的参数估算的精确性似乎并没有出现于实践中。
>
> 最后，也是最有启发性的，是为了预测目的利用最近的余数模式修正截取估算的做法。例如，如果在最近几个周期的一个方程中出现一连串的正余数（预料不很实际），我们就会用其平均数将估算截取往下修正。这种做法能解释，例如，与基于已公布的模型版的预测相比实际的沃顿（Wharton）预测的优越性。
>
> （R. 卢卡斯，1976：22—30）

这些迹象的意义是，它们表示实际上已建立的经济计量模型，被确认为联系可测量的事件或事件集合的概率关系是不稳定的。大多数经济计量分析所依据的理论预设了稳态参量关系的存在。但是，被观察到的计量经济
72 学家的各种实践表明，实际获得的模型的稳定程度不足以成功预测最初建模的那段时期以外的事件的发生。

R. 卢卡斯在不断的失败中寻找明显的理论与实践不一致的根源以便通过坚持公认的理论获得成功的结果。这当然与第一部分中的结论相当一致。然而，R. 卢卡斯没有把这种失败解释为用站不住脚的自然科学观念处理问题的结果，而是提出了一个更具实质性的造成该问题的原因。具体地说，在为经济计量公式中明显的不稳定性提供解释时，R. 卢卡斯的做法如下：

第一，他强调任何竞相追求的经济计量关系（联系表示可测量的事件或事态的“变量”）的“结构”，都依赖于经济中能动力的“决策规则”（需求与供给函数），从每个能动力所处的环境考虑，这些决策在理论上是最佳的（Lucas, 1976:25)。第二,他认为,适当的或最优的决策规则,将根据决策者对其持乐观态度的那个系列的事件的模式或结构,系统性地发生变化。第三,他推理道,如果能动力持乐观态度的那个系列的模式发生变化,R.卢卡斯把这些变化归咎于"政策规则"的调整,那么,不可避免的结果是造成联系经济事件的关系的结构的不稳定性。

这里存在着R.卢卡斯确认的计量经济学的基本问题。为了获得"结构上的稳定关系"以便模拟替代政策的效果,经济学家通常采用的方法要求所追求的事件关系就政策规则的变化而言是不变的,而考虑到持乐观态度的能动力的行为,有理由怀疑这样的不变关系能否产生:[6]

> 假设在替代政策规则下所追求的经济计量关系的稳定性,因而就是假设能动力关于对该系统震荡行为的看法在这些震荡的真实行为发生变化的情况下是不变的。如果没有这样的极端假设,经济政策理论要求的各种政策模拟就是无意义的。
>
> (R.卢卡斯,1976:25)

R.卢卡斯补充说:"我们关于动态经济理论所知道的一切都表明,这个假定是不正确的"(R. Lucas,1976:25 原文中强调的重点)。

有趣的是,R.卢卡斯最初提出的解决显而易见的困难的办法并没有真正集中在计量经济学的实践上。它注重的是政策规则的形成与出台的方式。换句话说,R.卢卡斯针对的是政策制定者,而不是计量经济学家。其基本思想是,规则越简单,提前传播得越多,因而确保了相关人群对其的正确 73
预期,计量经济学家就越容易将优化行为做成模型:[7]

> 如果政策因一系列决策没有遵循商量的方式或预先宣布的方式而发生变化,那么,只能逐渐让能动力知道,然后,也许如"噪音"较大的变化那样,才会使大量的人群了解。在这种情况下,向一种新的经济结构转变,如果转变过程稳定的话,将会是非系统的,在经济计量上不可预测的。另一方面,如果政策变化如规则的变化那样是经过充分讨论和被充分理解的,那么,有望在对过去经验的估计的基础上,能够预测最终的结构变化。
>
> (R.卢卡斯,1976:40-1)

R.卢卡斯在他的论文中作出的结论是:简而言之,对政策制定者而言,如果他们想预测市民的反应,就必须对市民抱有信心(R. Lucas,1976:42)。这个结论,虽然很不适合于当前的计量经济学的实践,却似乎与民主决策的偏好相当一致。

3. 对“R. 卢卡斯批判”的反应

然而,如果这是原论文的结尾的话,却远不是这件事的结尾——至少对绝大多数严肃对待“R. 卢卡斯批判”的计量经济学家们来说是如此。也许不可避免的是,R. 卢卡斯认为解决已发现的那些困难的办法的重要组成部分,已经被其他人重新解释为或转变为关于那些条件的一个实际上普遍流行的假设。具体地说,在随后的计量经济学的实践中,关于理性预期的假设已经登上中心舞台,因为其支持者认为,政府政策的变化,至少在大多数时候,确实得到了深刻的理解,因而有助于获得可预见的响应。突现论因而是建立经济计量模型的一种理论,这些模型能说明对政策变化的有计划、有步骤的行为响应,在寻求能够隔离参数的经济计量方法中最终达到圆满,而那些参数也许对政策规则的变化来说是不变的。

这一理论后来的好几个分支非常引人注目。其中一个极端,是 C. 西姆斯(Sims,1982)的大量文稿,他似乎认为经济理论对确定经济计量关系不可能提供任何限制。这样推出来的结论是,经济学家应当把精力主要集中在
74 未经解释的简化形式的研究上。在另一个极端,是其他人的大量文稿,他们认为经济理论的确能够提供明确的先验等式限制。K. 胡佛(Hoover)在其非常有用的研究中对后者的文稿进行了评价,该项研究包括对“R. 卢卡斯批判”的“颇受欢迎”(Hoover,1988:192)的响应。T. 萨金特(Sargent,1986)有时会与 R. 卢卡斯合作,他对那些文稿的描述如下:

> 最近的研究一直致力于建立这样的经济计量模型,这些模型重视人的行为模式会随政府政策(游戏规则)的变化而有计划地发生变化的观点。大多数研究是由坚持所谓的理性预期的假设的人搞的。他们把面临明确规定的、限制在动态环境中做决定的人做成模型。这些限制中包括随着时间推移的运动律,这些规律描述诸如人们必须缴纳的税款和他们买卖商品的价格。理性预期的假设是人们理解这些运动的规律。研究的目标是建立这样的模型,它们能预料当人们遇到对税收、政府套购、货币政策的各个方面等的管理方式发生充分可理解的变化时,他们的行为将如何变化。

(T. 萨金特,1986:3)

在同一篇文献中，T. 萨金特进一步引入新的经济计量方法的话题。他说：

> 经济学家们目前正在进行的一项主要研究工作，是寻求在上述意义上能隔离有结构的参数的理论方法与经济计量方法，就是那些在以改变游戏规则的形式进行政府干预的情况下保持不变的参数。这是一项雄心勃勃的事业，一项在很多方面比给人留下深刻印象的 20 世纪 40 年代后期考尔斯（Cowles）委员会创造的使 J. 凯恩斯经济计量模型成为可能的经济计量方法更加艰巨、更具野心的事业。因为所需要的是一个理论与统计学的框架，这个框架能使经济学家估计个能动力的决策规则或策略是如何依赖政府采用的决策规则或策略的。这项研究的任何成功的版本将能体现这样一个原则，即个能动力的决策规则不在该模型的自由参数之中，但它们本身却是（除了别的因素外）描述政府使用的那些规则的参数的函数。要想在这方面取得成功，就要求在计量经济学和动态经济理论的各个技术方面获得许多新方法和新成果。卢 75
> 卡斯和萨金特在这项研究的背后以下面的方式形式化了这些想法……
>
> 这一研究领域正在出现令人印象深刻的技术进步，合理的乐观是有根据的，经济学家们将最终能够产生用于预测政府政策规则的变化的效果的经济计量方法。然而，明智的做法是记住这是一项多么宏伟的任务。它需要对经济理论抱有极大的信心，希望这方面的研究将实现其所有目标，虽然这项研究的成功将最终不是根据绝对标准进行判断，而是根据相应的用来达到相同目标而设计的另一些研究进行判断的。
>
> （T. 萨金特，1986：11–13）

重复一下，对 R. 卢卡斯的批判的主要响应或者依靠根据那位计量经济学家（R. 卢卡斯）的需要改造经济，或者依靠把这样的预见能力强加于非专业人士，把技术强加于计量经济学家，这样，政策规则的变化毕竟不会削弱经济计量分析（T. 萨金特与 C. 西姆斯）。这样的响应肯定是精彩的。在我们生活的这个以根本的不确定性为其特征的开放的社会系统中，关于理性预期的假设几乎是不现实的。虽然人类知书达理地巧妙地进行着协商并完成着他们每日的工作，他们实际拥有的知识却显然远不能满足这个特殊的关于预期的假设的要求。的确，怀疑一定总是这样，即诉诸这样一个假设与一次绝望的行动毫无二致。我现在想从我正在主张的角度解释一下这个响应，以表明它的确只不过是混乱表现形式的一种转变，而绝不是卢卡斯所重视的寻求解决问题的办法的途径。

4. 对普遍的预测失败的系统性响应

我在这里的目标是确定可预期的各种各样的响应，正如我正在争辩的那样，如果该学科的问题是依一个自发发生的封闭系统的具有普遍性的广义假设而定的话（而社会现象主要是在一个本质上开放的系统中产生的）。一旦达到这个目标，我将表明，“R. 卢卡斯批判”和其在计量经济学家的做法中激起的各种响应何以可能被认为是一种具体的表现。[8]

首先，让我补充一点来澄清一下。这里我的目标是预测和解释对经济计量学失败的反应。因而，我并不关心在失败前采取的或可能采取的过多的策略，即把内容限制在任何既定的实质性研究领域里统计推理的一个确定的计划范围以内。也就是说，本章中我讨论的重点不在如 E. 李默（Leamer）所称的分析的“计划阶段”，而是在一旦承认失败后接着的“批判”和“修正”阶段。[9] 事实上，我关注的问题不是一个通常在统计推理标准理论视角范
76 围内处理的问题，我认为它也不可能是以任何有意义的方式处理的问题。[10] 另外，我们将会看到，由计量经济学的不断失败引起的那些趋势，恰恰与计划阶段的策略常常鼓励的那些质量差的描述相反。[11]

其次，我还要强调一下，我所关心的是战略性反应的问题。因为面对反复失败，也许会有大量的多少有些随意的反应。的确，一般来说，计量经济学文献的一个显著特点是，许多专业人员，不管是不是在研究假设的经济计量关系最近已经失败的某个领域，似乎都没有注意以前的研究和系统阐述到底是什么。[12]其结果是出现过多的、极少内聚性或连贯性意义的、看上去无甚关系的“模型”或规范。有时，经济学家所采取的态度只不过是随手任意利用资料，尽可能少地依靠理论。其他一些可能不怎么专门的反应包括反复变换数据或修饰估算技术。这样的反应不是我这里的重点。我关心的是各种各样的可供下述人员使用的系统性选择：那些寻求一个连续性改进项目的人，这个项目至少要承认需要把以前的失败或明显的成功联系起来并解释它们和试图从中学习点什么。

5. 规则性随机论（regularity stochastism）

我的出发点是承认计量经济学家，虽然不明说，实际上是在致力于研究

后休谟科学理想的一个具体公式。我借助于可被称为规则性随机论的这样一个形而上学的命题来进行说明。根据这个命题,对每一个(可测量的)经济事件或事态 y 来说,都存在一套条件或事件,例如说 x_1、x_2……x_n,这样,y 和 x_1、x_2……x_n在某(套)“表现好的”概率方程(组)下有规则地被连接起来。换句话说,假定随机封闭到处均可成立;对于任何(可测量的)经济事件 y 来说,假设在一套条件 x_1、x_2……x_n与 y 的平均值或期望值(以 x_1、x_2……x_n为条件)或某种类似的东西之间有一种稳定的可恢复的关系。

这里,我的目标是搞清楚一个坚持规则性随机论的人,在颇受欢迎的那 77
种稳定的事件规则性尚未成功确定的条件下,在发现任何明显确立的规则性总是很快遭到失败时,如何可能明智地继续工作。这是一个任何从事实际工作的计量经济学家在某个层面上必须解决的问题。当然,即便规则性随机论不是一种有效的学说,但至少在某个时空上限定的区域,某种争相获得的事件恒定关联还是有可能出现的。在前面的讨论中从没有排除过这样的可能性。的确,不可能存在任何先验的论点排除这种可能性。然而,非常认真地关心着自己学科的计量经济学家们需要比这更多的东西。鉴于他们暗中支持忠实于计量经济学理论的实质性资源,他们需要能增加鉴别结构上稳定关系的可能性的操作方式,并要有某种合理程度的频率。这样一来,一个应采取的明确的行动方向是试图确定某些基本条件,如果被满足,它们就会确保一种稳定的经济计量关系的成立。

因而,问题是如果任何一套基本的集体充分条件(各种类型的)能被确定,那又怎么样?在某种程度上,现在所有经济计量分析均要依赖或预设某种个体的作用。消费者的支出(消费者支出函数)预设消费者,生产预设生产者,等等。在实践中,被计量经济学家明确理论化了的这样的经济个体不仅包括人的各种动因,而且包括公司、家庭和工会等。那么,关于这样的一个个体系统,什么条件才会确保获得竞相追求的那种事件规则性?

6. 外封闭

首先,很清楚的是,对于任何令人感兴趣的选择结果或“因变量”y 来说,确认被认为是能对其进行“解释”的具体的一组个体和条件也许不足以使一种事件规则性也能得到确认。因为,在一个如社会这样的复杂系统中,除了已被明确认定的影响 y 的那些因素之外,还有可能存在的确是在影响或者至少可能影响 y 的许多个体、条件或“变量”。那么,如果在 y 与某组特定的条件之间那种争相获得的事件规则性能够被保证并可重新获得,明摆着的策略就是要力求确定一个具体的设置、一种条件转换方式,这种设置或方式能有效地施加对尚未阐明的条件或对 y 的潜在影响的限制,阻止它们干扰所追求的事件规则性。不管用什么办法,那个令人感兴趣的系统必须
78 封锁,与上述那些影响相互“隔离”。满足这种限制的必要条件可被归在外在封闭条件的标题之下。事实上,如果一组明显的条件或因素已被确定,并让我们暂时假设这些对 y 的影响被认为是稳定的,那么,很清楚的是,为了保证一个稳定的可重新获得的事件规则性,或者任何未得到明确解释的影响在其运作中必须保持恒定,或者,更一般地说,该方案必须是那样一种设置,即任何这样的影响必须与那些被明确强调的条件构成正交关系(不相关关系)。这种限制的显著特例是,任何被分析的个体或系统必须与任何这样的潜在的但却非明确确定的影响真正隔离。

从这个观点出发,发现现代正统经济学在很大程度上依靠隔离系统(“封闭经济”)或隔离个体的假定并不令人吃惊。现在我们已明确知道,对估计经济计量关系中的不稳定性的第一回应表明:该系统至今尚未被完全描述,外封闭尚未取得,某种有意义的影响或条件已从该系统范围内的明确概括中被错误地删除了。[13]

7. 内封闭

即便一个系统被有效地从非正交外在影响中隔离出来,也不能保证能获得事件规则性,至少在以内在结构和复杂性为特点的分析个体存在的地方是如此。因为每一个这样的分析个体在反复出现的或相同的外在条件下鉴于不同的内部状态也许表现是不同的。当然,初看起来大多数个体具有这样的结构。因而,一个既定的人回答一个具体的问题、在市场里的表现(他或她)或采取某种别的特殊行为的方式,可能取决于他或她是处于警惕状态还是睡着了、是乐观的或悲观的、挨着饿或吃饱了、有痛苦或无痛苦,等等。同样,一家公司(一名企业家)对自己公司产品的需求的定额增加的反应(例如,从提供就业机会的角度看)也许按照下面的情况变化着:该公司目前面向的是提供产品还是提供服务,最近是否使用了节省劳力技术。的确,一般说来,会涉及该公司的技术安排和社会安排两个方面。这样一来,如果

要保证事件规则性,第二个明显的策略是寻求对任何一个(和每个)分析个体的内在结构、组织或性质的某套限制条件,这套限制条件确保一组已知的固定制约因素 $x_1 \cdots\cdots x_n$, 对 y 施加一个恒定的影响, 即感兴趣的输出变量。鉴于那些明显的理由,满足这样一组限制的必要条件可被归放在“内封闭条 79
件”的标题之下。

在这方面企图起稳定作用的一个可能的限制是所谓内在恒定性的限制:给任何个体的各种各样的内在可能状态的每个状态提供一个明确的规格(条件),在那里,假设每个都能满足一个内部或内在恒定结构的必要条件。请注意,如果所分析的基本个体或单位都是像公司那样的实体(而不是例如说企业家),那么,寻求要满足的明显条件就不仅仅包括工作场所等的内在恒定性,而且包括每个涉及产生利益成果的能动力的内在恒定性。

现在,假如每一个相关的(每个的状态)分析个体的内在结构是恒定的,并且,一套固定的条件或影响正在起作用,这还不能保证一种事件规则性,即是说,鉴于行为或操作的相同条件,同样的结果一定会接着发生。为了使内在封闭条件得到保证,第二个必要条件是可还原性(reducibility):每个分析个体被如此构造或如此组织,对任何给定的内在状态和任何一套行动的条件,只有一个结果或“出口”才是可能的,一个可从对流行的那套条件的知识中预测出来的结果。[14]换言之,感兴趣的输出变量必须是确定的,每个个体的结构或组织必须是这样的,以至于对任何给定的和恒定的内在结构,感兴趣的结果(或在反复出现的条件中的平均结果)必须能从该系统的条件或状况中推演出来,或还原为(在可表达为恒定函数的意义上)它的条件或状况。具有典型意义的是,附加性似乎是被假设的组织原理。但是,无论怎样,为了保证给定的(强迫的)条件产生一个确定的原则上有条件可预测的结果,明显的策略是力求确定一个安排,在那里内在恒定性和可还原性都能得到满足。这样,后面的两种构成那些最明显的限制,以便从中确定哪一种能确保满足一个封闭的内在条件。

这两种限制在任何个体和每一个个体被赋予原子特性(被描述为原子状的)的条件下均自动得到满足——事实上这样的描述是缺乏内在结构的。因为,每一个反应仅仅是或总是对外部侵犯力量或刺激的一种被动回应。我们因而能够注意到在任何估计经济计量关系中因缺乏稳定性而引起的第二个回应:表明大量分析个体尚待给予足够的原子描述。换句话说,虽然注意满足外在条件会引起扩大或拓展该系统的回应,对满足一个封闭的内在条件的关注却会引起“挖得更深”的回应。

80

8. 加总

当显著的内在条件和外在条件均被满足时，封闭就一定会出现。因而，原则上这样的条件（和确定的方式，在这种方式中满足它们可能是被追求的）就是我们这里正在力求隔离的一切。然而，在实际研究中，计量经济学家们主要关心的是宏观的或加总的或系统般广泛的结果或后果，即是说，他们关心的是加总水平上的结果，这样的结果与在理论可被有意义地应用的水平上的结果是不同的。正如正统理论中频繁发生的情形那样，感兴趣的问题是是否所有个体行动或响应在某种意义上是或宁可说有可能是相互一致的——鼓励经济学中的均衡观念（或其他“解决办法的概念”）（见第八章）。相比较而言，在计量经济学的“建模”中，非常明显的令人感兴趣的问题是，在个体的某种子集水平上被期望的那种事件规则性是否也可在某种更加综合的水平被预期。那就是说，虽然计量经济学家在某种个体水平上，例如在一个消费者或生产者水平上，典型地进行理论概括，用于经济计量分析中的观察数据或数据通常总与实质上更大的部门或集合体相关。举例来说，它们常常与消费者的开支的总量相关，或与一个企业的生产或甚至与作为整体的经济生产相关。

原则上说，加总结果或因变量总是能够通过首先在每种类型的个体水平上（或无论怎样在某种更加分离的水平上）力求“解释”相应结果，然后再进行总计的方式，经过推论确定。当然，通过给所有个体的各种不同的状态赋予隐生性原子的特点，产生这样一个假设，即认为它们的结果可被加在一起，或至少按某种机械的方式结合在一起。因为它产生于它们的原子状特性，认为任何对已知条件的反应都是独立于各种状态或个体的具体结合的，或独立于其相互关系的。换言之，根据假设，凡是在一个系统具有不可还原为其组成部分的性质的地方，任何关于有机统一体或整体的原则都不可能被允许起作用。在这种“相加”的程序中，没有什么是与坚持规则性随机论相矛盾的。然而，在实践中，鉴于可获得“数据”的加总性质，这样一个程序通常是不可行的。无论如何，这不是按计量经济学家的倾向去做的事。我已致力于研究典型的加总水平关系，例如，已试图将总的消费者支出直接与总的个人可支配收入部分联系了起来。[15]

为了保证这样一个总关系或宏观关系,即一种采取竞相获得的事件规则性的形式的取向,明显要求某种比仅满足上面表明的内封闭条件和外封 81
闭条件更多的东西。为了达到一个(聚合)封闭它还需要某种组合或结合原则,或加总条件。人口是异质的。[16]对任何令人感兴趣的、既定的经济变化的反应将根据讨论中的下述情况而有所不同:个体是富裕还是贫穷,管理大公司还是小公司,大家庭的成员还是小家庭的成员,资本密集型公司还是劳动密集型公司,等等,而且,任何群体的组成都可能发生变化。任何分析系统或分析集合都需要某组条件或限制,这样,它才能保证在焦点加总水平上仍然会出现回应的稳定性。[17]正式地说,需要采取的最显然的策略是说明,或者个体方程式满足某套"可积分条件",以至于在不必明显注意大量分布信息的条件下就可看到随之出现的加总稳定性;或者与眼前分析相关的个体属性的分布结构是如此一种结构,以至于它可能被和有价值地被作为模型规范的可锻部分明确包括进去。一种可替代的更具限制性但却明显更加引人注目的充分策略,当然是一种能有效构成上述两种情况的限度或退化例子的策略,这种策略试图以这样的方式挑选分析群体或集体,以致其成员在相关意义上说竟然是同质的。

这里,我们对方程式不稳定性和特别是对任何总聚合体或宏观构成中的不稳定性的一个最后的明显反应是:认为到目前为止尚未给予系统足够分解的或微观的描述。

现在,重要的是要明白我的意思。我要重复说一下上面的观察:即便规则性随机论是一个站不住脚的形而上学命题,一种限制性事件规则性也许会偶尔发生。这样的可能性在理论上是驳不倒的。前面概述的要旨是,以认可规则性随机论为真为条件,如果内在条件和外在条件——在总关系或宏观关系水平上——被满足,竞相获得的那种事件规则性就一定会出现。同样,以规则性随机论为真为条件,那种必需的一种公设的事件规则性的失败或崩溃必然要求这些封闭条件中至少一个条件不能成立。

9. 重新解释"R. 卢卡斯批判"

这个讨论如何说明 R. 卢卡斯批判及其引发的反响?我认为它说明了两者。从开放的视角观察,"R. 卢卡斯批判"可简单解释为这样一种论点,
即至少已确认的封闭条件之一在经济计量模型中未被满足。为了使计量经 82

济学的理论最终得到支持，计量经济学家们对这个批判的反应正如企图满足讨论中的封闭条件一样地容易解释。当然，R. 卢卡斯和那些受其论点影响的计量经济学家都没有以有条理的方式阐述他们的理论，因而，他们的策略必须重构。但是，R. 卢卡斯批判和在经济计量实践层面上更加重要的反响无疑都可从这个观点直接得到解释。

首先，关于满足一个封闭的内在条件，R. 卢卡斯必须说些什么或他的分析必须揭示些什么？对 R. 卢卡斯来说，理论分析单位似乎总是人类个体。内在恒定性因而通过假设对所有个体只有一个内在状态而被满足（在理论上）：采用的假设是，个体只是并总是经济最优者。可还原性可通过这样规定建制而取得，即（独特的）最佳条件与流行的条件相比总是存在的：鉴于每个能动力所处的境况，“决策”将总是最佳的（Lucas，1976：25）。[18]

如果 R. 卢卡斯的理论化是典型的在个体能动力层面的话，他主要关注的似乎是宏观经济计量关系，即在加总水平上的事件规则性。那么，关于涉及宏观经济计量封闭的加总条件 R. 卢卡斯必须说些什么？结果却是，对这个条件的支持实质上被含糊其辞地回避了。最初，许多迹象表明情况将不会是这样。的确，R. 卢卡斯开始时埋怨他觉察到的在“微观经济”水平上对个体行为的系统阐述与把该系统作为整体在计量经济学上确定其累计行为的企图之间的理论鸿沟。然而，随着讨论的进展，R. 卢卡斯提供了一些说明性例证，例如，个体消费者行为的微观设定由于适合他的目的，可被交替地解释为个体或加总（平均）的公式化表述。换句话说，聚合或加总问题被含蓄地假设为任何经济部门的行为，或者说作为整体的经济同等于一个（最优）个体的经济。

当然，R. 卢卡斯批判的重点，如果说得含蓄一点的话，是一个封闭的内在条件的非满足。从根本上说，他的论点是，人的行为被计量经济学家当做似乎不受政府政策规定变化的影响的东西（即是说独立于政府政策的变化的影响），而在实践中这是完全不可能的。虔诚的计量经济学家们对此批判的反应，则是通过试图在经济计量公式化范围内明确内化这种新确认的影响，
83 响，并且竭力支持这个内在封闭条件。

但从现在开辟的这个视角出发，可以看出 R. 卢卡斯仅仅接触到一座冰山的一角。为何要把未解释的外在影响的焦点限制在政府的政策规定上？即便我们希望假设有永久性最优能动力，也有各种各样的理由怀疑进行优化所必要的那种类型的条件的存在——因而对内在条件能否被满足产生了

怀疑。这样的理由还表明，系统即使曾经有过也极少被看做一种隔离——因而表明满足一个封闭的外在条件中的问题也是如此。我们生活在一个开放的经济中，并且受下面各种因素的影响：世界贸易中不确定的变动，多元地区化战争，频繁的制度性崩溃，惯例性贸易政策的重新安排，农业产能过剩和歉收，许多新的政治发展，其中包括任意的事先不告知的与国内消费者和商人事务有关的外交政策的变化，等等。同样，所有这些因素当然都与满足加总条件的要求相关。譬如说，由于投资者和商人对不同的制度、政治和文化语境中的发展的响应，有多少理由设想在总体水平上能产生稳定性——即是说，为了具体阐明一个整体经济特定的进口、出口、投资，等等？进一步说，一旦允许能动力是有内在结构的、复杂的并总是具有别样行动的能力，那么，总体框架似乎都是白费的。

因而，这个讨论的意义是，它能使我们将一套被广泛观察到的回归解释得能够理解。它们解释了那套人们最熟悉的对计量经济学的失败的反应。因为，从开放的视角看，人们能够意识到，经济计量关系的"崩溃"支持着这两种广义类型的反应或其中的一种。首先，失败可被合理地解释为对某个有意义的因素的分析中的一个错误的忽视——从而意味着需要支持外在封闭条件。第二个反应是论证讨论中的系统需要在更微观和更原子的水平上进行详尽阐述——从而承认那个必要条件，力图满足加总和内在封闭的各种条件。正是这些隐性的、支持那些确定的封闭条件的企图，能说明对经济计量失败的那个耳熟能详的反应模式：进一步扩大或"挖得更深"的模式。"R. 卢卡斯批判"和其鼓励的那些反应只是构成了一个最近的有影响的例子。

10. 原子论与孤立主义的谬误 84

最终看来，经济学中的规则性随机论被看做是以两个教条为其基础的，它们可被合理地分别称为"原子论的谬误"和"孤立主义的谬误"。这些假设的含义是一切行为或特征都可被赋予某种形式或简化为一个(隐蔽的)原子表征，[19]并被当做似乎有效地从没有明确确定的所有其他因素中分离出来了一样。[20]正是在这些谬误的影响下，计量经济学家反复不断地企图支持封闭条件。在此范围内，这样安排好的趋势等于在追求大得能包括一切，从单一个体出发，小得又什么也不能包括的系统。这就是对计量经济学的失败的耳熟能详的反应最终导致的走向。有效的替代办法当然是假设在宇宙与原子间的某个地方存在一个自主的、有结构的、有意向的能动力,这个能动力在一个完全结构化的、根本上开放的、有内在联系的、变化着的世界上行动,而这样一个办法只有在科学的实证主义观念被坚决拒绝后才有可能的。

坚守规则性随机论,更一般地说是科学的后休谟理念,使我们的探索走错了方向。R. 卢卡斯批判与其激起的反响仅仅是这个问题的最近表现。但这是一个既弥漫于计量经济学(正如通常所实践的那样)又弥漫于植根于实证主义理论的许多其他经济学家的活动中的一个问题。另一条可选择的道路是,认识到超验实在论标题下提供的那个观点具有更强更充足的解释力,从而承认其把经济学作为科学重新给予详尽阐释的可能性,并承认其胜任重新详尽阐述作为科学的经济学的任务的能力。

最后,我们注意到,本章的论点可被重构为一系列不可动摇的一般原则。一套合起来足以保证一个封闭系统的条件,即一个事件的恒定关联的获得已经被确定。R. 卢卡斯批判提供了为什么这些条件中的一个条件不能被满足的理由。然而,从新的观点看,很容易拿出各种各样的理由说明为什么被确定的那些封闭条件中的每一个条件有可能常常得不到满足。接着,对计量经济学实践的 R. 卢卡斯批判的这一概括本身又被后休谟科学观念的实在主义批判所概括,后休谟科学观念(除许多别的东西外)是计量经济学实践的基础。

这样,只要我们接受后休谟或实证主义理念,集中考虑计量经济学实践的实施方法和其真正的可能性,那么,R. 卢卡斯确定的并在这里概括的那类
85 问题,与 R. 卢卡斯一起,就必须被认为对作为科学的经济学与政策评价具有相当大的削弱作用。然而,一旦整个实证主义观念被认为是行不通的,因而被抛弃,超验实在论的替代观念和理论的可行性被认可,我们就可看到,无论是作为科学的经济学还是作为政策评价与设计的理论依据,在此问题的任何一个层面终究不会有不可避免的困扰(到时我将阐明)。

第八章　经济“理论” 86

现代经济学唯一一个最显贵的分支是被主流支持者们奉为“纯理论”、“经济理论”或简单地说“理论”的东西。坚持数学倾向或毋宁说形式主义倾向的经济学家以同样的方式把他们自己（通常只把他们自己）封为理论家。近年来，所谓“理论”方面的各种各样的问题已经暴露出来，[1] 乃至于使支持者们也质疑起其解释真实世界发生的事件的能力或帮助制定政策的能力来。结果是，针对前面一章提到的计量经济学的各种问题，人们作出了数不胜数的诊断，提出了各种各样的解决方法。然而，学者们所提出的所有补救办法，有时处于非同寻常的语境中，故而最终都未能在促进一种看上去能阐明社会实在的理论方面取得任何进展。和计量经济学发生的情形类似，这种现状之所以发生，其理由仅在于：所确认的问题并没有完全反映相关混乱的真正本质。在本章中，我的目的是进一步阐明演绎主义解释模式和与其相关的科学规律的观念是如何解释众所周知的弊端的。我还要表明它是如何解释正在企图解决该“理论”的公认的困难的具体“形式”的，并说明这样的企图为什么会必然遭到失败。

1. 正统“纯理论”的名义特征

首先，这个理论的性质是什么？如果在现代文献中找到某种被称为“经济理论”或“纯理论”是一件很普通的事的话，关于这个理论包含些什么内容倒是有某种不同的看法。在许多批评家（和一些支持者）的评价中，该理论是根据各种各样循环出现的重要名义特征被描述的。具体地说，经济“理论”被广泛解释为（除别的东西外）一个重要的思想体系，这个思想体系注重
个体而不是集体；注重交换活动而不是生产或分配；注重优化（最大化或最 87
小化）行为而不是满足或顺从习惯；注重完全竞争条件而不是垄断寡头或垄断；注重促进定常（或递减）规模收益率的结构而不是规模收益的结构；注重完全知识和预见或“理性预期”的假设而不是不确定性或无知；注重终点状态、固定点或均衡而不是时空中的过程；注重各种表现优良（适当的、显著

的、可区分的、固定的等词语在各种论证中随处可见)的函数(效用、成本、偏好、利润等)而不是别的什么。

如果这样的名义特征常常与"经济理论"相联系,并具有不可否认的普遍性,那么,同样值得我们注意的是许多"理论家"已把其中的大多数看作无足轻重的东西。举例来说,这就是在 F. 哈恩(Hahn)的各种不同的超理论文稿中发现的立场,或至少在最后几年所写的那些文稿中发现的立场。[2] 在他的题为"经济理论的赞歌"的、纪念 W. 杰文斯(Jevons)的演讲和他的题为《宏观经济学与均衡》的论文集的绪论中,F. 哈恩做出了一个某种程度上有些不同的解释。具体地说,只有"新古典"经济理论的一套受限的特征才明确地被认为是重要的。这里仅列举其中的三个:

(1) 一种个体主义的观点,要求解释仅仅从个体角度表达;

(2) 接受某种理性公理,并

(3) 致力于对均衡态的研究。[3]

除了这些特点外,F. 哈恩还表达了他对高度概括的简单理论的偏好,而不喜欢具体理论,并深信需要对公理与假设进行明确区分。公理与假设都要充当理论分析的前提。但是,尽管公理(诸如人们总是按理性行动的这样的判断)以经验的恰当性为依据,被认为是无可置疑的,假设却被认为不那么可靠。情况往往是,期望接受这样的假设是暂时的,考虑接受它们仅仅只是为了使具体分析取得效果。

从这个观点出发,大量关于当今形势的问题得到了解释。例如,批评家们注意到的许多名义特征只有在假设(与公理比较)的范畴下才会被"理论家"所认可的这个具体看法,是与其被解释为对该理论无足轻重以至于最终会被抛弃的观点相一致的。在这方面常常用脚手架做比喻,意味着这样一个推断:这些假设的大多数最终都会被替代或拆除,只留下建筑物的主要结
88 构原封不动。反过来,特别强调理性个体的观点解释了为什么如此多显著的名义特征(关于信仰、偏好、资源等的假设)与个体的处境的许多方面有关。对理性个体的这种强调还解释了重视交换活动而不重视生产或分配的现象。因为只有前者才可能貌似有理地被解释为独立个体的短暂的交互活动。简言之,虽然并非传统上反复出现的正统理论的每个特征都被 F. 哈恩和其他人(见下面)的核心主张所解释,但其中的相当一部分显然得到了解释。[4]

2. 变化着的特征

根据这个传统的对事物的正统看法，某些最近的“内部”发展显得很有意义。因为该理论的核心人物似乎正在改变他们关于该理论的特性的评价。特别是那些像 F. 哈恩那样的一直在强调一定程度上只重视理性个体的决策、均衡态的人物，也许最有意义的是只重视简单而高度概括的理论的长处的人物，目前似乎已开始支持相当不同的立场。我们发现一方面替代理性个体的是随机的、固定的（独立于背景的）遵循规则的自动机或“粒子”（D. 坎宁[Canning，1990]），另一方面是群体或社团，后者在一定程度上协调起来，以便在行动上或一般水平上就像单一的理性个体一样（A. 科尔曼[Kirman，1989]）。系统对策的各种概念中的任何一个概念似乎都可理所当然地替代均衡态。最显著的是，潜在的“理论家们”被给予的建议是，更加注重复杂与具体的前提和欢迎计算机模拟的方法，而不是简单而一般的前提和其所支持的简单而“雅致的”定理。这样做，的确预示着“经济理论”将需要使自己从事生物学、社会学和历史学等问题的研究。正如 F. 哈恩本人最近所写的那样：

> 我们的继承者将不仅远不必如我们一直所做的那样关心一般的（更不用说“属的”）事物，而且，他们还将必须面临具体问题，必须研究具体历史和能够处理具体事物的复杂性的诸如计算机模拟那样的方法。粒子物理学的大统一理论不是他们的事，那似乎对物理学家才有吸引力。定理和证明也不是他们的乐趣所在，至少不常常是那样。而将信将疑地信奉历史学、社会学和生物学倒是他们的事。
>
> （F. 哈恩，1991：50）

3. 解释的失败 89

那么，目前正在发生着什么？用什么来解释这一受赞成的立场或观点的显著的戏剧性变化？其根源似乎是，即使有点勉强，最终应承认“经济理论”的高度概括化模型过分一般，以至于不包含任何令人感兴趣的东西。这个“理论”的问题纯粹是它没有阐明任何实际经济现象。使均衡发生偏离的结果似乎源自正统理论既专注于一般均衡理论，又特别专注于博弈论（game theory)，在那种情况下，公认明显无法解决的问题是不断寻求达到均衡的可能形势，即是说寻求在其中所有能动力的计划在某种意义上是相容的那种形势。具体地说，正如在诸如F.哈恩之前所鼓吹的高度概括化的框架中已广泛观察到的那样，如果“经济”的一种可接受的具体规范允许一种均衡，它也会模式般地允许许多均衡，即便发现任何一个这样的均衡方法都是独一无二的，或是在一个经济的标准的正统规范中没有明确的机制保证该经济能获得成功。[5] 如果正统“理论家们”希望解释真实现象或希望影响政策制定，这样的结果明显是令人灰心的。[6]

从这个角度出发，正统观念的方向的改变是完全可以理解的。从本质上看，这些明显变化的用意是为了使理论化的前提不那么具有一般性或不那么“武断”，以便能够产生具体的结论。好些这样的活动是能看得清的。一种倾向是用更具体尽管常常是越来越不合理的假设取代那些传统的非常一般的“假设”。特别是，偏好和信仰的各种规定变得“更强”。这样，我们在福利经济学和成本收益分析中发现了个人间效用比较(理想效用函数)的假设；在一般均衡理论中发现了对可能的收入分配的限制(W.希尔顿布兰德[Hildenbrand，1983a])；在“社会选择理论”中发现了关于“相似”偏好函数的假设(A.卡普林与B.纳莱巴夫[Caplin and Nalebuff，1989])；在宏观经济学中发现了代表性消费者的概念；等等。第二个回应是要使该系统更多的基本条件或“假设”内生化。在一般均衡理论和博弈论中最近的一个例子是，在“理性预期”的标题下实施的使信仰和预期内生化，允许后者被“确定”为该模型的一个均衡条件。[7]

进一步的响应是著名的用能动力遵循固定的、独立于背景的规则的断言取代理性公理。这个进步似乎是因为随机震荡的环境而被接受的，并由
90 下面的观察所驱动：在物理系统中，原子粒子的运动过程中随机性的出现往往会阻止任何这样的系统在不稳定的平衡或极限环中稳定下来。的确，统计力学的一个发现是，在一个拥有数量非常巨大的粒子成员的系统中，这些粒子的平均位置和平均速度(按总量平均)都“表现得很好”。因而，关键是借助以下观念寻求可相比的经济成果：把能动力看作粒子，看作简单规则的遵循者或某种这样的东西，在那里，信仰与偏好可用某种高维空间中的点进行描述。当两个或更多的能动力相互作用时，它们的信仰，或许是偏好，根据其遵循的规则得到内生性的修改，这样，那些能动力移到一个新点。如果能动力的数量足够大，任何一个能动力的行为或被假设如此的行为将在本

质上是随机的。结果就是,由于信仰和行为是按总人数平均计算的,平均结果将必然“表现优良”,因而是可预测的(Canning,1990)。

我们这里考虑的最后一个进步,是那些似乎非常关心应当使该理论尽可能成为实在主义理论的“理论家们”所取得的。它不是靠任意地将分析的“许多假设”列为条件,也不是通过将那些假设内生化为该系统方法概念的组成部分,而是通过在可能的地方整合那些以经验为基础的研究发现而达到其目的的。例如,R. 索罗(Solow,1986:24—5)争辩说,必须调整经济理论,以使其符合个体决策实际上是以具体背景与习惯为条件的事实。这一派的思想无疑支持经济学家必须更多地关注历史问题、生物学问题以及社会学问题的结论。正是这样的模型可能导致的复杂性支持着 F. 哈恩和其他一些人的预言:理论家最终必须关注如计算机模拟那样的程序。

那么,这样一来的结果或前景如何?转而去关注历史学、生物学和社会学的问题是期望获得更大的经验成功的基础吗?是期望模型与政策分析间具有更大相关性的基础吗?现在有认为明显虚构的“经济理论”的本质将必然会被超越的根据吗?这些所谓的转变或调整曾证明过“经济理论”不再存在或将不再存在了吗?或者说,这些转变或调整意味着正如许多该理论的批评家所希望和赞成的那样,它实际上终将被或已经被超越吗?我认为,对所有这些问题的回答都必须是否定的。正如一直发生着的变化一样,这样的变化只能代表旨在延长已经从根本上被误导了的理论的生命的最新表演罢了。这些所谓的变化的本质是,它们只能使该理论愈加不能对付其显而易见的问题。它们既无助于提高一种理论解释真实世界的事件的能力,也 91
无助于政策的制定。在目前展开详尽论述的过程中,为什么所涉及的对象必须是各种各样的以至于其他问题也可被讨论?然而,在改造这个“理论”的过程中,为什么实际情况是一直遵循着某些路径而不遵循别的路径?无论如何,究竟是什么解释了之前一直坚持的对个体主义解释与理性的重视?F. 哈恩没有给予详细说明。为什么现在要宽容一种观念,即把各种能动力看作天然的、固定不变的、独立于背景的规则遵循者?另外,什么能解释继续注重均衡态或相似的系统方法概念的做法?能够把这些问题搞明白,作为整体的正统理论的无效性也就显而易见了。但是,为了做到这一点,就必须首先承认需要对正统“纯理论”的真实性质或根本性质,做比本章到目前为止所论证的更加充分的论证。

4. 经济“理论”与演绎主义

当然，经济“理论”有一个非常重要的特点，在本次概述该理论更加显著的一些方面和最近的发展中我至今没有强调它，但是，这个特点至少和其他特点一样具有根本性。另外，这个特点并非取决于实质性前提的选择。我指的是理论化的模式，或者，具体地说是对其至关重要的解释形式，一个我在第二章中所称的演绎主义特点。重新思考那个特点以解释某事物就是要提供一种说明（解释要素），借此可使那个某事物（待解释的事物）能够被理解。根据演绎主义，为了能够解释一个真实事件或事态，我正在使用的术语就是要从一套初始或边界条件加上普遍“规律”（只要事件 x，那么，事件 y 形式的恒定关联）中推论出一个关于它的陈述。进一步说，对坚持这个观念的人来说，解释这样的规律和解释理论与科学一样，必须通过演绎归类的方法进行。

虽然演绎主义解释在由其支持者提供的对该理论的特性描述中所起的作用通常不太明显，但其中心地位却是不容置疑的。虽然可演绎性是必要条件，即有待解释的事物可从解释要素中推断出来，并在一定程度上总是透明的；覆盖率的特性，即是说，至少一条普遍规律（“只要事件 x，那么，事件 y”的形式）被列为条件，通常会被公理满足。[8] 当然，公理采取了“只要这个，那么那个”的结构，专门用来证明表达各种类型的事件或事态的变量之间具有必然的联系。此外，有些“理论家”甚至把公理用作评判社会的现实性、实际发生的社会事件等的公正主张[9]：“并不是公理脱离了经验或观察，而宁可
92 说它们标志着超出了人们不去寻求解释的那个阶段”（Hahn，1984：6）。在别的地方，F. 哈恩更一般地写道：

> 我不但不想否认存在有待发现的人类经济行为的经验规则性，而且，我坚持认为，这些规则性可以说存在于深得多的地方，它们比计量经济学家的复杂的依赖制度和历史的“事实”更基本，也更接近于在其中公理被假设的形式。
>
> （F. 哈恩，1984：332）
>
> 公理不是从稀薄的空气中抽出来的，它们远没有把理论家与在某种程度上被神秘地称作“真实的”世界隔离开来，在这个“真实的”世界里，公理构成了关于这个世界的主张，那些主张广为认可，以至于没有

必要进行进一步的争论。

(F. 哈恩,1985:5)

简言之,演绎主义解释模式在正统解释中并不总是那么明确,但也没有被否认。[10]更准确地说,关于它的中心地位和在科学中的普遍性的假定本质上被认为是理所当然的,在此范围内,任何捍卫或证明其正确性的企图都是不必要的。[11]那些胆敢提出不同见解的批评家只能当场被嗤之以鼻。再说一遍已在第二章提到的 F. 哈恩的结论:“如果一个人对这样的演绎主义批评家表示友好,这个人就是把这些批评家解释为在发出信号,表示他们不喜欢这些公理和这些假设。但无论如何,所有学科的所有理论都是以这种方式运作的,”是“由从公理和假设中推导出来的逻辑推论组成的”(Hahn,1985:9)。一句话,经济学中(典型的形式主义)演绎主义推理的实用性,以及它所依赖的任何哲学观点的实用性都被认为是确定无疑的。

但是,这样的东西当真毫无疑问吗?作为普遍实用的推理模式的演绎主义的地位是牢靠的吗?它的哲学基础坚实吗?尽管“经济理论家”一般来说对遵循演绎主义解释模式抱有信心,特别对遵循其支持的形式化建模抱有信心,然而,正是这样的推论方式或对其普遍的合法性的推定在本书的第一部分已遭到拒绝,被认为是站不住脚的。事实上,我们已经看到,恰恰是讨论中的这个推定说明了该理论的无数困难。具体地说,因为该理论依赖于不明言地全力确定或系统说明“只要事件 x,那么,事件 y”(虽然也许以先验或内省方式)的形式的规则性,所以,其合理用途被限制在那些非常特殊的情况下,在这些情况下科学上有意义的事件规则性是(或可被期望是)可得到的。但是,这样的情况在经济学领域几乎是不存在的。[12] 93

5. 普遍主义的主张与确定性的问题

请注意,前述对正统理论的演绎主义特性的描述,特别是这项工作依赖于经验不变原理这样的观察(即依赖于那个前提:经济学中的规律或有意义的断言是事件规则性或者依靠事件规则性)丝毫没有因承认经济“理论”的公理往往在非常一般的水平上被假设而受到损害。的确,这个倾向支持这样的判断:一系列结果或事件中的任何一个常常是可能的。但同样真实的是,任何这样的可能性的范围并不被认为是被表达的实在的一个特征;作出的那个判断并非是本体论的而是认识论的。换句话说,这样的“可能性”的出现仅仅是现代经济理论目前的许多局限性的一个结果,即是说,因为控制注意力的模型尚待充分说明。因此,如上面陈述的对正统理论的演绎主义基本特性的描述并不是以这样的方式被弱化的。

让我展开论述一下这最后一个主张。虽然正统理论的公理往往是在较高的普遍性水平上系统化的,但这些一般性判断(正如已经注意到的那样)却通常被解释为我们的真实社会的事件规则性或被说成依赖于那些规则性,而这些规则性又被视为相当可靠(此刻,我不打算讨论这后一个判断的有效性,即公理在经验上是有正当理由的,我并不同意这个判断,这里我只是提一下它的存在)。因此,举例来说,“公司追求某种利润函数的最大化”这种形式的公理,尽管有其显而易见的普遍性,被看作推定的真实世界的事件规则性。例如,F. 哈恩写道:

> 公司追求某种利润函数的最大化的公理之所以这样表述,是因为该理论家并没有打算回答为什么公司应当这样做的问题。但这个问题并非是可随意回答的,或是从梦中得到的。它概括了一种经验现象,这种现象被许多注重实效的人和经济学家认为是资本家的本性。因此,它比投资回报理论在更普遍的水平上概括了经验现象,但却完全是由经验推动的。

(F. 哈恩,1984:6)

现在,不仅讨论中的这种高度抽象的判断被正统经济学家认为是经验上充足的,而且,迄今为止,只有在这种抽象水平上详尽阐述的假设才在经验上被认为是可靠的。当然,实际情况并非是正统分析从不在较低的概括
94 性水平上进行。但是,因为这样的较低水平的说明或“专门理论”,数量众多,例如,定额利润函数、生产函数或偏好函数等,根据经验证据它们被认为是更成问题的,所以,运用这样的公式得出的推理被认为是不甚可靠的。由于这个理由,的确如上所述,在正统理论化过程中假定的较具体或较低水平的事件规则性往往所指的根本不是公理而是假设。因而,F. 哈恩曾断言:“管理人员有偏好是公理;它们采取一种具体形式,例如它们在期望利润中是线性的则是假设……(Hahn,1985:11)。“我们把人们有偏好并竭力满足它们当做公理,而普遍的完全竞争,举例来说,则只能算作假设”(Hahn,1985:10)。“如果你要更多的产出,你就必须有更多的投入,即是说,你必须要用假设补充公理,例如,生产函数是科布-道格拉斯函数”等(Hahn,1985:13)。

那么,问题是可在正统理论化过程中发现的这种常常被吹捧为一种优势的非确定性并不会出现,因为科学的规则性观念完全被拒绝。F.哈恩清楚表明,他“不想否认存在着有待发现的人的经济行为的经验规则性”。更具体地说,在正统模型中出现的那样的非确定性之所以出现,仅仅是因为关于在较低抽象水平上的事件规则性的可靠的或经验上充足的知识尚未产生,即在F.哈恩称之为“专门理论”的水平上那样的知识尚不可得。它只能在模型有待充分说明的时候产生。结果,当“理论家们”因没有将“单值限制”施加于世界而吹嘘其理论时,即因没有预测具体的经济成果或经济事件时,必须看到这种吹嘘的优势的实质:用正统派自己的话来说,那只是掩盖纯粹无知状态的一种措辞技巧。[13]F.哈恩的确在某种程度上明确地说过这样的话:

> 最后一点,我坚持认为,这是源于公理的那些理论的长处之一,它们比那些用于专门理论的理论更具“根本性”,这些理论通常不把单值限制施加于世界……之所以是个长处,是因为经济学家受到限制,不能主张比其有理由主张的更多的东西。公理总结了人们认为非常可靠的经验知识。可能产生的那套结果只是我们缺乏知识的反映。一种专门理论往往能有效地缩小它们的范围。但我们对特别假设的信任度常常比对公理的信任度低。只主张一种结果总是应当包括这样的限制性条款,即考虑到我们的知识状态,还存在其他可能性。 95
>
> (F.哈恩,1984:7)

总之,成为传统上“经济理论化”的重要特征的高度概括性与上面阐述的演绎主义的解释观念相当一致,其中包括法则的事件规则性的观点(这里指“公理”和“假设”),这种解释性形式依赖于那些公理与假设。因此,尽管存在一些争辩,其中包括有时被发现显然脱离实证主义思维方法的措辞,这个理论如所有那些认为为了理解和启发而采用包括结构在内的后休谟主义的科学观念或其法则是必要的(如果不是充分的)理论一样,同样被认为是有缺陷的。

6. 演绎主义的传统

我还注意到,如果有点是附带说明的话,经济学领域鼓吹这个观念几乎不是什么新鲜事。我集中讨论了F.哈恩的许多关于形势的看法,因为他是准备公开反思过去和现在的屈指可数的现代主流经济学家之一。这种作为领军人物的经济学家的忸怩作态只是一种近来的现象。如果我们回过头去看看四十或五十年前或更早一点的情况，我们就会发现著名经济学家公开进行反思的现象更多。举例来说，请看看 L. 罗宾斯（Robbins，1932）的《论经济科学的性质与意义》这篇论文吧。对许多人来说，它仍然提供着最可接受的关于经济学是一门什么科学的定义（“经济学是研究特定目的，以及数量稀缺但具有多种其他用途的手段，以及研究这二者之间的关系的人的行为的科学”，1932：16）。这里，L. 罗宾斯作出了结论：

> 根据所有已经进行的讨论，经济分析的性质现在应当清楚了。它由从一系列的假设推出的推理组成，其中某些主要假设几乎是只要有人类经济活动的地方就存在的普遍的经验事实，其余的则是关于基于具体情况的一般特征的比较有限的性质的假设，或是关于基于该理论用于解释各种类型的情况的比较有限的性质的假设。
>
> （L. 罗宾斯，1932：99—100）

他甚至认为：

> 在最近的一百五十年间，经济学家们努力的结果是已经建立了一套普遍性概念，只有无知和反常的人才会质疑其实质上的精确性和
> 96 重要性。
>
> （L. 罗宾斯，1932：1）

L. 罗宾斯断言，虽然自然科学的科学概括只有通过“演绎”才能了解，而经济科学的概念通过“直接认识”我们就会了解。但是，由此得出的一切结论是，怀疑经济理论中所指实体存在的理由少于怀疑自然科学中所指实体存在的理由。（L. 罗宾斯，1932：105）当然，前提条件是经济科学是关于实在的：

> 科学概括的一个特点是它们所指的是实在。无论它们是以假设的形式还是范畴的形式出现，它们都与纯逻辑和纯数学的命题不同，因为在某种意义上说，事实上它们所指的是存在的东西或可能存在的东西，而不是纯粹的形式关系。
>
> 在这方面，很清楚，经济学的命题与所有其他科学的命题完全一致。正如我们所看见的，这些命题是从反映一般经验的非常基本的事实的简单假设中推导出来的。如果前提与实在相关，从其推出的结论也一定具有类似的参照依据。
>
> （L. 罗宾斯，1932：104）

然而，与 F. 哈恩一样，L. 罗宾斯的观点是假设的以经验为根据的经济学命题全都只是在非常一般的水平上被确切表达的。[14]他也怀疑，经济学的具体数量规律实际上能否被推导出来。他持有这个观点的部分理由是，承认通常存在经济现象的大量决定因素。但是，部分原因是意识到某些因素，特别是个体评价和技术条件会随着时间的推移不断变化。这并没有导致 L. 罗宾斯认为，通过收集大量统计资料和为众多因素立下标准以获得规则性，从而也许能获得保持一段时期的“弹性”是不切实际的。事实上他承认：“如果我们充分利用更精确的经济分析工具，与具体市场中需求弹性有关的粗略的想法的确是必不可少的”，甚至也许对一段时间的预测有用。不过，L. 罗宾斯清楚“他们没有什么可被认为是永恒规律的主张”（L. 罗宾斯，1932：109）。在时间的不同点，似乎不同系列的数据必须用来估计相关的应变量：“如果我们想有助于关于鲱鱼的问题，我们绝不应当梦想依靠 1907 年至 1908 年工作的……某个人的研究成果。我们应当根据较新的资料重新研究整个情况”（L. 罗宾斯，1932：109）。但是，不管情况会怎样，一般的经济“规律”的确存在，支持着演绎主义的预测性的经济科学： 97

> 但是，承认经济规律本质上是一般的，并不是要否认它们所描述的必然的事物的实在，或要贬低其作为解释和预测手段的价值。相反，对这样的一般规律的性质与范围经过仔细界定之后，我们也许会更有信心主张它们在这个领域是完全必要的。
>
> 经济规律描述不可避免的意义。如果它们要求的数据被给出，那么，它们预料的结果必然会跟着发生。在这个意义上说，它们具有与其他科学规律一样的基石，几乎不可能是“悬置”的。
>
> （L. 罗宾斯，1932：121）

随着时间的流逝，L. 罗宾斯对该学科成功的评价（从建立了大量受人欢迎的普遍原理的角度看）说得温和些似乎夸张了点。但这件事的本质依然如故。的确，由 F. 哈恩和 L. 罗宾斯之流明确设计的评价与实际解释方面的努力之间的主要区别，至少如主流期刊中所正式报道的那样，是后者远没有采用演绎主义的程序应当作的那样谨小慎微。的确，它们被任意挥舞，表面上看似乎在任何明显的普遍性层面和特殊性层面、任何时空地域，完全适用于“解释”任何情况或现象。简言之，我的意思是，在许多也许是大多数人看来，它们似乎格外适用于理解包括经济现象在内的所有社会现象。

如果我的命题是正确的,即该"理论"工程的问题源于其无批判地坚持演绎主义,那么,也许我们不仅期望能够解释该理论缺乏洞察力的现象,而且期望能够解释至今未予解释的那些方面的某些现象。具体地说,我们也许期望不仅能够说明正统"理论家"采纳的、人们更熟悉或更传统的范围的前提与方向,而且期望能够说明,也许尤其是,那些最近一直受到支持的试图克服该理论的无数失败方面的新进展。这里我的目标是论证讨论中的命题的确能够阐明至今尚未得到解释的正统"理论"的某些特征。做这件事的明确方法是重新使用前一章的策略,试图为那些没有意识到或拒绝接受演
98 绎主义理论的固有局限(即预设了一种社会封闭的普遍性,但结果是令人注目的那种社会封闭似乎极为罕见)的正统理论家,提供也许看上去是或已经是可采用的各种选择。具体地说,我想检讨一下,那些继续按照演绎主义在某种程度上仍然是经济解释的普遍适用的方式的假设来行动的经济学家们,最有可能作出的响应。因为这样做应当至少能够表明,这样的"理论家"们究竟希望达到什么目标。正如我们将会看到的那样,通过讨论这个问题,那些至今尚未得到解释的"经济理论"的特征,的确最终能够得到明确解释。

7. 规则性决定论

演绎主义解释模式的普遍适用性的推定最终必须建立在坚持形而上学的一个命题之上,这里指的是规则性决定论。根据这个命题(此命题明显是前一章说明的规则性随机主义的一个特例或退化例子)对每一个经济事件或事态 y 来说,都存在一组事件或条件 $x_1, x_2 \cdots x_n$,结果 y 与 $x_1, x_2 \cdots x_n$ 在某个(组)公式化表述下被有规则地连接起来。

那么,接下来的相关问题是,这样的一个方向会将什么样的限制施加于理论建设或至少促进理论建设?据在前一章中的观察,所有的经济"理论化"都是从某种经济个体的角度表达的,不管是消费者、雇主、家庭、公司、银行、工会还是别的什么。因此,再说一遍,寻求满足的一个明显条件是任何个体(或个体组)的内在构成或内在组织都是如此,以至于在任何重复的、完全特定的或完全隔离的一系列行动 $x_1, x_2 \cdots x_n$ 的状态或状况下,对 y 来说肯定会产生同样的结果。

8. 内封闭

这就是我们前面已经提到的一个封闭的所谓内在条件的限制。它需要两个基本的方面。第一个需要施加或在经济推理过程中力求得到保证的限制,是内在恒定性的限制:任何被分析个体的任何被描述状态的内部或内在结构是恒定的。第二个显著的必要条件(要满足封闭的内在条件的任何理论建构的)是可还原性:为了对任何状态进行描述,整个结果事件是可还原为适用的系统条件的。

很清楚,内在恒定性和可还原性的两个条件都可自动得到满足,如果任何或每个相关个体都原子状地表现为实际上缺乏内在结构的话。因为到那时每一个反应都仅仅是或总是只对外部侵犯性力量或刺激的被动响应。下 99
面我们将会看到,原子观念的这种优势或魅力的确能够说明主流经济理论范围内实质性进展的一些根本方面。

9. 外封闭

然而,在考虑这样的问题之前,必须再次强调对内在条件的满足本身不能保证产生封闭。满足内在条件保证,如果被阐明的那套条件或状态$x_1 \cdots x_n$需要一张完整的潜在“影响”的清单,那么,对 y 的结果总是能被确定的。然而,演绎主义者的预测或解释任何现实结果的企图会产生一个潜在问题,即有可能产生其他条件,其中包括可能出现的新因素,这些因素虽然不在特定的那组条件 x_1, $x_2 \cdots x_n$ 之中,但它们却能够影响现实结果 y。为了使对现实事件的演绎主义解释得到保证,这样的影响必须或者在系统内被内化,或者在其行为中表现出恒定。这样一来,我们现在又有了第二个限制,即为了使主流经济学家将其纳入自己的模型的外在封闭条件:只有明确而详尽阐述的条件 x_1, $x_2 \cdots x_n$ 对讨论中的结果事件 y 具有一个系统的非恒定的影响。

我们在前面一章中看到,当相关个体的行为与所有未明确陈述的非恒定条件被实际上隔离时,外在条件就会直截了当地得到满足。换句话说,当满足内在封闭条件的欲望支持把个体(或其状态)的观念作为隐形原子概念时,满足外在条件的同样的需要却支持每个个体都在相对隔离状态中行动的公式化表达。当然,在这样一个方案中,由大量这样的个体组成的一个系统的总体结果,就可仅仅通过将其分别的响应加在一起而得到确定(或通过机械性结合)。

让我再次澄清这个论点。前面已经考察了规则性随机主义的论调,即便规则性决定论是一个站不住脚的形而上学命题,有限制的事件规则性或许偶尔会出现。也就是说,即便认可所有个体都是内部结构化的、复杂的,并在一个开放的结构化的复杂世界上行动,从理论上说,仍然有可能观察到条件与某个结果事件之间的明显的稳定关系,至少在一定的时空受限区域
100 是如此。这样的可能性,即便就其表面看以任何科学上令人感兴趣的形式都决不大可能,理论上却是无可批驳的。然而,那些强调正统理论的理论性的人要求的却比这个多得多。“理论家们”的以某种理论方式“解释”事件的欲望[15]与演绎主义解释模式的普遍相关性的信仰(如果隐晦地)相结合,驱使他们推导出具有保证将“只要有这个事件,那么,就有那个事件”置于其中的公式化条件的理论结构。当然,不大可能存在一套独一无二的这样的充分条件。但是,通过集中论证个体的性质与其行为条件,刚才简要说明的内外在条件似乎的确成为大多数时候的明显的选择。我已经提到过,在此项尝试中所追求的能满足这两个条件的最明确概念,是在相对隔离状态下行动的那些原子状个体概念。

10. 重新解释“理论”

正统理论家们的各种各样至今未予解释的实质性进展现在很容易得到解释。因为它们只不过是企图具体地提供对在相对隔离的条件下行动的原子状个体的说明,以便保证确认的封闭条件得到满足。当然,经济“理论家们”并不会用这样的措辞显而易见地详尽阐述其理论(正如计量经济学家不会那样论证其理论一样),所以,基本策略必须进行重构。但是,传统前提和“理论家们”最近修饰后的外表无疑很容易从目前确立的观点进行解释。

首先考虑一下内在封闭条件。这个条件在现代经济学中是如何表述的?正统理论有哪些进展(如果有什么进展的话)以保证任何分析个体都是那种可在同样条件下总是以相同方式行动的分析个体?现在应当清楚了,在现代经济学中,通常是通过三种手段达到这个目的的:(1)使人类个体在一定程度上成为唯一的分析单位;(2)以这样的个体只能是和总是“经济理性(economic rationality)的”这样的方式描述人的本性,即经济最优者(这样

便可获得内在恒定性)；(3)规定某些目标(效用、偏好、利润)函数是固定的，准许唯一一个(至少是局部地)最佳，因而准许唯一一条行动道路(以确保结果还原性)。很明显，由于隐晦或暗中认可需要为假设满足确定的内在封闭条件提供某种基础，认识论上的个体主义和理性"公理"及相关类型的假设如此顽固地被一直保持着。

然而，我们现在可以清楚地看到，最近的公理虽然是一个显然应当坚持
的公理，但它毕竟不是必要的。诸如 D. 坎宁(Canning, 1990)所提出的，能 101
动力总是会遵循简单的、固定的、独立于语境的规则行事那样的假设，照样会发挥作用。所需要的一切是，能动力在外部影响的作用下会以像原子那样的方式跳回。的确，根据这个观点，D. 坎宁竟企图通过直接依靠原子物理学来制作能动力的模型就毫不令人吃惊了。由于以演绎主义方法为前提条件(与演绎推理结构的正统公式化表达的实质性或物质性形式相对照)构成对正统理论所必需的一切，像 D. 坎宁所做的那样，任何这样的进步都是容易理解的，且是正当合理的。因为，到头来，这方面所要求的一切是，在主流理论规范中，任何对能动力的分析都会鉴于这种情况以确定的、可推定的方式受到约束。最终，考虑到具体情况，所需要的只是唯一的可预测结果或"出口"[16]。

一个封闭的外在条件通过把每个能动力当做在一套隔离的高度受限的条件下行动的因子得到满足。因而，重点通常在买主与卖主之间的无人情味的相互作用上，这些相互作用的目的是企图满足他们在一定程度上完全由既定的赠送与价格决定的形势下的偏好。生产，如果不合情理的话，也往往被还原为相对被隔离的"企业家"的活动。这样，它便采取了企业家们根据某些固定的生产技术或诸如此类的投入产出转换的形式(例如，Hahn, 1984:80)。当一群能动力和他们之间的相互作用成为焦点时，该机制通常被想象为一个整体经济或一种整体游戏，正如某种被封锁的、被完全描述的和实际上被隔离的系统。正如 K. 卡普在其对"新古典"经济学的总体评价中所说的那样："具体的经济体制或过程……被认为是充分表现为被隔离的、独立的和自我持续的、有明确界限的封闭机械过程"(Kapp, 1976:210)。

如果个体能动力传统上一直被规定为在一套高度受限的、假定被隔离的条件下行动的话，那么，对该"理论"的失败的一个明显的应对之策应当是寻求替代的更加复杂的新理论。换句话说，在原来旨在满足外在条件的、极其简单的理论表达的地方，现在我们看到，可通过把每一个能动力的(仍然

被隔离的)处境的某些具体历史特征和语境特征引入正式规范的办法进行处理。也许,这里最有意义的是,直到最近演绎主义分析的可能性仍然依赖想要的事件规则性,这些规则性存在于或依赖于一套不太大的条件因素以便减少分析的复杂性。然而,近年来对计算机资源的加速应用使得处理更
102 加复杂的理论表达已成为可能。这就解释了为什么此时此刻人们公开地、积极地深入思考更加复杂的历史学、生物学和社会学的规范或条件的原因。

11. 解决办法的概念

然而,关于尚未给予充分阐述的正统理论的那个特征,即坚持把某种均衡观念作为分析的基本要件,我们能够说些什么?请注意,这不是能从个体层面上的规范中推导出来的某种东西,而是具有系统水平(全局的、宏观的或聚合的)的性质。[17]那么,将如何根据我正在捍卫的观点解释均衡定向?当然,答案取决于演绎主义理论依赖一套假设的行为规则或形式方程。因为在这样的框架中自然产生的一个问题是,是否存在一组能使任何这样的一套方程或公式化表达彼此一致的参数值或条件。均衡概念可以用来精确表达任何这样的条件。因此,在其最普通和最弱式的形式中,均衡被解释为一种状态,在其中所有行动、计划、期望(取决于设置)是彼此兼容的,在那里系统方程是相互一致的。

从这个角度看问题,尽管该理论在阐释方面屡遭失败,尽管探索了各种各样新规范(与满足内在封闭和外在封闭条件相一致的),人们仍在不厌其烦地阐述着一大堆“解决办法”的新概念或新均衡类型就不足为奇了。因为需要明显不同的规格去适应讨论中模型的具体细节。考虑到所有预设了封闭或需要封闭的方法或理论形式终将不可能说明基本上不受封闭约束的社会现象,那个将继续引起注意并在得到回答时能提供某种成功假象的问题是,是否有可能阐明目前的形式系统至少内部是一致的。从这个角度看,正统理论对均衡观念或者更一般地说“解决办法的概念”的关注,尽管花样不断翻新,却仍然说不到点子上,因而是不会令人刮目相看的。

103 12. 作为演绎主义的经济“理论”

很清楚,一旦认识到正统理论在不加质疑、不加批判地坚持着演绎主义

推理模式，就能够很容易解释传统上被认为是经济“理论”的各种根本特征和最近对其提出的一些修改了。鉴于该理论在包括公理和假设在内的实质性前提水平上显示出的弹性和其在解释模式方面的明显刚性，我认为在试图理解社会现象的语境中坚持演绎主义不仅应当被认为对经济理论具有根本性，而且应当被认为在实际上是它的组成部分。换句话说，在没有任何能够说明从头到尾被考察过的正统理论的名义特征或显性特征的替代假设的情况下，我认为主流的“理论化”工作可被视为在经济学语境中一味无批判地死守着演绎主义的解释模式。

13. 竞争性的解释

但是，难道真的不存在站得住脚的替代解释了吗？在此刻，我也许应当讨论一下 D. 豪斯曼(Hausman，1992)在最近的《不精确的自成一体的经济科学》一书中的解释。我认为，D. 豪斯曼这里使用“经济学”这个术语的意思是主流经济学家所指的“经济理论”，虽然他本人把它表达为“新古典经济学”[18]或“正统微观经济学理论和一般均衡理论”[19]。如果我和他的确都在试图描述同一理论的特征的话，那么，D. 豪斯曼则提出了一种替代评价，一种对大多数正统“理论”批评家们看上去所持的解释的最系统最全面的论述，尽管我认为仍然是一个不完全充分的论述。

那么，当 D. 豪斯曼认为他的所谓“经济学”是“不精确的自成一体的”时候，他意味着什么？这是本书第一部分讨论的一个结果，它表明诸如“自然的”、“社会的”、“生物的”和“经济的”东西有可能更适合于区分截然不同的机制种类而不是事件种类。因为在一个开放系统内产生一个事件的过程中，许多这样的表述也许是同时可用的。如果我正确地理解了 D. 豪斯曼的话，实质上他是在用他的“不精确的自成一体”的特征描述达到此目的的。因此，“不精确”的说法表明，某些社会的或什么“市场”现象将是由原因而不是由“经济理论”中假定的那些东西决定的，[20]对这个说法我们随时都可表示赞同。所谓“自成一体”的说法则表达了一种信仰，即正统经济学是由其本身既定的一套因果因素(而不是结果)界定的，虽然按照 D. 豪斯曼的说 104
法是一套(或那套已知“规律”)完全已知的因果因素。经济学领域因而是“社会现象领域，在其中那些因果因素起着支配作用”(D. 豪斯曼，1994：208)。这套东西是什么？在 D. 豪斯曼的评价中：“经济现象是理性选择的结果,理性选择主要受一个人对自己的消费和利益的追求的支配。事实上,经济学研究的是理性贪婪的结果”(D. 豪斯曼,1994:208)。

现在,我们很容易地承认,理性贪婪一直是该理论最主要或最经常出现的假设解释因素。然而,我们还看到,正统“理论”实际上比这更富伸缩性,反复改变着其实质性的判断与方向,并常常涉及一些替代理性贪婪的假设的明确方法。在(举例来说)往往是非理性发挥作用的地方和在某些情况下理性观念似乎被特别歪曲了其定义的地方(见 D. 阿布勒和 D. 皮尔斯[Abreu and Pearce, 1984], K. 巴苏[Basu, 1990], K. 比莫尔[Binmore, 1990])这种做法在很大程度上描述着博弈论的最近特点。D. 豪斯曼的确认识到这种情况。然而,他却写道:

> 并非所有被称为经济学甚至新古典正统经济学的学问都是研究一种独特的经济领域的。例如,博弈论的研究渐渐进入标准经济学的工作领域,并被许多同样的理论家奉行,往往放宽了普通动机假设的范围(诸如作为偏好和效用函数独立的唯一对象的自我利益、商品包等)。博弈理论家们所关注的战略互动因此不必限制在具体的经济学领域内。但是,承认经济学的某些部分与此领域无关与认可一个经济学领域的存在并要求经济学理论能涵盖它是不矛盾的。
>
> (D. 豪斯曼,1994:207)

主流经济学家也许会从理论上说明某种事物而不是说明一个经济领域的评价也许看上去合理合法。但是,考虑到至少直到最近博弈论已经开始支配“经济理论家们”的注意力并已在主流杂志中耗费版面,到了这样的程度,它必然会损伤可靠性,结果使其被视为处于正统经济理论的正式界限之外。即便(正如主流经济学家最近的大多数其他重要关注一样)结果证明仅仅是最后阶段,这也是真实的。另外,此处讨论中的焦点——形式探究是一个与某个领域有关的形式,这个领域与其说与被 D. 豪斯曼描述为经济学的
105 那个领域不同,不如说有时在实际上是与其不一致的。例如,创建博弈论的经济理论家们也许不仅关心因果机制(而不是理性贪婪),而且关心其否定。

值得注意的是,虽然第一部分中的目标是确定一个可持续的科学观念,在追求这个目标的过程中,我曾满足于认为经济科学不是主流经济学家们主要做的事,而是某种别的东西,但目前的目标却很不相同:要描述主流经济学或“新古典”经济学或“正统微观理论”……的特征。被认可的目标是确定主流“理论家们”实际上在做些什么,而不是他们也许或应当做些什么。

D. 豪斯曼说得很明确，“下一步是描述而不是评价”（见 D. 豪斯曼，1994：205；D. 豪斯曼，1992：90）。这样一来，似乎任何被支持的观念都应当有点像，或至少能够毫不费力地互相容纳，被他们自己和其他任何人看作正统经济理论拥护者的那些最近最显著的活动与关注。随着主题的进展，D. 豪斯曼策略的一个危险是主要根据“经济理论家们”过去习惯做的给“经济理论”下定义。

再解释一下。虽然只能作为对 D. 豪斯曼所强调东西的部分矫正和补充，我们在这里仍然可以讨论一下 P. 米罗沃斯基的不解之谜（P. 米罗沃斯基，1994）。在质疑“新古典经济学”的本质和对该学科采取更广阔的视野时，P. 米罗沃斯基认为：

> 虽然其支持者常常把它当做坚如磐石的理论看待，历史学家却被迫承认，实际上最好把它描述为许多截然不同的正统理论的一个序列，这个序列被准对手的阴影包围着，正是这一点比任何演绎或归纳方法的“成功”更能说明其长久性。
>
> （P. 米罗沃斯基，1994：68）。

在勾勒了该理论历史上各种“形式主义”更迭的线条之后，P. 米罗沃斯基感到，我们不可避免地面临着这样一个问题：“难道新古典主义不就是由面对每两代或三代反复断裂的赤裸裸的连续性断言构成的吗？”（P. 米罗沃斯基，1994：69）。

我的回应当然是要注意面对 D. 豪斯曼解释的和 P. 米罗沃斯基指出的这样的内在一致性问题，只有当我们重视实质性内容或“理论上的”内容时才会出现。一旦我们认识到正统理论，尽管其形式各种各样，只要它依赖于其演绎主义方法论，就根本不存在和谐的问题。[21]

14. 潜在性与现实性 106

如果我就我正在捍卫的命题提供一种替换表达形式，也许能澄清这些问题。我的论点很明确，既不是说人们从不以经济上理性的方式行动，也不是说公司从不追求最大利益，当然，更不因那个问题说他们从不遵循规则。毋宁说，正如我将在第十三章中更详细地讨论的那样，关键是这些观念或有关的观念必须按潜在能力来理解。作为也许被表达或不被表达的潜在能力，如果被表达，其也许会因抵消趋势有可能被或不可能被现实化。人类似乎具有一种按理性行动的能力，我们也许并非总是力求利用这种能力，即便我们总是想利用这种能力，我们的行动也许有可能受某些相当非理性的东西和其他抗衡趋势的支配，也许那些行动一经表现出来我们就会后悔。正统理论此处的根本性失误是，至少在追求实在性的地方，没能高度重视理性或追求利益本身这样的观念，[22]问题在于其假设这样的事情至少在某种程度上总是按照现实性而不是按照能力表达的。由于在许多现实性确实有可能的时候需要预先确定一种“现实性”，通常的选择是这样一种情况，在这种情况下某个狭义构想的“经济目标”被实现。在具体的经济模型语境中，能动力通常以使某事最优化而告结束，潜力被化为对其的运作，结果，这种运作被成功地现实化了。

当然，这后一种策略成为必要，因而得到“理论家们”先验地信奉规则性决定论的精确解释。这种对现实性的强调（无论是真实的还是虚构的）对演绎主义的“只要这个，那么那个”的解释模式是必不可少的。然而，当从这个角度观察问题时，很显然，在明确肯定优化行为的前提的地方，坚持既定规则的假设将最终值得或无论怎样显得值得考察（如最近的发展所证实的那样），的确也如任何有利于演绎结果的规范值得考察一样。正是这样的现实主义，它把能力扁平化为现实性，不管“理论”内容或规范的精确性质是什么，它才是概括化了的物质形式或科学与解释的演绎主义结构的对等物。

15. 前景

最后，我想强调一下，如果对经济理论的这个评价（如用演绎主义来理解社会现象那样）是正确的，那么，有可能又一次预料到由坚持该理论而受到支持的未来趋势的方向。或更精确地说，有可能预料由那些最想把自己的理论变为现实或至少想竭力公开“解释”实际事件和形势的经济“理论家
107 们”可能引起的那些种类的趋势。因为我们可以看到，对该理论解释的反复失败的关注，有可能引发已经看到的描述经济计量理论的特征的其中一种或两种类型的一般反应。也就是说，被支持的策略是，假设或者封闭的外在条件解决得不够充分，结论显然是更多（可能是在具体背景下的）的影响因素必须明确说明，或者内在封闭条件问题尚待充分解决，推论显然是分析个体尚待给予一个充分的原子形式表达。

换句话说，维护演绎主义理论会连续导致两个倒退，又一次产生空洞个

体宇宙的普通极限点。在原子论与孤立主义的谬论的指导之下,我们又一次不可避免地走错了方向。最近推荐的借助计算机模拟的方法只是这个错误方向的早期表现。另一个行之有效的响应是假设在宇宙与原子之间某处有一个独立的结构复杂的能动力,它在一个具有同样复杂结构的彻底开放的内部相互关联的变化着的世界里行动。换句话说,超越现代经济学的困难的道路在于承认由超验实在论提供的足够优越的观念,因而接受其对作为科学与解释的经济学的可能性与任务重新进行详细阐述。

如果经济学是一门有点混乱的学科的话,特别值得注意的是其最权威的分支“经济理论”与其解释真实世界事件或给政策分析提供信息的任务很不相称。本章的论点是,造成这种缺乏相关性的原因是,在现代正统经济学领域内很大程度上无批判地接受一种具体的解释模式,即演绎主义,其中包括相关的实际上是有条件的科学观念,这个观念是阐明在某种水平上表达恒定事件联系的规律或类似规律的必要条件。直到承认这样一个观念在这个我们生活在其中的根本上开放的社会世界里的用途只能是相当有限的,这个社会似乎又几乎不受令人感兴趣的地方或地区封闭的影响,如传统上理解的那样的纯粹理论化,即如演绎主义方法的普遍应用,似乎注定要经历各种各样的分析扭曲,而实际上却解决不了任何该学科的问题。

108

第九章　替代方法和成功解释的基础条件

前一章中讨论了“理论”不能解释真实开放的社会的实际现象。那么，难道正统理论家们通常或一贯地寻求着解释或应对实际现象的办法吗？一种信仰是该理论应当具有解释力，应当力求克服其解释的失败。这种信仰支持最近转而依靠计算机模拟或类似方法的做法。根据大多数人的说法，这里的目标是建立足够复杂的模型以适应实际社会现象的复杂性和它们之间的关系的复杂性。即便如此，建立应当能够处理关于实际经济现象的数据“模型”的目标，从来没有被所有“理论家”接受过，或者说至少没有被一贯接受过。例如，尽管F.哈恩目前正在劝告其他人转而依靠计算机模拟，此前却一直严厉批评企图依靠经验数据对抗“理论断言”的现象。[1] 这种姿态反映了其承认讨论中的“理论”公设，并不完全表现负责产生记录于经济数据中的结果的真正机制。[2] 然而，F.哈恩却坚持认为，必须坚持演绎主义“理论”方向，包括讨论中的那种理论公设，尽管他也意识到后者几乎是不够现实的。因而，有时侯或至少在某些场合中，看上去恒定关联形式和其支持的演绎主义推理模式被认为证明是有理的，尽管它们极少记录令人关注的真实世界的事件规则性。

但是，如果假设如此大量的这样的“理论”模型不需要在经验上是充分的，那么，如何证明它们是正确的？如何才会被认为、被期望、被证明它们是富有洞察力的？虚构的理想化(idealization)的范畴在这里往往被认为是很有意义的。这里所谓的理想化，我是意指限制类型。存在着许多在某种限制意义上以完美、完整、纯粹或绝对为特征的实体、方面或情况。经济学中有大量的例子。这个清单包括完全竞争、完全预见和完全知识(科学大全)、在最优化(最大化或最小化)行为意义上的理性、完全优先订购、完全资本市
109 场、市场结算等概念。现在，出现于主流经济学中的虚构的种类并不完全是这种限制性质的(如三个商品空间或两个时期的假设)。虽然关键问题是它们是否被设想为理想化，但公认的虚构在经济学中却比比皆是。我想追问的问题是，如何能够期望任何明显不切合实际的前提去说明真实世界的实

际现象。的确,我相信这是主流经济学的拥护者们面临的唯一最重要的问题。当然,鉴于前几章中的讨论,这里,这个非常令人感兴趣的问题的另一种说法,是恒定关联的公式化表达(和借助这样的虚构支持的演绎主义"建模")如何能够用于理解产生于似乎不受重视的局部封闭影响的社会系统内的现象的。[3]

坚持这样的公式化表达的两种广义的"正当理由"显而易见。第一种理由意味着极少数事件规则性尚未被发现并不重要(或至少不是对主流理论的整个否定),因为对讨论中的这类事情"作理论说明"的用处远超出解释实际现象。第二种理由是解释各种模型,经济学家把那些模型确切表达为在逐步阐述的过程中必要的(或有用的)临时装置,这样的阐述最终应当导致建立足以复杂或逼真的模型,以对实际现象提供成功的解释和预测。

现在我想考虑这些正当理由的每一种类型。应当清楚,对每一种提出的辩护理由,都有各种可以想象的具体观点。因此,我不能在这里自称提供了全面的覆盖,而仅仅是从似乎具有较充足的论据的那些观点中选出了一些示例。我也不想暗示在下面的任何一段集中论述中只采用一种这样的策略。我只是考虑具体内容的各个方面,以表明被发现的各种论点。可是,对每一种情况,将会看到没有多少理由认为这种类型的论点会获得成功。

1. 一种替代解释的理论化

如果有办法的话,什么办法才能把主流理论说成是在寻求着解释实际现象的替代目标?当然,毫无疑问的是建模者自己能够接受与增加我们对社会实在的理解毫无关系的模型标准与理论选择标准。也许可援引的标准的例子是雅致、简单、线性度和节俭。这些东西本身不是我所关心的。宁可说,这里感兴趣的问题是,主流的演绎主义理论说明是否有可能在一定程度上阐明社会实在,尽管从在经验"规律"和初始条件基础上推断或预测重大 110
实际现象的通常的演绎主义标准的角度看缺少成功。

我想首先非常简略地考虑和处理的一个预设是,对被承认为仅代表"想象"(即非可行的)经济的不可改正的虚拟模型的理解,也能够对实体经济的运行机制提出见解并为实体经济提供可能性。我对这个观点的批评,简单地说,是至少被理论说明的机制还必须具有真实的可能性。对绝不可能实现的结构、机制和条件的理解只能相当于对模型的形式性质的理解,按照这样的理解对它们进行理论化表达。让我简单说明一下我正在讨论的观点，因为它再普通不过了。

首先，我们必须特别清楚，“理论模型”的确是彻头彻尾的虚拟的。一般地说，这样的模型构成对纯粹假设机制和各种经济状况的公式化表达，与真实现象没有任何关系，它们被建立起来纯粹是为了能产生某些结果或后果。再看看 F. 哈恩是怎么说的：

> 当一位数学经济学家假设，存在持续两个时期的三类运转良好的经济或见习工人愿无限期工作下去（也许是因为他们看重师傅的用处）的时候，每个人都可看出我们不是在研究任何实际经济问题。这里的假设是为了能使某种结果出现，而不是为了描述性地看待它们。
>
> （F. 哈恩，1994：246）

一句话，“理论家们”所获的理解是关于形式模型的特性的，这是显而易见的，被公认为是虚构的假设深深嵌入其中。或者，同样可以说，获得的理解是关于一个想象的世界的，在其中公式化的假设得到了满足。

现在，我这里主要关心的相当乐观的被频繁观察到的进一步的假设是，理解这样的“被想象出的经济”能够获得比这更多的东西，特别是，这样的理解有助于深刻洞察真实经济的运行机制，或至少其真正的可能性。这的确是个假设，且有时似乎被 F. 哈恩所接受。举例来说，请考虑一下他对分析一种经济的好处的评价就知道了，在这种经济中每个人都被认为具有“理性预期”：

> 理性预期理论所提供的是对能满足该假设的一种想象经济的理
> 111 解，就其本身而言，也许有很大的用处。例如，它允许我们研究不可能追溯到预期错误的那些病症。或再说一次，它使我们理解市场变量如何通过给不了解情况的人提供信息来减少（或否定）特殊信息带来的收益。或再说一遍，它允许我们理解由未知的货币政策导致的信息失调。它是一种对理论的庸俗理解，其目的是要因理性预期假设而抛弃其理论说明的价值。我想再重复一下，我的这个观点不是建立在“看上去似乎”的基础之上的。
>
> （F. 哈恩，1985：11，12）

目前，这个问题的有关事实是，即便关于理性预期的这个假设，或任何其他重要假设被认为是令人关注的（在某些条件下貌似有理的意义上或不管什么别的理由），它不会允许我们把那些暗示的病态当做可能性来研究。

之所以会这样，是因为任何有这样的显著假设嵌入其中的假设的整个框架同样是虚拟的。形式上看，如果 x 意味着 y，我们又知道 x 作为一套关于社会实在的实际状态或可能状态的断言主要是假的，关于 y 的真实可能性我们就不可能推导出任何东西来。尽管有许多相反的托词，正统“理论”甚至不能说明发生于社会中的情况的真实可能性，这样的社会也许是以各种类型的经济均衡为其特点的。

当然，如果是在实在的开放的社会系统中，我们有根据假设那套由 x 代表的断言，例如，在某段相关的时空地区基本是真的或是一个真实的可能性，那么，可期望有关推理终会被证明是有阐释力的。换言之，如果在这些条件下，我们检验了假设仍然是一个真实可能性的反事实事态的结果，那么，就渴望能对社会实在有某种深刻的认识。但是，不仅著名的理性预期的假设在这方面不令人感兴趣，而且在决定论的演绎主义设置中也很难支撑一个真实的可能性的概念。从实质上看，将会是什么就将是什么。如果不同的模式或结果在某种形式模型的语境中被视为“可能的”，正如我们在前一章中所看见的那样，这只能归咎于规范的不完整性且是与我们现有的知识相比较而言的。在这样的情形下，评价来自不同思路的假设的结果，既富于意义，又不乏启迪。亦即，考察与我们目前的理解范围有关的结果或解决办法仍然是可行的。但是，利用各种假设具体说明已知是非实际的或非可达到的情境将收效甚微。

在此意义上说，所谓明确性和精确性的转移注意力的东西往往被带进该框架内。有人暗示说，在经济学中形式建模仅凭其明确性和精确性就可 112
称得上是一桩正当有理的事，无需对其吹毛求疵。现在，与假设或更一般地说前提有关的明确性和精确性并不是演绎推理的独有权利。毫无疑问，任何对溯因推理（包括超验推理）形式的应用都要求对用来开始着手分析的前提有一个明确的事先陈述。当然，并不是要把演绎法本身从后者或任何其他推理方法中排除出去。在适当的地方使用演绎逻辑与接受演绎主义的分析形式并非一回事（在那里，目的总是要从也可能包括其公理与假设的公认的“规律”和初始条件中推演出关于现实性的具体主张）。但这里的基本观点是，如果明确性与精确性不是形式模型建造者的独占领地，那么，它们也难以促成对真实社会现象的理解。具有如任何“理论家”一样的明确性的农民，也许可以假设他或她的猪能够以确定的速度在一个确定的方向上飞行。但这种做法却不可能帮助那个农民理解能在实际上把他或她的猪带入市场的任何过程的性质、速度或成本等,除非那些飞行的猪是一种真实的可能性。

结果,采取类似于F.哈恩的立场的主流理论家面临着一套前途无望的选择。或者目标是理解(包括解释)真实现象,考虑到演绎主义的框架,这种理解必须意味着寻求被视为可靠的事件规则性;或者需要放弃理解社会实在的目标,把确定无相关性模型的性质作为自己的唯一目标。但是,如果要确认虚拟的不相关性带来的蕴涵关系的这后一个目标似乎没有意义的话,那么,要实现对社会现象进行成功的(演绎主义)解释的目标就显得令人绝望。对那些坚持认为后者会取得成功的人来说,最有可能的结果是(以第七章和第八章中讨论过的方式)一条走得越来越远的永久不断的旅程,或建立起越来越复杂的方程,希望总有一天会发现"只要这个,那么那个"的能成功说明现象的公式化表述。对那些采取前一条路线的人,即探索形式模型性质的人来说,前两章中明确指出的这两种回归是可以避免的。但是,这仅仅是以放弃甚至是理解真实世界的事件是如何发生的目标为代价而取得的。[4]

113 **2. 作为单方面(片面)理解的理论**

这种批评是否太过轻易?难道正统的理论说明没有别的解释以避免这些结论?我在这里考察过的版本承认,当使用被认为是虚拟的假设时,正如F.哈恩所说,"每个人都可看到,我们不是在研究任何实际经济"(1994:246)。但如何理解常常听到的也许更多的是被接受的那个说法,即被认为是虚拟的假设仍然能够提供对实际现象的解释,尽管是从一个方面出发或仅就某些方面而言?根据这个解释,当经济学家假设人是无所不知的、不可错的或不管什么的,他们的确在试图理解人的真实本性,但仅仅是从一个方面(经济的)或角度看问题。经济理论毕竟通过弄清楚其一个方面的根本性质提供了对社会实在的一种理解。这并不是我在F.哈恩的著作中发现的一个论点。正如我已经注意到的那样,不幸的是没有几个现代经济学家在公开反思他们正在做的事。不过,至少为了全面,也应当在这里探讨一下这个观点。

如果现代经济学家极少对其理论的本质提出过明确的评论的话,值得重新提一下的是这标志着他们与较早几代经济学家不同。的确,较早期的经济学家的著作不但是关于社会理论化的本质的观点的丰富资源,也是认识社会理论化的可能性的丰富资源。特别是有一位经济学家的著作因其在提出目前正在讨论中的问题时表现出的独创性与深刻见解而显得格外突出。我指的是 C. 门格尔的(Menger,1883[1985])《关于社会科学特别是经济学的方法研究》一书。仅凭其在历史上对著名的"方法论辩论"(Methodenstreit)[5] 所做的贡献,特别是他近来在奥地利主义和"新制度主义"的各分支中所产生的影响(见 Langlois,1986:2),C. 门格尔的论据为阐明讨论中的辩护观点提供了相当合适的选择重点。C. 门格尔在这里的描述也饶有趣味,因为像超验实在论那样,它植根于亚里士多德的传统。另外,C. 门格尔所作分析的出发点是一种观察,根据那个观察,他认为严格的实际事件规则性不仅不发生于社会领域,而且也极少发生于自然领域。的确,将会看得很清楚,C. 门格尔在许多方面都在朝着这里所捍卫的那种解释努力,在我们看来,这些也许正在使其成为这方面最具挑战性且最为切实可行的贡献。

3. C. 门格尔的"理论"辩护

尽管 C. 门格尔著作的方向性引人注目,但他在结尾时却说,即便在社会领域,被理解为事件类型规则性的严格的规律,即在实践中与诸如无所不知的不出错的仅仅由经济驱动"人"这样的被公认的虚构的事物相联系的规则性也可被公式化,成为在理解社会时有用的东西。我在这里想要评价(质 114
疑)的正是这个断言的合理性。为了说明这个断言是如何得出的,以及如何被证明是正确的,有必要较详细地讨论一下 C. 门格尔的立场。

C. 门格尔的亚里士多德式的出发点是,实在的每一个具体现象既具有某种个体的性质,又是总范畴中的一员。例如,正如每一个苹果根据其独特的名义特点都是一个个体一样,在目前称之为苹果的这个例子中,每一个又是一个类型或经验形式的例子。同样,正如处于时空中个体关系里的现象那样,如这只苹果与这棵树的关系,所以,在各种不同的类型或经验形式之间存在着一般的或典型的关系:所有苹果都长在(苹果)树上。

根据 C. 门格尔的观点,现象的这两个方面,即个体的和总体的,有助于两个合理的研究方向。第一,对从其个体方面考虑的具体现象的研究,是研究或科学的历史方向上的任务,其目的是详细阐明个体知识。第二,对从其总体方面考虑的具体现象的研究是理论方向上的任务,其目的是产生总体知识。[6] 这个区分既适用于包括经济学在内的社会领域,又适用于自然领域:

> 在经济领域我们也遇到个体知识与总体知识,相应地也遇到现象的个体方面的科学和总体方面的科学。经济史和经济统计学属于前者,经济理论属于后者;前者有调查研究个体经济现象的任务,即便从各种不同的观点出发。后者有研究经济现象的经验形式与规律(一般性质与一般联系)的任务。
>
> (C. 门格尔,1883[1985]:37)

虽然C. 门格尔认为各种类型的知识都与理解社会生活有关,但是,只有在与理论知识的联系中,理想化和精确的事件规则性的问题才会出现。基于这个理由,我在这里重点讨论的是理论知识。

4. 理论科学与精确规律

现在,根据C. 门格尔的观点,理论科学的对象的类型和典型关系(或规律)并非在一切情况下都是同样严格的:

> 看一看理论科学我们就知道,毋宁说同时存在的规则性和在连续
> 115 现象中的规则性在一定程度上是没有例外的。的确,它们是这样的规则性,以致例外的可能性似乎是不可能的。然而,有一些规则性的确表现出例外,或者说,就它们的具体情况而言,例外似乎是可能的。第一种被称为自然规律,后一种被称为经验规律。
>
> (C. 门格尔,1883[1985]:50)

请注意,C. 门格尔并不是在指超验趋势(虽然这也许是他正在努力追求的东西,是他敏锐洞察力的支柱),而是指连续现象中的规则性,在那里有些规则性是无例外的,有些则不无例外。还请注意,C. 门格尔的主张并不是说经验规律只在某些领域成立,而自然规律或精确规律则在其他领域成立。更具体地说,两种类型的规律在标志着理论研究范围内两种研究方向的所有领域内都被说成是成立的,即分别为实在论—经验论的方向和精确规律的方向。区别在于前者研究的是真实类型,它们具有基本形式和如在实际现象的连续与共存中观察到的规则性,[7] 而后者研究的是"大量现象的连续中的规则性,它们不在我们面前表现为绝对性,但它们自身内部却具有保证绝对性的特性,通过有关认知方法,我们能获得对它们的认识"(C. 门格尔,1883[1985]:59)。

后面的精确规律是如何确定的?在C. 门格尔的推理过程中具有根本性

的第一步是建立最简单的实在元素。根据 C. 门格尔的说法,在任何具体的例子中,这样的元素也许不以纯粹的形式存在。但它们对于精确规律来说是必要的基础和预设。为了说明他心目中的东西,C. 门格尔把“绝对纯氧、纯乙醇、纯金”当做自然界的简单元素,把“只追求经济目标的人”视为社会领域的例子:

> 理论研究力求弄清楚一切真实事物的最简单元素,仅仅因为这些元素是最简单的,所以,必须认为它们具有严格的典型性。它试图仅部分地通过经验实在主义的分析达到确立这些元素的目的,即不考虑现实中的这些东西是否表现为独立的现象,甚至于不考虑它们是否能以真正纯粹的形式独立地被呈现出来。通过这样的方式,理论研究获得质量上具有严格典型性的经验形式。肯定地说,它获得不必由充分的经验实在检验的理论研究结果(因为这里讨论的经验形式,举例来说,绝对纯氧、纯乙醇、纯金、只追求经济目标的人等只部分地存在于我们 116
> 的观念中)。然而,这些结果与理论研究的精确方向与这个具体任务相符合,而且获得精确规律的必要基础和预设。
>
> (C. 门格尔,1883[1985]:61—1)

确定现象的精确规律过程的第二步只在于确定被认为与这些“最简单”元素有关联的规则性,而那些最简单元素又不受其他因素影响:

> 以同样精确方式,研究解决理论科学的第二个问题是:确定特殊关系,即现象的规律。理论研究在这个方向上的具体目标是,确定现象关系中的规则性,而这些规则性被保证是绝对的,如其被保证是完整的一样。我们已经表明,考虑到现象实在的充分经验性,的确,又因为真实现象的非严格的典型性质,这种规律是不可获得的。因而,精确科学也不能考察真实现象的连续规则性等。更准确地说,它考察的是更加复杂的现象是如何从真实世界中最简单甚至是部分非经验的元素中发展出来的,从恒定不变的精确量度(像理想量度那样)考虑,这些元素不受所有其他事物的影响(像非经验性那样)。这样做时,并没有考虑那些最简单的元素或复杂的东西是否能在未受人为影响的情况下在现实中被观察到。的确,没有考虑到底是否能发现这些完全纯粹的元素。在这种情况下,还必须意识到在现实中完全精确的测量是不可能的。然而,由于科学绝不可能达到精确研究的目标,即确定严格的规律,因而它是由假设开始的。另一方面,有了关于严格的典型的元素的假设、关

> 于其精确测量的假设和关于其完全不受所有其他因果因素影响的假设，在上述由我们赋予其特点的认知规则的基础上，它确有把握获得不仅是绝对的而且根据我们的思维规律除了认为是绝对的外不可能以任何别的方式被考虑的那些现象规律。也就是说，它能获得精确的规律，即所谓的现象的“自然规律”。
>
> （C. 门格尔，1883［1985］:61）

117 5. 理论经济学的精确规律

让我来阐述一下在经济学语境中C. 门格尔的理论说明方法。如果C. 门格尔认为在自然领域里理论研究的对象是如绝对的纯氧、纯乙醇或纯金这样的例子的话，那么，经济领域里明显可比的简单元素（人类经济中的最原始的那些因素）是将进一步阐明的诸如“必需品，即由自然直接提供给人的物品（既包括消费品也包括有关的生产资料）和尽可能最全面地满足需要的欲望”（C. 门格尔，1883［1985］:63）。

这最后一件东西已经是某种漫画般的东西了。实际上，很快就明白了，通过聚焦于这样的假设的“人类经济”的简单元素，C. 门格尔在以第八章中考量过的规则决定论的教条的后果的语境中已经描述过的方式，竭力构想着一种决定论的构架。具体地说，他构造出一种框架，在其中人的选择被有效否认了或者说是被阉割了，[8] 假设的“人类经济”的最简单的因素被看作在被封闭起来不受其他因素影响的情况下行动着。鉴于这些前提条件，C. 门格尔推导出这样的含义，即以精确为方向的研究任务是详尽阐明严格的事件规则性，诸如这些显然有助于下面论述的考量：

> 理论研究的精确方向的作用是告诉我们那样一些规律，按照这些规律，并非作为其整体的真实生活，而是更复杂的人类经济现象，在如此给定的形势的基础上从人类经济的这些最基本的因素中发展出来，这些基本因素与其他影响着真正的人类现象的因素相隔离，不受其影响。它是要教会我们，这个道理不仅仅是就自然而言的，而且是就上述现象的量度而言的，这样便为我们打开了一条理解具有一种意义的这些现象的思路，这条思路可与精确的自然科学为我们提供的关于理解自然现象的思路相比拟。
>
> （C. 门格尔，1883［1985］:63—4）

C.门格尔通过考虑要精确地研究价格决定的问题的例子，从而提出：

> 这项研究告诉我们……在某一确定的交易领域出现的、对某种商品的需求的增加，可能在某种情况下导致价格上升，这种上升可精确地根据测量决定（需求的增加是否是人口增长的结果，或是人口密度较大的结果），由于人口密度较大，对有关商品的需求出现于个体经济主体 118
> 之中。
>
> （C.门格尔，1883［1985］：70—1）

可是，什么是“某些情况”，或“先决条件”？在这些“某些情况”或“先决条件”下，那条著名的精确规律有可能被观察到吗？C.门格尔列举了其中四点：

（1）这里所考虑的所有经济主体都力争充分地保护自己的经济利益。

（2）在价格竞争中争取实现其经济目标并没有过错，为了达到目标所采取的各种相关措施也不是过错。

（3）对迄今影响着价格构成的经济形势，他们并非不了解。

（4）没有损害他们的经济自由（追求其经济利益）的外部力量被施加于他们。

很明显，开始所说的“人类经济”的“简单”或“基本”或“原始”因素，在那里被详细阐述为“最完全地满足可能的需要的欲望”，这已经在某种程度上进一步被理想化了。在此过程中，“经济主体”现在同样被视为无过错的、无所不知的并在其行动中不受限制的人，其结果是C.门格尔正在支持前两章中确定的封闭条件的道路上迅跑。C.门格尔很乐意承认，他的观念实际上不过是虚拟的理想化描述。的确，紧随他举的价格决定的例子之后，C.门格尔补充说：在实践中，“人们实际上极少竭力去保护其完全的经济利益”（C.门格尔，1883［1985］：71）；他们通常“对达到自己的经济目标所要采取的经济手段模糊不清或者是错误的”，同时，他们的“经济自由以这种或那种方式频繁地受到损害”（C.门格尔，1883［1985］：71）。这样一来，C.门格尔承认：

> 对一款商品的需求的真实增加不必产生与因此而变化了的经济形势完全相应的价格的真实上升的结果。的确，存在这样一些情况，在这些情况下它根本不会导致真实价格上升。因而，当用充满复杂性的实在检验时，对一款商品的需求的增加会导致价格上升的规律是非经验

性的。说实在的,对需求增加的确定测量也会导致根据其测定决定的价格上升也是不真实的。但是,除了精确研究的结果并没有碰巧发现其上述意义上的经验标准外,这还证明了别的什么?尽管有所有这一
119 切,上述规律是可靠的,绝对可靠的,一旦仅仅从足够精确的观点考虑,它对在理论上理解价格现象具有最重要的意义。如果我们从实在论研究的观点看此问题,那么,肯定地说,你就会陷入矛盾。然而,这个例子中的错误不在于该规律,而在于看待它的错误方式。

(C.门格尔,1883[1985]:71—2)

6. C.门格尔论点的实质

那么,C.门格尔为自己选择的论证方式提出了什么正确的理由?为何一定要遵循精确方向?尤其是,为什么要认为与对人的相当虚拟的解释相关的精确的规则性有助于理解真实的社会现象?在这个问题上,C.门格尔的推理似乎有三个基本要件。第一个要件是,承认"理论"科学追求一般知识,这样的知识能延伸到眼前的经验之外,从而有可能影响各种事件的进程。然而,C.门格尔只是断言,这样的一般知识采取了"共存规律和现象连续性规律"的形式。这样的知识被认为要求从已知事实中推导出未知事实,并要求通过在我们掌控的范围内设立条件决定各种各样的结果。[9]

第二个要件是,自然领域的假设精确规律与诸如由例子说明的绝对纯金、绝对纯氧或绝对纯铁那样的"简单"元素或基本元素的关联。这里,在C.门格尔的推理中有两条主线。第一条从承认在实际事物或现象的层次上不存在明显严格的事件规则性开始。从这里出发,C.门格尔推理道,如果我们在实际现象的层次上进行概括,我们就只能获得"对现象不充分的理解,只是对它们的一种不确定的预料,而绝不是对它们的有把握的掌控"(C.门格尔,1883[1985]:59)。由此他假设,精确规律只能与更加基础的非经验品种或类型如绝对纯金相关联。C.门格尔推理的第二条主线是,强调精确规律已在实践中发现与这样的简单元素相关联,或更准确地说,在自然科学中,把精确规律归因于简单元素已被后验地发现是成功的。

第三个要件是,一个推断的结果是,自然科学存在的那样的可能性社会科学同样存在。然而,在无所不知的、不可错的、不受限制的、只受经济驱动的作为"人类经济"元素的能动力与自然科学的已确认的"最简单"的元素

之间进行类比只是假定，而没有对其进行过详尽论证。主要是，C. 门格尔将精力集中于对付历史学派对他的具体的理想化观念的反对意见上（特别是人们只从其自我经济利益出发行动的前提），他耗费了大量时间，企图削弱 120
这种反对力量。这里的论点实质上是一个否定的观点。即是说，C. 门格尔没有为其具体的“简化”主张辩护，而是指出，如历史学派所论证的那样，如果虚拟理想化只是因为其是非真实的就该被事前删去的话，那么，按照同样的标准，应用于自然领域的所有理想化主张都必须同样遭到抛弃。[10]然而，如 C. 门格尔所说，因为自然科学利用理想化的主张在精确研究的语境中被后验发现是成功的，所以，一般地反对任何理想化，包括反对经济学家的那个无所不知的、不可错的、不受限制的、只由经济利益驱动的人的观念，因而可被看做是无效的：

> 如果现在我们回到所谓人的利己主义的“教条”，从德国经济学历史学派的观点出发，这个教条应当与“完全的经验实在”形成如此令人不安的对比，几乎不需要我们进行进一步的讨论，来承认这个观点误解了在其学术活动中指引了伦理科学的伟大的创建者们的被证明正确的方法论世界观。只不过是纯力学否认充满空气的空间的存在，否认摩擦力的存在等；只不过是纯数学否认源于数学的物体、面和线的存在；只不过是纯化学否认在形成真实现象过程中物理因素的影响；只不过是纯物理学否认化学因素的影响。虽然这些科学中的每一种只考虑真实世界的一个方面而对别的方面进行抽象——这位经济学家所主张的不过就是这些东西：人实际上仅仅被自身利益引导着，要不然就是不可错的、全知全能的。他之所以没有这样做，是因为他把社会生活的构成当作他的研究对象，这个研究是从不受次要考虑、错误或无知的影响的人的自身利益的自由游戏的观点出发的。
>
> （C. 门格尔，1883［1985］：87—88）

这就证实了一个简单的陈述，在所有这些观点中，C. 门格尔并没有承认经济学精确方向的任何实际上的成功。更确切地说，他注意到了“经济理论的真正令人惋惜的状态”（C. 门格尔，1883［1985］：78，79），并强调迫在眉睫的目标是把精确的经济学“从其错误中解放出来，填补其鸿沟”（原文中所强调）。

121 ## 7. 尚未回答的问题

很清楚,C.门格尔的论述正如其回答了很多问题一样,也提出了很多问题。例如,为什么要假设能够帮助人的干预能力的一般知识在现象的共存与连续中必须采取规则性的形式?此外,是什么解释严格的规则性或精确规律与“一切真实事物的最简单的元素”之间的关联(如通过绝对纯金或绝对纯氧的例子所说明的那样)?如果C.门格尔的严格规律仅与这样的纯粹而简单的元素相关联,为什么要假设它们能够阐明具有更加复杂现象的世界?后者怎么成为可能?

到头来,C.门格尔几乎没有解决其中的任何一个问题。对第一个问题的处理,似乎其答案是不证自明的,对第二个问题根本就没有回答,至于第三个问题,实质上是以断言回答的。在后一个例子中,C.门格尔主要是重复说精确规律的知识能使我们理解现象的一个具体方面,只有由所有科学产生的关于精确规律的知识才有助于充分理解具体的实在。因而,当C.门格尔作出关于精确规律知识对“复杂现象的任何阶段”(C.门格尔,1883[1985]:69)都有用的结论时,极少提供解释。与此同时,他承认“精确研究的结果……只对某些预设来说是真的,只对那些实际上不总是管用的预设是真的”(C.门格尔,1883[1985]:69)。特别是,只有在被确定的元素独立于其他影响而以纯粹形式存在时它们才是真的。但是,在其中精确研究的结果被认为有助于去理解实在的方式仍然是某种谜一样的东西,在这种对实在的理解中这些“先决条件”是站不住脚的。

然而,从在第一部分中确立的超验实在论的角度出发,足以容易表明,这些相当关键的问题中的每个问题是如何得到满意回答的。另外,从这个角度出发,我们可以看出C.门格尔处理这些问题之所以彻底失败,是因为他坚持过分褊狭的最终防守不住的自然科学的解释。这种偏狭反过来发现支持对从自然科学到社会科学的过渡中继续保持什么的相当误导的评价。现在,我要简略地谈谈这些主张,重新依次考虑一下C.门格尔对自然科学和经济学的分析。

8. C.门格尔对自然科学的解释

C.门格尔的观点是,自然科学的主要研究任务是在现象的共存与连续中确定规则性。因而,虽然C.门格尔不应当被认为是一个实证主义者,但他仍然接受科学的结构或科学规律,这是那个观点所支持的。与此相伴的是未能以先前描述的方式或未能以任何受支持的方式成功地阐明一种结构本 122
体论。然而,即便是C.门格尔的绝对纯金和绝对纯铜也是有结构的具有借助其内在结构产生的力量的复杂事物。这样的结构本身必须根据其他因果因素进行解释。无论不能阐明结构本体论的这一失败是C.门格尔坚持科学规律的事件规则性的观念的原因还是结果,现在都不难看出,重要的是C.门格尔既不能成功地解释他的"精确规律"的定位问题,也不能成功解释他的"理论科学"比与他的严格规律相关联的简单元素具有更广泛的应用性的认识。

请考虑一下为什么规律被概念化为事件规则性,为什么这样的"精确规律"有可能与被认为在隔离条件下的金属等的绝对纯净状态等相关联的问题。在第一部分,我们已经看到,有时会获得(近似)事件规则性,尽管是在稳定机制隔离于许多干预机制并由此在经验上得到确认的情况下获得的。典型例子是,至少在天文学之外,这样的情况符合实验控制条件。当然,C.门格尔的"最简单"的元素,如用绝对纯金或绝对纯乙醇为例说明的,只是通常只有在那些类型的实验室条件下才能(近似)获得几个纯粹的例子或结果。因此,C.门格尔的"精确规律"根本不是真正的规律,而是符合自然规律的经验确定的事件规则性,即是说,符合在开放与封闭两种条件下同样行动的超事实趋势的经验确定的事件规则性。换句话说,C.门格尔的"精确规律"现在必须被认为是,从人类的设计的认识论上有意义的结果的角度看被公式化了的东西,而并非是使其特征事物独立于人类操作的实在的一个方面。正是这种情况既解释了科学中事件规则性的意义,又解释了其理想化的条件。现在关于这些问题的任何困惑也被解决了。

从讨论中的观点出发,在"复杂的现象"世界中成功地应用科学成果不再是一个谜了。因为,一旦承认科学的任务是确定和理解结构与机制或它们的趋势,这些东西如果被触发,它们就会在其隔绝和经验鉴别的条件内外继续发挥作用,从这一点来说,任何进一步的困惑也能被解决。如果被触发,趋势就会动起来,某种东西确实在行动,不管它们的能力是否被充分发挥出来。例如我驱车回家,我也利用我或我的车与地球表面之间的引力(我还默默利用我了解的关于它的知识,知道任何时候我都不会被推入外层空
间),虽然我在任何一点上都不必根据人们熟悉的"降落律"所包含的事件规 123

则性朝着地球表面进行匀加速运动。[11]

必须承认,C.门格尔的解释(与这里支持的关于趋势的超验实在论解释共享了各种各样的直觉)在这些问题上远非毫无深刻见解。他的精确规律能与某种真实的东西相符合,在那里一种稳定机制或趋势在相对隔绝的状态中发挥作用。问题是他的解释是完全片面的。它把一种具体的或少见的现象当作似乎这种现象是一般现象或是科学的基本对象。当一种稳定的机制或趋势在一个开放系统中被触发时,对那种情况的超验实在论的理解也许会准许一种关于可能会发生什么的虚拟条件,假如该趋势一直在相对隔绝中行动的话。但即便在这里,我们能知道和理解的全部情况,说实在的,真正正在发生的,即超事实发生的全部情况,没有也不可能用这样的方式获得理解。我们对在开放系统中运行的机制的理解不是通过关于某种事件规则性的假设陈述获得的,而是根据描述一种机制的运行方式的指示性和范畴陈述获得的,假如情况曾是不同的,那种规则性就可能会出现。

把这一点说得更深透些,科学并不追求发现只在纯状态下纯铜是如何行为的,特别是确定与任何这样的纯状态相关联的事件规则性。更确切地说,其目的是确定铜的内在条件、其电子或离子结构(或不管什么),这对任何铜都是根本性的,凭借它铜的力量就能被拥有,趋势就可能被表现出来。当然,如果像铜那样的物质材料以其纯粹形式被绝缘,其具有的任何能力如铜的最大导电潜力就会很容易被鉴别出来。但如果被触发或被运用,即便在以不纯的形式存的各种材料内,任何这样测定的力也将会发挥作用。例如,铜的导电趋势在作为我目前正在听的老式高保真系统部件的铜线里发挥着作用,虽然来自杂质的对抗趋势改进或决定(和其他许多因素一起)着最终产生的效果,即我听见的音乐的质量。

C.门格尔没有作出令人满意的答复的最后一个问题是,“理论”科学的成果如何能够说明一个充满复杂现象的世界。我们现在可以看到,这一疏忽归咎于C.门格尔的错误,与具有实质性的东西(对正在发生的事来说)相比,他把看上去非常简单的东西看作带根本性的。因为这样便打消或掩盖了承认复杂的事物本身就有权利和有能力成为动因,并在自己的水平上构
124 成科学研究的潜在对象,因而具有更加非理想化的后果。[12]

当然,C.门格尔强调世界上的实际事物或现象是无数个个体,这个说法是正确的。具体地说,普通事物可被形而上地概念化为复合物,能使我们理解历史上具体情况的个体性,诚如普通事件可被概念化为许多事情的巧合,

能使我们理解历史后果的独特性一样。复杂事物植根于并逃不出其组成部分和各种具体原理的支配。即便如此,承认“较低层次”的原理或规律(当然现在理解为趋势)通常只限制和制约世界上包括普通事物在内的较复杂的事物是极为重要的。即是说,它们不必决定所有正在发生的事。空间留给处于较高层次的力量。

举例来说,我的高保真系统具有再生产声音的能力,这种能力不能还原为其个体组件的能力;这种再生产能力虽然是间接的,却在较低层次规律在事实上发挥作用时显示出意义。高保真系统的性质引发了以下的可能事件:唤醒正在睡觉的婴儿,或干扰生气的邻居。这种潜力或趋势加上我的安抚有关各方的愿望(不考虑其他事件)决定其运作的状况,即是说当较低层次的规律实际上被运用时就会是这样。如果像音乐系统那样的复杂实体影响在其下物理规律和其他规律发挥作用的条件时,它们不可能马上在后者中显现,但必须按其本身的条件构成潜在的研究对象。

更一般地说,任何有能力产生物理效果的事物都是真实的,并且很可能是一个适当的科学研究的对象。当然,一个音乐系统是人为设计的,严格地说不是一个这样的对象,其行为方式必须是某种需要发现的东西(虽然它们也许是,例如一件乐器)。但复杂的物体却无需是这种有目的的东西。举例来说,有机生命、意识与社会的出现,这些东西全都构成公认的复杂结构(看上去不是任何有目的的工程的产物),具有在其自身的水平上反作用于形成它们的各种物质的能力,即能对这些物质产生影响。因而,所有这些都是科学研究的潜在对象,当然,诚如其复杂性一样,全都是真实的。

简言之,在C.门格尔的描述中,在事物的简单状态水平上寻求“精确”规律的指向是双倍误导人的。因为除了漏掉了低层次规律依赖的是各种新奇的力量与趋势,而不是原则上依赖以某种纯状态和其有关联的事件规则性一起孤立存在的可觉察的事物这一点外,它还反对任何承认正当的科学对象可被直接置于复杂客体与日常事物的层面上的立场(当然,虽然从不屈 125
服于表象)。

9. C.门格尔的推理与社会科学

如果C.门格尔未能成功地阐明结构本体论导致了对自然科学完全片面的解释的话,这一失败的更加明显和更加突出的表现在于它鼓励对包括经济学在内的社会科学的相当错误的解释。基本错误显而易见：因为C.门格尔把经验鉴别趋势的典型实验条件与一条规律（被解释为严格的事件规则性）起作用的“先决条件”混为一谈，所以，他开始竭力寻求如何确认这样的条件，或被认为在社会领域可与这些条件相比拟的条件。

C.门格尔采用这样的战略所面临的一个实际问题是，讨论中的这种科学上有意义的事件规则性，其在自然领域主要被限制于实验控制的情况下，似乎从来不见出现于社会领域。当然，从这里得到的实在主义的观点出发，有理由怀疑它们是有可能的，不存在它们可能所属的显著的“条件”或“先决条件”。换句话说，C.门格尔的关于社会科学的推理是以与社会领域极少有，很可能没有任何关系的精确的自然科学的那个方面为条件的。正如我们在第一部分中已经提到的并将在第三部分进行较深入探讨的那样，社会世界是高度相互依赖的：社会结构依赖于总是有可能转变的人的有意向的能动性，它不可能在实验室控制下被隔离开来，也不可能在任何其他条件下被隔离开来。同时，人的有意向的能动性，其中包括选择能力，本身只能通过现有结构与条件的手段、媒介和资源才能被运用。强调一下，经济学中有意义的实验研究看来是不可行的。

精确规律的任何后验成功在社会领域没有所属的位置，又缺乏结构本体论的适当观念，在这样的条件下，C.门格尔推理说，经济规律（被理解为严格的规则性），与他对自然科学的理解相一致，必须与“人类经济”的最简单或最纯粹的状态相联系。更有甚者，相信金子是绝对纯的，但这样的例子也许从未找到过，C.门格尔由此受到鼓励，认为与之相似的不真实的“纯”社会物品的观念能够卓有成效地受到欢迎。正是鉴于这种情况，C.门格尔评价道，诚如无所不知与不可错这样的杜撰的东西能够提供社会科学据以开展的可接受的基础。

现在我们可以看到，这样的推理是荒谬的。因为科学并不力图分离纯
126 粹形式的物质材料本身，即仅仅理解实际事物的那些纯粹状态和阐明与这些状态相关联的事件规则性。更确切地说，它的根本目的是理解它们借以获得能力和可能表达趋势的富有特色的结构。自然主义的问题被适当地解释为，自然的结构、机制、力和趋势支配着自然现象，是否可以说特殊的社会结构、机制、力和趋势也在这个意义上支配着社会现象。一旦这些科学对象被正确确认，很清楚表达它们的陈述就无需比事物或结构本身更理想化。例如，一个关于真实原子的内在结构的模型不必要比真实原子的内在结构

更加完美。

换句话说，对C.门格尔来说，如果承认科学研究的对象（如铜的原子结构）就世界上的真实事物而言（诸如铜的个体片段）是理想的、正确的话，那么，假设这样的对象同时不可能是真实的就是错误的。对C.门格尔来说，为了成功地阐明结构本体论，有必要在事件和事态或事情的层面对规律和联络这些东西的关系进行重点约束与归属——在那里，事实上所有这样的假设关系也许从来不会实际出现。然而，这里支持的观点表明，规律反而适用于真实存在的结构和相关的机制、力与趋势。根据这后一个观念，而不是前一个，正是世界本身（其中包括化学元素、电子、夸克和行为、反应与场等），而不是我们对其的看法，必须被承认为是理想的（当其是理想的时候）。

结果是C.门格尔喜欢的经济学出发点不能得到支持。只有能动力或结构的全称概念才事后发现能从自然领域保留到社会领域。虽然铜的理想的电子结构是真实的，能解释铜的导电能力，但无所不知或不可错的概念却不表达任何人拥有的结构或能力。它们不是被拥有的能力，而也许是也许不是被使用的能力，如果是作为趋势被使用，它们也许因在发挥作用，但由于对抗的形而上的有色眼镜或别的什么原因而没有被意识到。它们根本不是真实的人的能力。它是人性的一个本质方面，人的状况是，人们是可错的、对其处境和未来是不能断定的、在选择上是受限的、是由取决于其所处的社会地位和社会关系等各种各样的考虑驱动的。另外，假如情况并非如此，正如C.门格尔在别的地方提到过的那样，包括货币在内的大多数授权体制将可能会（故意和非故意地）以我们所经历的方式永久被再生产就是不可想象的了。

这样，经济学中这个特别的理想化理论的错误就显而易见了。没有认识到某些认识论上有意义的科学局面的真正重要性，即那些在其中造成了 127
事件（近似）规则性的局面，意味着得出了错误的结论。具体地说，在这样的局面下，没有正确领会科学的目标主要是从经验上确定和理解非经验机制，而是错误地认为所造成的任何事件规则性，或在这样的条件下可造成的事件规则性，或至少被归属于事件规则性，本身就是科学研究的对象。这种错误的理解，加上既认为科学中被认为有意义的这种事件规则性极少以其精确的形式被观察到，又意识到与其详尽阐述相关联的科学知识的确在一定程度上为阐明实在提供了某种一般见解，这些看法鼓励了在社会研究中的错误做法。的确，从讨论中的观点出发，一个对有结构的不可迁领域缺乏明确概念(或对其作用的明确概念)的观点,没有充足的根据阻止把(严格的)事件规则性多少归咎于任何旧的反事实条件和推定,其中包括人人都认为是相当虚构的著名的能动力的概念。再次证明,企图维护经济学的演绎主义理论似乎到头来仍然是得不到支持的。

10. 作为成功解释的基本条件的理论化

第二个被广泛采用的捍卫大量存在于经济学中的这样虚构的东西的形式,是认为它们与其说代表的是对成功解释模型的片面的替代方法,不如说是在获得这样的模型的过程中的一个初步方案。因此许多不同的方案也许会(或将会)被设计出来。但是,一般地说,不真实的理想化将被解释为从简化的或理想的概念到其他更加复杂的概念逐步转变的过程中的一种探索性的设计,因而它被认为是真实的。

11. 逐步接近的方法

为了达到使其更加真实的目的而将画面逐步复杂化的过程常常被称为逐步接近的方法(method of successive approximation)。A. 马斯格雷夫(Musgrave)于 1981 年提出过这样的说法:

> 一位科学家也许希望从两个阶段提出……一种理论:在第一阶段他不考虑因素 F,或会“假设”它是可以被忽视的;在第二阶段,他会把它考虑进去,并会说对他的结果具有多么大的意义。这里,因素 F 可被
> 128 忽略的“假设”仅仅是一个探索性设计,是简化理论的逻辑发展一种方式。让我们把这样的假设称为探索性假设。
>
> (A. 马斯格雷夫,1981:383)

A. 马斯格雷夫以行星际运动为例说明了这个逐步接近的方法:

> 当 I. 牛顿力图发现他的理论预料的太阳系的情况时,他首先通过“假设”只有一个行星围绕太阳转忽略了行星际间的引力。他论证道,如果他的理论是正确的,该行星就会按把太阳作为其焦点之一以椭圆运行。这个假设并不是一个可忽略性假设,I. 牛顿知道行星有时具有相互间可探测的引力效应。这也不是一个域假设,I. 牛顿并没有说,他的理论仅适用于一个行星的太阳系。如果你反对说 I. 牛顿的假设是假

> 的,你就忽视了那一点,因为我们的太阳系不止一颗行星。如果你反对说,因为行星并不精确地按椭圆轨道运行,因而 I. 牛顿假设的结果是假的,虽然不太明显,你也会忽视那一点。从探索性假设中得出的结果不代表讨论中理论的精确预测。更确切地说,它们是走向这样的精确预测的各个步骤。
>
> (A. 马斯格雷夫,1981:383)

在经济学范围内,这种程序往往归功于 A. 马歇尔(Marshall)。[13]即便是 L. 罗宾斯(Robbins)也表达了对这种方法的支持,[14]他是主张经济学的一般原则仅凭"直接认识"便可了解的人。最近,这种方法已被用于现代计量经济学中以回应预测失败(见第七章),它被暗中用于传统的"统计估计"方法,明中用于最近的"校准"方法。当一个方程的参数或者以符合建模者的某种先验理论被量化,或者基于因果经验主义被量化,或者根据建模者希望该模型"模仿"历史数据的某种特征被量化,这个时候,该方程就会被说成是被校准的。据认为,在原始标准的基础上这样的方程被公式化和用数量表示后,它们就通过逐步寻求更加接近历史数据的方式渐渐被搞得更加复杂(例如,F. 基德兰德与 E. 普雷斯科特 [Kydland and Prescott, 1982],G. 汉森 [Hansen, 1985],G. 汉森与 T. 萨金特[Hansen and Sargent, 1988],R. 金与 C. 普罗索 [King and Plosser, 1989],F. 基德兰德 [Kydland, 1984],R. 金与普雷斯科特 [Kydland and Prescott, 1988],K. 胡佛[Hoover, 1995a])。

近几年来,经济学方法论者和哲学家在许多评价性论文中对这种逐步接近的方法进行了描述与探讨(例如,Catwright, 1989; Hoover, 1994; Mäki, 1992a;Nowak, 1980;Rosenberg, 1978)。因而,我将不详细阐述这个方法的 129
许多具体方面。我宁可把重点放在在我看来需要比通常更加重视的两个方面。具体地说,我想把注意力放在我认为对该方法的成功至关重要的两个条件上。这两个条件是:(1) 被当作"隔离"中的因素都是真实因果因素、真实结构和超事实运行的机制或趋势;(2) 被如此当作隔离中的因素的影响力机械地相互结合或相互作用着。

满足这两个条件的必要性实际上在前一章考察 C. 门格尔的观点时已被确立。请想一想第一个条件。在讨论 C. 门格尔的观点时,我发现只有某种趋势的"隔离"概念才可被合理地看作假理想的,而不是某件事、某个人、结构或能力本身的性质和其行动方式。因为最多只有前者才能与真正的可能性相一致。在 I. 牛顿分析星际间运动的例子中,其方法是部分成功的,原因是被这样考虑的是真正的(引力)趋势。同样的原因,经济学中缺乏任何值得注意的解释上的成功与缺乏由如无所不知或不可错等这样的概念充分表达的任何真正的结构、能力或趋势不无关系。当然,由聚焦于无所不知的不可错的经济原子开始的分析过程和由引入人的脆弱性与有限性逐渐使画面复杂的企图,几乎不可能获得任何具有深刻性的见解或兴趣。尽管有 L. 罗宾斯全然不同的明确建议,完美的洞察力和类似的东西根本不是"这个实在的世界中只能与许多其他事物联系在一起发挥作用的趋势"(Robbins, 1932:94)。它们绝不是这个"实在的世界"的特征。一般地说,它们是误导人的虚构,纯粹而简单的虚构。[15]

第二个显著的相关条件,即要求一旦我们注意到那些具有自己特性不可还原到其组成部分的复杂物体的突现特性、新颖种类、内部相关的结构和其他形式的事实,被视为在隔离中以机械方式相互作用的因果因素必须变得清晰可见。因为在这些情形下,企图通过把组件或部件看作似乎是分别孤立存在的东西去理解其性质是没有什么意义的。只有在个体因素在隔离状态下以与它们在结合状态中同样的方式运行,并没有更复杂的实体的力还原为其组成部分的力时,即如果各种不同的因素在其相互关系中是原子状的,看上去该种方法才能期望有点用处。

注意这第二个条件又是在星际运动的情况下被满足的,引力趋势的确
130 似乎在机械性地结合着。正因为两个显著的条件都是在行星系的情况下被满足的,A. 马斯格雷夫对 I. 牛顿方法的说明在这个例子中才起作用。但讨论中的条件,特别是要求原因必须机械性地结合一般是不成立的。在化学反应中这一点再清楚不过了。但机械性结合也几乎不是社会现象的典型特征。举例来说,在社会生活中居于中心地位的社会关系网络不可能被有意义地分解成各个部分,在其他小块被最终重新加入之前某些小块被当作似乎存在于隔离状态中。把任何与另一特征本质上相关的特征隔离出来看待都是毫无意义的(这一点将在下面第十二章中做详细论述)。例如,在研究家庭行为时,把父母作用的概念与天性作用的概念,包括孩子的需要或父母与孩子在其中相处的相互关系的概念分开来研究,显然是很不恰当的。同样,把地主的情况从佃户的概念中分离出来考虑,把雇主与雇员等分离开来考虑也是不连贯的。

这似乎相当明显。然而,经济学中这样的错误例子比比皆是。有必要想一想以前的观点,作为"第一步"它们装腔作势地把如英国那样的交易国

做成模型，似乎其孤立存在于没有外部交易国的封闭系统中。如果没有其余国家的概念，如果不考虑一个国家与其余国家关系的性质，那么，那个国家的内在社会结构、经济结构和政治结构、过程与事态等就的确没有任何意义。任何假设的机制、增长理论、政策取向观念，等等，如果被描述为似乎一个国家如英国实际上与世界的其他部分是隔绝的，这样假设的东西只能是很不相干的理想化的虚构。在假设中把政府各部门、劳动过程等因素排除在外的模型同样如此。

替代分析非原子世界的逐步程序的一个可行的办法，是在其存在的自身水平上看待结构实体。如果各个因素有机结合，或在某种水平上存在着各种力，这些力是不可还原为其“组成部分”的，或不可还原为从中产生力的载体的物质，那么，分析必然会在这个较高的水平上直接进行。当然，较高层次的作用力仍然会受制于那些在较低水平上运行的规律。举例来说，有意识的人不可能逃出物质的物理规律，但人的能力却不可能还原为这样的物理规律。

这样，如果我们要确定各种不同的非原子因素是如何结合或相互作用的，也许我们只能“等着瞧或试试看”。这个结论不仅适用于如第一次混合各种具体的化学剂或试验一下新配方这样的情况，也适用于确定如推倒柏林墙或使星期日贸易具有（不具有）合法性，或取消（不取消）一个国家的汇 131
率管制，或扩大“全球宽带网”等情况。当然，也许可能（和必要）带着影响变化过程的目的继续进行干预，或带着影响变化过程的某种成功继续进行干预。但是，只要在牵涉有机化合或社会结构的转变或真正的突现或其他形式的新事物的地方，对那些“一开始”就决心预测结果的人来说，要继续走下去也许就特别没意义。

当然在情况复杂的地方，采取的分析重点必然会特别片面。但是这里有条理的程序是不被想象为孤立的抽象（第十六章中有对一个过程的详细讨论）。它涉及的观点是把某事（暂时）看作存在于其各方面的子集之下，而不认为它们是孤立存在的。它牵涉这样的问题，例如，一块新的或实验蛋糕烤熟后，通过尝一尝（即在其味道这个方面），或通过检测其色泽或质地，或观察其是否中部凹陷等，确定它的品质。希望通过孤立地检验面粉或其他成分的办法，成功地得知至今尚未试验过的某种配方的最终结果，是不够的，甚至几乎是没有什么启示意义的。简言之，虽然在（通常是想象的）“孤立”状态下被检验的因素必须是真实结构或趋势，它们的机械结合或至少以可预测的样式的结合，是使用逐步接近方法的必要条件，特别是在社会领域（正如我们将在第十二章和第十六章中进一步详尽论述的那样），因为后一个条件几乎是不可能满足的。

12. 隔离的方法

最终将会清楚，虽然我在U. 梅基的论著（Mäki：1998，1990a，1992a，1992b，1993a，1993b，1994）中发现许多饶有趣味和富有创新性的思想，而且，在许多方面我们的理论显然是相似的，但我特别不支持U. 梅基（1992a）竭力主张的“隔离的方法”，至少是作为推荐给经济学家们采用的一种方法时如此。根据U. 梅基的说法，这是一种“在一定情况下，一套元素在理论上借以从其他元素的影响中摆脱出来”的方法（1992a:318）。U. 梅基补充说：“在一个隔离中，某种东西，即一套X实体被从别的任何事物的纠缠或影响中隔离出来，即从一套Y实体中隔离出来，X与Y一起构成宇宙。”（1992a:321）当然，即便在实验方法中，这样的隔离也不会真正发生，只可能有物理上的重新排列。但在所有这些中，我发现最成问题的方面是U. 梅基的理论上的或理想化的隔离（孤立）状态的概念，一种明显是“经济学中……传统的
132 强有力的程序”，在那里完全不牵涉物质重排的问题。更确切地说，“一个系统、一种关系、一个过程或一种特征通过在构建概念、模型或理论的过程中用智力操作的方法被从那种情况的某些其他特征中隔离起来”（1992a:325）。实际上，U. 梅基更进一步区分了“内在隔离”与“外在隔离”：“在内在隔离中，我们把一个系统从来自该系统内的影响中隔离出来，而外在隔离则是把一个系统从对该系统来说具有外在根源的影响中封闭起来。”U. 梅基补充道：“内在隔离与外在隔离两者在经济学中都是相关的。”（1992a:326）

现在应当清楚了，断言这样的孤立主义发展的概括有效性也许会犯像在第七章和第八章中讨论过的原子论和孤立主义那样的错误。不奇怪，通过紧紧追随这样的孤立主义脚步，特别是通过借助某些“隔离技术”，即“忽略与理想化”（或换句话说，通过精明地漏掉某些东西和歪曲剩下来的东西的手法从头至尾进行虚构），U. 梅基得以能够将很大一部分现代正统经济学调和起来（1992a:328—34）。还是在这个框架内，U. 梅基得以能够重新解释和含蓄而够格地支持L. 诺瓦克（Nowak）1980年版本的逐步接近方法。然而，诚如我正在论证的那样（在第三部分还会充分阐明），如果社会不被有用

地视为隐蔽原子的,各种社会现象不能机械地结合,那么,正如现代正统经济学在很大程度上是非相关的一样,作为一种社会科学设计,任何这样的"隔离的方法"也是非相关的。事实上,U. 梅基(1992a)似乎正是在他的最后一段中同样承认了这一点:

> 这一点与在社会现象和经济现象研究中使用的隔离方法的一个主要问题有关。用 J. S. 穆勒(J. S. Mill)的术语来说,这是造成经济现象的各种原因是"机械地"结合在一起,还是"化学地"结合在一起的问题。当各种原因"机械地"结合起来时,其作用可像"矢量"那样相加,其结果是一个相加的总和或那些被看作单个原因的作用的累积"总数"或"加总结果"。另一方面,当各种原因"化学地"结合起来时,就会出现某些从数量上看新奇的突现性结果……对于采用隔离方法的人来说,处理"力学"范围的问题要比处理"化学"范围的问题容易些。因而,无怪乎标准新古典经济学家们在大多数情况下干起工作来好像经济学家就是"机械师"似的。要求他们迎接的挑战关系到为何与"化学"的形而上学方法相比,"机械"的形而上学方法比较恰当的问题,以及在经济研究中他们各自支持的方法的相对恰当性问题。
>
> (U. 梅基, 1992a: 349)

这样一来,也许这里最好把 U. 梅基的理论解释为基本上是对主流经济学家的描述。那就是,除了任何别的动机外,正如其他人已经指出的那样 133
(T. 博伊兰与 P. 奥戈尔曼[Boylan and O'Gorman,1995:129]),U. 梅基是在力争清楚地公开说明经济学家们正在有效遵循的各种方法。另外,我还注意到,在最近的一篇论文中,U. 梅基更加强调(虽然仍然在"隔离的方法"的标题下)与习惯上理解的抽象有关的推理形式,即第十六章的主题。无论如何,这里强调的一点是,虽然上面描述的"隔离的方法"也许能有力支持各种版本的逐步接近方法,但不能说明它们是合理的。出于这个理由,人类社会也许必须是隐蔽原子状的。我正在论证的是,这是一种社会形而上学,作为一种泛化原理,它是得不到支持的。

总起来说,为了使逐步接近方法成功地得到应用,至关重要的是,分别孤立考虑的各种因素必须是其个体效力可以机械相加的真实结构和真实趋势。因此,冒充"经济理论"公设的各种虚构物,既不能被辩解为提供一种替代解释方法的一个方面(我们已经在本章的第一部分看到),也不能凭借这种逐步程序证明其有理。因为,虽然讨论中的公设罕见表达真实结构、真实机制和它们的趋势，但是，认为复杂事物确能典型地以机械方式结合是完全错误的。它取决于讨论中客体的性质，像自然那样，社会只能有意义地在“接合处”切割（如果存在这样的接合处的话）。一般地说，包括社会在内的世界被公设为具有内在关系的结构，这些结构的能力和趋势、过程、机制，等等，每个都在自己的层次上发挥作用。科学的目的是揭示、确定和理解它们。虽然“经济理论”着力强调的难以置信的因果假设似乎不可能对实现这个目标做出多大贡献，任何通过研究孤立行动的各组成部分以获得对真实结构的理解的企图，作为一般过程，只有可能使人误入歧途。

第十章 主观主义 134

到目前为止,本书这部分的重点一直放在对经济学解释失败作出反应的那些理论或文献上,这些文献的反应方式多种多样,但并没有向支持并为其提供论据的占支配地位的方法或主流方法的哲学观点提出挑战。然而,那些试图以通过明确挑战正统理论的哲学预设提出一种替代方法的方式作出回应的经济学家又如何呢？这里,特别重要和有意思的是那些已经与主流方法拉开了距离却还没有接受符合被系统化为超验实在论的替代方法思路的经济学家。特别是,我们如何理解主观主义——经济学中影响力越来越大的一股反自然主义思潮？F. 哈耶克是这方面一个最重要的人物,他一直是最具影响力的主观主义者。五十多年前,F. 哈耶克就抛弃了正统学说的道路,企图阐明一种相关性更大的方法。他特别批判了主流经济学家依赖借来的实证主义方法与程序。他从自然科学出发看出了这一点,认为实证主义方法对“理解社会现象几乎没有任何”贡献(1942—1944:21)。他花了许多年的工夫,试图构思一种更加可行的尤其是社会科学替代理论。越来越多的经济学家诉诸主观主义传统,特别转向 F. 哈耶克的非科学替代构想,对现代经济学科的失败作出反应。我将在这里集中论述后一个问题。

众所周知,F. 哈耶克首次阐述社会科学理论化的非实证主义观点的有意义的尝试,是他早在 20 世纪 40 年代发表的影响很大的《科学主义与社会研究》一文。人们同样熟悉的是哈耶克早在 1937 年发表的《经济学与认识》一文,在此文中他表明了“科学主义随笔”(“scientism essay”)的写作动机。在这里,F. 哈耶克观察到,为了实现被正统理论概念化了的均衡,在经济的“客观真实事实”与我们试图解释其行为的人们所知道的事物之间必定存在 135
一种耦合。[1] 这是 F. 哈耶克断定显然达不到的先决条件。排斥了正统理论的普遍的正确认识这个前提后,他转而问道,既然人的认识有许多局限,社会的某种秩序是如何产生的？他还探讨了社会科学在事实上是否可能的问题。

出自显而易见的原因,我想在此详细讨论一下“科学主义随笔”的问题。我在本书的第二部分之所以这样做(那部分的大致目的是指明在实证主义的影响下现代经济学的错误),是因为虽然F.哈耶克的目的很明确,是要挣脱实证主义的枷锁,我们将会看到,这种努力的实际结果与其说是对实证主义的超越,不如说是其犯了像偏向一边易位或错位那样的错误。换句话说,结果是重复了实证主义的某些错误,虽然这些错误是以改进了的特别主观化了的形式犯的。通过考查F.哈耶克的论述,不能提出一种具体的结构本体论的许多局限与后果又一次显示出来,尽管是以新形式出现的。

还有一点应当马上强调一下,虽然20世纪40年代的科学主义随笔证明对经济学中正统观念的主观主义的反自然的反响具有特殊影响,完全有理由认为,[2]F.哈耶克20世纪50年代和60年代关于社会科学理论化的论述却演变成了与这里系统化为超验实在论的描述具有某些相似之处的观点(见Fleetwood, 1995, 1996a, 1996b;Lawson, 1994a; Peacock, 1993)。在一定程度上说的确如此,但这个见解还未被承认,就发生了不幸的后果。因为,在F.哈耶克的这种思想转变未被承认的地方,通常的做法是把F.哈耶克20世纪60年代的著作中的某些章节和他的较早期的科学主义随笔中的某些章节糅和在一起。这样一来,后来的思考中产生的明显能站得住脚的见解,却被用来让人们相信那些错误的早期科学主义随笔中的方法论假设——尽管这些假设也许是众所周知、具有影响力的。这是一种只能使现代经济学的混乱局面继续下去的做法。只有到了实证主义和其错误被完全超越的时候,也许会按照F.哈耶克后期阐明的那种观点去超越,经济学家才能从依赖对解释与理解社会极少助益的方法和陈规中解放出来,或用F.哈耶克的话说,完全逃出这些方法与陈规的"专制"。

136 1. F.哈耶克的认识理论与自然科学

F.哈耶克在他的科学主义随笔中提出的社会理论首要也是最重要的是关于认识与其性质及局限性的理论。因而,此处需要继续讨论的一个显而易见的问题是意义,如果有的话,在这个意义下,有一种对实证主义理论的很不相同的解释,它支持一种不同的科学观念。我认为,必须直截了当地承认,F.哈耶克在相当大的程度上至少把自然科学让给了实证主义。在他讨论自然科学的这个过程中,F.哈耶克仅仅承认"事件"或"感觉经验"或"感觉特征"等类似东西的存在,这里明显指的是"我们之中的大多数人喜欢被视为终极实在的那种感觉特征"(1942—1944:31)。任何没有在经验意义上被提到的实体极为罕见，而且只能用“构造物”或“创造物”或某些类似这样的词语进行解释（见 Fleetwood，1995；Lawson，1994a）。因而，科学被建立在经验事实的基础之上。具体地说，由于经验主义本体论显然被接受（即把实在限制在事件、事物可观察到的方面和其他可能的经验的现象上），自然科学必须采取详尽阐述（假设的）实际现象的恒定关联的形式。F.哈耶克完全避开实证主义方向，他在这里的具体贡献是要证明，在详细阐述这些规则性的过程中，自然科学能够提供对“外部刺激”的分类，它不同于由感官提供的那种分类。举例来说，我们也许首先会从总体上把所有白色粉末归类，仅仅因为它们每一种都是白色的和粉末状的，而自然科学却会根据当把这些材料置于另一些状态或条件下时接着发生的事件的种类对它们重新分类。根据被认为与其相关联的事件规则性（或自然科学的“客观事实”）将它们归类。F.哈耶克写道：

> 现代科学持续不断的努力都是为了获得“客观事实”。
>
> （F.哈耶克，1942—1944：29）

> 科学的主要任务变成了修正和重构在对现象系统进行检验的基础上从日常经验中形成的那些概念，以便能够更好地把具体情况作为一般规律的例子来认识。
>
> （F.哈耶克，1942—1944：29）

> 科学……始于意识到：我们看上去同样的事物并非总是以同样的方式表现出来，我们看上去不同的事物有时证明在所有其他方面却以同样的方式表现出来。科学从这个经验出发，着手代替我们的感官提供的事件分类方法，这是一种新的方法，它不是按照看上去相同的东西进行分类，而是按照结果证明在相似的情况下以同样的方式表现出来 137
> 的标准进行分类。
>
> （F.哈耶克，1942—1944：31）

> 这个对我们的感觉已经以一种方式分了类的“客体”进行再分类的过程，是用以有意识建立起的各种类型的事件之间的关系为基础的新分类，代替在其中我们的感觉排列外部刺激的“第二”特征的过程。这个过程也许是自然科学方法最独特的方面。
>
> （F.哈耶克，1942—1944：32-3）

2. F. 哈耶克的认识理论与社会科学

在详细阐述不同于自然科学的社会科学中，F. 哈耶克所声明的意图，即使说得有点隐晦的话，就是上面描述的认识理论有必要进行扩展。具体地说，在他把注意力转向社会领域时，F. 哈耶克承认，人，特别是社会科学家，能够理解其他人心里的内容，包括他们的态度、见解和信仰。后面的这些特征构成了社会科学的“数据”或“客观事实”：

> 社会科学的事实仅仅是，其行为是我们研究的对象的人所持有的看法、观点。它们不同于自然科学的事实，区别在于信仰与看法是具体的人所持有的，不管它们是真还是假，这样的信仰是超数据的……
>
> （F. 哈耶克，1942—1944：47）

这些“社会科学事实”是可知的但并非是以直接经验出现的现象，尽管如此，其可知性也与经验有着密不可分的联系。因为，根据 F. 哈耶克的说法，这是一种经验事实，即我们大家都以同样的方式体验同样的事的经验事实。即便或当我们不按事物的真实状况把它们分类时（即按自然科学提供的分类方法），事情也会是这样。这样，我们从其他人的行为举止和做事中识别他们的意见、信仰和态度，正是因为，或如 F. 哈耶克所说的，这些其他个体以与我们同样的方式体验一切，因为我们以相似的方式给所有外部现象分类：

> 事实是，不同的人的确在以相似的方式感知着不同的事物，这种方式不与外部世界中这些事物间的任何已知关系相一致。这样的事实必
> 138 须被视为一种有意义的经验数据，它必须是任何讨论人的行为的起点。
>
> （F. 哈耶克，1942—1944：37）
>
> 换句话说，我们知道在人的有意识的判定中，他是按照仅仅从我们自己对这种分类的主观经验中所得知的方式对外部刺激进行分类的。我们姑且认为，其他人正如我们所做的一样把各种各样的事物看成是同样的或不同样的，虽然没有客观检验，没有关于这些事物与外部世界其他部分的关系的知识会证明其正当有理。我们的程序是建立在这样的经验之上，即一般说来（虽然并非总是这样，例外的情况如，如果他们是色盲或疯子）其他人以与我们一样的方式对其感觉印象进行分类。
>
> 但我们并非仅仅知道这些。如果不利用这些认识，就不可能解释

或理解人的行动。

（F. 哈耶克，1942—1944：43-4）

只要天真地假定，不同的人共同具有的所有感觉特性（或它们间的关系）是外部世界的特征，因此可以认为我们对其他人思想的认识只不过是我们对外部世界的共同认识。但是，一旦我们知道了我们的感觉使事物看上去相同或不同，结果证明并非在它们之间的任何关系中表现出相同或不同，而只是在它们影响我们的各种感觉的方式中表现出相同或不同，人以特殊方式划分外部刺激的这个事实变成了一种有意义的经验事实。

（F. 哈耶克，1942—1944：48）

这样，F. 哈耶克关于社会科学的认识理论激发了社会科学家们理解其他个体的看法、信仰和态度的能力。实证主义中预设的隐性本体论的经验主义理论被已提到的“心理现象”扩大化了。我们都能够了解其他人的各种信仰与态度，我们从经验中知道这个事情会是这样。之所以会是这样，是因为我们都拥有相似的心理结构，这是共同的经验事实：

社会科学的各种事实纯粹是我们研究其行为的人们所持有的看法、观点……从字面意义上看是我们对数据的信仰，不考虑它们是真是假，另外，我们不可能从人们的心理中直接观察到那些信仰，但却能够从其言行中认识到，这完全是因为我们本身具有与他们一样的心理。

在我们此处对社会科学的主观主义方法与自然科学的客观主义方法进行比较的意义上，它只不过说了通常所表达的观念，即是说前者首 139
先研究的是个体心理或精神现象，而不直接研究物质现象。它们研究的现象之所以能够被理解，仅仅是因为我们研究的对象具有与我们自己相同的心理结构。事情就是这样，经验事实只不过是我们关于外部世界的认识。

（F. 哈耶克，1942—1944：47—8）

3. 社会结构

社会科学的蕴涵意义是什么？社会科学在事实上有没有比理解能动力（人）的观念更多的内容？根据 F. 哈耶克的观点是有的。具体说来，认为社会科学关注的是人的有意识的或反省的行为，其目的是探求出他们非故意、非设计的结果。

然而,鉴于F.哈耶克的立场,在进一步探讨这个观念之前,首先反思一下什么是不被容许的是有用的。特别是,F.哈耶克的认识理论不承认社会结构存在的现实,除了其在行动中被概念化之外。如果像超验实在论这样的东西多年以后最终受到F.哈耶克的欢迎的话,结构本体论在这里讨论中的有影响的科学主义随笔中并未得到认可。[3] 的确,在他的较早期的文章中,F.哈耶克有时(如果不是罕见地)使用"结构"和"关系"这样的词语,他在20世纪40年代提倡这样的观点,即认为我在这里支持的那种社会理论是恰当的。但是,这样的推理是不能被认可的。现将科学主义随笔中常常拿来作例子的[4]、最适合于某种像超验实在论解释的那段文字,择录如下:

> 如果社会结构能够保持原状不变,即便不同个体能在具体点上相互接续,这并非因为相互接续的个体是完全相同的,而是因为它们是在具体的关系中,在他们对其他人具体态度中,和作为其他人所持对他们的具体看法的对象,相互接续的。个体仅仅是关系网中的结点。
>
> (F.哈耶克,1942—1944:58—59,特别加以强调)

这段文字也与我正在辩护的看法相一致。我特别强调被引用的这段的一部分,以突出这时对F.哈耶克来说关系与态度是同一回事的事实,它们是人们相互对待和对待事物的具体态度。[5] 因此,这里的关系不能以如在超验实在论的范围内阐述的(个体地与科学地)不可迁的真实存在的事物的那种
140 方式进行解释,社会结构的各个方面(特点)也许被浅薄地、很不充分地、错误地理解了,在第十二章中我们将专门对这个问题加以讨论。即便是上面那段文字中的"结构"这个概念也意味着某种与其在超验实在论的范围内的解释很不相同的东西。实际上,它只不过是人们形成的关于相互的概念与看法和关于事物的概念与看法的通用词。的确,在被择录那段的前一段,正如在由此接着的下一段里一样,F.哈耶克相当明确地认为事实如此。这些段落如下:

> 人的心理结构,他们据以给外部事件分类的共同原则,为我们提供了建立不同社会结构的那些周期性发生的元素的知识,从这样的认识出发,我们就能够单独描述和解释它们。当然,虽然概念或思想只存在于个体的头脑中,特别是,虽然只有个体头脑中各种不同的思想才能影响另一种思想,但不是十分复杂的许多个体头脑的整体,而是个体的观念,即人们形成的相互的看法和对事物的看法才构成了社会结构的真

正元素。

（F. 哈耶克，1942—1944：58）

……是个体的各种各样相互对待的态度（或其对有形客体的相同或不同的态度）形成了重复发生的、可识别的人们熟悉的结构元素。

（F. 哈耶克，1942—1944：59）

总之，如果 F. 哈耶克最终接受了广义上与超验实在论相一致的一种社会理论的话，这也不是他在 20 世纪 40 年代撰写有影响的嘲笑主流经济学的科学主义的著作过程中取得的。我们已经看到，F. 哈耶克的社会科学本体论不局限于直接经验中的现象，还包括其他人的见解、信仰和态度。然而，它却没有立即扩展到社会的不可还原为个体观念的结构，也许是因为理解不充分或做了错误的理解。记住了这一点，我们现在就能考查 F. 哈耶克关于社会科学可能性的观点。具体地说，我们能够探讨社会科学被认为在做法上是如何与自然科学不同的。

4. F. 哈耶克的解释学化（hermeneuticised）的社会科学 141

F. 哈耶克观点的最有意义的含义是，无论是人的观念还是其行动在社会科学中都不是被解释或被进一步分析的对象，[6] 而仅仅是被理解的事情。正是这个含义使 F. 哈耶克的思想变成了主观主义的东西，或许说得好听一点，成了解释学（hermeneuticism）。由于这样的一种认识理论，一种不承认决定性结构的隐性本体理论，有意识的行动隐晦地，如果不是明确地，被还原为个体的有意识的目的或欲望。因为，正如可能不存在未被公认的（包括理解不充分的）社会结构或以发生什么为条件的默认技能一样，物质条件又一次被还原为非结构化的事件或事态，这些物质条件除了以被概念化的方式出现外与行动没有多少关系。

最后一点很有意义。如果社会生活依赖于观念是 F. 哈耶克采取的主观主义或解释学取向的一种见解的话，那么，它是这种思想取向的典型错误，也是 F. 哈耶克所犯的错误，即社会生活是由观念决定的，其观念方面就是社会生活的一切。这样一来，对于社会生活、对于人的行动和包括社会科学在内的人的行动后果来说，各种物质事件、事态和其他物质现象的基本特征都是它们在其中被行动着的个体概念化的方式：

事实上，在自然科学使用这个术语的特别狭窄的意义上说，与“看法”相比，社会行为或人的行为的大多数对象都不是“客观事实”，它们根本不能用物质术语定义。只要与人的行为有关，事物就是行动着的人们所认为的东西。

（F. 哈耶克，1942—1944：44）

关键是对诸如锤子这样的工具的定义是从所有这些事物的物理性质中抽象出来的，对它们的定义必须完全（我的强调——T. Lawson）按照人对事物的主观态度进行。

（F. 哈耶克，1942—1944：46）

与研究社会有关的东西，不是在任何客观意义上说这些自然规律是否是真，而仅仅（又是我的强调——T. Lawson）是它们是否被人们相信或按其行动。

（F. 哈耶克，1942—1944：51）

社会科学从本质上关注事物被概念化的方式，被 F. 哈耶克认为“甚至更适合于”人们之间的关系，“为了社会研究的目的，这种关系不能按照自然科学的客观性进行定义，而只能（我的强调——T. Lawson）按照人的信仰定义”（1942—1944：52）。关于如人的需要这样的东西是按同样类型的方式观
142 察的。的确，这些观察被认为只是人的个体相信的东西，实际上纯粹是主观倾向。因此，对 F. 哈耶克来说，当其他“客观主义”的经济学家们“频繁地作其关于人的客观需要的陈述时……客观这个术语只是某人关于人们应当想要什么的一个名称而已”（1942—1944：92）。

这样，社会在本质上被认为是观念性的，最终存在于个体能动力的看法、信仰和态度之中。F. 哈耶克承认非专业观念包括对自然界的不可靠的解释，或至少是事物应当被如何分类的解释，但他却不能容许这种不可靠性轻而易举地迁移到社会科学中去。对社会科学的目的来说，事物只是人们所相信是那样的东西。或更确切地说，社会科学的根本对象只是这些信仰；社会科学家关注的仅仅是个体的信仰与态度，目的不是解释这样的信仰而只是理解它们。[7] 事实也不是人将经验客体错误地划定为如此设想的社会科学的一个障碍。不管非专业观念是正确的还是错误的（根据自然科学提供的分类方法），由于人类具有共同的心理结构，社会科学家总是有可能利用它们，并的确能够以与非专业人士同样的方式解释世界的现象。

在行动层次上能引起解释的兴趣的唯一问题是，为什么人们要以他们的方式，特别是以相互相同的方式，看或感知任何既定事物或现象（即便他

们不把它想象为它真的就是)。但这样的问题,在它们完全能够被解决的层面上,交给了心理学。对包括经济学在内的社会科学来说,个体的信仰、欲望和因而有意识的个体行动不是需要解释的问题,而是需要理解的问题。它们构成了一旦被利用就只能被归类的数据。社会科学家唯一的任务是,利用这样的数据来描绘这样的有意识行动的非故意的总计结果:

> 在所有这些中各种不同的个人信仰或态度本身不是我们解释的对象,而仅仅是我们从中建立个人之间可能的关系结构的元素,注意到这一点是很重要的。在社会科学中,在我们分析个体思想的范围内,目的不是解释那种思想,而只是区分在构建不同社会关系模式中我们必须用以推断的可能的各种类型的元素。社会科学家们不负责任的表达往往表现为一种假象,相信他们的目的是解释有意识的行动,这是一个错误。如果能够做到的话,这就是一项不同的任务,是心理学的任务。对社会科学来说,有意识行动的各种类型是数据,关于这些数据,他们必须做的一切是有序地将它们分类,以便有效地用其来完成它们的任务。 143
>
> (F. 哈耶克,1942—1944:68)

此外,因为F. 哈耶克如此接近地把有意识行动等同于个体观念,他谈论有可能确定人的行动的非故意后果问题,谈论终于能够知晓社会的问题,这样的社会是从人们持有的观念和想法中建立起来的:

> 不仅人对外部客体的行动,而且人们之间的所有关系或所有社会制度,只能通过人们关于它们的看法才能理解。我们知道的社会正如它本身那样,是从人们所持有的观念与看法中建立起来的。社会现象只有反映在人们的头脑里时,才能被我们认识并对我们具有意义。
>
> (F. 哈耶克,1942—1944:57—8)

5. 社会的"多个整体"

为了评价F. 哈耶克对人的行动的非故意结果所做的不可避免的结论的局限性,这样的结果频繁地被称为"多个整体",把超验实在论能够支持的见解当作标准尺度简短地讨论一下是很有用的。从后者的观点出发,诸如社会与经济这样的社会整体不是由经验给出的,而是由经验预设的。基于这种理解,社会整体显然不纯粹是分散事件和序列的堆积。但同样清楚的是,它们也不是由能动力所持有的观念构成的。更准确地说(正如我将在第十二章进一步阐述的那样）它们是非常复杂的、不可还原的、有因果效应的多个总和，人们对其往往理解不够充分或作了错误理解，如果是非故意的，它们在实践中总是被不断再生产和转变着。作为研究对象，这样的社会整体既不能从一个给定的世界被直接读出，也不能从我们的主观经验中被重构。

这里有意义的是后面的结果。因为如果F.哈耶克的解释学导致他与前面的认知保持一致，即社会整体不是由经验给出的，因而不能被直接读出，这就妨碍了他毫不费力地弄懂后一个见解。即是说，鉴于他不能阐明不可迁的社会结构（包括意义与社会规则等）的概念，即一个能支持科学解释和科学批判的可能性的观念，F.哈耶克没有多少选择的余地，只好作出结论：社会的多个整体是由能动力所持的观念构成的。随之而来的必然是任何这样的整体只能从我们的主观经验中被重构出来：

> 虽然大多数人乐于承认，因为在我们面前从来没有过大量这类样
> 144 品，此领域在认识确切的整体方面也许存在许多特殊困难，因而很不容易区分其恒定属性与纯粹的偶然属性，极少有人意识到还存在一个更加根本性的障碍：这样的整体严格地说从来不出现于我们的观察之中，而毫无例外地是我们的头脑的构建物。它们不是“已知事实”，即我们借助其共同的物理属性自发地将其识别为相似类型的客观数据。除了能表明我们能观察得到的许多个别事实之间的联系的大脑图式外，它们是绝不可能被感知的……
>
> 社会集体或整体并不代表确定的事物或事物的种类（如果我们在任何物质或具体意义上理解“事物”这个概念的话），但却代表一种在其中不同的事物也许被相互联系起来的模式或秩序——一种不是时间或空间的秩序，但却只能根据可理解的人的态度之间的关系进行定义。这种秩序或模式作为一种物理事实如这些关系本身一样难以被感知，只能通过根据各种关系的具体结合的隐含意义对其进行研究。换言之，我们所说的那些整体只有在下面的条件下与程度上才能存在，即我们已经形成的关于这些整体隐含的各部分之间的联系的理论是正确的，并且，这种理论只能以从那些关系中建立的模型形式进行明确陈述。
>
> 这样，社会科学研究的便不是“给定”的许多整体，而通过从熟知的元素中建立模型来构建那些整体才是它们的任务——那些模型模拟着我们总是同时能在真实生活中观察得到的许多现象中的某些现象之间

的关系的结构。

（F. 哈耶克，1942—1944：96，97，98）

后来 F. 哈耶克在该文中还还强调说：

换句话说，除了我们据以构建它们的理论外，除了我们能够据以重建被观察到的元素之间的关系的智力技能，并挖掘这一具体结合的隐含意义外，这些“整体”对我们来说是不存在的。

（F. 哈耶克，1942—1944：125）

总而言之，如果在反对社会科学中存在的实证主义影响中，F. 哈耶克最终赞同某种如上述被系统化为超验实在论的观点的话，后者并不是他在 20 世纪 40 年代的最有影响的哲学论文《科学主义与社会研究》中所支持的观点。而宁可说，在那里取得的观点是一种既笨拙又靠不住的解释主义。我 145
现在想坚持的看法是，F. 哈耶克的这个目前尚具影响力的早期观点与其说在很大程度上避免了实证主义的典型错误，不如说在总体上用解释主义的说明方式以主观化了的形式再现了它们。尤其值得注意的是，必须承认 F. 哈耶克的观点尚待进一步发展，因为从目前看，它不过是认识论基础主义的解释学翻版而已。

在解决这个问题的过程中，参考一下前不久对 F. 哈耶克的科学主义随笔的解释证明是很有用的，虽然当时的解释与目前的解释具有某些共同的基础，但却在一定程度上得出了相反的结论。通过参考这个不同的解释，特别是面临这个问题，通过阐明为什么我要坚持我目前的解释，就能够使我的论点的某些重要方面在一定程度上更清晰地展现出来。

6. 基础主义与 F. 哈耶克的解释学

在最近的一篇论文中，G. 麦迪逊（Madison，1990）说明了 F. 哈耶克在其科学主义随笔中所持观点的显而易见的解释学本质。然而，G. 麦迪逊却把这个观点解释为反对任何（谬误的）基础主义的，特别是反对植根于原子个人主义的一种基础主义。G. 麦迪逊本人赞成强调理解的解释学优先于解释的观点，这种观点显然承认“在经济学中一个人绝不是在研究‘赤裸裸的事实’”的看法（Madison，1990：49），并拒绝接受“实在观念在客观主义的、基础主义的思维中发挥着作用的看法”（Madison，1990：37），在此过程中，他欣然承认 F. 哈耶克的贡献是这样的社会理论化的一个早期例子。在这里，似乎

F.哈耶克对“方法论个体主义”这个标签的明确接受并非是最初表现出的态度。特别是,远非支持某种原子个体主义(正如许多经济学家所做的那样),F.哈耶克的方法论个体主义事实上是在捍卫可能称之为“社会”的解释学优先的观点。G.麦迪逊继续写道:

> 当我们考虑到,对F.哈耶克来说,把方法论个体主义的“合成”方法与他认为的具有自然科学特征的“分解”方法进行对比时,这个问题就非常明显了。根据传统的机械—经验主义—实证主义路径,后一种方法把复杂的整体分解为简单的部分,并试图仅仅根据其(假设的)构成部分之间的相互作用对整体(例如,一个有机体,一个经济体)进行解
> 146 释——此处起作用的本体论偏见是“部分”比整体更加真实。从解释学的观点出发,可以这样说,方法论个体主义的全部意图是或者应当是,不要将那个整体还原为其组成部分的总和,而是要提醒我们,这些不可还原的“整体”仍然不是事物——从因果关系上被解释——而宁可说是被解释的对象,除了人的知性与能动性的范畴外是不可理解的(当然,无须说,只有个体才能理解和行动)。
>
> (G.麦迪逊,1990:42)

的确,在F.哈耶克的评价中,被认为是具有自然科学特点的分析方法,开始于并用来分解某种如果不是被精确地称为复杂的“整体”,也应当被称为“比较复杂的现象”的东西(Hayek,1940—1942:66)。但是,这些“复杂的现象”与应当由社会科学阐明的社会“整体”有很大不同。不错,被哈耶克认为是自然科学分析方法起点的复杂现象,是我们能同时感知的、感官特性的、不折不扣的恒定复杂体,它们是经验中得到的事件或事态。社会整体肯定不是F.哈耶克眼中的能用直接经验获得的那种现象。

另外,F.哈耶克从来没有提出也没有假设过,实证主义者主张的在分解或分析方法中,假设的实体比我们可能直接体验到的更复杂的现象更加真实。有一次,F.哈耶克的确说过,“自然科学有必要从自然的复杂现象开始,再往前追溯,推知构成那些复杂现象的元素”(Hayek,1940—1942:65,6)。然而,更常见的是,F.哈耶克避免从分析经验现象的角度把实在归属于实体。在讨论它们时,他用的术语是“构成物”或某种类似的说法。之所以使用这样的观念实体(它们并非是真正的“部分”)是因为它们有助于能把可感知现象联系起来的规则性或规则,接受关于只能是这样的否则就不可能获得的可感知现象的见解:

> 人用这样的方式在其心里创造出来的新世界，完全由不能用我们的感官感知的实体构成的世界，却以确定的方式与我们的感觉世界联系着。它的确可用来解释我们的感觉世界。科学世界实际上可被描述为仅仅是一套能使我们探寻不同的感性知觉复杂体之间的联系的规则而已。但是，问题是为建立可感知的现象所遵循的统一规则所做的努力至今尚未成功，因为我们曾经相信单位、既定实体、这样的恒定感觉特性复杂体，正如我们能够同时觉察到的一样是自然的。在此处，新实 147
> 体“构成物”被创造出来，而且只能根据在不同情况下和不同时间里对“同一”事物获得的感性知觉进行定义——这个程序意味着这样的公设，即在某种意义上该事物保持着原样，尽管其所有可感知的属性也许已经发生变化。
>
> 换句话说，尽管在目前自然科学理论已经到达的这个阶段，该理论不能再按感官特性进行陈述，它们的意义在于我们拥有了许多规则的事实，这是个“关键”，它能使我们把它们转化为关于可感知现象的陈述。
>
> （F. 哈耶克，1940—1942：33—4）

这里的主要问题仍然是，F. 哈耶克描述为“社会科学数据”的现象，即观念、态度和个体能动力的观点，在社会科学关注的范围内，实际上确是原子的。它们构成基本元素，社会整体就建立在这些元素之上，它们能被构成或被建立都源于这些元素。另外，请注意，对 F. 哈耶克来说，这些基本元素（尽管 G. 麦迪逊批评任何这样的观念），在独立于任何具体个体而“在那里”存在着的意义上说，是相当“客观主义”的。F. 哈耶克这样明确地承认道：

> 我们在描述自然科学方法与社会科学方法的区别时，没有比把前者称为“客观的”而把后者称为“主观的”更好的说法了。然而，如果没有进一步解释，这些术语是含糊不清的，会引起歧义的，也许会被证明是误导人的。虽然对自然科学家来说，比较客观事实与主观看法是一个简单的问题，但这种区别却不能被现成地应用于社会科学研究对象。其理由是社会科学的对象或“事实”同样是看法——当然不是学生对社会现象的看法，而是其行为产生了社会科学家的研究对象的那些人的看法。因而，在某一种意义上说，他的事实与自然科学的那些事实一样不是“主观的”，因为它们独立于具体的观察者。他研究的对象不是由他的幻想或想象决定的，而是由以被赋予了同样观察方式的不同的人

决定的。

（F.哈耶克，1940—1942：46—7）

7. F.哈耶克的原子主义

因此，F.哈耶克推荐的社会科学的合成方法的独特性纯粹是条件，即形成分析的起始点的元素是不需解释的或不需作进一步分析的。具体说来，
148 它们将被当成原子成分看待，更加复杂的现象、社会的许多整体是由这些成分建立起来的或由其构成的。这样一个观点其实是原子个体主义那一类的基础主义：

关于符合社会科学的系统化的主观主义和个体主义的具体的理论方法还要多说几句。我们能直接知道个体所持有的观念和观点，这些观念和观点形成我们必须从中建立更加复杂的现象的元素。从以上事实中，又出现了社会科学方法与自然科学方法之间的另一个重要区别。在前者中，个体的各种态度就是我们所熟知的元素，通过将这些元素结合起来的办法，我们试图再生产各种各样的复杂现象，即个体行动的结果，人们对此知之较少——一种常常导致发现复杂现象的结构一致性的许多原则的程序，那些原则未曾通过直接观察建立起来（也许不可能）——而自然科学则必须从自然的复杂现象着手，再往前追溯，推知组成它们的那些元素。人类个体在事物秩序中所处的位置造成了这样一种情况：在一个方向上，他感知的事物是他分析的比较复杂的现象；而在另一个方向上，给予他的是从中组成那些更加复杂的现象的元素，这些东西作为整体他是不可能观察到的。

（F.哈耶克，1940—1942：65—6）

这里也许还值得注意的是，当F.哈耶克考虑一个人如何可能将许多社会科学问题谈给一个物理学家听时，就会假设一个明显的原子本体论，或多多少少类似于它的理论。还需要注意的是，根据F.哈耶克的理解，任何预测问题都不是原理问题，而是由于我们占有的资料贫乏而产生的实际问题：

那位想借助来自自己那个领域的类比理解社会科学问题的物理学家，也许只会想象出这样一个世界，在其中他通过直接观察能了解原子的内部结构，之前他既无可能用几大堆物质做实验，也无可能在有限的时间内观察到比相对少的原子之间相互作用更多的东西。从他对各种

> 不同的原子的知识中，他可能建立各种不同方式的模型，在其中它们可
> 结合成较大的单位，并使这些模型越来越接近于能再生产在其中他能 149
> 够观察更复杂的现象的那几个实例的所有特征。但是，从他对微观世
> 界的知识中推导出来的关于宏观世界的规律总是“演绎的”。由于他对
> 复杂情况的资料知之有限，那些规律几乎不可能使他精确地预见一种
> 具体情况的结果。他绝不可能通过控制实验证实它们——虽然它们也
> 许会被对根据他的理论认为是不可能的事件的观察证明是错误的。
>
> （F. 哈耶克，1940—1942：72—3）

一句话，F. 哈耶克在其科学主义随笔中所取得的成就，与其说是超越了实证主义及其错误，不如说是将其进行了转弯抹角的转换，成了走向主观化版本的一步。在实证主义的“赤裸裸的事实”的地方（G. 麦迪逊正确地对其进行了批判），我们事实上发现了具有解释学基础主义的“赤裸裸的”看法、信仰和态度。实证主义中经验世界的不正自明性反映在解释学中社会世界的自我特性化中，实证主义自然科学的经验主义基础被转化为 F. 哈耶克的解释学化了的科学主义的观念基础。简言之，G. 麦迪逊看到的大多数实证主义的错误与其说是被 F. 哈耶克克服了，不如说是用主观主义的或解释学化了的方式对其重新进行了包装。

当然，解释学传统正确地指出了，社会科学的研究对象是一个预解释实在，即一个已经被置于个体动因的概念之下的实在。它还正确地坚持认为，正如 F. 哈耶克所做的那样，这件事的方法论意义应当在科学中得到阐明与遵循。然而，其错误在于把社会实在简化为这些概念，因而把社会科学简化为只不过是对它们的不成问题的理解而已。

8. 物质嵌入与社会的不可迁性

这样的理论不仅忽视了社会与经济的包括物质嵌入的实体的一面，而且没有理解实在的各个方面既可能是社会的，又可能是未被充分概念化的。这些问题将是我们在第十二章中明确关注的。但我要在此先简略阐述一下，我们既在我们与世界的所有因果相互作用中，其中包括与其他人类主体（或能动力）的那些因果相互作用在内，操作着自然，又受那样的自然条件的制约。社会王国并不是一种对自然的脱了节的重新描述（或错误说明）。更确切地说，它是被嵌入其中的，并处于与自然的其余部分的连续不断的动态

150 因果相互作用中——犹如一方面是世界范围的贫困,另一方面是人类助长的生态灾难,这两方面的相互影响如所清楚证明的那样。在观念方面,人的行动虽然不是独立于某种概念而发生,却能够且的确独立于其充分概念而发生。我这样说并非仅仅意味着主体对“外部”实在或物质实在的观念是可错的,F. 哈耶克也公开认可这一点,我还认为主体本身的直接意图、其自身的行为含义对他们来说也许是晦涩难解的,这种情况频繁地发生于日常交流中,系统地发生于对促使其发生这样的交流的理由的解释与描述中。

这样一来,社会科学作为某种实际社会活动的一个必要的真实条件也许揭示了社会实在的某个层面或某个方面,它虽然并非独立于主体的观念而存在,但其本身可能是相当未知的,或至少是对其理解不充分的,其中包括误导人的理解。实在的这样一个特征或层面也许存在于真实关系或真实过程或真实结构复杂体中,这些东西确实能导致社会生活,却是我们的感官不能直接触及的。它也许还存在于事实上没有被有意识地思考的知识或动机的某个方面。

F. 哈耶克的失误的根源在于他顽固坚持本质上是经验主义的本体论,虽然是一个被其他人的观念与信仰扩大了的本体论。这个问题因接受某种像超验实在论的本体论那样的理论而得到解决(虽有争论,但 F. 哈耶克本人最终意识到了这一点),特别是承认有结构的实在不可还原为事件,包括依赖于人类主体的观念与行动但却不能还原为那些观念与行动的社会结构。与阐释主义相比,这样的观点不仅能支持独立于对其分析的信仰、意义和态度的存在,而且能承认对其进行科学解释与批判的可能性,实际上有助于对其的科学解释与批判。

总之,虽然 F. 哈耶克承认创造一种不同于自然科学并且不能简化为自然科学的社会科学,他却未能系统地阐述他的主观主义的新路径以超越实证主义的许多错误。由于缺乏包括认识的有结构社会客体在内的不可迁社会王国的观念,F. 哈耶克最终搞出了另一个基础主义。即是说,实证主义把自然实在化约为经验,而 F. 哈耶克却仅仅成功地把人类社会化约为了观念。更加特殊的是,虽然承认(a) 解释学见解,即人的观念在某种意义上能产生社会并能导致对社会科学的关切,(b) 拒绝主观信仰与“客观事实”巧合、印象与其(隐形)客体同一的休谟式前提,(c) 却缺乏一种适当的本体论理论,
151 特别是缺乏有结构的不可迁的认识客体理论。F. 哈耶克在某种程度上必然会作出这样的结论:人的观念与它们之间可能的联系是社会的唯一组成元

件，是社会科学的唯一研究对象。

然而，一旦承认结构本体论，承认科学正确地使用着感性存在标准和因果存在标准，就不仅为取代而且为有效地超越实证主义的错误打下了基础。我并不希望隐晦地说 F. 哈耶克的科学主义随笔没有深刻见解，特别应当承认科学中的解释学运动。我当然也不想否认在自然科学与社会科学之间存在的差别。更确切地说，我的论点是，通过实际上坚持绝对的原子本体论，F. 哈耶克未能确立主观主义和解释学的见解的真正意义，同时，通过在实质上使自然科学委身于实证主义，F. 哈耶克未能找到自然科学与社会科学的真正区别。因而，正当的反应应当是发展 F. 哈耶克的早期思想，不然就是阐明一种社会本体论，阐述超越而不是置换实证主义错误的社会科学。

152

第十一章　现代经济学的限度

在前几章中，在梳理主流各分支理论对解释失败的各种各样的回应中，我已经在实际上确定了主流经济学的广泛限度（还探讨了在这些限度内发生的理论化的、值得质疑的实质性问题）。现在，我发现确实存在着对主流经济学能够追求的目标的某些限度，这也许会使一些人大吃一惊。来自其批评者的一个共同的埋怨是，该理论显得足够“任意”、足够“富有弹性”、足够具有“适应性”或“灵活性”，如果激励足以强大，就可使它在一定程度上适应任何情况。特别是，如果在正统文献中频繁提出的任何假设被单独拿出来，因其特别不切实际或站不住脚而受到批评，该理论的辩护者们似乎总是能够更换、修改、补充或避开那个假设。正统理论的性质显得足够任意，以至于其辩护者总是能够想出些新花招来。

1. 对科学误解的后果

因而，现在必须对后一个评价进行彻底修正。很清楚，到这个时候，可供正统理论选择的方向是多么有限。肯定地说，各种不同的重要主张都可考虑。但是，该理论不加质疑地坚持着站不住脚的科学与解释的观念（如果常常不是很鲜明的话），使其具有了显而易见的不变性。因为，虽然这种演绎主义的方向允许各种各样的实质性假设，但其各种可能的规范的可变性却的确非常有限。实质上，仅有的一些可行的规范是那些以这样那样的借口把经济学沦为对孤立而稳定的、相互作用着的隐蔽原子系统的研究的规范。简言之，从其形式主义结构出发无论表现出什么灵活性，这个问题的实际情况是，正统理论在支持任何有意义的实在论的主张方面都存在着严重问题。

我在本书的第二部分开头的考察中，就认为计量经济学的做法是传统
153 的，因为这种活动很容易被识别为演绎主义，特别是实证主义影响的产物。
然而，从目前所取得的优势看，主流经济学的每个派别都被看做依靠一系列
同样的基本影响，其中包括对科学结构及其后果的最引人注目的误解。因

而，我认为此时面临其存在的问题与解释的反复失败，更加系统地考虑一下可供主流经济学选择的道路是可能的，而且是具有深刻见解的。

2. 对失败的反应类型

广义地说，经济学中演绎主义方法的连续失败实际上只允许三种基本类型的反应（都不能完全摆脱实证主义的影响，拒绝采纳像超验实在论这样的理论）。第一种是总体上放弃对获得成功解释的要求，无论是对所有科学的成功解释（门格尔），还是至少对经济学的成功解释（哈耶克）。然而，当实证主义的某些预设仍然在坚持这种努力的时候，不可避免地会产生不正确的发展、疏忽、未解释和未证明为正确的主张，我们已在前两章中看到了这种情况。

对那些（目前是大多数）还没有迷恋上这样一条表面看上去无希望的道路，并决心抱着解释成功的希望不放的经济学家来说，似乎只有两种策略可供进一步选择（且会不可避免地被抓住）。其一是为了获得满意的解释而改变、放宽，不然就是修正演绎主义的哲学标准。其二是利用社会王国的某种特殊性，即在哲学预设与实际的实质性分析之间至少暂时需要保持某种距离。

这两种招数中的前一招需要借助概率推理形式，在解释中需要用归纳概率代替演绎确定性。在经济学中，计量经济学的发展充分表明了这种转变——正如我们在第七章中所见的那样，受 T. 哈维尔莫的观察所推动，即"经济学至今尚未获得像那些在自然科学中获得的非常精确的普遍规律"（Haavelmo，1944：15）。然而，演绎主义方法的这种拓展或改进除了引出了自身的许多内部问题外，它们始终克服不了任何困难。它们仅仅是起到了用那个事件的高概率，或在较大的一套尝试或一系列实现中的平均结果或诸如此类的东西的演绎确定性代替某个（待解释的）事件的演绎确定性的目标而已。这样的改进的问题是，它们没有提供任何逃避自发封闭系统的普遍性要求的途径，而这种普遍性是演绎主义特征。特别是，以自发随机封闭的普遍性为前提的任何推理形式，当其遇到开放系统的现象时是同样站不住脚的。 154

因此，主流经济学最终抱有的希望似乎只有一条道路，那就是强调社会世界的某种情有可原的特点，这种特点阻挡了演绎模型暂时获得所期望的成功。这就是归纳统计和演绎推理法则等方法必然要采取的回应。这里，出现两种次选择中的一种或者两种,初看起来两种情况者均可:强调被认为是社会生活特点的不变事件规则性,或者相当复杂以至于至今未被探知,或者在某种意义上在比我们迄今所达到的更根本或更基本的层面上运行。换言之,迄今为止的失败必须归咎于难于分别满足外在封闭与内在封闭的条件。这些观点似乎描述了现代主流经济学目前正在进行的大多数发展,并使其变得容易理解。如果前者代表了(传统的)计量经济学和现在的阐明更大系统的纯理论(将注意力转向计算机模拟)中最为熟悉的回应的特点的话,那么,后者则解释了最近的理性预期者对深层不变性的追求和T.哈维尔莫对自主方程的渴望,等等。逐步接近的方法和相关的许多其他方法也许同时鼓励这两个方面的活动。

当然,任何回应、"解决办法"与发生的回归的精确性质,将取决于其发展的历史与语境条件。但是,这些已经实现的或有可能实现的转变看上去的确在这种推理中得到了表达。支配这些回应的所有问题全都来源于顽固坚持实证主义的某些错误结果,其中包括从根本上毫无批判地坚持预设了封闭的许多很有影响力的方法,妄图说明实际上具有开放本质的社会系统。

再强调一遍,前途是整个抛弃误导人的实证主义观点和其结果。现在到了形成一种承认开放社会系统的实在性的新理论的时候了。最好为研究社会实在开辟一条有发展前景的思路,而不是在认识谬误的摆布之下只认为这条路径必须符合某些先验的典型的形式主义方法,有些经济学家目前正不假思索地醉心于那些方法。

第三部分

人的能动性与社会

157

第十二章　社会与经济的再生产相互依赖

虽然第一部分的论证(有必要)是在高度抽象的水平上进行的,但我们发现它已足以削弱主流经济学家所依赖的实证主义观念。然而,在有可能对经济学的替代方法发表评论和对经济行为的真正可能性进行评价之前,有必要创建一种更加具体的社会本体论理论。我已经把“依赖人的意向性能动性”作为评价社会理论的标准。当然,并非每个人都承认人是有意向的存在。这个认识必须用来提醒我们注意下面的论述的特殊性(包括可错性与暂时性)。然而,如果没有某种社会本体论的理论,对经济行为的可能性的任何评价必将是有些武断的,或最多是符合传统的。

1. 批判实在论

在本书的剩余部分,上面已经系统化为超验实在论的一般科学理论将与下面论述的社会本体论的具体理论(涵盖这种理论的更一般的社会科学哲学)一起被置于批判实在论的标题之下。采用这个标题时,我再次仿效了R. 巴斯卡,尽管之前有许多评论家提议过(例如:R. 塞拉斯[Sellars,1916],D. 德雷克[Drake,1920],G. 希克斯[Hicks G. D.,1938]等人)。我并不完全同意这个称谓。但是,它已牢牢植入快速增长的大量相关文献中(例如:P. 阿雷斯蒂斯[Arestis, 1996],P. 巴尔[Baert,1996],A. 科利尔[Collier,1994],S. 道[Dow,1996],S. 菲利特伍德[Fleetwood,1995,1996a,1996b],N. 福斯[Foss, 1994],R. 康德[Kanth,1991],C. 劳森[Lawson,C. 1994],W. 乌恩海特[Outhwaite,1987],M. 皮科特[Peacock,1993],A. 普拉特[Pratt,1995],C. 普拉特[Pratten,1993],M. 拉塔基[Rattaggi, 1995],R. 罗塞姆[Rotheim, 1993],J. 伦德[Runde, 1996],E. 索菲阿奴[Sofianou, 1995]),似乎至少暂时有足够的理由保留这个名称。然而,这里需要强调的是,即便
158 是下面要阐明的社会理论最终发现站不住脚,一直受辩护的(具体的)超验实在论的描述也会坚持不变,与更一般的超验实在论的科学理论相一致的

各种替代社会理论本身也许称得上“批判实在论”。之所以出现后面的这种可能性主要是因为，将“批判的”这一术语附加于下面阐述的社会科学的实在主义理论的根据，是其承认社会结构依赖人的能动性的性质。特别是，由于社会结构依赖于人的能动性，它欢迎通过改变人的实践活动使自身发生转变（到时会以某种方式展开论述），而这种转变也会受到对人们据以行动的观念与理解的批判的影响。与哲学相伴的各种科学本身就是不可避免地会受到通过批判而发生的变化的影响的社会结构与实践。这样，任何突生的经济科学都是其自身研究领域的组成部分，因而，像整个社会那样，容易受到社会批判的影响，并最终取决于社会批判。关键是，如果认识到这种形势使讨论中的称谓合理化了，那么，至少可以想象相互竞争的各种社会理论的出现既会接受一般的超验实在论的科学解释，也会承认社会生活对人的观念的依赖（不会还原为它们），以及对批判理性的依赖。事实上，在下面的第十五章中将会明白，我自己对社会科学的可能性的评估在某些方面与巴斯卡的看法是不同的。我坚持批判实在论的这个称谓，简言之，即完全承认这是一个对众多概念最终都同样适合的术语。

2. 抛弃社会原子论

然而，什么样的理论才能替代作为主流经济学特征的现实论的原子论观念。显然，求助于宏观经济学（与微观经济学相对）不能提供任何真正的新出路，至少我目前是这样看的。我们已经看到，主流经济学家，包括那些采取“宏观”方向的经济学家，都认为经济是由大量预先给定的、独立的、原子状的经济个体与实际事态（偏好和信仰的结构、资产分布、投入与产出、价格与数量等）之间的相互作用构成的，这样的经济个体与实际事态是其相互作用预设的或被说成是这些相互作用造成的。这些经济学家认为，这样来描述经济的特征就足够了。对他们来说，核心问题是，是从通过研究既定个体的行为与其具体处境，并且在此基础上解释总结果着手呢，还是从通过直接研究总水平，通过寻找总行为中的“统计”规则性或其他规则性着手呢。后一条路径通常是从务实角度考虑，认为个体水平上的“数据”不可获得，因
而，或者从理论上不可证明，或者借助这样的假设，即稳定性很有可能在总 159
（平均）行为水平上出现使其合理化，因而这样的稳定性可通过合计（平均）随机原子行为（的假设的明确而稳定的分布）或诸如此类的东西显示出来。

无论哪种方法，社会原子论的基本本体论在认识论上的表现仍然离不开其还原论的形式，基本上是方法论的个体主义。即是说，经济事件和事态总是通过从支配实际个体的行为，或像在宏观经济学中那样，从支配理想化的“平均”个体的行为的臆想原理与对其处境的“描绘”中推断出（而且只能从这样的原理与描绘中推断出）它们来的方式得到解释。在这种方式中，方法论个体主义（包括其宏观基础主义变种或倒置体）为经济学中的充分解释规定了物质条件，以便为后者隐晦地依附科学结构的实证主义观念所必需的形式条件提供方便，诚如其在全面接受演绎主义推理法则模型中所明确规定的那样。

与经济学正统派接受实证主义的认识论主张所必需的社会原子论不同，我将坚持超验实在论的观点，首先论证人的个体（当然）不能被概念化为在经验中是被动的机械化的东西；其次论证包括经济学在内的社会科学主题不能被还原为支配人的个体行为的那些原理（无论怎样想象）和对其处境的描述。尤其是，除了承认一切社会生活中人的中心地位、人的活动与行动背景之外，我还想展开论述第一章中旨在确立不可还原为人们的社会结构（规则、关系、地位）的实在的观点及这样的社会结构的复杂性与不可还原性。我所主张的观点是社会世界是一个不断再生产的相互依赖的复杂网络。即是说，社会实在被认为是本质上动态的、结构复杂的、存在于人的能动性的行为结构与语境，其中没有哪个是既定的或固定不变的，它们每个都相互预设另一个但又不还原为和等同于另一个，不能完全根据任何另一个进行解释。

3. 社会生活的惯例化

作为论证的起点，我将集中说明人类生活是高度惯例化的。这个切入点很有用，因为几乎无可置疑，它源于人所共知的现象，是相对一般化了的经验特征。所谓惯例，我只是意指一种行动进行或事件发生的惯例程序或方式，一种具体行为的反复表现。我是说，人类在不断从事着如此理解的惯
160 例化事业。另外，很明显，任何一项惯例都是由一个广大的群体履行的，并可在广阔的时间与空间中发生。这些观察到的事实频繁出现于对部落群生活的记录中，但它们同样是包括西方工业社会在内的一切社会的特征。为了理解这一点，有必要回想一下交流形式（问候、交谈中的轮次等）、交通（在

道路既定的一侧行驶、在红灯前停止等)、经济(市场上的排队或讨价还价、为了购买货品按协定汇率兑换硬币和钞票、用纸或塑料袋包裹商品)等现象。

如果社会生活以在人和时空中普遍存在不断重复的社会实践或惯例为特点确实是一种概括性特征的话,其中必有某种原因。即是说,应当提出这样一个溯因或超验问题:“必须在什么样的情况下,这样的社会生活惯例化才有可能产生?”除了其他原因外,这种情况的可理解性预设了广为人知的或共有的一般性行为程序的存在,这些程序此处可称之为社会规则。我将论证更一般地作为社会结构的一个方面的规则,它们必须被设想为某种不仅不同于人,而且不同于他们从事的行动的某种东西。也就是说,虽然规则是惯例化行为的一个条件,但它们并非同一回事。

4. 社会结构的不可还原性

为什么不把规则和更广泛的社会结构仅仅设想为行动或惯例的一般的或者也许是有结构的许多特征?在英国,总的来说,车辆在道路的左侧行驶。为什么不把有关规则仅仅设想为在道路左侧行驶的英国车辆的行为的那个一般化特征?根据这样一个观念,各种规则等会保持真实不变,并会构成社会科学研究的适当对象。

首先请注意,虽然人们会在其行为中遵从规则,但是有些人也会主动违背规则。例如,如果关于穿着的各种规则(不管被怎样理解)因具体事件而存在(聚会、婚礼、纪念仪式、会议开幕式等),那么,关于这些规则的知识又使我们看到有可能出现极不一致的情况。它有助于产生有意烦扰、侮辱或惹恼主人或者某另一方的可能性,或至少说出一些不合时宜的话。很明显,关于那套规则的知识与(有意的)违背相关,正如它与(有意的)服从相关一样。

但为什么不直接作出结论,说在行动上违背规则就是在反对行为的一
般化形式?问题是,打破规则或有意不服从的现象并非仅仅出现于绝大多 161
数人服从的情况下。例如,显而易见,在英国,大多数时间里极少有司机以每小时70或低于70英里的速度在公路上行驶。然而,一旦现场出现警车和往往在明显看见道路上警方监视器的时候,每小时车速显然会降至70英里以下,这表明司机具有对在公路上合法驾驶的法定时速限制的规则意识,表

明这项规则显然不可还原为驾驶行为的一般化特征。[1]同样,如果绝大多数工人在大多数时间“按规则工作”,那么,就很难理解出现公开的工业纠纷时往往在“威胁”下这样做的现象。同样,无论在法庭还是在商场,假如规则的可争辩性往往只是一个按实际行为的一般特征决定的问题的话,那就很容易得到解决。理解这样的情况的必要条件是,承认规则是某种非行为的东西,它们只是行为的依据,是行为的条件(包括被反对与受质疑)。

这里使用的推理方法与在第一部分中说明自然界是有结构的和开放的所采用的论证形式之间存在一种密切关系。在后者的情况下,有目的观察的结果,即论证的前提,是自然界中的事件规则性有时的确会出现,但通常是在控制条件下才会出现,而在实验条件下得到的结果却在某种程度上被成功地应用于实验条件之外的情况。如果是社会规则,相应的观察结果是惯例行为的确会出现,惯例化行为模式在人、时间与空间中不断重复着,而对这样的实践活动的理解也在某种程度上被成功地应用于惯例化生活模式之外的情况——在违背规则、知道如何违法而不被发现、打破生产均衡等活动中。

在每种情况下,只有通过承认结构本体论至少有时候与那些结构所支配和助长的现象(事件或实际活动)是不一致的,但在某些情况下可使两者相一致,在可观察的水平上产生规则性(事件或惯例化行为的恒定联系),才能使那种显著现象成为可理解的。当然,这两种情况之间还存在明显差异。有意义的是,当自然事件与支配它们的机制不一致时,后者作用的结果倾向于朝着“一致的方向”。因而,靠近地球表面的引力作用的结果(即任何物体与地球本身之间的相互吸引的结果)总是把任何讨论中的物体“拉”向地面。
162 在社会规则的情况下,例如,极端不一致可导致与明确规定的规则完全相反的行动。但是,无论这看上去如何奇怪,这里没有任何因素否定,它们表现于其中但却不可还原为其相助的事件或行动的各种社会结构的那个一般特征。有意服从者与有意违背者的行动一样,都把社会规则的预先存在(因而相对自主性)与因果效力(因而实在)预设为某种不可还原为人的能动性和行动的东西。

再说一遍,规则可不与其所相助的人的活动同步(一致)。规则是行为的依据,但并不简单地等同于行为。在两者发挥作用的过程中,规则总是由人的能动性调节着,人的能动性导致的任何行为都绝不可能简单地被还原为约束它的那几套规则。不管规则是否明确形成法规,或受到正式法规的支持，或作为惯例存在，即通过作为（默认的）约定俗成的东西存在，这种不可还原性都不会改变。然而，如果规则的确会被正常遵守，如果惯例化是社会生活的一个特征（显然是），这样的一致性本身就是一种需要解释的现象，我将在第十三章中回过头来讨论这个问题。

5. 社会规则

然而，究竟什么是社会规则？正如J. 汤普森（Thompson，1989）所承认的那样，文献中关于这个问题的定义是非常含糊的。然而，根据前面的一些思考，似乎最好把它们设想为一般化的行为程序，至少经适当的转换后，可被表达为形式化的指令："如果在条件z下，x做y。"举例来说，"在20世纪的英国，如果驾车，请走公路左侧。"虽然"在条件z下"的这个规定常常可被套进任何明确的公式，但总是暗含的，即便未被确认。例如，一切行为都发生于时间与空间的有限区域内。

请注意，这个公式具有相当的一般性，并可同样地被应用于语义形式、道德形式、构成形式、管理形式等形式，或规则的各种特征。换句话说，"做y"可被广义地解释，包括如"解释为……"，"被认为是……"，"意思是……"，等等格式。它是规则的规范、合法、便利的特征，这个公式抓住了这个特征，把它们与在实验条件下发现的代表事件规则性的公式区别了开来。即是说，确实采取事件规则性的形式的科学的重要成果可被公式化为"如果事件x，那么，事件y，只要条件e成立"，其中的e特指严格控制的实验条件。此处的问题是，如果在社会规则的结构与自然科学中报道结果的 163
方式之间的确存在形式的相似性，一个有意义的区别是社会规则典型地只具有规范的或合法的（构成/调节/道德/语义的）效力。换言之，一条社会规则，正如已指明的那样，是行为的一种形式化表述，在具体的条件下，必须、应当或能够有用地、合法地、有意义地或审慎地得到执行，而不是对行为的预测或观察记录。它是一个（也许有争议）指导性章法，或是对一个行为如何能够被执行或应当被执行的理解；它本身不是关于这里所说的行为实际上是如何发生的预测或断言。对于那几套实际上将被使用的规则来说，不管是否被遵守，或是否有争议，人的共谋和调解总会参与其中。但是，所有这一切都将只会以另一种形式重复那个认识，即社会规则支配、调节、限制、有助于行为，并可能成为行为的依据，但它们不能还原为或等同于行为。

6. 社会关系与社会惯例

因而,社会生活受规则的高度支配。社会生活的惯例化性质证明了这一点。但是,对这里构想的社会结构来说,它并非就是一切。特别是,必须承认社会生活还是高度理性的,并部分地由人们所占有的地位构成。

一旦我们注意经验的另一个更加普遍的特征并探索其条件时,社会关系与社会地位的事实或意义就会跟随而来,这个特征就是,关于被遵循或明显能被遵循的惯例,个体之间存在着系统的差异。虽然大多数规则能被一个广大的群体使用,但绝不是说所有规则都是随时可用的,或同样适用于每个人的。相反,社会是根据提供的义务与特权被高度分割的。举例来说,允许并期望教师遵循与学生不同的惯例,政府官员遵循与普通人不同的惯例,雇主遵循与雇员不同的惯例,男人遵循与女人不同的惯例,地主遵循与佃户不同的惯例,等等。规则作为资源并非同等可用,也并非一般地适用于每个社会成员。

那么,什么可解释义务、特权、特惠与责任的差别归属?这个问题首先将我们的注意力引向人与诸如规则这样的社会结构是如何结合在一起的这样一个更加广义的问题。如果社会结构是与人、人的能动性甚至人的行为不同的某种东西,那么,人的能动性与结构之间的联系的意义何在?它们是如何相互联系的?特别是,它们是如何以这样的方式聚在一起的:不同的能
164 动力承担不同的责任与义务,因而依赖不同的社会规则和权力的结构,或在其行动中以这样的规则与结构为条件?

如果明显的情况是,老师拥有与学生不同的责任、义务与特权,政府官员面临着与我们其余的人不同的那些东西,同样明显的是,这些义务与特权是独立于恰巧成为目前的老师、学生或官员的具体的个体而存在着。假如我,作为一名大学老师,将于明天离任,另外某个人就会接过我的教师职位,承担与我当前一样的义务,享受与我当前一样的特权。简言之,社会在很大程度上是由一系列的地位构成的,每个地位都伴随着大量的义务、权利与责任,能动力本身就被置于这些东西之中。

如果我们注意到另一个观察到的事实,即居于任何地位的一个人日常所遵守的惯例容易倾向于某些或某个其他群体,我们就能确定某些比关于这个社会地位系统更多的事情。例如,教师的权利、任务和义务往往会面向

与其学生交流（反之亦然）、面向研究资助团体或管理机构，等等。同样，地主的权利与义务以与其佃户的沟通或关于其佃户的关系为方向，等等。

这样的思考清楚表明了某些关系形式的因果作用。必须区分两种类型的关系：外在关系与内在关系。两个客体或方面被说成具有外在关系，如果两个都不是由在其中一方依赖另一方的关系所构成的话。面包与黄油、咖啡与牛奶、吠犬与邮递员、两个路人等都是这方面的例子。相比之下（在第六章中展开过讨论），如果两个客体凭借它们相互依赖的关系而成为它们自身的话，它们之间就具有内在关系。地主与佃户、雇主与雇员、教师与学生、磁铁与其磁场都是很容易想起的例子。在每种情况下，都不可能只有一方而没有另一方。根据其中一方依赖另一方的关系，每一方都部分地是其本身，发挥其应发挥的作用。

现在，根据上述对由规则支配的和有规则差别的社会状况的理解，要求我们首先必须承认社会生活的内在关系，因而，必须抛弃支持主流经济学的作为一般概括的原子观念；其次，讨论中的内在关系从根本上说不是关于个体本身的，而是关于社会地位的。社会地位是在与他人的关系中界定的，如教师与学生的关系。换言之，出现的画面是关于以规则为特征的一系列地位或地位网络的，因而与它们相关联的惯例也是如此，这里，地位的确定涉及其他地位和与这些地位相关的规则与惯例。根据这种看法，社会的基本 165
成分是地位，地位关系着并依赖于社会规则和相关的任务、义务、特权再加上它们所支配的惯例，或者说地位根据上述各项构成，在那里，这样的地位既根据其与其他地位的关系而确定，又很快就被个体占据。

7. 社会系统与集体性

到目前为止，我一直在集中讨论诸如规则、惯例、关系和地位等结构的这些方面，而没有明显注意社会系统或集体这样的概念。现在可以直截了当地阐述这些问题，因为，在此框架中受支持的社会系统与集体的概念纯粹是一个网络式的、有内在关系的、地位和与其有关的规则与惯例的集合。一切人们熟悉的社会体系、集体和组织——经济、国家、国际与国内公司、工会、家庭、学校和医院——都可被认为是依赖、预设或存在于这种形式的有内在关系的地位-规则系统。

还可作进一步的区分。一个社会体系最好被设想为有结构的相互作用过程,一种制度[2]也许往往从实用性出发被视为一种比较持久的社会系统,社会群体或集体可被理解为存在于并依赖于其当前所占据的一系列具体的社会地位的社会现象,或根据其所占有的具体社会地位被区分出来的一群人。请注意,在任何一段时间,一个具体的个人可占据任何数量的地位。意思是,同一个人也许是父母或孩子、工人或老板、教师或学生、移民或本地人、男性或女性、老人或年轻人、宗教或政党成员或社区组织成员,等等。因而,最终的概念就是这样的:它能解释往往是显著的但却普遍被认为难以持续的一个群体或集体的利益意识,因而成为一种集体行为理论的基础;而又允许个体层面上利益冲突的可能性。

换言之,根据这个关系概念,任何一个特定的集体都既可从它与其他群体的关系,特别是从它与那些据以对其进行定义的或与其对立的群体的角度得到理解,也可从该集体本身范围内的复杂的内在关系的角度得到理解。在这一概念的众多优势中,与主流经济学形成鲜明对照,其特点是不仅相当重视生产与交换活动,而且相当重视广阔的诸如资源与群体、人与地位这样的分布问题。

因而,这里论证的是一个一般性概念,是一个把社会看作一个具有内在
166 关系的大量地位与相关规则及惯例的网络的概念。但是,这里仍然有一个明显缺漏需要填补,因为,上述解释明显是个假设,即个体占有的地位和与其相关的规则是相对持续性的。的确,显然它们必须在相当重要的一段连续的时间与空间中被清楚地表达出来。然而,社会结构具有的任何固定性基础的整个问题,更一般地说,社会结构与人的能动性的关系问题,尚待详细说明。这些都是必须要解决的问题。

在详细论证这些问题之前,有必要就上述速写画面简略地说几句告诫的话。很明显,与内在关系和外在关系观念相对应的是关于社会实在的本质的两极概念,可分别把它们称为原子论(atomism)和机体论(organicism)。根据前一个概念,实在是完全由具有外在关系的实体构成的,因而,一切事物都以独立于任何它们所处其中的关系的方式而存在和行动的。根据第二个概念,实在仅由具有内在关系的实体所构成,因而,任何特殊实体的实质特点或构成特点只能根据对其所处的关系的认识确定。

在本体论分析本身的层面上看,没有任何先验理由或者遵循休谟的思路,认为现代主流经济学的特征是,假设所有关系都是外在的,或者遵循G.黑格尔的思路,坚持认为所有关系都是内在的。任何语境中的关系状况只

能通过实质性研究来确定。后验社会生活的确表现出高度的内在关系性，正如上述对地位-规则系统的阐述所证实的那样。即便如此，从这些依据扩展到社会状况的一切形式和一切方面必定是不合乎逻辑的。另外，即使在许多结构在具有内部关联的复杂体中确实能够联合或结合的地方，后者也许既含有原子关联也含有有机关联。事实上，只要许多结构结合成一个整体，任何给定的一对之间的因果相互作用原则上可能既是外在的，也可能是同一构成的。最后，必须承认，虽然任何两个实体或方面也许是内在关联的因而是同等存在的，但这并不需要它们具有同等的因果力。首相、父母或雇主也许分别支配着各种各样的部长、孩子或雇员，但同时后者对前者的存在、权力和活动也是必不可少的。

8. 能动性—结构关系

对到目前为止所阐明的社会概念的可理解的条件是，地位、规则与关系在一定程度上确能在某些阶段的时空中持续下去。当然，显然是事后证明 167
它们能持续。虽然没有什么是固定不变的，但却很难否认，那些诸如教师与学生、地主与佃户的地位，或者说隐含于语言或交通法规中的规则结构，确能在一定程度上持续下去。惯例化的、能持久的但有差别的模式表明了这一点。饶有趣味的问题是，社会结构是如何如其所表现的那样持续（和变化）到一定程度的。是在一定程度上背着许多个体的一种既定的外部运作呢，还是也许容许广泛运行的许多个体的永久性创造呢，还是别的什么东西？的确，到底什么是这里正在论证的人的能动性与社会结构之间的关系的本质呢？如果能动性与结构之间的联系实质可能是社会地位的话，它们之间相互联系的方式是什么？如果我们要想理解某些结构是怎样持续的话，解决最后一个问题是至为重要的。

现在我认为，说经济学中明显致力于能动性—结构关系的大部分描述正在向上述两极中的一极或另一极或两者转变并不夸张。即是说，或者（1）结构被还原为（被概念化为纯粹的个体创造）个体，或者（2）能动性被还原为（被设想为完全由外在的强制结构决定）外在的强制结构。唯意志论（voluntarism）或决定论通常是相互对立的假设。哪怕是见解更加深刻的非正统经济学家往往也不能避免某种这样的还原论。因而，虽然 F. 哈耶克把社会还原为人的观念（至少在他的 20 世纪 40 年代的科学主义随笔中是如此),T. 凡勃伦(Thorstein Veblen),也许是最优秀的(旧)制度学派成员,也并非是唯一一个有时把能动性还原为其条件的人,从这点来讲相当于技术决定论。正如经济学家们在寻求分摊罪名或强调政策失误时,他们总是倾向于唯意志论一端那样,在他们把其经济计量模型公式化时,决定论的倾向就会占据上风。

两个极端观念都是站不住脚的,因而都应当被抛弃。首先,诸如规则、地位和关系这样的社会结构是有意向行动的一个先决条件。因为社会结构是行动的依据并由行动预设,因而,它必须预先存在于行动。因为它对行动有意义,因而对所造成的事态有意义,所以它必须是真实的。这里的问题是,由于人的有意向的能动性预设着业已存在的社会结构,后者不能被视为仅仅是个体的创造。因此,把结构还原为能动性的主观主义者和唯意志论者的做法必须被抛弃。

同时,假如人类明天会消失,社会结构也会与其一起消失。社会结构依赖于人。人能够采取有意向行动并能实施选择。因此,结构很难被看做固
168 定的外部强制的东西,很难具体化。将能动性还原为结构的主观主义的做法因而也必须被否定。

另外还请注意,不能仅靠把唯意志论与具体化/决定论的这些错误结合在一起的办法找到解决途径。一边主张个体创造结构的唯意志论的唯心主义,另一边又主张人在本质上是其处境的产物的机械主义决定论,是没有什么意义的。并且我认为这是一种危险,是最近主流或"新制度主义者"的注意力更多地集中于结构的倾向助长的危险。它包括企图为了提供一种对个体行为的决定论的解释,将一方面是某种像情境分析与"单式退出模型"法那样的东西与另一方面是旨在从个体的信仰和行动中反复创造社会结构的方法相结合起来。[3] 如果个体被还原为社会结构,社会结构被还原为个体,那么,所获得的一切将是一种不适当的准辩证的解释,这样的解释不能支持结构与能动性虽然高度相互依赖却是截然不同的两种东西的深刻见解。

那么,目前讨论中的关系的本质是什么?如果 F. 哈耶克在 20 世纪 40 年代提出的社会是由观念决定的解释学命题不能被证实的话,他的社会依赖于包括人的观念在内的人的能动性的见解却必须保留。但是,如果社会和更一般地说社会结构依赖于事物而不是人的观念,那么,关于其存在的方式的区别能说些什么呢?根据上述关于关系、地位与社会整体的讨论,现在应当清楚了,正如 F. 哈耶克本人最终承认的那样(即从其科学主义随笔算

起的 20 年后)，社会结构在没有被能动力足够概念化的条件下，或根本没有被概念化的条件下能够存在。那么，在什么意义上它们依赖于人的能动性？答案是社会结构还依赖于人的行为，即人的活动或实践。正是通过人的行为，具体的社会结构才能产生与持续，不管个体能动力是否意识到，事情本身就是这样，准确地说何以会这样。这不仅对于没有被理解或理解得很差或被错误理解的社会结构是正确的，而且对那些最多心照不宣地默认的事情同样是正确的(第十三章中阐述过的一个问题)。因此，举例来说，不管个体是否逐条地理解了其语言的语法规则(即能够清楚地阐明那些规则)，这样的规则的存在和任何持续性毫无疑问取决于人们所从事的语言行为。

所有这一切的后果是，在做社会分析时必须强调从传统的创造与决定论的观念转向再生产与转变或转化的观念。人类的有意向的活动并不创造社会结构，因为，重复地说，后者是由这样的活动预设的。相反， 169
个体能动力是把社会结构作为行动的一个条件加以利用的，通过许多个体的总体上的行动，社会结构被再生产或(至少部分地)被转变。不过，社会结构同样是不能被具体化的。只有在行动的那一刻，它才能被解释为赋予了任何个体。通过个体在(总是可能转变的)行动中对它的利用，结构的形式总是在不断地被再生产或被调整着。

在其日常活动中，人总是利用或凭借社会结构，社会结构反过来又通过人的总体上的行动被再生产或转化着。虽然人的行为有时带着(1)再生产社会结构的意图(带着传授语言知识的意图对小孩说话)，或带着(2)转变结构的意图(改变当前经济体系或法律体系的某种特征的集体企图)，有可能大多数结构的再生产和转变却是以非意向产物的形式出现的，不管人们是否期望或是否承认它。当然，虽然社会结构的再生产/转变极少作为个体那样行动的理由被个体承认，个体通常对其在活动中的所作所为具有某种动机和具有对自己的作为的观念。人的作为在某种描述下是非常有意向性的(见第十三章中关于人的能动性的论述)。举例来说，即使大多数讲英语的人在其个人语言行为中没有再生产那种语言的意图，该语言的再生产仍然是讲英语的人在其中所作出的语言行为的总结果，正如个体能动力的语言行为总是有其自己的意向目标一样。

如果社会结构的再生产/转变极少是一种有意向的目标的话，同样的情况是，个体能动力并非总是能意识到，当然不是条理分明地自觉地意识到他们所利用的那些结构(诸如语言规则)。这样一来，出现的画面是一幅大体上无目的的、仅仅部分被理解了的社会再生产图景。个体把现行的社会结构作为行动的典型的未承认的条件加以利用,通过所有个体总体上采取的行动,社会结构典型地无意向地被再生产着。一般地说,社会结构既不被人的能动性创造,又独立于人的能动性,但却是我们一切有动机生产的无动机条件,是我们日常经济/社会活动的非创造的但却被利用和被再生产/转变的条件。

根据A.吉登斯(Giddens)的见解,如果既是行动的条件又是行动的结果的社会结构的双重特征,容易被说成结构的二重性的话,那么,根据R.巴斯卡的观点,既构成有动机生产又构成(结构的)无动机再生产的行动的双重特征被称为实践的二重性是恰当的。这里的二重性这个术语与通常具有完
170 全分开与绝缘涵义的"二元论"相比,指的是如何能够从两种对照的角度分别看结构和行动。结构既是条件又是结果,而行动(包括不行动)的结果却既是有动机的又是无动机的。虽然这一切都清楚地显示结构与人的行动相互预设,实际情况是它们仍然是不同的事物,两者都不可能还原为、等同于另一方,或完全根据另一方得到解释。

9. 社会变革

重要的是我引出了这里涉及的变化的概念和所思考的一切事物的相关性问题。对社会科学来说,通过承认在包括社会和经济在内的人类生活的所有方面中行动的中心地位和社会再生产/转变的过程,建立一种内在动态的观点看来是不可避免的。另外,从所支持这个观点而不是从原子经验实在论的观点看问题,区分包括必然中的偶然在内的不同种类的变革是可能的。它不具有小狗折断了自己腿那样的性质,而是具有其成长为一只大狗的性质。后者不是偶然事件而前者是。长成一只大狗是由动物的基因密码支配的必然趋势。折断腿是一个至少部分地由某种非必然的外在因素造成的事件(或从某种特殊的角度看是非必然外在因素造成的结果)。经验实在论像现在这样依赖于事件或事态的种类,不具有区分必然与偶然的基础。任何事件都纯粹是时间长河中的一个偶然事件。事件可被认为是恒定地连接在一起的。但是,如果没有对说明这样的所谓经验规则性的机制作出自然必然性的解释,这种规则性本身就只能被理解为一种偶然事件。顽固坚持经验规则性,将预测建立在此基础之上,等等,就只能被解释为或"证明"

为是习惯。经验实在论的特征是事件的普适范畴,在那里变化与重复一样仅仅是并总是偶然事件。

请注意,在小狗长成大狗的意义上说变化是狗是什么动物的组成部分。照样,变化是包括社会客体或经济客体、结构和系统在内的任何其他事物必不可少的组成部分。我们已经看到,虽然社会结构是个体行为的一个条件,只有通过个体的总体行动(包括非行动),任何社会结构才能照常持续,才能被再生产或被转变。这样,不能把社会结构看成是固定不变的,它们决不能被具体化,而总是在流动与运动之中。即便在时空上被限制的地区,当结构可能被认为已经在一定程度上被“原封不动”地再生产时(当然,鉴于社会结 171
构的相当高的整体性,一切再生产无疑需要一些变化,正如变化极少是整体的一样),这种现象也总是建立在内在动态的、总是具有潜在变革作用的人的实践活动之上。到头来,任何结构,无论其处于什么层面,都仅仅是相对持续性的,都是以其所处的历史地理条件为基础的。像别的任何事物一样,它总是在一定的空间之中,并会随着时间的推移成为过去。

因而,变革与连续性一样是社会生活的特征。从语言与教育系统到男人与女人、年轻人与老人的关系,系统和结构都在连续不断地演化着。因此,像市场这样的社会客体,不能从有用性出发既被看做某种存在的东西,又被看做某种经历着变革的东西,似乎其存在与变革是其完全分开的两个方面。同样,变革不能仅仅被还原为诸如不同时期的市场价格的结构,或连续大选中投票模式那样的对比事态。更确切地说,必须把诸如市场、政治制度和家庭等社会项目理解为如再生产的相互作用结构那样的过程;不能认为变革是(或仅仅是)外部发生的事,是外在或外源性震荡的结果,而应当认为变革是讨论中的系统或客体的不可分割的组成部分。

从这样的社会活动的转变观念出发,即如果变革或至少变革的可能性总是存在于目前,得出的结论是,变革分析本身对社会解释的意义并不比理解连续性和再生产大一些或小一些。相对变革和相对连续性两者都需要科学地加以研究和说明。[4] 如果追溯既往,应当确信某些结构表现出的连续性比其他结构的大。但这并不能在实际上认可相对具有较大持续性的结构在一定程度上更自然、更正常或更既定。[5] 换言之,在相对连续性与相对变革之间不存在本体上的不对称。把任何社会结构或社会系统看作除了受到阻碍外在一定程度上能够再生产自己的某种东西是一个错误。因而,在对相对连续性的解释与对相对变革的解释之间同样不存在认识上或逻辑上的不对称。传统的或时髦的、惯例的或新奇的、习惯的或故意的、模仿的或发明的、保守的或创新的、保留的或破坏的、被锁在内的与被锁在外的,等等一切,原则上都要接受和需要社会解释。在社会世界,变革和连续性与能够也应当在艰苦的社会科学实践中得到解释的那些现象一样,具有同等的真实可能性。[6]

172 ## 10. 社会规则与社会地位的关系

最后,根据现已建立的关于社会的地位性与动态性的观点,此时应当对社会规则的实质作出进一步的评论。上面我已说过,社会规则可被解释为概括化的行动程序,这些程序在某些转变之下可表示为形式"在 z 条件下,如果 x 做 y "的各种(隐性)指令(虽然应当给予强调,但我并没有暗示过依据社会规则行动的能动力以这种方式典型地代表着它们或具有明显的表现形式——参见第十三章)。我还说过,规则常常与地位联系着。现在,对这里所指的任何地位是否最好被设想为规则的公式化的组成部分,即条件"如果 x "的组成部分,或"在条件 z 下"的条款的组成部分的问题在文献中还存在着歧义。例如,规则是"20 世纪英国的汽车司机必须走左侧",或对经常驾车的人来说,规则是"必须走左侧",情况是这样的吗? 规则是关于地位的还是附属于地位的呢? 既定的规则(凭借人们占有的地位)不同地影响着不同的人呢,还是不同的人(处于不同地位)遵守不同的规则?

我没有把握说任何事物都依赖于实践的特性。的确,由于任何这样的表达所指的事物都是既不能还原为其表达,通常也不会被很明显地公式化为社会结构的各种特征,每种表达形式都可能同样有效。从表达角度出发,每种表达都有其优势,我这里要强调的正是每一种表达的深刻洞见。第二个公式(根据这个公式,规则附属于地位)可用来非常直截了当地提醒我们不要忘记社会生活的分割现象,其机会、权力和权利等的不平等,不要忘记深嵌其中的不同的义务与特权。第一个公式(根据这个公式,规则是关于地位的)用于提醒我们要记住与具体地位相联系的社会规则不但由地位的直接占有者再生产和改变着,而且由一个非常广泛的群体的行动、协同行动和不行动再生产和改变着,总的说来,所有那些在一个位置上的人都会受到它们的影响或会影响它们。有时,直接占有一个位置的人对问题极少有"发言权"。例如在英国,(虽然明确不是在其他许多国家）一个似乎被家长和电视公司广泛认同的惯例是，在某个年龄以下的儿童晚上过了9点就应睡觉（或无论如何不能再看电视）。根本不清楚孩子们本人是否希望有这样一条规则。经常听说的也许更常被遵守的另
一条“规则”是，“女人的位置在家里”。这条规则无疑被某些女人（有时 173
是主动地）再生产着，但总是受到包括许多男人、儿童故事书、其他媒体，等等很多其他因素的暗中支持。

简言之，我们把规则视为是否附属于地位或关于地位或两者兼而有之也许不太重要。关键问题是，承认社会生活中的地位，认识到如果规则附属于地位，其实施就要受到更加广泛的不同地位的人们的行动的影响，同时也影响人们的行动。

总结一下本章的讨论，我们就会同意K.马克思的观点，即“人们创造着自己的历史……但并不是在他们自己选定的条件下创造”，我们必须强调不仅讨论中的环境与历史是没有被充分理解的意向的产物，而且，社会分析同样必须如同研究（在一定社会地位）的创造者那样集中精力研究其创造过程（根据行动或实践与变革）。社会与经济通过实践永远被再生产和转变着。能动力，即使现在在某种程度上被去中心化，仍然不能被忽视。更确切地说，必须根据新观点对能动力与人的主观性重新加以概念化。下一步我将讨论人、主体性（主观性）和能动性的问题。

174 # 第十三章　简论行动主体

什么样的概念是前面的讨论所必需(或预设)的关于人的主体的概念?在着手解决这个问题的时候,首先把我对通常用于讨论这个话题的几个核心范畴的理解阐述清楚也许是有用的。随后,我将集中论述有关的实质性问题。所谓能动力或主体(agent),我把它理解为各种能力(本领)的拥有者或承载者。所谓人的能动性(agency),我意指人的各种特殊能力(控制力、影响力、操纵力、创造力、容纳力等)。所谓人的行为或行动,我把它理解为有意向地使用人的能动性,即有意向的人的行为。通过把意向性归属于行动,我的理解是行动是由理性(理由)引起的那些人类行为,在那里理性反过来是植根于生活中的实际利益的各种信仰(见以下讨论)。最后,我把选择的概念用来指每个个体拥有的权力,由此,在任何情况下,他或她有可能真的行动,而不是他或她已经行动了。

这些解释提出了许多需要进一步阐明的问题。在阐述这些问题之前,让我再强调一下人的能动性的一个特点,这个特点至今未得到充分讨论,即是说,选择能力和意向性涉及的内容远比能够"起重要作用"的转变能力多。转变能力是无生命的东西(如盐酸)与有生命的东西(如蜜蜂)所共有的能力。作为人的一种才能,它本质上并不预设,当其被行使时,能动力需要选择或打算,即以任何方式计划或意识到随后要发生的事件。除了某些"较高级的动物"外,大多数能动性的例子似乎都被限制在这个转变能力的范围内,被限制在对内在条件与外部环境的相互作用作出反应的这种重要的行为能力上。相比之下,在有意向程度上的人的干预,在或小或大的范围内的个体的控制之下,可使事件真的有可能变得有所不同。

175 ## 1. 意向性

现在,出现一个明显的问题,那就是是否人的所有行为或行动都可被正确地描述为有意向的?换言之,人的行为是否被理解为与人的行动同义?人的大多数行为在某种描述下似乎都是有意向的,虽然并非都表现在一个行为中,当然也并非这个行为的所有结果,需要或将是有典型意向的。因而,我们可以回顾一下被人们反复提到的"折叠效应":我拉电灯线,意图是照亮房间,但却无意同时拉断灯线或吓跑窗外的徘徊者。很明显,虽然这样的事件结果也许可用不同的方式进行描述,举例来说,"我拉断了电灯线","我吓跑了那个徘徊者",但通常有一种表达行为的形式,个体行为大多可被理解为在某种描述下的行动。

上面关于人的有意向行为的解释把理由假设为原因。但当然,任何把行动视为其结果或其对象的思维或认知活动,在造成其对最终达到的生理或心理状态产生可能的影响的意义上,预设了理由的因果效应。除非理由可能起到原因的作用,在包括经济学家、市场研究人员和政策制定者在内的任何这样的人评价不同的信仰或欲望时可能没有什么意义,持有那些信仰或欲望是为了人判断如何行动,或其他人将很有可能如何行动,或其他人如何很容易受到影响去行动。如果理由可能算不上原因,那么,在对其的苦思冥想中将有可能一无所获,对思维也没什么意义,甚至没什么意思。

2. 不可还原性与突现现象

如果意向性与选择是因果关系的,并是很真实的话,就有理由认为它们是不可还原为(甚至原则上)某套更基本的如物理化学的或神经生理学的机制或组织原理的。因为如果某些成功的或有意义的人的活动(诸如导致有科学意义的结果的实验操作之类)在不借助"宇宙巧合"之类的解释的条件下能被理解的话,那就必须认可个体行动,因而理由、意图和选择对于物质的东西具有因果效应。如果某些特定物质或生理状态,因为没有施加包括精神力量在内的人的能力就不会产生,那么,至少有一个初具根据的理由,那就是假设后者即便依赖于前者,也不可能还原为前者。

这个论点反映在上一章和第三章中提出的关于结构的见解之中,它支 176
持社会结构同样具有不可还原性的论断。那就是,我在这里已经认可,因为有意向的人的行动是物质世界的某些确定状态的一个必要条件,决定着支配它的自然法则的可应用性的条件,人的能动性的能力不可能还原为自然原理。人的能动性不能仅根据自然法则重新给予系统描述。之前我曾以类似的方式主张,由于社会结构是有意向的人类行动与相互影响的一个先决条件,有助于施加支配它们的人的能力,因而,社会结构的许多特性不能还原为能动力的能力，或不能完全根据能动力的能力对其进行解释。

让我展开论述一下我在这里支持的那个观念，这个观念除了受到别的思想的影响外，再次受到巴斯卡的贡献的影响。我是说，不仅社会结构，而且能动力具有把其与其余实在区别开来的特殊能力和倾向——与其他现象、事情、各类事物和其他动物与非人类的东西区别开来。肯定地说，如果不是这样，社会科学至少从原则上说就可还原为某种更基础的层次。然而，我是在主张这样的观点：自然事实上是层次化的。如果情况确实如此，就没有任何理由接着认为，任何两个水平或层次需要完全相互独立。具体地说，人的确有物质成分，生命的确从非生命物质中"演化"而来。换言之，我们必须承认突现现象。回顾一下第六章中的讨论，在组织的某个层次上发现的一个实体或方面可以被称为突现现象，如果有某种其出现于某个"较低"层次的意义的话，它以在较低层次上发现的某些特性为条件并依赖于这些特性但却不能从这些特性中进行预料。原则上说，较高层次的实体或方面突现所借助的机制，可根据在较低层次上起作用的原理被重新构建和解释。但是，如果处于较高层次的力量真实地突现出来，对这些力量的解释性还原就会遭到排斥。

可以看到，任何真实突现领域的具体分析有可能犯两种形式（或其中一种）的本体论错误。不仅有可能把突现现象错误地解释为可还原为（原则上随着时间的推移和经过努力）处于组织的某个较低层次的某些元素或在那个层次上发挥作用的主要原理，而且，同样有可能忘记，从较低层次突现出来的较高层次的现象，依赖于在较低层次上起作用的原理并以那些原理为条件。避免后一个错误同避免前一个错误一样重要。犹如社会结构不能理
177 解为独立于对人的能力的考虑一样，社会因素与心理因素嵌入其中并反过来对其施加影响的自然界必须被视为社会行动的条件，因而是社会分析的一个对象。

附带说一下，关于后者有一些迫切问题有待经济学家们给予充分认识。具体地说，越来越迫切地需要经济学家们深入地而不是肤浅地亲自研究生态与环境问题，亲自关注如何认识和理解生态与环境的基本机制问题，认识和理解我们的社会学存在的本质以及这种存在的必要条件。[1] 我们的自然环境并不是能被永久掠夺的资源，高度关注持续性发展是关键问题。

3. 意会性知识

这里，人类主体被概念化为一种相对自主的因果关系能动力，人的行动被认为总是有目的的（因而，在此意义上是目的论的）。换句话说，人的行动是由理性支配的，所以，它总是在某些信仰或知识的指引下有目的地实施的。然而，需要强调的是，这种对目的的追求与对信仰的依赖不能被理解为某种简单的、单一的、总是被深入思考的思辨的事情。这个结论来自对人们天天从事的那种（高度日常化了的）活动的最简短的思考。

首先请注意，人不仅有目的地发动着变革，而且监视和控制着各种行为表现（的确，监控着对行为表现的监视，我们能意识到行动过程中我们自己的意识状态）。我们不仅启始着我们的旅程，而且监控着我们的驾驶表现，监视着其他驾车者的驾驶表现（和我们对其驾驶表现的评价）。现在已很清楚，每个能动力反省地监视着的包括经济活动在内的社会活动是不断流动的，是一条奔腾不息的溪流。它包括个体自己的行为、其他人的行为、在具体背景中社会构成的恰当的各种行为形式，等等。这样一来，很明显对许多诸如在公路上驾驶这样的成功的行为表现来说，对活动的反省性监视也一定是一个不断流动的过程，而不是一系列互不相连的行为。但是，如果对行为的监视，是或者可能是不断的动态过程的话，其实施基本上一定是意会的，即是说是在潜意识水平上执行的，这是一种实用的意识水平。对一则连续思辨性评述来说，无休止地说明每一个监视行为或行为评价看来是不可行的。极少有人试图对行为评价进行思辨性的鉴别，因而，通常的情况是对公开要求澄清或评价的回应。我们大家都不断使用的反省性监视功能，简单地说，不仅预设了一种思辨性意识，而且预设了一个意会意识层面。 178

如果对行为的反省性监视在很大程度上是意会的，发生于连续基础上的推理也一定是意会的，因为人类活动本身是连续性的。当然，刺激或促发行动的动机或需要和根据其系统提出的整体计划或项目，只有在比较不同寻常的情况下，诸如可能性与限制发生明显变化的那些时刻，才倾向于具有直接意义或直接购买。这样的动机和需要简单地说与具体行动的理由有关，而不与在其中他们常年执行这些行动的模式有关。但是，大量的日复一日的行为正是与在其中相关行动得以实施的可能的模式问题有关，因而这样的行动是在意会水平上决定的。

这样说来,行动所依据的大量知识与技能完全是通过意会得知的。如果对每个行动的思辨性反思是不可行的,那么,我们利用的大量知识必定存在于意会意识层面,它构成意会拥有的知识或意会性知识。在说的与做的之间存在着差别或潜在的鸿沟。

也许值得明确地强调一下,这里简略阐述的意会性知识不仅仅与有辨别力的社会规则的语境相关。从现代经济学承认意会性或实用知识的程度看,这个问题通常是在遵守规则的语境中讨论的,仿佛所有社会规则和只有社会规则才能以这种方式被理解似的。当然,我们在日常生活中遵守的许多社会规则都被认为是意会性的。这是不可否认的。惯例,即广泛(非明确)认同的程序,如交谈中依次进行等,通常看上去都是这种类型的。但这里不存在刚性的牢固关系。举例来说,我甚至在“沉思的时候”,也能沿路越过附近大片大片的沼泽地,到达我生长的地方(虽然如果不有意识地考虑一下我很不熟悉的一个地方,我就往往做不到这一点,即到达我选择的目的地)。但尚不清楚的是,我这样做是否(仅仅)依靠了社会规则或其他某种规则。另外,即便社会规则被意会地认可的地方,其中许多规则也曾是通过思辨获得的。开始时,给人们教授语言规则(可能是一门外语),教他们如何弹奏乐器或玩游戏,如何拿餐具或握笔,如何懂得遵守交通规则,等等,随着时间的推移,这样的规则被内化,至少暂时从思辨的意识中被遗忘,而只是意会地知道。因而,即便对专家而言在开始时规则也许也是通过思辨得知的。此外,它们通常是具有恢复力的,而且发现只要一个熟练的执行者被要求解
179 释他或她正在做的事,就会出现这样的恢复现象。的确,许多具有基于规则的技能的专门操作人员都是教师(包括家长),他们不厌其烦地从命题出发阐述着在实用意识层次上也认可的知识。

4. 潜意识

人的主观性至少还有第三个“层次”,那就是潜意识,这里也必须承认它与人的活动有重要关系,因而构成了社会领域另一种类型的制约因素。如果情况的确是,思辨性意识与意会性意识之间的那条线是波动的或可渗透的(在思辨获得的知识随着时间推移和经验的积累可转化为意会性知识,意会性知识通过反思可转化为思辨知识的意义上),那么,似乎在思辨性意识与潜意识之间存在一个重要的障碍。具体地说,后者包括认知与倾向的各

种形式，这些形式似乎或者由于在语言能力发展之前就已形成因而不能到达思辨性意识，或者由于因构成因受到压抑不能达到意识水平的项目，那些项目除了以可能被严重歪曲的形式外会因受阻不可能出现于那里。因而，虽然个体能动力几乎总是能如他们所做的那样表达他们行动的意图和理由，但他们却不总是能确定自己的动机，其中许多动机是潜意识具有的。

S. 弗洛伊德(Freud)把主观性王国扩展到包括潜意识的做法已不再是特别具有争议性的话题。但仍令人感兴趣的是，如果我们再考虑考虑前面强调过的人总是常年按惯例行事的观察，就既会发现上面简略的论述是(超验)成立的，又会发现获得了进一步的相关洞察力。显然，后一个现象不仅需要从社会实在因有可能存在广泛共有的惯例必定像什么样的角度进行解释，而且需要从因这样的惯例化行为被广泛采取人类必定像什么样的角度进行解释。

毫无疑问，对广泛存在的惯例化行为的部分解释是，它不仅是一种有效率的而且是唯一的一种达到日常目标的方式。也就是说，大部分社会生活被许多相对持久的规则特别是惯例构造得如此严密，以至于任何一个能动力为了完成要做的事，都必须反复利用它们，在办事过程中按日常方式行动。想一想任何一个“消费者”的购物历程。如果要购买某些欲购货品，消费者必须天天查看价格，准备好适当数量的现钞，进行所有权转移(认可购买和所有权赋予的机会与责任)，等等。我想强调的是，这里的主张不是说能动力在遵守规则，因而其行动是日常化的，因为，这在某种程度上比不断依据另一种时间与地点的环境知识而行动一般地说要更加理性一些。并不 180
是说，虽然遵守规则在逐例为基础的意义上不怎么有效率，但从总体上看仍然是效率较高、较优越的一种行为方式(V. 范伯格［Vanberg, 1994］)。问题是，如果除了其他因素，社会是由规则与惯例构成的。我在英国生活，如果我想今天消费一只香蕉或椰子，除了按显而易见的日常惯用的行动方式行事外别无选择。

因此，至少在某些方面，人们是按各种各样的惯例行事的，因为这样做是唯一一种能达到日常目的的方法。但是，人类生活的惯例化还有比这更多的意义。因为，能动力常年以惯例化的行为模式行事，即便在有些地方惯例性做法没有被其他人广泛遵守，即便在有些地方它们没有受到广泛共有的社会规则的约束。我们经常看到，家庭成员参与家庭内外“他们自己的”各项日常活动，甚至是单独生活的个体似乎也养成了他们自己的习惯或其他日常的行为方式。除此之外,往往可以看到,一旦个体发现自己,哪怕是暂时的,被限制遵循日常行为模式,就会感到压力与紧张(Giddens,1984)。一句话,人显得似乎需要按惯常的行为方式行动,不管有没有那样做的直接动机,也不管有没有植根于实用的、具有历史特殊性的、关于日常生活目标的动机。

5. 相同性与连续性

如何解释经验的这种明显的一般化特征?为了说明这个现象,有必要承认某种像间接地使能动力愿意采取制度化或惯例化的行为方式的潜意识动机的作用。解释这种显著现象必须要出自人对日常事务中一定程度的连续性、稳定性和相同性的需要,出自对避免极端混乱的需要,或者该解释必须满足上述需要。似乎在潜意识水平上存在一个对内心安全感的基本需要,以支持对自然状态保持信任和避免焦虑的一般化倾向,一种在实践中通过做(如果还包括别的事情)日常所熟悉的事情而实现的倾向。

近年来,A. 吉登斯(Giddens,1984)一直致力于最严密地论证内心安全感系统的本质与后果,或者致力于如他所指的"本体上的安全感"系统的论
181 证。A. 吉登斯有选择地利用了 E. 埃里克森(Erikson, 1983)、E. 戈夫曼(Goffman, 1963)、A. 卡迪纳(Kardiner, 1939)和 H. 沙利文(Sullivan, 1995)的观点,他说:

> 本体上的安全感的心理起源可发现于基本的焦虑控制机制(如埃里克森所示),按等级安排人格结构的元件。对其他人的信任感的产生,正如位于基本安全系统最底处的元素那样,实质上取决于由父母建立起来的可预见的照料惯例。婴儿很早就既是信任的给予者又是信任的接受者。然而,随着他或她变得越来越自主,孩子懂得了戈夫曼所谓的"保护机制"的重要性,它通过给别人留面子的操作性、乖巧应答,以及其他惯例维持着隐含于信任中的相互关系。本体上的安全感受到这样的机制的保护,但以一种更加根本的方式被惯例的那个可预见性维持着,它是某种只有在危机情况下才会遭到重创的东西。由基本安全感系统不能充分包含的焦虑造成的习惯性活动模式的泛滥是危机情况的一个显著特征。
>
> (A. 吉登斯,1984:50—1)

根据这一解释,由于避免焦虑的倾向出现于婴儿与其最亲密的监护人(主要是母亲)之间相互交流的早期,出现于获得任何有意义的语言之前,所产生的抗衡焦虑发展的机制至少一部分是潜意识的。[2] 在婴儿成长为成年人的过程中,控制焦虑仍然是一种基本需要或基本倾向。A. 吉登斯(1984:51)甚至认为,这也许是"人类行为的最概括化的动机起源"(1984:54)。但是,虽然在婴儿期,通过父母保持可预见的照料习惯,获得了信任、稳定、相同性和连续性的经验,在成人生活中,一般地说,这些经验却是在身处"继续下去"的日常行为模式中获得的。换句话说,执行惯例不仅对社会结构的再生产是极其重要的,而且对每个个体人格的形成与再生产同样是具有根本性的。

安全感系统是起源于潜意识层的各种不同的需要与动机的基础。支持安全感系统这样一个概念的证据,是通过考查人们对在其中连续性、相同性和信任遭到破坏的情况作出的反应,以及通过观察人们对在其中充满了焦虑的习惯性活动模式的情况作出的反应而提供的,这样的模式没有充分地包含在基本安全感系统之内。例如,A. 吉登斯就利用了 B. 贝特尔海姆(Bettleheim)关于发生在纳粹集中营里的强行去惯例化,对"同狱犯人"的经历的深刻影响的记述的第一手资料。由于个体对规则与可预见的惯例的再生产丧失了任何信心,他们也会丧失行动中的任何自主感。在此层面上,他们丧 182
失了最基本的、对自己身体行为的支配感。A. 吉登斯对 B. 贝特尔海姆的观察总结如下:

> 对日常生活的普通惯例的破坏与故意的持续攻击会产生高度焦虑感,它会"剥夺"与身体管理安全和可预见社会生活模式相关的社会化反应。这样的一种焦虑的高涨表现在行为的倒退模式中,损害着表现出信任他人倾向的基本安全感系统的基础。那些没有准备好面临这些压力的人们就会任其摆布,陷入困境。有些人能够坚持最小限度的控制与自尊,这使得他们能活着度过较长一段时期。但是,最终至少在大多数老囚犯中,会发生重新社会化的过程,在此过程中一种与认同权威人士有关的信任态度(有限并高度矛盾的)会重新建立起来。
>
> (A. 吉登斯,1984:63—4)

6. 面临不确定性的稳定性

似乎很明显,这样的思考在理解经济活动中很有意义,尤其是考虑到后者的高度惯例化的性质时更是如此。得出的结论在经济学中并非是崭新的,其中包括相同性与连续性能满足深层的心理需要或动机的评价。例如,请考虑一下J.凯恩斯的《通论》(General Theory)一书。在该书的第十二章,J.凯恩斯特别集中论述了有关金融投资者面临的未来收益的不可还原的不确定性问题。[3] 他注意到,在这样的情况下,尽管在高度流动的证券市场存在广泛的投机活动,仍然可看到某种较为明显的稳定性。J.凯恩斯把这种稳定性归功于许多投资者所采用的"惯例性"运作。这些投资者通过将眼前的形势投射于未来(即以当前市值的表现评价投资预期),并将其只调整到存在着期望变化的某些具有一定确定性的理由的程度,获得将自己的行动建立在其上的一个方案,这是一种即使在出现几个重要的不稳定期后显然也要再次发挥作用的运作方式。[4] 但是,拿什么来解释广泛依赖于这个具体的"惯例"的现象?J.凯恩斯所说的主要因果因素,正是个体在他们所做的一切事情中对连续性与相同性的心理需求。J.凯恩斯的确有这样的看法:讨论中的习惯性做法深深植根于我们的行为之中,以至于还在"继续影响着我
183 们的心理,即使在我们确有充足的理由期望某种确定的变化的那些情况下"(1973b:125);以至于"未来与现在是不同的这种想法与我们习惯的思维和行为模式如此之对抗,我们大多数人往往在行动中强力拒绝按其行事"(1973b:125)。[5]

此外,虽然保持惯例使投资者"无需……失眠"(1973a:153),但焦虑决不会被完全缓和或被充分控制。现行的惯例性评价方法也许会在某个时候让路。因为市场评价结构任何时刻都不会建立在关于最终收益的有意义的知识基础之上(因为这样的知识并不存在),又因为相关的新信息任何时候都可能出现变化,即便形势暂时是稳定的,也有可能存在很多变数——由于可能到来的新"消息"等原因,通常会出现可觉察到的变化的可能性。根据J.凯恩斯的观点,如果惯例的确会让路,那么:

> 稳定性和确定性的惯例就会突然崩溃。新的恐惧与希望就会在没有警告的条件下控制人的行为。幻想破灭的力量就会突然强加一种新的惯例性评价基础……那种茫然而疯狂的恐惧和同样茫然而无理性的希望任何时候都不会缓解,而只是藏到了距表面不远的底层。
>
> (J.凯思斯,1973b:114—15)

这样的推理使J.凯恩斯能够解释狂买狂卖何以成为常见的现象,投资者有时为何要选择把不生利钱甚至像贮藏财富那样捏在手里。他说:

> 因为，部分原因出自理性，部分原因基于本能，我们把现钱作为财富储藏的欲望，是我们对我们自己的盘算和关于未来惯例的不信任程度的晴雨表。尽管关于钱的这种感觉本身就是习惯性的和天然的，可以说，它却在我们动机的比较深的层次起着作用。当更高的不稳定的惯例被削弱的那些时刻，它就会占据支配地位。对实际货币的占有减轻着我们的焦虑感，我们要求获取的是现钱离开我们的溢价，是我们焦虑程度的指标。
>
> （J. 凯思斯，1973b：116）

再扼要地说一下，人类行动的意向性不但预设了思辨性意识，而且预设了意识与潜意识的意会水平或实际水平。三者中，似乎潜意识对理解日常行为最有意义，因为只有蕴含于包括经济生活在内的、连续不断的日常社会 184
生活之中的潜意识，才有可能使人类的行动成为连续不断的过程。比较而言，对行为的思辨性鉴别通常只有在为了满足解释清楚的明确要求时才会被使用。潜意识需求和潜意识动机，虽然对理解行为也很重要，但通常与各种行动的理由有关，而不与实施它们的模式有关。

7. 个体性

在把前两章中讨论的各个线条串联起来之前，可以明确集中讨论一下人的主观性的另一个方面，即个体性问题。这里能够支持的这类概念应该已经相当明白。但在这个极为夸张的后现代主义时期，个体的特殊性和在任何层次上与统一性的先验（如果是矛盾地一致）对立的观点都得到极大的强化，因此，这里任何未能明确描述与上述概括相一致的个体性的做法，毫无疑问均会被某些人理解为不能支持任何这样的观念。

实际上，我在前两章中已经总体上对社会结构和人的能动性展开了论述，并已给予了确切的表达，但没有考虑到任何特殊背景中具体的社会结构与能动力的表现。换言之，已经简略阐述的社会理论是对构成社会科学题材的那些现象的相对跨历史、跨地域特征的一系列见解。虽的确如此，但这里并非是在暗示，至今阐述的论题没有或多或少在具体历史的、高度分化的形式中得到过表达或显示。诚如各种社会结构（诸如社会规则等）总是采取具体的形式一样（例如，在英国必须在道路左侧驾驶的规则），人性和主观性也只能现实化，或使其在历史、地理和文化的具体条件下显示出来。

事实上,更具争议性的问题是,是否确实存在普遍的人性,一种全人类共有的本性。很明显,鉴于到目前为止的讨论,任何能经得住考验的共同人性的概念都不可能与历史发展无关。但同样,对相同性、稳定性、连续性和信任感的条件的再生产的一般化需要的讨论,表明关于有相对持续性的、共同的、人性的断言至少在某个水平上还是站得住脚的。的确,认为人类既没
185 有源于科学认可的共同的基因结构又没有用来把我们与其他物种区别开来的各种共同特点(如语言能力等)的看法似乎是很无道理的。因而,当从高度抽象的层次或从我正在建议的角度观察时,人性可被认为是人的一种共同属性,一种基于我们的基因结构,表现于某些整个种的需要(例如,对控制焦虑的需要)、能力或天赋等(如使用语言)之中的东西。

但是,即便是共同的人性,也只能通过固有的社会化的,在一定程度上具有历史、地理、文化特点的和高度分化的形式进行表达。换句话说,当在与上述不同的视角下,特别是在较低的抽象水平上观察人性时,人性可被理解为具有历史性的相对具体的性质,其发展在当时有其起源和个体出生的地点与条件,随后会受到阶级、性别、职业地位等的影响。一般地说,个体及其经历必须处于这样的具体背景之中(例如,我们不可能只抽象地说话,而只能说一种在地理历史上具体的语言,等等)。为数众多的人在一定程度上受制于相同或相似的特定形式,因而会具有历史的相当确定的共同性质。

在有限范围内,任何个体总是会受到产生具体个体性的经历与特定模式的独特结合的制约,因此,从第三个更加具体的角度或在较低的抽象水平上看,任何一个既定的人的本性必须被看做在一定程度上独特的个体性。

简言之,一个人的个体性主要是由其社会的独特性构成的。每个个体都是在其出生与之后生活的一定的社会关系和其他特定的模式中的自己行为与经历的产物。个体的行动和发生在他或她身上的事可根据该个体由社会条件铸就的能力、权利、责任与性格进行理解。因而,每个个体的能动性是以他或她所处的关系为条件的,这些关系与社会结构一般地说反过来又依赖于人类行动的总和。

8. 经济理性

把本章与前一章的线索串联在一起之后,比较一下假设的人的主观性概念与统治现代经济学正统派的理性个体理论是很有意义的。正如我们在

第一部分和第二部分所见的那样，现代主流经济学中的个体能动力通常居 186
住在由如可测量的事件或事态这样的表面现象构成的世界上。一般地说，这种现象是每个能动力都毫无问题地能觉察得到的。因此，演绎主义的目标是以这样的方式具体规定每一个模型的，以保证在许多已知的特定条件 x 下，保证会接着出现一个具体结果 y。这种目标是通过把下列因素归因于任何“经济行为人”而实现的：某个单一目标，一系列关于构成该行为人的环境的可测量的事件与事态的信仰和知识，和已觉察到的估算目标的潜在满足因子之上的某种结构次序，这种结构次序有助于“优化决策”。讨论中的这套知识系列往往是不真实的，在标准解释中，这套知识几乎总是能够促成就行为人而言的一种确切的优化（最大化或最小化）回应或决定。换句话说，这个有关工于计算的行为的假设，即经济理性，虽然在从头至尾受到现代主流经济学的大力支持，但却纯粹是对那些做法的粉饰。它强加了一个先验条件以保证在任何给定的条件 x 下，总是会出现同样的可推断的事件或结果 y 的教条。很明显，一旦我们着手考察人的选择能力，就会发现，这个理性的正统公理假设的普遍性与我正在论证的观念毫不相容。然而，我并不是在说，在经济理性的正统观念与人的选择之间必然存在逻辑上的不一致。正统理性公理实际上“只是”相当于下面这个规定：(1) 如果 x 和 y 是某种“可行的选择”，(2) 如果 x 在某种明确界定的意义上优先于 y，那么，(3) y 就会被放弃。显然，这条公理至少从表面上可被理解为与行为人具有真正的选择的直觉是相一致的。换言之，如果——虽然说只有——在可行的那套选择范围内，总是有一个可能性的子集，如 x_1、x_2、……x_n，行为人对其中的选择不感兴趣，或不能按优劣排出先后，但那里的每个可能性都被认为比没有被包括在这个子集内的任何“可行的”选择都更加可取，就可获得这样的一致性。

对主流经济学来说，后一种方案的问题是具体事件的演绎预测的目标毕竟是达不到的，尽管这样的一个目标只为坚持把工于计算的仅仅是工具性的理性行为人放在首位的公认的公理提供了的理由。很清楚，如果理性公理不再为其有意的目的效劳，就会出现为什么一定要将其作为先决条件的问题。如果把工具理性看作最多是一个有待在具体语境中由经验进行评价的假设，那么，所有障碍都会在这样的不怎么死板的观点面前消失。

187 ## 9. 情境理性

我已经说过，如果承认人的选择的实在会削弱把老谋深算的“经济理性”当作普遍学说的通常的基本原理的话，就决不能认为我正在提出的解释本身不会涉及人的理性的概念。的确，选择与意向性的概念要求个体能够制定与信仰和欲望相一致的计划，并能按照该计划行动。虽然永远在进行计算的最优行为人的形象是一个极少被人发现是真实的形象，但观察到大量的个体每天都在不断地娴熟地处理着日常事务却是一个常识。在某种程度上，这里阐述的理论的确一直试图把后一个观察说明清楚。

尽管这里所说的理性应该被理解为一种能力而不是一种现实性，突现的人类理性的概念却在很大程度上是一个情境类型的概念。说实在的，这里所提供的视野也许可被解释为情境理性理论。不仅个体行动的选择要受其觉察到的情境选择条件的限制，而且个体本身、他们的需要与动机的表达、他们的能力形成的方式、他们的价值观与兴趣，等等，都要受到其出身和发展背景的制约。[6] 在时间长河中的任何给定时刻，任何个体都处于一个各种各样的地位的范围之内，他们具有相关的也许是相矛盾的真实利益和其他需要与动机。与任何个体所在的各种地位相关的将是一系列可利用的规则、需要履行的责任、可供利用并受其影响的权力结构。许多这样的社会结构会遭到不充分或错误的理解。所利用的大多数技能、行为的表现方式都会是默示的。在这样的背景下的行动是一条连续流，不断受到监视，极少为论述所用。然而，不可否认的是行为人很能干地处理着他们的日常事务。换句话说，虽说毫无疑问人们在日常事务中表现得很有技巧、很能干、很有头脑、很有目的，简而言之很理性，这是人们通常的行为方式，但是，所有这一切中所含的理性观念却与标准经济理论的总是工于计算的、善于安排的最优者相去甚远。也许 M. 奥克肖特（Oakeshott, 1962：109）的理性观念，即把理性看作“我们授予自身行为的证书，这种行为属于构成我们的生活方式的、具有内在一致性的活动的一部分”观点，准确地抓住了这个概念的意义。

无论会是哪种情况，从以上两章的讨论中出现的画面却是一个动态的结构与能动性相互依赖的不断运动的过程。人的实践活动或行动是这一切的关键。人是历史前进的动力，社会世界中发生的一切都取决于人的活动
188 或作为。不但社会结构的再生产和其变革依赖人的实践活动，而且每个个

体的个体性的形成也是如此。社会结构是典型的未被公认的行动的条件，同时，通常也是行动的非故意结果。虽然个体的行为在正常情况下并不是为了达到再生产或改变结构的目标，然而在总体上他们却在起着这样的作用，并且，每个行为人总是在他或她所处的特定的结构与模式中能干地、有目的地行动着。由于个体是按惯常方式完成其为保持生活的继续所必需的任务的，他们在其中行动的状况一点一点地影响着每个人的个体性（个体性）发展，同时，这些状况本身在人的总体活动（与非活动）的作用下，也永久不断地被再生产着、改革着和转变着。

这就是关于社会实在的本质的一种观点或视野，它超感性地建立在从普遍认可的概括化的经验特征进行超验推理的基础之上。形成了这个观点之后，我们就能评价其对调查研究社会现象的意义。现在，我们就能转到说明经济学的方法的意义的具体任务上去。

第四部分

经济解释

191 第十四章　主要目标与可能的障碍

现在,让我们看一下到目前为止所作出的解释和结论与经济学研究有什么关系。首先,我必须直截了当地强调,要在这里提供一揽子必须遵守的详细而具体的规则是不可能的。批判实在论并不是这样的学问。同时,我显然不是在鼓吹一种"怎么都行"的理论。相当一部分讨论致力于揭示在社会现象的语境中应用各种各样的方法、目的和标准时存在的错误与局限性。我论证的一个很重要的部分(实际上是经济学演绎主义批判中的核心部分)是认为,任何分析的主题与语境都会关系到适当的方法和标准。鉴于在前面两章中系统阐述的观点的不可避免的高度抽象性,其重点放在社会现象的比较概括化的特征上,任何能被抽象出来的分析意义本身都不可避免地具有相应的一般化性质:基本上采取了广义的标准与策略的形式。从上两章中获得的深刻见解表明,很有必要重新确定经济学的基本方向,从根本上改变很多公认的目标。我们将会看到,这些见解还在很大程度上表明了经济学如何向前发展的方向。但是,不能拿这些观点去设想一套从事实际工作的科学家们在行动中只需遵循的具体操作指南。

在概述这样抽象出来的方向性意义和其他意义之前,让我先对本书的第四部分提供一个简略总览,表明要讨论问题的范围。目前的这一章首先要描述一下,前面所阐述的社会本体论能够支持的经济学的各种目标。关于这一点,我还要探讨一下是否是社会物质的特殊性,而不是其对控制实验方法的明显的不敏感性,成为社会科学取得成功的固有障碍。社会领域里实验控制的有限机会,是否会构成取得经济科学的成功不可克服的障碍的问题将留在第十五章中讨论。在得出既不是社会物质对实验控制的不敏感
192 性,也不是它的其他特殊性,构成取得社会科学成功的障碍的结论的同时,我还要在第十五章里提出经济学能接受的各种既可证实,我认为,又有成功希望的重要策略、推理模式和具有相当一般性的标准。在第十六章里,将把抽象程序作为使经济学有可能成为科学的重要助力进行探讨。在第十七章,注意力将放在讨论经济科学有希望取得的各种成果的认知状态或曰知识上。在第十八章,将举例说明接着的几章所描述的解释过程的若干关键

性特征。

1. 主要目标

我们已经确认社会世界是结构化的。因此，经济学解释主要关注的是确定支配、助长或以某种方式产生令人感兴趣的实际社会事件与事态的社会结构与社会状况。虽然很容易想象如树叶下落和铁水灌注过程中的运动等具体的自然事件，很容易承认如引力和磁场等自然界的生成结构与机制，但是，前面两章的很大一部分讨论的，是关于鉴别也许更具争议性的社会类似物（social analogues）的性质的问题。我将从社会事件开始论述。

2. 人类实践的中心地位

根据前几章中阐述的社会理论，人类社会依赖于人的活动与实践。人是历史的推动力，只有通过人的实践活动，社会与经济才能被再生产。因此，我们也许希望解释的是，任何社会现象必然或者是人类活动的结果，或者也许只存在于人类活动的某些形式之中。

如果后者果真如此，即是说，如果我们直接关注的是人类实践本身的形式，那么，解释工作就会直截了当地以确定形成这些形式的有利条件为主题。如果前者的情况属实，即是说，如果我们首先对人类行动的某些结果感兴趣，那么，解释工作的一部分就会包括查明最能造成讨论中的现象的那些实践活动问题。举例来说，如果在相当长的一段时期内，某一具体国家的生产率增长反复比其大多数“竞争对手国”的低（在过去的一百年的很大一部分时间里，与欧洲的其他国家相比，英国的情况就是如此），显然，一开始就需要解决的问题是，哪一些或谁的实践或活动与此有关。谈论中的实践活 193
动可能与所承担的投资数量、投资类型、新技术的传播速度、技术发展的方式、人员招聘的频率或机器运转速度，等等有关。不管出自直接兴趣还是间接兴趣，简言之，任何经济调查的根本性的一步是确定被认为具有经济意义的某个系列的人的活动。

一旦对我们的研究来说具有关键意义的一套相关的实践活动被筛选出来，就必须确定如何和为什么要从事那些实践活动，特别是，如果别的什么地方采用过或曾经采用过的任何相应的做法并有某种明显差异的时候。在这里,具体的解释任务将包括揭示实践活动的物质结构状况与社会结构状况、所使用的潜意识技能和可能的潜意识动机与有意识动机等。其中的许多条件也许未被利用它们的个体所承认,和未被正确理解或理解不充分。前面两章中的结论是,虽然社会是主动个体的有技能活动的结果,但在一定程度上对社会所依赖其活动的个体来说仍然是难以理解的。简单地说,包括经济学在内的社会科学的主要目标是,描述某些明显的社会现象(包括某些相关的实践或活动)的结构状况,说明其存在的可能性,承认讨论中的情况有可能未被许多有关个体所充分理解。

因而,一般地说,待解释的社会王国,即有待说明的社会现象,是人们所从事的实践活动,而解释要素是各种相关活动的自然的、社会的与心理的各种条件。前一句话必须具备限制性先决条件,因为我们还注意到,分析的起始点也许实际上是明显的事态,诸如高失业率或高通胀率,而不是具体实践活动本身。这里的要点是,人类社会的任何这样的特点不仅是一个可能的条件,而且是社会活动的结果,不管是有意的还是(实际情况往往是)无意的。因此,也许正是有可能构成那些现象的行动的结果,它们至少在开始时使解释有了正当的理由。在许多情况下,虽然最有可能导致令人瞩目的经济形势的实践活动并不难确定,但是,在事情达到这种程度的时候或地方,更重要的有争议的问题,那些有待解释的重大现象,正是谈论中的这些人类的实践活动。

值得注意的是,这个最后的远景方案恰恰是被"方法论个体主义"所否定的东西。根据后者(或至少任何对其的公式化描述都需要冠以归纳主义的标题),目标总是仅从个体能动性的角度解释或描述社会状态或结果(即
194 是说,决不以相反的方式)。正如我们在讨论 F. 哈耶克 20 世纪 40 年代的观点时所看到的那样,在奥地利学派思想家的某些描述中,社会科学界想要超越对能动力观念的理解去做点事的余地相对来说是极少的。正统"理论家们"当然也都是些方法论个体主义者。这里的目标通常是(试图)表明,所有偶发事件都可被理解为与某种很不相干的工于计算的(最优)行为或某种诸如此类的东西的先验观念一致。在任何一种情况下,上面发现的方法论个体主义已经被严重误导。一旦承认社会结构是人类能动性的一个真正的突现特性,在一定程度上它就会反作用于后者,对人们能够做的事产生重大影响。因而,社会科学的一个必要的、可能是更艰巨更有趣的方面,是揭示具有重要意义的具体社会结构。

简而言之,如果需要解释的某种独特现象本身不是人类活动的一种形式,那么,分析要采取的一个重要步骤将是确定在相当程度上隐含其中的那些实践活动。随后的任务(或者当前的任务,如果我们对某些人类活动本身感兴趣的话)就是解释那些实践活动,确定包括关系、地位、规则、技能与动机在内的各种条件,借助这些条件,讨论中的各类活动才会成为可能并在事实上才会发生。

一旦获得了一种解释,这种解释反过来就会变成要被解释的对象。社会科学如此,自然科学亦如此,没有两样。然而,由于社会结构必须依赖人的能动性的那种特殊性,不可能期望社会形式在某种程度上具有像许多自然结构和自然机制那样的持续性。因此,社会科学的解释就通常需要包括对依赖能动力的再生产或/和转变的方式进行毫不含糊的描述,其中包括被确认为具有解释意义的任何一套社会结构的可能的终止(与也许还有可能的进化)的描述。与对自然现象的解释相比,对社会现象的解释也许被最终证明更不足以显示何处是说明性因果关系结构本身有待解释的地方。经济学解释不可避免地要关注过程。

3. 社会科学的内在限度

如果以上的简略论述基本上抓住了前面的分析所支持的经济学解释性目标这个概念的实质意义的话,那么,很明显,我们还有兴趣发问,有关解释理论会继续下去还是不能继续下去的任何事情是否都能以同样的方式决
定。现在,在某些,当然并非在所有自然科学的语境中,控制实验方法是可 195
行的。在这样的情况下,有可能把某些稳定机制与其他潜在的干预机制隔离开来,并验证其产生预期效果的能力。然而,控制实验在社会科学研究中并非是一种真正的可能性。在某些人看来,这种情况似乎是对成功的社会科学是否在实际上具有可行性这样一个问题的未经证明的假设依据。如果普遍的事件恒定关联极少出现于实验条件之外,如果实验控制在社会领域行不通,那么,我们似乎有理由怀疑能否着手寻求经济机制,更不用说要证明其成功了。

这是一个需要详细加以考虑的问题。然而,在详细讨论此问题(下面第十五章中讨论的对象)之前我想首先消除任何这样的思想:成功的经济学的可能性已经不可避免地被反思社会物质特殊性的居于第二位的一系列潜在

的困难所削弱,而不是被后者对局部封闭的不敏感性的反思所削弱。具体地说,也许不管实验控制有什么样的可能性,对任何可能的社会经济科学来说,都会由于下面三种特殊原因出现不可克服的复杂状态:(1)大量的社会与经济现象具有不可感知的特点;(2)社会科学研究对象的内在相关性;(3)支撑其动态性质的社会结构对观念与实践的依赖性质,和经济学通过自己的研究能够导致其所希望研究的对象发生转变的事实。归根结底,我认为所有这些显著的特征都不会在社会科学获得成功的可能性上妥协,尽管其中一些也许会在有可能妥协时要求某些限制。尽管如此,还是让我简略地说明一下这些潜在的困难,并说明我采取这个观点的理由。

首先,社会结构必定是不可感知的。它不可能被直接识别,而只能通过其作用才能达到被识别的目的。人们只能知道其存在,却看不见其存在。在这方面,它与许多自然科学的研究对象没什么不同,其中包括引力或弯曲空间、黑洞,等等。正如在自然科学中那样,对非经验结构与非经验机制的假设的有效性,原则上是能够被充分评价的,这样的评价可通过对关于能从其演绎或推论出的可感知的现象的任何进一步假设的经验充分性而实现。除了不会出现任何归因于实验控制的不可行性的问题外,还不会因为社会机制的不可感知性出现任何特殊问题。

其次,虽然经济学的题材是由内在关系与外在关系系统安排的,仍然不会由此产生必须破坏成功的社会科学解释的可能性的任何因果因素。鉴于任何现象都需要解释,有必要确定一个对能够产生讨论中的现象的一个机制或一套机制的假设。如果在此问题上被证明是非常成功的那个概念恰巧
196 是指一个复杂整体(我将在下一章论证确定在许多竞争性概念中哪些概念是最为成功的概念的标准),除了社会科学不能进行控制实验这个问题外,不会因此而出现任何困难。

另外还请注意,虽然整体是真实的,但是,至于我们是否必须把一种现象理解为整体的一个方面却是认识论的一个偶然问题。对某个决定是否在1991年游离科威特海岸的人来说,也许只需知道石油正在被注入海里就足够了。对于一个希望知道为什么会发生这种事的人来说,除了别的知识外,了解大量能揭示正在发挥作用的社会整体的人类经济、政治、地理、社会与宗教的历史是必要的。

再次,现在出现一个是否认为社会结构依赖于观念与实践的观点会产生什么后果这样的问题。一方面,这种情况必须在实际上有助于科学研究。

它的出现源于社会科学的许多研究对象,在那些其活动正在得到解释的人们的某种描述下,届时将会被确认的这种条件。当然,很多个体对其处境的理解不可能是完全充分的。参与实践的人对所从事的实践活动的概念化也许过于片面,或者是错误的,犹如行动所利用的条件也许独立于对其所形成的恰当概念而存在一样(尽管解释学传统未曾深思过这样的可能性)。但这并不意味着能动力对其实践活动与其条件(无论这些条件怎样不充分,它们也与任何其他有效的因果因素一样真实)的观念就不是社会科学研究的实质性切入点。它仅仅是说,社会科学的一个根本任务,将是对正在发生的现象的现有名义观念进行适当的转变。这样的转变产生于对结构与机制、潜意识技能与动机进行溯因推理(也许尚未承认)之前或在其过程中,凭借它们讨论中的实践活动才有可能发生,并采取它们在一般情况下采取的形式。当然,这样的被修正后的对实践活动的描述和对因果关系机制的假设一旦被产生出来,就需要根据下面要讨论的标准从经验上对它们进行评价并使其看上去可以接受。

这里的问题仍然是,是否对社会科学的可能性的任何固有限制条件,都来自社会具有内在动态活力,和仅凭社会科学的研究对象易受转变的影响这样的状况。事实上,承认这个条件主要能起到这样的作用:提醒我们记住,像其所依赖的人的实践活动那样,社会结构不可避免地会受到地理历史条件的限制。的确,它们会频繁地与高度局部化的各种条件发生内在联系。因此,一门经济科学必然具有历史与地理的特征。但是,没有明显的迹象表明因此会出现任何重大困难。 197

当然,在某个层面上,时空特殊性既是自然科学的特征,也是社会研究的特征。举例来说,正如任何一定的经济系统那样,水的存在也需要许多具体的条件,这些条件只能在某种时空背景中才能找到。以前,地球上并不存在激光器,宇宙中的其他任何地方也许都找不到它。目前,由于有意识地创造了适当的条件,我们的周围就有了数以千计的激光器。即便如此,大量社会结构有可能具有相当强的背景方面的特殊性,所有社会结构只有在地球上限定(有时高度受限)的地区和人类历史中才能发现。如果经济学不可避免地总是会受到其背景影响的话,对任何这种类型的解释性理论来说,这里并不存在任何明显不可解决的问题或不可克服的障碍。

但仍然不能得出结论说,经济学研究就能使任何已成为研究重点的社会客体发生转变。非专业人士也许原则上会有目的地利用社会科学的某些有用的观点，并使其具体地体现在他们的活动中，这种做法也许会在实际上相当于或也许会造成研究对象的转变。这里潜在的棘手问题是，由于社会调查研究，易于受转变影响的社会客体是否能被视为那项调查研究的真的不可迁客体。答案当然是肯定的。因为，在社会调查刚被启动的时候，那项研究的推定客体或者存在，或者不存在，如果是前者，不管推定客体具有什么样的特性，它们都是独立于接着进行的调查过程的。这是真的，即便那项调查到时候会使人们知道有关客体发生了某种改变。的确，当前这项研究的确切目标是帮助促使正统经济学快速转变。然而不可否认，不管其寿命如何，正统经济学仍是当前的一门真实的非常有效力的理论。如果那个理论的各分支仅仅关注从获得经验方面对实在的充分表达的话，它们仍然是这个实在的当前的一个方面（因此，用一种可能的诠释方法提供了应当如何正确解读本书书名中“与”字的思路）。

简而言之，社会科学的主要任务是研究那些如自然客体那样的不可迁客体。即便它们的存在形式不同，存在或实在在两种语境中是一个意思，如果两个领域中客体的范畴特点在一定程度上有所不同的话。这种情况需要强调一下。因为，越来越多的经济学家似乎在力求抛弃以其最朴素的形式存在的实证主义，似乎太容易做得过火，滑到某种替代性的、解释学的、后现代主义的或主观主义的另一端，妄图错误地把不可迁性给整个取消。这样
198 做会造成许多后果，其中之一就是放弃科学批判的可能性，正如我们已经看到并还要在第十九章中加以更加充分地探讨的那样。然而，正是这种科学批判的可能性，才是包括解放性转变（许多反实证主义者坦言渴望实现的目标）在内的任何有意向、有见识的转变理论能够立足的基础。

总之，除了任何由实验控制的不可行性造成的障碍不成其为障碍外，社会生活的显著特殊性或特点似乎也没有给社会科学研究造成任何明显的障碍。它们的确能够部分地解释为什么实验方法并不是社会科学研究的可行策略的原因。但是，它们本身似乎也的确不会构成或产生更加显著的困难。

第十五章　不能利用实验方法的经济科学 199

我现在必须面临的问题是,在没有实验控制的真正可能性的条件下,社会科学研究如何能够进行?在没有事件规则性做根据的情况下,如何开展科学研究?在一般否认社会科学具有决定性可测验背景的情况下,如何评价其他竞争性理论?尽管社会科学领域缺乏应用控制实验方法的机会,我仍然对社会科学的发展前景持乐观态度。为了建立一个阐述我的观点的语境,我首先得极为简略地提一提 R. 巴斯卡(1997)和 A. 科利尔(Collier,1994)的有关评价。两个人都质疑过在社会领域使用有意义的实验方法的机会非常有限的情况下,成功的社会科学是否有存在的可能。两个人都做了这方面的工作,支持与这里所主张的相似的理论框架。R. 巴斯卡在这个问题上比较乐观,而科利尔却相当悲观。对这些相反的评价至关重要的社会生活的一个特点,是 R. 巴斯卡理解的对社会科学缺乏实验控制的某种"补偿物"的东西。R. 巴斯卡对社会科学前景在一定程度上是乐观的,其理由似乎是认为存在着他所谓的"补偿物"。A. 科利尔通过批驳 R. 巴斯卡在这个问题上的论点,得出结论认为任何关于成功的社会科学的乐观主义态度都是错误地把希望寄托于不该寄托的东西上。我也发现 R. 巴斯卡的论点存在一些问题,但我不同意 A. 科利尔在后果问题上那么严重的怀疑主义态度。现在,我要简单地讨论一下所涉及的几个不同的问题,并说明我的乐观态度的根据所在。我之所以采用对比的论述方式,是因为我认为这种方式不但有助于两者表达本章开头提出的那个问题的核心意义,而且还能使其论证的某些带根本性的特点显得更加突出。R. 巴斯卡和 A. 科利尔最终都在很大程度上利用了后面这些特点的某些方面,但似乎两人对它们都强调得不够。

1. 科学中的解释学契机 200

因为在社会科学研究中不可能利用实验方法,R. 巴斯卡提出了补偿物的概念,这个概念的根据是"不像自然结构,社会结构不是独立于,人们自己活动中正在做的事的能动力观念而存在的"的观点(Bhaskar,1979:38)。这个观察无疑是正确的。它并不产生那种已经显著的后果,即社会科学的研究成果具有影响正好是这样的研究的对象的可能性(在第十九章中还要进一步论述)。这种可能性通常并不出现于自然科学研究的语境中。现在,认识到社会科学研究具有能导致包括科学实践活动本身在内的人类社会发生变革的能力,这种认识可能对受到鼓励与资助并给予相应的地位的那类研究产生很大的(不良)影响。但是,正如我们已经看到的那样,这种情况并不意味着它削弱了社会科学存在的可能性。在任何社会科学对社会客体的分析开始的时候,这些客体的存在都是不可被直接感知的,不管这种研究最终会对它们造成什么样的影响。

这里的问题仍然是,讨论中的观点是否在实际上有助于社会科学事业,特别是实验活动是否必须要有一个补偿物。R.巴斯卡的论据是,"鉴于在某些描述下社会活动依赖于观念的性质,社会科学家必须研究的大多数现象早已被确定"(Bhaskar,1979:49),社会科学拥有现成的分析起点。正是这个起点在某种程度上因其缺乏实验的可能性补偿了社会科学。目前,可以肯定地说,这一解释学现象对任何社会科学都是极为重要的。这在上文中已得到认可。的确,如果没有能动力自己对其所作所为的看法,社会分析就不可能那么容易启动。另外,十分明显的是,社会结构依赖于观念的个体性质可用来把它们与自然结构区别开来。

但是,协同的解释学契机真的能构成与各种自然科学相比众多社会科学的一个显著特点,即构成控制实验方法的不可能性的补偿物吗?这里的关键问题是,虽然必须承认在某种描述下社会活动依赖于观念的性质,人们所持有并按照其行动的各种概念与自然结构的关系和其与社会结构的关系一样密切。作为人类社会与自然界两个领域内的能动力,我们对社会与自然两者的知识都相当丰富。诸如做饭、耕种、捕鱼和从菜篮到船、从鞋到躲避风雨的住所等一切的制造,长期以来一直依靠人类拥有的关于自然的知识。A.科利尔的下述结论是正确的:像这些活动那样的概念化实践活动能提供大量的关于自然界的知识,提供这些知识的方式,与如"商业实践活动、管理国家的实践活动、解决冲突与合作的实践活动、'知己'与'知彼'的认
201 识活动等,提供关于人类社会的知识的方式毫无二致"(1994:247)。在每种情况下,信息来源、非专业人士的观念等都为科学分析提供了起始点,同时,

每种情况下所持的观念既是可错的又是可纠正的。如果从解释学契机的角度出发看自然科学与社会科学有什么不同之处的话，那似乎就是，自然科学大大超越了非专业人士所能提出的概念（1994:247）。但是，无论可能是什么情况（见下述），似乎并不能说承认社会结构依赖于观念的性质，就必须要有一个缺乏实验可能性的社会科学补偿物。

对A.科利尔来说，承认解释学契机在自然科学中的发生方式与在社会科学中的发生方式一模一样，其在前者中与在后者中一样真实可靠和令人增长知识，这种看法助长了对社会科学前景的悲观主义情绪。因为，科利尔认为，其结果是解释学契机在社会科学领域里的盛行应当被解释为，后者实在是几乎没有什么可继续发展的标记。我们在第十三章中已经看到，经济学中主观主义的传统不正确地假设，理解了能动力的观念就意味着社会科学所关注的东西差不多就是那些了。虽然A.科利尔拒绝承认主观主义的分析（当然，承认人类社会是结构化的，能动力关于社会结构的观念是可错的），但他却断言，社会领域内控制实验方法的不可能性限制了在实际上大大超越解释学契机的可能性。如果能动力的观念是错误的，无能力进行实验就会限制通过科学发现有意义的更加适当的观念：

> 来自能动力的观念的人文科学输入至多与这样的关于自然科学的输入具有一样的可信性。但是，我们的改正能力，修改和增加源自能动力的观念的知识的能力比在那些有可能进行实验的科学领域里要高超得多。甚至一门实验自然科学的可教学性也毫无疑问地预设了，我们一开始就对例如热、光与声、推与拉、速度与重量这样的东西比较熟悉。但在我们走得很远之前，我们就已经重新评价了这些观念，把我们对它们的常识性理解远远抛在了后面。解释学契机在社会科学领域之所以如此突出，并非因为与在自然科学中的情况相比，它是一个更重要的阶段或是一个更加确实可靠或更能提供知识的来源，而是因为在没有实验的条件下，我们拥有的其他东西太少。因此，我们在人文科学中比在 202
> 实验自然科学中还更有可能把事情搞错而纠正它们的可能性却小得多……
>
> 我的结论来自我们对人类社会的本体论的了解，这个结论就是它给我们提供了对人文科学的前景的怀疑主义的根据。
>
> （A.科利尔，1994:248）

我不同意A.科利尔的怀疑主义观点的理由，来自与之不同的、对社会科学不能进行有意义的实验控制的后果的评价。这无疑是此问题的关键所在。事实上,在我看来,在没有可能进行实验控制的条件下,社会科学如何搞的问题,对那些意识到与演绎主义模型的社会解释普遍不相干的社会科学家来说,是方法论的核心问题。本章的剩余部分将主要详细地阐述我对这个问题的观点。只有在本章末尾我才会讨论上述 A. 科利尔的见解。

2. 实验条件与非实验条件的比较

然而,在详细阐述我的观点之前,首先简单地回顾一下实验方法的某些特征是有用的,在第一部分的讨论中我已经指出这些特征是很重要的。我们看到,首先,实验方法从根本上说是关于人为干预(或控制)这个世界的方法。为了更容易地鉴别某些因果关系机制和检验关于这些机制的理论,实验方法是关于操作实在的某些方面的方法。它是通过人的设计在经验上鉴别和评价非经验结构与机制的一种过程。其次,实验能为我们提供了解相对持久的结构与力、超事实活跃机制及其趋势的途径。因为实验活动的可理解性与它的结果表明,(至少某些)机制是通过决定它们是否活跃和是否共同决定任何实际后果的条件的不断变动而起作用的。也就是说,即便是在未被使用的时候,力也在持续,而当它作为机制被使用时,正如在开放系统中那样,哪怕在其运作模式与所发生的具体事件序列之间没有一对一的关系的地方,力也在发挥作用。简言之,机制以其特别的方式在其实验鉴别的封闭条件之外起着作用。的确,这样的可持续性同样是在反复试验中后验成功的一个先决条件,因而也是对它的解释,无论是在单独一个地方,或在很多不同的实验室里。最后,实验是这样一种场合,在那里科学家通常必须使正在研究其存在或性质的机制活跃起来或受到激发,保证它们处于激
203 活状态,同时还要防止任何抗衡机制干扰实验结果。目的是使一单个机制运行起来,记录其效果。只有在一个机制是活跃的、系统是受控的条件下,科学家才有理由期望经验规则性的出现或将他们的评价建立在这样的规则性之上。一句话,机制的触发或启动条件必须满足,机制必须被隔离,条件变动必须保持恒常,或者必须受控制。

现在,虽然自然领域与社会领域的状况之间存在明显差异,但分界线有可能划在错误的地方。A. 科利尔似乎同意 R. 巴斯卡的观点(1979),认为“认识论对自然主义的主要限制”,即限定在其中自然主义的命题能被支持

的社会科学的认识论特征,是社会科学的研究对象"只有在开放系统中才会使自己显现出来"(Bhaskar,1979:45)。这里涉及的主张按现状来说是真的。但我没有把握说,它构成了对自然主义的一个限度。至少需要费更多的口舌。

第一,把社会领域的不可逃避的开放性解释为对自然主义的限制,就存在着鼓励自然科学可被还原为实验自然科学或天文学的推论的危险,这是一种合并,我觉得 R. 巴斯卡和 A. 科利尔都不会接受这样的东西。我们在无法利用或不能设计出适当的封闭的情况下,理解地震的原因、山脉形成的过程、疾病的传播。的确,置于超弦理论标题下的现代物理学的某些更有希望的发展集中探索实在的一个假设的领域,在那里实验方法,至少在可预见的未来,是完全不可行的(参见 E. 威滕[Witten,1988])。

第二,情况依然是,即便控制实验方法在自然领域是可能的,完全封闭的目标实际上依赖于系统或机制隔绝,它造成了一种并非总是能够被充分设计的理想方案,事实上这样的方案很少被设计出来。重复其他人或自己的实验结果及下面各种情况的实验结果中存在的问题是数不胜数的:假警报(或令人空喜欢的事物)、非决定性计量与结果、未加说明的扰动、设备失灵、实验设备的往往过高的成本,等等。即使在概念层面,关于实验设计是否能预见所有必须被防止的干扰机制,始终存在不确定性的问题。

第三,也许是最重要的,这些实验科学的实用性和/或限制必须与任何具体的非实验对比的恰当概念相比较。为了更加明确地鉴别社会结构与社会机制,就必须操作这样的结构与机制,但在实际上却无法实行,因此,当然有理由怀疑控制实验方法在经济学中具有什么特殊意义。但是,正如这需要相对持久的社会结构与机制一样,它们不可被探测也不必是先决条件。 204
它们不可能被有意激活,至少搞研究的经济学家不可能做到,所以,关于其运行方面的证据总是必须被寻找或被发现的,而不是被生产出来的。因此,解释性研究的起始方向必须是朝后看的,而不是向前看的。引人注目的机制不可能以实验操作的方式被隔绝,也不可能有目的地使背景条件保持恒定或者被掌控。然而,这本身并不会消除机制被探测的可能性。

这里的根本问题是,实际情况并不是,替代严格控制的实验方法的唯一可以想象的途径,或更一般地说一种严格的事件规则性的封闭的产生,是一个完全非系统不一致的随机流动。在受限制的时空区域里,某些机制也许后来会支配另一些机制和清楚地显现出来:可以观察到非虚假的、粗略却能发挥作用的部分规则性或半规则性。虽然社会领域是开放的、动态的和富于变化的，但是，在受限制的时空范围内，某些机制有可能被连续不断地再生产，在实际现象层面会时而清晰显现，导致产生大致差不多的一般性或部分规则性，这样的机制会持续到一定程度，以致需要进行初步解释。如果一种完全非系统流动可能取得了支配地位是可以想象的话，事后的情况显然不是这样。因此，正如秋天的树叶大多数时候往地面上落一样，妇女主要集中在劳动力市场的第二部门，20 世纪英国的生产率增长反复低于其他本来可以相比的工业化国家，等等。

3. 对部分事件规则性的解释

让我首先把这样的部分规则性称为半规则性或半规律性。[1] 半规则性精确地说是部分事件规则性，它初步表明了在一个确定的时空范围内时而存在的，但不那么具有普遍性的机制或趋势的现实化。观察到的这种固定行为方式的形成并不是很严格的，如果某些抗衡因素有时占了上风或以变化的方式反复与其他因素共同决定结果的话。但是，哪里观察到了半规则性，哪里就有证据表明相对持久的可鉴别的趋势在发挥作用。

现在，人们意识到这样的半规则性的确会出现，事实表明半规则性甚至
205 还具有普遍性，至少从表面上看也许还相当显著。不管怎样，我们已看到人类社会永远处于变动之中，不断地发生着变革。我们甚至于认为，某些令人感兴趣的结构与机制在一定的时空范围内常常被再生产出来，并认为虽然会出现抗衡机制，但基本机制往往仍然会占主导地位，并能克服抗衡机制而显示自己的存在，无数构成社会环境与自然环境的背景因素仍然在起作用。在自然科学的实验中，从经验上鉴别出来的任何机制在相对意义上仅仅是孤立的或绝缘的，有数不清的因素被认为是恒定的或受控制的。既然这样，在本质上动态的、开放的、不大可能通过实验控制的人类社会，怎么可能存在比较普遍的半规律或半规则性？

4. 对半规则性优势的解释

为了理解如这里所解释的半规则性何以显然广泛存在的这个问题，有眼光的做法是进一步思考一下实验控制的典型条件。并非所有实验的目的

都是要使背景条件保持恒定。如果要进行反复试验,这样的恒定性似乎是极为重要的。但是,如果这种情况在社会科学中没有明显的类似匹配物的话,也许通常在自然科学中它也是不可能的。更确切地说,控制实验频繁采取对两个具有相同或相似历史和共同(如果不是恒定的)状况的不同组或人群进行比较的形式,除了其中一个组以某种方式被特殊"对待"而另一个控制组则没有外。换句话说,这样的实验在于观察两个(或更多)大体上具有相似经历的"参与者"组,除了(至少)一个因素以受控制方式在两个组中有所不同外。

植物种植的实验提供了明显的实例。在相同的条件下常常种植同一种类的两套植物,除了(至少)有一个因素如也许是一种新肥料在两套植物中有所不同外。或者,更典型的是,当各种各样(相似但不相同)的背景因素诸如土壤构成、光等不能直接控制时,也许就有可能把相关土地分成小块,然后随机地将某种数量的肥料施与不同的小块,有些小块没有施一点儿肥料。在这样的情况下,将没有施肥的小块土地的平均产量与施了肥的小块土地的平均产量进行比较,看一看是否存在系统的、明显的、可归因于肥料的差异。

再说一遍,实验过程的一个重要特点是同时存在一个基础组和另一个作为对照物的控制组。目的是通过使一个具体的因果关系因素在两套情况中的一套而不是另一套中发挥作用,把特殊效果与这个具体的因果关系因素联系起来。正是基础组的各个方面与相关对照组的那些方面之间的这样 206
一种关系,能解释大多数社会半规则性的经验、性质和意义。即是说,大多数社会半规则性在实际结果层面合理地抓住了两个组之间的系统的差别(或更一般地说方式),这两个组具有如此相似的因果关系史,以致有理由期望讨论中的结果大致上是相同的,或至少处于某种确定的、预料中的或貌似合理的关系之中,这种关系与我们所观察到的现象完全不一致。我们不会也不大可能解释任何社会现象或其他现象的全部因果条件。这样做,就意味着要解释很早的"大爆炸"及其以外的一切现象。我们宁可将目标定在确定单个的因果机制与结构上。不同组的结果或特征如此鲜明,鉴于这些组各自的因果历史与状况,以至于它们之间被观察到的关系不同于可期望的或至少是可想象的真实可能性,上述那样的因果机制与结构就会在这样的地方被显示出来。

让我把这种类型的关于关系(通常是差异)的经验事实姑且称为对比。

虽然有可能认为大多数解释关注的是这样的对比[2],但并非所有对比都有必要依靠持续性原因的作用。(因此,希瑟先于汉纳进门的直接原因是,汉纳在门口掉了某样东西他停下来去捡它。)科学对鉴别与理解相对持久的结构与机制的研究到了这样的地步,以至起始点将常常会与至少时空延展的明显程度进行对比。考虑到罕见涉及社会现象的、科学上有趣味的经验对比物有可能在严格或统一的意义上保持下去,目标是揭示那些至少保持到这样一种程度的对比物,即这种持续性机制是所涉及的对比物的可能的解释。一句话,大量的社会科学研究的起始都将不可避免地依赖于对比较(对比)社会半规则性的探索。

5. 对比半规则性

世界也许是这样的,在那里饶有趣味的半规则性从来就没有出现过,或者实际上极其罕见。事实上,正如在其他领域中那样,社会领域里的对比半规则性在各个层面上都具有明显的普遍性。举例来说:“妇女比男子照料孩子的时候多”;“在英国出身于贫困家庭的儿童只有较少一部分最后能获得高等教育”;“在西方工业化国家,20 世纪 90 年代的平均失业率高于 20 世纪 60 年代”;“20 世纪 90 年代,英国公司的外包或‘外加工’的生产部分多于
207 20 年前”;“在 19 世纪晚期,英国的公司越来越多地进行内加工生产”;“世界上越来越多的人口生活在城市里”;“在英国,妇女通常穿较淡色的衣服,用更多的化妆品,但独自去酒吧的时候比男人少”;“英国公众显示有意投保守党的票的比例激增至大选水平”;“政府发言人在战争期间撒谎更多”;“20 世纪 70 年代以来,英国报道的犯罪率一直呈上升趋势”;“古巴人目前排队花的时间比英国人多,而英国人排队的时间又比意大利人多”;等等。或者说,在一般水平上,某些经济而不是其他经济具有持续性通胀的趋势,某些地区性制造部门的增长率或下降率持续出现明显变化,富足中的持续性贫困,主要为了交换而不像从前那样为了直接使用的持续性生产,等等,提供了大量经济现象中值得注意的时空模式方面的例子。在每一个这样的实例中,除了不断重复这样的特性外,并不存在固定不变的关系,不然就是到了似乎仍然需要解释的程度。在每一个这样的实例中,我们期望存在着社会科学能够揭示的正在起作用的系统性可鉴别的机制,或者说上述所期望的初看上去总是有点道理的。

这里我想抽象出来的意义是,这些部分规则性或对比半规则性有助于正确构思社会科学,即便它们不足以达到正统经济学家的(被误导了的)目标与需要。下面,让我依次阐述这一评价的每个部分。

6. 对比半规则性与科学

可观测的粗略模式或半规则性的最显著的作用是,通过提供已经在发挥作用的、某些相对持久的、可鉴别机制的证据来证明有地方存在这样的机制,它们可用来指导社会科学研究。就其本性而言,就它们完全被模式化的事实而言,它们反过来会显示起作用的趋势的性质。请注意,启动或指导研究的对比半规则性的这种作用在社会科学和自然科学(包括实验科学)中是同样的。因而,自然科学常常离开某些动物或植物疾病的复发症状,离开环境恶化的证据和某个重要实验的未曾料及的"副作用",等等。在社会科学与自然科学两个领域里,研究人员能够并的确在从经验事实开始,这些经验事实并非保持固定不变,但却存在数量可观的个例,似乎足以需要它们作出解释。

当然,需要承认在着手实施科学研究时广泛存在但不那么严格的规则性所起的作用,即便在经济学中也几乎不是什么新东西。例如,N. 卡尔多(Kaldor)就明确主张需要以这种方式开启解释性研究。在详细说明"特征化事实"的时候,N. 卡尔多说道: 208

> 我们的意思并不是说任何这些"事实"在每一个可想到的实例中都是真的,但在绝大多数观察到的实例中它们却是真的——在数量之多足以要求有一个能解释它们的说明的实例中是真的。
>
> (N. 卡尔多,1985:9)

我在这里要补充一下,虽然我本人以前曾采用过"特征化事实"这个术语,现在我觉得这个说法在策略上不怎么明智。因为我认为,在此语境中"特征化"在用法上是意指[3] 某种像"致使符合某一种往往只注重自然的特点,而不是其表象的表现方式"那样的东西。换句话说,一种假设的"特征化事实"意在把重新公式化了的部分规则性以规律的形式表达为严格意义上的规则性。N. 卡尔多当然把这件事只是看作如我们已经看到的纯粹呈现的问题,并总是把这样的"事实"的作用强调成暗指一种需要解释的现象。然而,我们能看得越来越清楚,主流演绎主义建模者们企图使其"只要这个,那么那个"的公式化表示合理化,使其成为如 N. 卡尔多所解释的那样的特征化事实。换言之,该术语,或宁可说其嫡系,正在被用来证明某套虚拟的理念的正确性,而目的只是帮助说明模型的易控制能力或诸如此类的特征。为了避免进一步助长这种趋势,我宁愿采用半规则性这个术语。它可以不断地提醒我们,大多数经验事实并不采取严格的规则性的形式,它们只是表达了需要解释的现象,而并非是研究的终点或仅仅是将被嵌入正式系统的装置。

7. 有趣的半规则性的发现

很容易看出半规则性是如何被鉴别出来的。我已经表明,这里重要的范畴是对比或比较,特别是差别。置于半规则性标题之下的模式的意义通常有赖于比较,特别是有赖于差别:男人与女人之间;老人与年轻人之间;与 20 年或 100 年前相比今天英国的事件或事态(失业率、通胀率或利率等),或者,举例来说,现代的大不列颠与欧洲大陆相比;等等。换句话说,通过发现在不同的时空位置里初步看来可比较的活动类型的结果(或也许是初步看来不同活动的相似结果)中相对系统的差别,或者,通过发现在可比较时空
209 位置中与地位有关的活动类型的差别,等等,我们注意到一系列结构的效果。

社会巨变、社会危机与社会破坏的很多关键时刻也许在这方面特别有意义。R. 巴斯卡明确说过,社会变革的各种时刻"提供了与自然科学中实验方法所起的作用部分相似的情况"(1979:48)。我认为的确如此。但是,应当承认这样的时刻是,在机制或过程变得显而易见时,在相当广泛的场合中出现的,虽然非常有意义但却很具体的一些事例。在社会发生巨变的情况下,这种对比是相当短暂的。的确,在任何地理历史的转折点,生成机制就会变得容易理解得多。但是这样的形势却提供了对深层趋势的深刻见解,所采取的方式与在对比,举例来说,男人与女人、移民与本地人、来自不同地区与不同文化背景的人们的具有地位特征的活动与非活动时采取的方式一模一样。在社会领域,这样的对比全都倾向于表明某种人们据以行动的有地位特征的结构那样的东西。

简言之,取决于差别或某种未曾料到的或令人惊异的或难以置信的关系的现象的任何模式化,任何这样造成的突出现象,不管起初是社会的、历

史的还是地理的，都可用来提醒我们以前不知道的、未被认识的或者也许仅凭想当然而隐约知道的某种事物的存在或其行为方式。

8. 科学与科学兴趣

让我对这个概念的某些含义做一些简略的阐述。我是说，科学解释本质上是对比的。我们已经看到，在说明某些社会现象时，目的不可能是提供其完整的因果关系史。更确切地说，我们的唯一目标是确定一个或一套因果机制。为了达到这个目标，其策略显然是寻找出两种或更多的情况，在那里被期望的各种结果可能以某种方式相联系而不会成为那种情况，并试图确定一种或多种原因。一般情况下，这将包括确定至少一种正在运行的或仅在一种或一套情况中以具体方式运行的机制。

因此，现在我们比以前任何时候都能更清楚地看到，解释理论天生就取决于有关人员的兴趣。因为现在已经很明显，研究人员的兴趣不仅会影响对要解释的现象的选择，而且通过选择对比物还会影响将要研究的具体的解释性机制。举例来说，假设我们希望解释的主要现象是20世纪90年代中期报道的英国某一种犯罪的平均水平。很显然，所提供的解释、所要确认的因果关系因素都将依据反应我们的兴趣的对比是否属于下列情况而发生变 210
化，例如：

（1）二十年前英国的主要形势，当时，相应的犯罪数字明显较低；

（2）x国（例如美国）的当前形势，那里的相应的犯罪数字被认为明显较高；

（3）甚至是报道为零犯罪的、理想的形势。

在每种情况下，被认为是满意的解释将至少确认一种主要组成部分的因果史与被选择的对比的因果史之间的系统差别，或者那种差别看上去对于该对比至关重要，或者像零犯罪那样，它只是一种假想的形势。在每种情况下，那套起主要作用的因果因素很有可能是不同的。

现在，为了证明解释是有理由的，任何仅仅假想的对比都必须被认可至少是一种真正的可能性（或者也许曾经一度是一种真正的可能性）。也许生活在现代西方社会的人们，极少有人会想象零犯罪率哪怕是在遥远的地方有可能实现。因而，到了零犯罪率与我们人类显得相容的程度，但事实上是不可想象的，对存在犯罪的任何解释也许取决于为何或如何会出现并再生产某些类型而不是其他类型的社会或人与人的关系。但是,如果这种形势看上去太不切合实际的话,很容易观察到各种各样的、貌似相当合理的、实际上已经出现的事件与事态的替代形势,其中包括持续下来的那部分。这时的目标就是确定有助于相关事态的一种因果因素(也许包括不在场的),但那个因素可能无助于假想的或期望的替代事态,或并没有成为形成实际替代事态的条件。是否还有别的什么可能是科学的具有地位特征的社会实践特有的东西,这在很大程度上取决于兴趣。

9. 不一致、惊异与批评

此刻,我要转到我正在阐述的方法的一个相当有意义的特点上去,这个特点在本章中一直说得不怎么明确,它与一切科学实践依赖于兴趣的性质密切相关,但为了易于解释,我还是要明确地详细阐述一下。我指的是这样的事实,即研究通常不仅由任何部分规则性和各种对比引起,而且由那些导致某些矛盾、不一致、令人感到吃惊的各种经验和怀疑的东西和其他信念引起。我已经指出对比社会半规则性很容易获得。但从目前理解的观点出
211 发,在不那么令人惊异的意义上说,它们仍然不是相当吸引人的现象。

例如,在当今的英国,"一般地说星期天去教堂的人比星期二的人多","通常收入低的人比收入高的人消费得少",等等。虽然这些观察像所有信仰一样是可错的,但它们似乎不大可能与社会科学家或一般大众当前所持的立场观点和特别是牢固的信仰与理论发生冲突。即是说,不仅这些观察不可能向任何个人提出理论怀疑的问题,而且它们同样似乎不大可能对不同的竞争性解释产生重大影响,不同观点的争鸣本身就有可能刺激进一步的研究。[4] 相比之下,如"英国的生产率增长通常比其他工业化国家缓慢",或"在英国单性别学校的儿童明显比混合性别学校儿童的学业成绩好",这些报道偶尔令很多人感到惊异,并由此产生了一批竞争性解释。还要考虑到最近经济学对研究和解释广泛应用计算机键盘的关注,其顶行标有 QWERTYUIOP(计算机标准键盘)的字样(这个例子在第十八章中还要做进一步的讨论)。假设字母像 ABCDEFGHIJ 这样的顺序排列,那么,我们就不可能那么容易把它确认为某种需要具体解释的东西,至少在罗马字母占主要地位的地方是如此。一句话,理论性解释研究有可能在下面的情况下被引发或受到进一步刺激,即在对比半规则性造成惊异、怀疑的地方,或造成被观察

到的现象与先验信仰之间不一致的地方，或造成各种对其的竞争性解释之间不一致的地方，等等。[5]

我的这部分论证本身不应当造成任何惊异。因为对讨论中这类不一致问题的强调虽然在本章中一直是含蓄的，但在整本书中却是清楚明白的。开头的几章着重阐述和解决与此题目相关的各种各样的理论与实践不一致的问题；第五章主要论证哲学的核心作用是精神上的内在批判（揭露隐含于实践中的信仰的内在矛盾，或者表明所抱信仰如何不适合于实际上已获得的各种实践）；在同一章中，我们看到一个内在批判的具体形式，即有限否定，在那种情况下只有超验实在论的观念才能支持某些竞争性科学哲学所提倡的实践活动。因此，科学很像哲学，因为两者都受难题、矛盾和不一致现象的激励，而且两者都从根本上关注变革，包括否定某套信仰的各个方面。简单地说，根据我正在进行的论述，科学像哲学那样本质上是批判的。有各种各样的理由支持“批判实在论”的批判性。 212

10. 因果关系假设

因此，可利用对有趣的社会半规则性的发现启动对因果关系因素的研究。目标被认为是确定直接造成任何确认的半规则性的一个或更多的因素，以鉴别出在一套条件而不是另一套条件中起作用的各种因素，那套条件帮助产生或有助于产生讨论中的对比。但是，关于通过其获得因果关系假设的推理过程有什么话可言吗？我们在第一部分中看到推理的核心模式既不是演绎的也不是归纳的。更确切地说，它是溯因的，其目的不是要在一条普遍原理下说明一种现象（加热时这种金属会膨胀，因而一切金属都是这样），而是要明确造成这种现象的一个因素，这个因素帮助产生或至少有助于产生这种现象。目标是假设一种机制（通常是在被解释现象的一个不同层面），如果这个机制存在并按假定的方式行动，它就有可能说明为了解释而挑选出来的那种现象。关于独立于语境的这个溯因推理过程，除了它有可能在类比或比喻的逻辑之下运作，与主要依靠研究者的洞察力、信念与经验外，没有什么可多说的。

请附带注意一下，这个对比半规则性的溯因解释过程再次显得它不仅在哲学中很有意义，而且在科学中也很有意义。R. 巴斯卡观察到，科学中天文学以外的大多数有趣的事件规则性是在实验控制的条件下获得的，这个观察结果本身就是一种对比半规则性。正是这个对比半规则性导致了R.巴斯卡对一种结构本体论的超验论证。因而,正如实质性对比半规则性和任何实验控制的特殊规则性,可作为关于具体因果机制的假设的溯因推理的基础一样,实验控制的规律性的对比半规则性也可作为超验实在论的超验论证的基础。世界的各种具体区别与关于具体机制的各种假设的关系犹如世界的各种概括化区别与各种哲学本体论的关系。因此,超验推理只不过是溯因推理方式的一个特例而已。

11. 解释力

如果经济学中对比半规则性的主要作用在于指导调查研究的话,在实
213 验科学中它们也起这种作用,其第二个作用就是,一旦因果关系假设形成,它们就能辅助评价那些假设。我们已经看到,一般地说,经济学与社会科学都不接受严格的检验条件。然而,这种理论评价过程的结果是,事件预测的精确性不可能成为理论选择的标准。更确切地说,控制实验(或任何偶然自发封闭的)条件以外的恰当标准应当是解释力。可根据其说明广泛的经验现象的能力对理论进行评价。通常情况下,这就需要精确地符合诸如记录的或能被发现的那样的对比半规则性。

评价一种理论的解释力的过程的好几个方面是能够预料的。第一个方面有赖于演绎推理,特点是从任何溯因假设推演出那些会接着发生的结果或后果,如果那些假设是真,机制在起作用的话。第二个方面包括从经验上核实各种演绎结果。由于可能存在持久性抗衡因素,因而不可能保证任何这样的结果会直接显现出来。但目标必须是发现和确定那些情况,在那里,根据所有关于具体形势的已知知识判断,结果应当以某种方式显现出来。该过程的第三个方面包括解释那个解释。它包括确认任何解释机制的条件,检查它们是否在起作用。让我把这几个问题展开来讨论一下。

在不具有严格的检验条件的情况下,在目标是从一个或更多的假设中进行选择的(最普通的)情形中,从经验上评价理论的可能性也许是最为明显的。因为,在这种情况下,我们高度关注那些假设的相对表现,不管相关的选择标准是什么。因此,完全有理由找出很容易显示其结果,并能说明包括任何在其上一切竞争性理论都有可能发生某种关系的交叉点在内的最为广泛的经验现象的那个理论。在这里,相对解释力可能既是适当的又是足

够的。

当然,一种理论的解释力是否容易评价有必要依赖语境。从最终意义上说,对各种假设的经验充分性的评价总会这样做。[6] 这里考察一下 E. 李默(Leamer,1983)明确提出的一个例子。根据 E. 李默的说法,计量经济学家们把他们自己投射进农业试验者的形象中,他们以与前面已经提到过的作物种植者相类似的方式,把耕地划分为一系列小块,然后将任意数量的肥料施予每小块,其中一些小块根本没有施肥。我们已经注意到,在这些条件下,可以设想施了肥的地块的平均产量与未施肥地块的平均产量的差别,是衡量肥料对农业产量作用的尺度。农业试验者的任务就是确定这个差别,假设它是肯定的,这个差别是否大得足以表明这种肥料的真正效果(或者很 214
小,似乎可合理地将其归因于偶然性波动)。

根据这个优选方案,即一个近似于第七章中被称为随机封闭的形势,E. 李默的评价与计量经济学家的尴尬是很不相同的:

> 应用计量经济学家的艺术形象总体上是误导人的。我想提出一个更准确的说法。应用计量经济学家像一个农民,他注意到,鸟栖息的树下的植物产量要略为高一些,他用这个作为鸟粪能增产的证据。然而,当他在美国生态年会上宣布这个发现时,听众中的另一个农民站出来反对,他用了同样的数据,但得出的结论却是适当数量的树荫能使产量增加。这时,坐在后面的一个聪明小伙子评论道,鉴于可利用的数据,这两个假设难以区别。他提到了"鉴别问题"这个说法,虽然没人知道他的意思是什么,但他说得如此自信,结果完全令人信服。
>
> (E. 李默,1983:31)

首先注意,假想的调查研究是如何被一种观察到的有趣的对比规则性启动的,即树荫下的作物产量比其他地方的高。问题是两个竞争性解释性推测似乎都与证据相符。明显的回应当然是增加"有效数据",虽然这个回应是想方设法使一种情形适合已知的几套数据的计量经济学家们极少料想到的。具体说来,目标必须是给便于鉴别因果因素的实际现象造成影响,并根据这样的实际现象选出观察数据。例如,如果鸟粪是一个相关的因果因素,那么,我们就可期望在鸟儿栖息的任何地方获得较高收成。也许恰好有一条电报线穿过一片田野,上面栖息着无数鸟儿,但比较起来它却只提供了微不足道的一点阴凉(阴凉随着地球围绕太阳转动而明显移动);也许一所农舍附近的某个地方也有一块土地,它被伸出的铁皮屋顶所遮蔽,但鸟儿却回避此处,因为有一只猫总是在来回走动;如此等等。这全要看情况而定。事实是不可能直截了当地在这个抽象水平上按范畴陈述那些实体理论可被从中选择出来的精确条件,即不知道那些理论本身的内容或与它们相关的那些条件的性质或语境,这是所有科学的一个不幸的事实。科学是一项艰
215 巨复杂的事业,它既需要足智多谋、富于创造,又需要坚韧耐心,还需要具有必须在工作岗位上磨炼出来的技能。[7]

12. 区别不同理论中存在的问题

必须承认,会有一些时候,尽管有一系列各种类型的数据,结果却证明仍然难以区别各种竞争性假设。这是一切科学的共同经验。在这样的情况下的策略只能是,继续寻找对于经验现象具有不同意义的各种竞争性假设的条件,然后检查核实哪些假设证明在那些条件的经验上是最充分的。任何这样的区分方面的困难并不意味着我正在为之辩护的科学哲学观点存在什么问题,当然,它们只是表明了在其中科学存在实际困难的形势。如果两个或更多的假设看上去的确需要同样程度的经验充分性,那么,假定其他因素都相同,不管是什么科学,正确的认识态度[8]一定是要使同样程度的信念与每个假设发生联系,或暂且不做判断。

请注意,区别各种理论中存在困难的可能性不取决于假设的因果机制是否是能观察到的或者是别样的。虽然 T. 博伊兰(Boyland,1995)和 P. 奥戈尔曼(O'Gorman,1995)援引 W. 奎因的证据不足的说明的命题,想要表明从不可观察的项目角度出发的经验上(或描写上)不充分的理论和解释也许具有多重性,没有理由认为这不怎么(或更加)适用于关于原则上可观察到的事物的那些假设。[9] 犯罪者总是唯一的符合可获得的经验事实的嫌疑犯吗?自知有罪之人总是能证明有罪吗?也许 E. 李默的那名农业计量经济学家根本就没有发现地中间的一根电报线或一片伸出来的农舍的屋顶,这时其他与数据一致的假设又浮现在他脑海中:树木附近的大量的富有肥力的腐叶土,防风林或树提供的半避雨处,靠近从前未考虑到的一条溪流的树木,等等。

除此之外,如果要阐明上一章中的论点,不可观察到的各种自然力、一种语言的结构或一种游戏的各种规则就必须能够被或反复被描述和认知。因此,虽然不可观察到的风可被知道是帽子起飞或树叶旋转的缘由,有助于

某个群体的语言行为的语法规则，或孩子们用来相互传递信息的密码，两者都是可溯因的和可描述的，不存在大的问题。通过证明引力场和磁场、社会关系和社会规则、语言结构和其他理论的经验充分性，就能够知道这些事物 216
能否被直接观察到。

我一直在讨论各种竞争性假设的情形。但并不是仅仅通过对各种假设的比较，半规则性才能以被描述的方式加以应用。哪怕是一单个被支持的假设也可通过考察与其有关的一系列现象不间断地对其进行评价。换句话说，任何假设的经验充分性可通过演绎如下面的例子所示的那样的含意而不断得到证实，条件是任何这样的含义所支持的并在实际上能被"观察"的领域。这个例子是，据称许多社会中性别关系是这样一种状态，在其中用来抬高男人歧视妇女的机制是可再生产的，这种评价可依据发生于例如工厂、家庭、中小学和大学及其他任何地方的可探知的模式而被证实，在这些地方其机制料想会显示出自己效果。

13. 对解释失败的回应

无需说，不可能期望程序的任何阶段总是那么轮廓分明，即便是在可利用证据显得不支持争论中的一个假设的那些情况下也是如此。例如，如果某些限定的机制被假设为，在某些其期望的效果初看上去似乎不很明显的情形中起作用，这个结果可能需要在可能的地方进行进一步考察。因为，如果有理由认为，在这样的条件下一个特别的机制仍然在超事实地发挥着作用，那么，就应当有可能鉴别抵消性抗衡因素。继续上一个例子，如果据以认为用来歧视妇女的那些机制在整个经济过程中都在起作用，却发现在某个具体的工厂里妇女并不在所谓的次要的岗位上占优势，进一步的调查也许会显示这是因为把最不好的工作分派给了（也许是不合法的）移民，其中大多数恰好是男性，或分派给了其他当地受歧视的人群，等等。这样，对这样的一个发现的一个明显回应，就是考察任何这样的疑似抗衡趋势有可能起作用的地方的情况。

当然，这种考察对模式来说也许是最显著的例外，是否能根据抗衡机制进行解释的做法并不仅限于社会科学。例如，让我们回忆一下发现海王星的过程。在记录了对天王星运行的观察资料之后，19 世纪的科学家们发现其轨道不符合用 I. 牛顿的万有引力理论推出来的预测。然而，科学家们并没有拒绝接受该理论,而是寻找着有可能解释这个显著差异的抗衡因素。
217 具体地说,英国天文学家J.亚当斯和法国天文学家U.勒威耶(Leverrier)猜测在天王星附近的某个地方存在一个以前不知道的行星。作为响应,德国天文学家J.加勒(Galle)将其望远镜聚焦于天空中适当的区域,终于发现了我们今天知道的海王星。因而,在自然科学与社会科学中,一个观察到的模式的例外情况并不必然会自动排斥一种既定理论。更确切地说,它们构成了特殊的对比半规则性,这种半规则性是有可能进一步开展富有成果的研究工作的标志。最终结果必须依赖于语境。

14. 对假设机制的实在性的评价

对每个假设的解释力的评价过程的另一个组成部分,是检查核实任何一个被假定的实在。这可能会涉及检查许多"触发"条件(如果有的话),看看该机制是否在发挥作用。仅知道一个嫌疑人具有犯某个具体罪行的动机,并知道他或她具有犯一项具体罪行的一般知识是不够的,如果他或她案发时不可能在相关的作案现场的话。像M.弗里德曼(1953)那样,当我们知道关于移动的树叶的假设是错误时,认为关于树枝周围移动的树叶在寻找阳光的假设解释了树上叶子的分布,这样的论证是不够好的。之所以不够好,是因为不像M.弗里德曼,我们接受了这样的观点(通过论述与证明),即解释性目标是鉴别真正可能产生任何令人感兴趣的识别现象的机制,等等。因此,任何根据某种已知不存在或不起作用的机制表达的假设在必须的意义上都不能说成是解释性的。正是由于这个理由,对某个假设机制的实在性的评价可被归入评价那个假设的解释力的标题之下。

然而,在社会领域,如果结构与机制在连续几段时空里持续的话,它只能借助人的行动。如果我们这时想解释某种相对持续的对比半规则性,为了充分了解情况,就需要对确定的因果机制的再生产方式本身进行调查。换言之,必须对支配任何确定的因果机制的再生产(也许是"初始"突现)的条件进行解释,必须对那个解释进行解释。这又可能需要对一个对比进行解释:为何和如何出现了某些结构或机制,并在一种情况下而不是在另一种情况下它们连续不断地被再生产。

218 当然,当对一种解释的解释获得成功时,我们就有可能对原始现象的总体解释的每个部分抱有更大的信心。另外,一旦从较广阔的解释画面看获得了一个总体理解,导致把所承担的研究放在首位的实践活动的概念本身或许需要重新解释。无需说,常常存在对原始解释的多种竞争性解释。对为何和如何会出现(或没有出现)某些机制,它们在何地出现,为何它们一直被再生产和以特殊方式变革等问题也许有好几种解释。在有这种情况的地方,理论评价的标准在上面描述的意义上只可能是相对解释力。

最后,请注意,这里的经济解释过程是受到这样的事实支持的,即任何情形中的许多相关的社会现象在某种描述下已经被有关能动力概念化了。此外,被解释的那一系列活动也许已经被观察者和其他解释者重新描述过了。认识到这个特点不代表实验控制的不可行性的一个"补偿物",并不会因此贬低其对科学的一般化价值。

15. 正统经济学的必要条件

如果如上面设想的那样,对比半规则性对得到正确解释的、有助于获得预料中的成功的社会科学来说是必不可少的,那么,对主流经济学的(不适当的)必要条件来说它们仍然是不充分的。半规则性这个术语,我们可以回顾一下,在这里是用来指各种各样的模式或规则性的,尽管这里的规则性是某种不那么严格的东西,但从字面上说仍然是易于识别的。[10]现在我们看到,实质上有两组原因说明为什么易于识别的事件模式化通常不是很严格的,两者都曾在第七章和第八章中与规则性随机论和规则性决定论一起详细讨论过。第一,任何机制在其中发挥作用的环境可以不必是足够同质的。的确,在社会领域,通常都有大量潜在的抗衡因素随时都会起作用,或随着时间推移时断时续地起着作用,[11]而且,有可能每次的力度都不一样。[12]这意味着不仅在机制能"显示清楚"的地方它们不可能连续不断、畅通无阻、毫不含糊地这样做,同样,起作用的机制根本无需总是以任何易于识别的方式"显示清楚"。后一种情况意味着,正如我们前面已注意到的,研究社会机制的本质的起始点将始终是,机制的效果已经以某种方式被探测出来的地方的各种条件。我们从相对稳定的趋势被偶尔显示出来的地方开始着手。在这 219
个意义上说,社会的科学解释天生就是向后看的。

缺乏严格规则性的第二个理由是,正在被确认的机制或过程随着时间与空间的变化本身就有可能在一定程度上是不稳定的。我看不出有任何先验理由假设,任何相对持续的、超事实起作用的社会机制需要随着时空变化使其运行方式特别保持恒定;我也没有觉察到任何表明存在任何这样的恒定机制的证据。的确,鉴于社会机制依赖于原本就是变化的人的能动性的事实,在人们选择其行动道路的地方(并总是可能作出别样的行动),严格的恒定性似乎是一种不大可能产生的可能性。诚如在社会变革中总是有某种连续性一样,在社会连续性中通常总有某种往往是实质性的变化。

简言之,如果某些机制(无论是自然的还是社会的)以粗糙和就绪的模式显示它们自己是开放世界的一种特殊情况的话,那么,所产生的模式符合严格的事件规则性,包括任何与明确的概率"规律"相一致的模式,一样是这种特殊情况的一个特例。后者只能在(一套)固有恒定的和可分割的因果因素在相对孤立状态下起作用的地方才真正有望发生。虽然这样的特例中的特例在它们发生或可行的地方对科学显然是有价值的,但现在我们能够看到,它们对科学并不是必要的,如果(非假的)半规则性是显而易见的话。

即使严格的事件规则性在科学致力于揭示因果机制和区分竞争性假设时对其并不重要,它们对正统经济学的必要条件来说却是必要的。即是说,它们对预见未来经济情况的先入之见,对包括事件与事态在内的任何预期的经济现实性的演绎主义解释的先入之见,是必要的。换言之,主流经济学自身模仿着或致力于获得,对其不可用的那一套自然科学的可能性。虽然缺乏实施控制实验方法的机会,却错误地假设了在这样的建制中受欢迎的对科学研究事业来说必要的或严格的事件规则性,正统经济学家通过下面的假设作出反应:社会现象毕竟只是实验的结果,一种恰巧被"自然力"控制得很好的现象,或者,至少从有实用价值上说是可被如此看待的现象(参见Haavelmo,1944:9,14)。在这种社会实在观念的武装下,以演绎主义的预测为目标和标准,主流经济学家,也许只是这群人,得出这样的结论:在实际现象层面能够被探知的这样的模式绝不是足够严格的,结果是大量存在的对比半规则性对经济学家们所持的理论影响太小(或其影响是错误的)。

220

16. 纯解释与应用解释

现在,如果存在着大量半规则性的话,它们仍然能构成一种更一般的情况的一个特例。可望社会事件的许多方面是相对独特的现象,是无数机制同时起作用的结果。换句话说,有一种已经注意到的可能性,即一种从事件的恒定关联的封闭系统延伸到一股刚开始的随机模式结果的连续体,相比较而言，半规则性则位于这些极端之间。这样，便出现了关于能否解释模式的范围的问题。因为理解相当新颖和非同寻常的社会现象往往是很有趣味的，不管是如股市崩盘或石油输出国组织的价格的骤然上涨这样重大的现象，还是不怎么显眼的如局部市场的丧失和局部价格的大变化等现象。

为了说明实际现象的范围，有必要把经济解释分为两种相对不同的运动或两种活动的独立模式。事实上，到目前为止的大多数讨论是关于一种不直接言明的推论模式的，实际上应当把它称为纯解释或抽象解释或理论解释，也可以说是对底层结构、力、机制及其趋势的鉴别。这个解释活动的一个必要条件是，某些相对稳定的持续性的机制的确会在某时或某地最终被再生产、持续下去，在某种程度上还能支配其他现象或从中凸显出来——至少能使此类大致上的或部分的事件规则性达到可辨认的程度。然而，同样显而易见的是，还需要第二种推论模式或类型，它被恰当地称为应用型解释或具体解释或实用型解释。因为，在经验的具体现象的相关特征是相对独特或新颖的程度上，在这些特征是无数抗衡机制的结合物的意义上，它们的解释就需要利用先前建立起来的关于相对持续的结构与机制的知识（而不是显示它们），需要调查在产生讨论中的新颖事件中其共同的表达方式。[13]

这又是一种如在自然科学中一样的情况。地震学家了解造成地震发生的机制，但只能在事件发生后才能对其具体表现形式进行解释。同样，气象学家并不总是能准确地预报天气，然而，事件发生后，他们却能令人信服地利用其所知的相关自然科学原理的扎实知识解释所发生的一切现象。

为了表达清楚，让我简略地对比一下理论解释与应用解释中分别采用的推理模式。显然，两种确认的解释模式基本上都不是演绎或归纳形式。更具体地说，在每种情况中，目的都是在结构、机制或能动力的概念的新组合下重新描述某种现象，这些结构、机制或能动力在某种程度上是造成该现 221
象的根源。我们已看到，理论解释的特点是类比的（科学家们首先寻找，虽然尚未成功，造成“疯牛病”的那种病毒，因为反复发现病毒是以前造成动物疾病的缘由）和溯因的（假设了能说明挑选出来的那些现象的机制，如果这些机制以假定的方式存在和起作用的话）。简言之，理论解释需要把现有的认知资源转变为言之有理的关于形成被确认的（一般说不怎么严格的）现象模式的机制的理论。然后，从经验上评价这些理论。当然，当发现具有充分的经验依据时，这些理论本身又在连续展开解释性知识中反过来得到解释。

对比之下，应用解释的特点是分解的和回溯的（resolutive and retrodictive)。它们首先要求分解结合物或复杂体,重新描述其组成部分。接着确定(倒推到)这些组成部分的可能的前身,并从经验上排除可能的原因。举例来说,如果我们把天气模式 x 归因于一个具体的(已了解的)因果机制 y 的结合物,那么,就有必要确定(倒推出)y 的各种条件,然后从经验上检查那些条件在实际上是否被获得。

17. 作为经验科学与抽象科学的经济学

如果到目前已经清楚,我主张的解释理论是相比较而言充满趣味的和批判性的话,还应当明白,它必须包含一个有意义的经验构件。测量和记录事态,收集关于经济的统计数字,将其制表、转换与绘图,所有这些都起着重要作用(如果通常不是直接起作用的话)。详细的个案研究、口头报告,包括采访与变迁史,等等,都起着同样重要的作用。的确,我认为多亏了这些必不可少的活动,计量经济学这个名称才有了适当的归属。

除此之外,事实是探寻非假模式往往需要对相关情况具有更加专门的也许是技术性很强的大量知识与了解。不管对比半规则性是很平常的那种,如"运动员 x 在最后 n 场比赛中表现得不怎么好",还是人们不熟悉的更加复杂的那种,如"一家公司在其中运作的产品市场的类型与其支持的雇员工作条件(工资福利和晋升机会等)之间通常情况下大体上的一致(本身就
222 是一个半规则性)在最近的 n 年里一直与公司 x 沿袭的条件系统地相抵触"。[14]无疑,观察或探察各种模式的能力的必备条件是:不仅要根据当前的理解看待形势,而且要根据在变化着的时空扩展之下变化着的一般性层面等具体情况,从不同的角度出发看待它。

需要辨别或探察也许不是立刻就能明朗的各种模式的任务,又一次不仅仅要求社会科学单独来承担。举例来说,目前,对称原理在发展基本粒子物理学方面起着非常显著的作用,主要是因为发现它们能揭示存在于很不相同的初始粒子的特性中的各种模式。一旦这些模式被观察到,就会频繁地证明有可能根据底层的各种力进行解释,亦即鉴别它们(参见 M. 格林[Green,1988])。另一个在自然科学中使用对称模式的著名例子,是由 19 世纪的化学研究提供的。D. 门捷列夫发现,化学元素可按某种共同的性质排列成组,亦即,用他的化学元素周期表详细给予说明。这就导致了对元素是如何由原子组成的理解,因此,好几十种元素就可按被提示的方式进行排

列组合。

因此,显然需要对阐明任何这样的模式的过程给予注意。很清楚的是,它们需要从一个方面观察现象,集中研究某些属性而忽略其他属性。我已经抛弃了孤立主义的策略。按照这种策略,就必须把一些明确的特征视为似乎它们离开其他一切事物而孤立存在一样。更确切地说,这里相关的程序是抽象。至今没有以任何明确的方式考量这个程序是一个疏忽,我将在第十六章中对此加以纠正。虽然抽象是任何认知科学的极其重要的特征,但它对科学并不比对任何其他社会实践更具根本性。当我们考虑如上面已提到那样的看上去复杂的模式时,对抽象的需要更加明显,我必须强调,在一切理解行为中仍然不可避免地会利用抽象思维,无论所涉及的事物显得多么简单(特别参见 Whitehead,1926)。在科学范围内,它还对所有致力于研究的方面都是带根本性的,并不仅仅对实际现象中的模式的描述才是这样。即便是这样,它的一个特殊的重要任务在于描述如实际上出现的大致差不多的各种就绪模式,描述各种概念,这些概念能提供一个,科学有正当理由可以继续其工作、可望取得某种启示或阐释的标志。

18. 包括经济学在内的社会研究的明显失败 223

然而,在明确考虑这些问题之前,有一个悬念要做个了结。目前,仍然存在一个如何理解 A. 科利尔关于各种社会科学中解释学契机的显著地位的观察,和他相信这标志着它们的相关失败的问题。现在,至关重要的是,这里在解释任何主张社会科学在追赶自然科学的成功中已经失败的看法时必须小心谨慎。当然,正统经济学家天真地企图推断出强制相关性,并根据演绎主义模型进行"解释",这对理解我们生活的世界迄今为止贡献甚微。尽管如此,其他社会科学家甚至包括放弃其官方姿态时的学院派主流经济学家,在阐释社会与经济的各个方面的性质时所作的努力也许比我们通常想象的更富有成效。

一方面,我已经注意到,研究所获得的深刻见解总是有可能被外行人士挪用,将其并入他们的活动中。这样做的结果可能是,证明具有启发作用的知识当其被人们获得时,最终会表现为普通的常识性的东西。另一方面,还有各种各样的更大范围的与此相关的考虑,这些考虑产生于社会结构与机制似乎通常比自然结构与机制具有更高的时空局限性的情况。研究引力场或铜的分子结构的一名自然科学家也许会很有信心地认为，所获得的任何启示无论是，譬如说，在现代的剑桥还是在一百年后或一百年前的北京一样具有启发性。但是，一名研究劳资关系的性质的经济学家发现这种关系在一家剑桥公司目前处于正常状态，也许在沿路的第二家剑桥公司则发现其处于不正常状态，更不用说在一百年后或一百年前的北京了。一句话，社会科学知识，当其被获得时，极少具有如自然科学的发现那样领域与范围都很广泛的相关性。但这种情况并不自动带来这样的结果，即社会研究的过程必然不那么具有启发性或本来就不那么科学，或者在阐明其研究对象方面事实上不那么成功。

也许这后一种评价需要进一步加以详细说明。R. 巴斯卡在其最初就这个问题的文章中甚至辩称，任何可接受的自然主义版本因下面的事实而取得资格："不像自然结构那样，任何社会结构也许只是相对持续的，因此，它们所支撑的趋势在时空不变的意义上也许不具有普遍性"（Bhaskar，1979：
224 38）。但这个说法在其描述自然科学对象的特性时似乎并不正确。毫无疑问，任何起作用的社会趋势必将依赖于某些处于正常状态的社会结构。但是，任何自然趋势的运行都必须以完全同样的方式以自然结构为条件。因而，正如任何使（资本主义的）利润率下降的固有趋势将取决于受支撑的资本主义结构或其他各种适当的条件一样，水能溶解糖的自然倾向只有在有水的地方才能变成现实。这两种结构都存在于目前的地球上，但在金星上却显然没有这样的结构。

现在，某些自然机制不依赖于其时空方位的情况看来的确是真实的。例如，牛顿定律，包括引力的平方反比定律通常都是依据这个观点进行解释的；电磁定律和量子力学也一样。但是，一旦我们将话题转到宇宙学和探索宇宙的起源问题及它的发展方式时，这些例子看来就成问题了。从这个角度出发，下面的陈述至少是可行的：这样的"定律绝对随着时间的推移而变化；例如，引力随着时间变化，这个反比平方定律具有一个力，这个力取决于自从时间开始以来它有多长时间"（R. 范曼[Feynman，1988：206]）。事实上，1989 年在其最初版的附记中，R. 巴斯卡承认，对自然主义的暗示的本体限制"只表示关于物理与化学的标准哲学概念的一个必要的限度"（Bhaskar，1979[1989]：175）。但是，这里的一个根本目标，即 R. 巴斯卡本人确定无疑的贡献，就是要批判与超越这些标准概念，即使是有影响的概念的话。正是这样的概念才解释了广泛流行的却是错误的印象，即认为只有在各种实践致力于揭示无条件的普遍性的时候，它们才是科学的。坚持这种做法要求尽可能纠正科学成果必须采取恒定的事件关联的形式的信仰。现在必须承认，科学的任务是鉴别与理解支配实际事件的结构和其机制，但结构与机制本身也只是相对持续的。

再强调一下，自然科学比社会科学更成功的断言需要小心加以解释。无疑，必须适当考虑到这样的事实：自然科学一般（并非唯独）关注的是改进其关于相对无变化或只是缓慢变化的实在的理论，而社会科学关注的是对相对变化快速的，即具有高度具体时空特点的世界的理解，并不断改进着对它的理解。由于自然科学的某些分支在一定程度上也关注相对变化快速的实在，社会科学的许多成功之处也许很容易与这些分支的成就相比较。无论如何，所进行的任何对比应当是经过深思熟虑的。的确，我以为如果情况确实如此，你就会发现社会科学实际上做得并不那么差劲。无论情况可能 225
会怎样，结果仍然是，社会结构与社会机制变化较快的性质和其较大时空特殊性本身就足以使解释学契机更频繁地出现于社会科学。我认为，正是这个观点总体上解释了 A. 科利尔的观察，即解释学契机在社会科学领域总是相当突出的。随着结构和行动的不断改变，社会科学家常常需要重新调查研究正在发生的情况，以便跟上本来就不可预测的发展形势，其中包括人的观念的转变。仅仅出于这个理由，解释学契机在严肃的社会科学研究中通常相当显著。但是，如果这标志着社会科学实践的一个区别性特征的话，单独依据这个特征还不能得出结论说，社会科学正在走向失败，自然主义的可能性被减少了（不过，它的确是社会科学研究的一个特殊性的标志，即植根于实证主义指令的现代正统方法看来是完全不可能被弄明白的）。

尽管有所有这些考虑，最终还是不能否认，特别是在最近的五十年左右，很难确认主流学院派经济学的任何显著的成功（解释力强的、富于启发性的假设），更不用说发现了堪与自然科学的成就相比的研究成果。那么，为什么特别是主流学院派经济学表现得如此差劲？解释恰恰在于这本书试图挫败的那个机制。那就是，现代学院派经济学家，无论出自什么理由，无疑都在启蒙运动的某些伟大成就的影响之下，带着一切科学工作都是或必须是寻求涉及恒定的事件关联的疑惧忧心忡忡地继续劳作着，目标仅仅是演绎主义的建模工作。

换句话说，我不认为主流经济学的失败是高深莫测的异常复杂的动态的社会现实造成的结果，甚至也不是有意义的实验控制的不可行性造成的结果。更准确地说，该学科的连续失败必须归咎于往往是不相关的、特别形式化的方法与技术，经济学家们天真地不假思索地运用着这些方法与技术，绝望地希望由此能获得对这个不适于应用它们的人类社会的领悟。

当然，由于未意识到这一点，加之该学科长期以来未取得任何重要成果，反过来导致了其失效策略的发展，即致力于不断提高建模技术的复杂性的水平，或借助计算机模拟，等等。简言之，它导致了与判断失误的、想当然的、几乎无成效的、受到支持的标准科学观念相一致的任何回应。这里的意
226 图是要表明，所有这样的努力都有可能靠近要点，尽管一切都不尽如人意，使其成为一门成功的作为社会科学的经济学仍然是一种可行的选择。然而，为了实现这个可能性，重要的是经济学家们必须放弃其预先形成的偏见和经过检验显然站不住脚的关于科学结构的各种实证主义观念，集中力量形成正确的方法，使其适合与社会实在的本质有关的可用的深刻见解。通过这样做，经济学家仍然会发现，自己在与自然科学家事实上成功地解释了各种各样的自然现象一样的意义上，解释着社会现象。

第十六章　抽　象 227

我已经概述了较早勾勒的受社会本体论理论支持的许多概括性目标和解释性推理模式。虽然通过这样做我已经推论出一些常常有可能被涉及的一般研究程序的结果，但是，仍然有一个程序我几乎没有明确论及过，而这个程序对任何认知理论都至关重要。我指的是抽象方法或抽象过程。尽管现代学术界对社会进行理论说明时对这种方法只给予了有限的明确关注（令人感到好奇的是R.巴斯卡的著作），抽象却是一种科学中必不可少的方法。另外，鉴于常常听到正统“经济建模”本身就建立在抽象的基础之上的断言，我要指出的是为什么我所指的程序根本就不能化约为讨论中的“建模”活动，这一点极其重要。

这里，我根据其传统意义解释抽象，即集中研究某事物的某些方面而暂时忽略其他方面。这个过程是集中研究某事物或某些事物的某个特征或某些特征，其他特征则仍然存在于其背景之中。举例来说，在考虑铜具有良好的导电性能时，我可能会主要思考它的原子结构，由此从其颜色、质地、延展性等中进行抽象。结果是，总是有某种被从中抽象的东西。的确，假如总是记着这个要点，也许就可大大避免主流经济学中大量误用该术语的现象（我们将在下面遇到这种情况）。

那个被从中抽象的东西是具体的事物。抽象的要旨是使一个或更多方面、组成部分、各种属性及其相互关系具有个体性，以便更好地理解它们。一旦完成了这个过程，就有可能把各种各样的分别理解结合或综合成一个重组那个具体事物或对其提供一种更好的理解的统一看法。这样，对铜的各种特性或各个方面的理解就有可能表明其适用于某项具体的实用技术。因此，具体事物可被最终理解为一个综合体。[1]

1. 抽象与批判实在论 228

这样一来，抽象，如这里所解读的那样，既可被恰当地应用也可被不恰当地应用。这种方法没有什么固有的东西，能离开对那种类型的具体研究对象或必要的重点等的考虑，要求抽象必须是相关的或富有洞察力的。特别是，这个把抽象理解为抓住一个具体重点或强调什么的方法，会立即提出关于适当的优势点、概括化水平和有关的时空延展或所涉及的范围的问题。即是说，在设定边界、突出代表抽象过程的特征的同时，就会获得任何分析的具体的优势点、概括化水平和特定范围。重要的是要认识到对这些参数的恰当选择不能离开对其他因素的考虑而确定。

从最终意义上说，分析的语境是关键问题。不过，有些东西仍然可以说是关于在承认批判实在论的观点之后接着发生的各种结果的，尽管具有其相当抽象的性质。即是说，有可能预料抽象的各种确定的中心任务，这些任务关系着揭示和理解，产生有差别的和开放的自然界与人类社会的事件与事态的实际过程的各种力、结构和趋势。特别是，抽象无论是在对要解释的现象的初始分析中，还是在试图说明产生那些现象的机制中都起着根本性的作用。如果某种重大经济现象是一个引起某种结果的事物的结合物，就可将它分解为其各个因果构件，接着将其分解为各种不同的因果机制的不同结果。集中研究一个或几个这样的构件就是从最初现象中进行抽象。例如，秋天的树叶可以从它落向地面的这个特点看，或可从它在微风中"飘动"的特点看，甚至仅从它带红色的颜色的角度看。经济结构也可以通过在其他因素中集中研究所拥有的某些力和趋势而被从中抽象出来。如果我们集中研究人类个体的具体能力，这一点就显得特别清楚。

如果我们大略地检讨一下，在批判实在论这个主导术语之下被系统化了的本体理论，是如何对刚才说的确定重点过程中的各个方面产生具体影响的，即在决定一个抽象的优势点、概括化水平和范围（或扩展）的过程中是如何影响它们的，这些主张就可被详细阐明。

2. 优势地位

对任何需要解释的具体现象的选择都必然会反映研究者的优势地位，这不仅是因为任何个体的素质和其他兴趣都取决于该个体与其他个体的关
229 系，还因为任何个体获得直接经验的可能性都是高度相对的事实。确定要解释的具体现象总是取决于观察者的地位、观点及其悟性。

例如，没有经过医学研究训练的某个人，也许在看了 x 光片之后，可能会从人体解剖学的角度深思如何解释颜色较浅或较深的斑点的问题。与前

者相比，一个经过一些医学训练的人也许一眼就会看见一个不应当在那里的斑点或图形（从大多数人的 x 光片不会显示这种现象的意义上说），因此，就会去思考如何解释它。但是，如果一个经验丰富的外科大夫观察同样的那张 x 片并发现“斑点”，他或她也许立即就会“认出”那个不受欢迎的东西，并会思考它是如何出现于那位病人体内的。对每个人来说，对比物、要解释的现象，以及要解释的对象是互不相同的。[2]

再举一个人们更加熟悉的例子：一名经济学专业一年级的大学生，在检查所做的一个统计估计项目结果时，也许对所有显示出的诊断提示感到困惑不解，不知道如何解释它们，而一名有经验的计量经济学家，一眼就能看出根据各种常用的标准选择的方程是否表现良好。

我们还看到，不只是对要解释的现象的选择反映了我们的知识、理解力、价值观与兴趣，最终这些东西还与追求的那套具体的因果因素有关。当然，我们不能说明任何现象的全部因果史。我在前一章里说过，如果宇宙起源于“大爆炸”，那么，这也许是当今任何社会现象的因果史的组成部分，因此，也是对其解释的组成部分。同时，当今社会生活主要依赖于引力的作用，因而也部分地由引力作用来解释。然而，鲜见有社会科学家在说明社会现象时明确提到任何这方面的因素。我们在第十五章中看到，之所以这个因素并不重要，主要是因为解释本来就是对比的。当我们想要解释现象 x 时，我们会着重提出这样的问题：“为什么是 x 而不是 y?”目标不是要详细阐明某种现象的全部因果史，而是要确定后者的因果史与所选择的对比物的因果史之间至少一种有意义的差别。因果解释的这个特点，在反复出现为什么某种能动性与另一种能动性往往表现不同的问题的社会领域，似乎特别明显。尽管对比的性质决定着我们的研究要进行到多久之前或多远之处才能找到的满意解释，我们选择的对比仍然反映着我们的兴趣与理解。 230

3. 概括化水平

当然，之前那句话的第一部分至关重要。无疑，研究人员的个人兴趣和其他有关方面在确定事件中的哪些因果因素应被追寻时很有意义。因而，举例来说，女性主义经济学可能特别注重迄今未在男性占统治地位的学术界引起重视的那些因素（见第十九章）。但是，社会科学家们的兴趣通常不会构成或形成那些因素。能够产生实际现象的因果机制在自己的存在层次上存在着，在大多数情况下独立于任何调查研究。

因此，如果对要解释的现象的选择与观念和对对比物的选择与观念总是取决于个体调查者或一个专门的研究群体的话，与判定充分解释相适应的抽象的概括化水平（考虑到对比物）将取决于是其真正缘由的结构或机制的性质。换句话说，抽象必须致力于鉴别和理解对我们要解释的现象（包括对比物）极其重要的实在的那个特征或几个特征，而不是譬如说致力于确定仅仅是最一般的那个特征。

例如，如果我们要说明现在生产物品通常是为了在市场上交换，而不是为了生产者目前或将来使用，我们的解释就不可能以只属于一个具体公司的各种特点为依据。的确，为交换而进行的生产，即商品生产，看起来就是资本主义生产体系的典型特征。因此，对在很大程度上影响这个现象产生的方式的机制与结构的任何分析，都必须是在高度概括化水平上的抽象，特别是在资本主义的所有生产方式共有特点的水平上的抽象。相反，如果需要解释的现象的特点是，一家具体的公司的价格，譬如说，比其竞争者们的价格低 50%，或其生产增长率是两倍之高，那么，将必须在明显较低的概括化水平上，重点解释当地的雇主与雇员关系的突出特征，等等。同样，需要理解妇女主要集中在就业的第二部门这种现象的抽象水平，必然会高于需要解释 1979 年玛格丽特·撒切尔如何成为英国首相的抽象水平。

231 现在，重要的是要认识到，当在较低的概括化水平上进行抽象时，在较高的抽象水平上已确认的任何机制或使成为焦点的实在的各种特征，不能由此被无视，当作微不足道或不相干的东西。因此，关于对资本主义生产极为重要的机制的任何观点，和在高度抽象的水平上被确定的那些机制，如果正确的话，将与分析和理解在较低水平上解释更具区域性和历史性的各种具体因素与对比同样相关。的确，正是因为积累、竞争等的基本过程在整个资本主义世界发挥着作用，通常情况下，史地特殊性或发展中的非均衡性就被视为特别引人注目和需要解释的现象。再说一遍，集中研究实在的各种高度具体的语境特点，并不是要把重点之外的那个在较高或不同的概括化水平上运行的特点，当作某种假设能被排除的东西看待。重复地说，某种东西总是要被从中抽象出来的。

4. 扩展的范围

我们能够最终注意到，上面区分出来的抽象的额外的维度，即其范围或扩展,取决于由概括化水平和调查者的知识与兴趣决定的优势地位。广义地说,任何引人注目的特点的概括化水平越高,需要理解它的抽象的扩展则越大。因而,如果抽象是要确定一套对资本主义生产必不可少的机制,其扩展将不可避免地会包含资本主义生产体制业已存在的时空区域。相反,如果重点落在一家具体公司在可比情况下与其他公司的表现特色有关的那些表现特色上,那么,其时空扩展就有可能被明显限制在可比较的范围内。

根据在批判实在论的标题下被系统化了的本体论的理论,特别明显的是,对社会分析起关键作用的抽象特征的清单中不仅包括优势地位,而且包括概括化水平以及范围或扩展。如果与概括化水平有关的各种考虑对鉴别在一个不同层面上运作的对某种现象必不可少的机制至关重要的话,根据现在清楚认识到的社会领域的物质的内在动态性与内在关系性,考虑扩展具有特别的意义。当抽象对所选择的重点划定了空间边界时,就会由此对 232
在任何时间点都可纳入考虑之中的相互依赖性施加各种限制。当抽象过程对所选择的重点设定了临时边界时,就会由此对任何可理解的具体方面的历史施加各种限制,包括任何特点的既往的发展和其可能变成的事物。因而,在解决任何具体问题时,需要具有选择恰当的概括性和抽象范围的特殊技能。为了阐明一种负责产生某种有趣现象的结构,有必要鉴别对那种结构的效力、其存在和再生产的方式来说必不可少的关联与关系。对任何一个或一套结构的理解都需要确定其内在关系性与其具体历史的性质。[3]

请注意,这个观念并不会削弱在那一刻及时明确而个别地考虑一个具有内在关系的结构或动态过程的特点或方面的可能性。更确切地说,其含义是说这样的特点不能被认为是像点滴事件那样的孤立的暂时现象。每一个特点都必须被看做在表达着与其相关的、剩余的或全部的特点及其自己的历史。举例来说,当我们把眼光集中于在运动场一侧准备开始发球的一名足球球员或曲棍球运动员时,我们并不假设暂时不在视野中的其他运动员就不再存在。实际上,我们解释我们正在观看的那名运动员的目标或策略,是依据以下条件进行的:我们对其他运动员,比赛规则,以及该运动员的个人雄心、能力、信心和历史的理解与期望,和我们对他或她对其他运动员的策略与能力等的理解的评价。

5. 抽象与概括化

让我再强调一遍,刚才讨论的关于抽象的核心作用的观点受到批判实在论提供的看法的支持。当然,我并不想暗示抽象不是必不可少的,不管所提供的关于科学的观点是什么。不过,不同的观点的确支持着在如何最有效地利用抽象的核心作用的问题上的不同的竞争观念。特别是,对于目的在阐明事件之间或事态之间的规则性的科学实证主义的指引下的那些观点来说,抽象的目标不可避免地成为寻求相似性的形式关系而不是揭示实质。正如与这个观点保持距离的 M. 多布(1972[1937])评论它时所说的:

> 目的不是把抽象建立在在某种情形中什么特点是至关重要的、什么是不重要的事实证据之上,而是仅仅建立在结合各种各样不同情况
> 233 下共通的特性的形式程序的基础之上,即从类比中建立抽象。
>
> (M. 多布,1972[1937]:40)

当然,某种概括也是这里承认的一个目标,即在各种事物的必要关系与趋势的"较深"层次上决定非经验特征。然而,这些东西不可能仅靠采取追求广义概括的先验目的而被揭示出来。正如 M. 多布所做的结论那样,实证主义的抽象形式在广度上获得的东西在一定程度上比在深度上失去的多——在与成为关注焦点的具体形势的相关性的意义上说(Dobb,1972[1937]:40)。

例如,经济结构的一个特点是,对人类活动的某种形式的至关重要的解释大部分是与语境高度相关的。因此,通过仅仅寻求广义概括过程,经济结构可能很容易被从其语境相关的但往往是极其重要的内容中挑选出来。劳资关系也许可被确认为人类社会的一个广泛的特征。但是,这个观察是随着时空推移从这种关系的性质的无数变体中抽象出来的,这无疑不足以理解存在于任何具体地区或地方的、人类演化的具体阶段的、各种各样的工作实践与活动。同样,指出诸如人们具有偏好或信仰或进行选择的能力这样的概括性,还不足以提供这些生成结构或各种因果力的细节,以解释受其支配的人类活动的任何具体形式。[4]

也许,仅仅追求广义概括和把抽象推至远到其几乎没有任何实质性内容的地步的最大危险,产生于它们因而需要其他命题的补充以便获得任何分析价值的事实,因为这就会为把各种"高度人为的"或"冒牌"的抽象,或更准确地说无需费力的各种虚构包括进来打开了方便之门。换言之,几乎完全空洞的抽象很容易,即使不是故意地,也会被以不正当的方式操作或"强化",结果真正得到的是根本不再是抽象的各种概念。这样做的结果,强化的新加物也许会被那些使其公式化的人(正确地)解释为不是抽象,而是

典型的假设。但是,这并不把它们或受它们影响的活动解释为因此而在一定程度上无害的或中性的东西。例如,在主流经济学中,这样的未被注意而偷偷进入的所谓“假设”,通常被设计得能使从数学上处理方便,获得系统封闭与完整的或诸如此类的东西,而不是获得对正在起作用的真实因果机制的理解。

这样,如果原始抽象独自拥有的解释性内容极少,那么,不可避免地就 234
会由新加的“强化”假设来做所有工作并决定结果。认识不到这一点就可能或者导致糊里糊涂地错误相信,这些假设最终会被能说明真正的生成机制的实质性特征的理论所代替,从而不会致使整个构造彻底崩溃,或者导致错误地企图从各种那样的构造中抽象出比有可能是正当合理的意义更多的意义。这一点再次看上去像 M. 多布已经强调过的一个重点:

> 有引入未受到注意的纯粹想象的甚至是矛盾的假设的危险,总体上忽视从这些抽象的命题中演绎出来的必然结论可能具有的意义是多么有限的危险,和忽视其他具体因素(在这样或那样的具体情况下这些因素可能是主要影响力)的在场可能带来的附带条件的危险。从这种抽象方式中产生出来的命题所具有的意义绝大多数时候只是形式意义,最多不过告诉我们对如此这般的关系的表达必须在一个人的任何一种等式系统中找到一个位置。但是,那些利用这样的命题并根据其得出结论的人却很少留意这个局限,在把它们作为真实世界的“规律”应用时,无一例外会从这些“规律”中抽象出比其抽取出的真实内容可能具有的更多的意义。
>
> (M. 多布,1972[1937]:41)

6. 抽象与经济“建模”

如果那些相信人们熟知的实证主义结果的人在抽象过程中(只是寻求广义的概括,而不是试图鉴别对某种引人注目的现象异常重要的东西)不可避免地会从错误的方向出发的话,还有一个现代经济学特有的更大的错误,那就是依赖对什么是抽象的错误理解或错误解释。因为,在现代主流经济学中,抽象不仅仅甚至不主要被解释为在重点中暂时忽略某种真实的东西的合情合理的活动,更确切地说,任何时候只要明确说到此术语,都几乎专指排除某种真实的东西的(特别不正当的)活动或结果,甚至专指整个不考虑真实事物的活动或结果。不把抽象视为单单重视一个实体的一个方面，一个暂时进入视野的方面，经济建模于是把抽象解释为似乎讨论中被重视的那个方面是孤立存在的——尤其是那个方面摆脱了内在不稳定性的问题。

235 换句话说，在主流经济学中，抽象这个术语成了代替经济现象是在与通过实验控制所获得的现象同样的条件下产生的这种虚伪说法的措辞。各种经济现象在世界其余事物都不存在、不确定性被彻底驱除的意义上被封闭地“做成模型”，正如既成事物与“新生事物”、伤亡率、系统错误、冲突与危机、内在关系与转化的发生过程被封闭地做成模型一样。在抽象的名义下，证明不适用于演绎推理模式的社会实在的一切特点最终被人为排除。与现代建模方法的、两个凌驾于一切之上的封闭条件（讨论中的材料被视为既是原子状的又是孤立的）不一致的那些特点，决不允许在抽象标题之下被纳入该框架。譬如说，当某个人走进音乐会后，即刻就把目光集中于一件具体的乐器，仿佛管弦乐队的其他东西都不存在；或者，当我们把目光集中投向上述乐队的主奏时，仿佛对面的演奏者和协助的中场演奏者都不再在现场似的。简言之，抽象的概念仅仅被用来掩饰已经遭到反对的原子论与孤立主义的那些谬论。

注意，这样的虚构化一般地说不可能被正当地辩解为一种探索性的设计，说成是一种有用的第一近似法或步骤。在第九章中，我们曾遇到“逐步接近的方法”，这个方法由 A. 马斯格雷夫（Musgrave，1981）提倡，受到 L. 诺瓦克（Nowak，1980）的支持和 U. 梅基的考查（Mäki，1992a），其中还有其他人参与。这是一个逐步进行的程序，在此程序中首先对实在作为似乎是孤立存在的东西的特点进行研究，接着，那些条件被理解后，又与第二个特点结合，然后第三个，以此类推。现在，可以欣然承认，这样的一个程序也许是符合逻辑的，如果被分析的材料具有这样的性质的话，即它的确能被分解为原子状的孤立的部分，其结果能被机械地相加起来或者以可预见的方式结合在一起。然而，问题与 J. S. 穆勒（Mill）和最近的 N. 卡特赖特（Cartwright）[5]两人相反，只有 J. 凯恩斯毫不含糊地承认，社会材料通常根本就不符合这个必要条件。

回到我们的足球和曲棍球比赛，似乎那名手里拿着球的队员可被当作仿佛处于孤立状态的事物，这至少可被当作逐步接近的方法的第一步或第一近似值。或者，似乎该队的教练从那名著名球员将是球场上唯一的假设出发决定比赛的战术。事实上,对那名拿着球从对方的球门奔跑或从远处直接踢球或击球的运动员来说,即便这个限制也过分宽松。换言之,我们观念中的那名运动员并不足以是原子状的。各种内在封闭条件必须被完全取消,只有那名球员可能的各种内在状态中的一种必须被搁置一边或被隔离开来。正如一切别的因素一样,内在复杂性可被重新加进去,它必须被设想为构成逐步接近方法的渐进程序的组成部分。 236

把这样的一种程序作为社会科学的概括工具真是荒唐之极。[6] 相反,继续举体育运动为例,合理的策略只能是循环跑进和跑出不同的焦点范围,有时"往后站",把场上的运动当作整体看,有时把目光集中于个别的一些方面。如果要强调一下的话,有时,可从一名运动员与球门的关系的角度解释他或她,有时,从该运动员的经历(什么被认为是他或她的技巧、技术能力和力量,等等)角度或从比赛本身的沿革(例如,根据裁判员处罚某些犯规行为的公认的倾向)的角度对其进行解释。

如果这种循环进出,即焦点与看问题的角度(取决于我们在何种意义上理解那种现象)的不断变化是理解一场足球赛或曲棍球赛唯一方式的话(当然,在一场电视播放的比赛中,这种循环进出或摄影机将比赛中的具体方面拉近推远实际上是随镜头发生的东西),它也是获得对社会和经济的理解的唯一途径。如果我们在这里着重研究变化着的生产率表现,在那里着重研究工作条件、上升或下降的失业率,等等,我们并不设想我们抽取出来加以强调的那些特征是孤立存在的,甚至不认为其是暂时的探索手段。如果要这样认为,那就是要假设一个与我们生活着的世界完全不同的世界,一个与其没有关系的世界。的确,对在现代建模中描述的、在封闭而孤立的状况中行动的、原子状的、似无所不知的不可错的("经济理性")的能动力的虚构,的确构成了这样一个不同的世界,一个对了解我们自己毫不相干的世界。一句话,确实在暂时让某种事物离开焦点与把它看作似乎不存在的东西之间有一个不同的世界。获取一种抽象和把某种事物看做其似乎存在于孤立状态中根本不是同一回事。

意指从"单方面"研究某个事物的抽象在科学中是必不可少的,其目的在于使一个具体实体的某个组成部分或方面具有鲜明特点以便更好地理解该实体。至关重要的是要认识到这需要理解存在于各种关系范围内的那个方面,而那些关系对其存在和活动的模式必不可少。抽象的目的并不是要掩饰讨论中的那个方面是孤立存在着的假象或证明这个假象正当合理。特别是，如在社会科学中那样，在有意义的严格控制的实验方法显得不可能的地方，抽象不能有效地用来指“建模”（使用该术语肯定不能使“建模”合理化），它假设与那些通过严格控制的实验设计出的各种条件相似的条件毕竟已经出现。的确，抽象方法允许科学研究在没有这样的条件出现的情况下
237 继续进行。尤其是，当其被巧妙运用时，抽象，能够使我们接近于理解一个有结构的动态的整体的实在。换句话说，抽象虽然不是主流经济学家基本上不相关的建模活动的许可证，却是能帮助阐明我们生活在其中的开放的人类社会的一种方法。

第十七章　论经济学中的真理 238

在考虑与我一直维护的观点相一致的一个经济解释的示例之前，我想应当考虑一下可能获得的任何结果的地位。我自始至终认为（并在第五章中详尽地进行了论述），我们的理论是可错的，在历史长河中是短暂的。我现在要消除这个观点也许会给人留下认识中的客观真理的可能性因此会被排除的印象。这一点看上去很重要。因为相信不可能有真实理论甚至实在理论，也许本身就可能鼓励公认的、在现代经济学中很流行的、那种虚构归根结底是站得住脚的想法。

1. 真理的本质

我们能够直接观察到，许多经济学家，包括许多计量经济学家，的确明白无误地断言真实的理论或模型在实践中无法获得，也许在理论研究中也无法得到。[1] 似乎很有可能在得出这样的结论的过程中，这些经济学家事实上，即使是隐晦地，坚持把关于认识和真理的各种概念看成是同一性关系或更一般地说是对应性（correspondence）[2]。无疑，对经济模型这个术语的广泛使用与这种观念是一致的——似乎后者在某种程度上是原始物的袖珍的、按比例缩小的或者以其他方式加以简化的、不同版本的地图。经济学家们频繁地谈论与其建模有关的“地图绘制”，他们常常说，以一比一的比例绘制出的地图，由于和它所描绘的对象一样复杂，因而全无用处。从这个观点出发，结论必然是由于社会实在的复杂性，任何可行的绘制都绝不是同形的。这样一来，论证逻辑似乎是，所有模型都不可避免地是对事实的歪曲，真实的模型或理论几乎是不可能获得的。

不管任何一个经济学家是否彻底（或明确地）坚持这种推理思路，或者赤裸裸地表达事物，在这里把这种立场视为一个明显的参照点无论如何还是值得的。从已经过去的一切中应当很清楚，与上述思路相一致的关于认 239
识与真理的观念，即把认识与真理看做论述与额外推论出的实在之间相一致的各种关系的观点，是从根本上误导人的。在第一部分中，我们已经看到，客体的（基于存在的）不可迁性或本体实在论（事物是一般存在的，其行动独立于我们关于它们的认识）的命题是如何必须与认识或认识论的相对论（除了在具体的历史中转变的描述下外，没有办法知道什么存在着）的历史可迁性的命题联系起来的。举个例子来说，科学连续性和变化的普遍现象，只有在我们承认认识客体的不可迁性与可迁性之间的区别的条件下才是可理解的。因为只有到那时，我们才能一方面弄懂我们对世界的认识中的科学发现和变化，另一方面弄懂世界本身发生的变化。即是说，除非认识和其不可迁客体具有相对独特的存在与历史，就不可能区分科学变革与自然发生的各种变化，结果是前者将可能是不可理解的，或者是决不会被注意的。

换一种说法，科学的连续性与变化现象的可理解性不仅不需要富有创造性的主体构成世界（如在包括其后现代主义或实用主义的各种变种在内的唯心主义中那样），而且要求思想不能被看做世界的一种机械性功能（如在经验主义中那样）。更确切地说，认识必须被视为由社会生产的材料组成，通常是象征性地通过中介促成和形成的，且具有具体的历史特征，在物质方面不可还原为其不可迁客体。无论是科学之内还是科学之外，当我们谈论或写作关于事物、结构、事件与事态的话题时，我们只能在具体描述下，在既不能还原为其表达的客体也不能与其表达的客体同形的描述下谈论、写作和认识它们。

2. 客观真理

然而，承认认识的可错性和可迁性并不是因此要否认存在客观真理的可能性。更准确地说，依据世界存在的方式，许多命题是真的或包含着真理。这里没有必要也不可能拒绝那个一致性理论的不明言的前提，即真理，至少在其众多层面的某些层面之下，[3] 可作为许多命题的一个重要的客观特性。在这里，很多计量经济学家的直觉是可以接受的。因为，似乎很明确，当他们在建立他们模型中既拒绝承认真理的可能性又拒绝承认真理的现实性时，特别是当他们宣布这些模型尚不是真实模型时，这就意味着真理正在
240 被解释为某种客观的东西。真理正在被公认为某种独立于任何个人信仰而成立或存在的东西，这也许是因为实在的复杂性因而常常强调真理是不可达到的这样一种看法的结果，这种看法依赖于世界存在的方式。[4] 这种对真

理客观性一面的隐晦的承认正是我要明确保留的东西。

但是,代替认识与真理中对应性(或地图绘制)概念的最好是“表达”这个概念。这个术语,像任何其他术语一样,具有表达认识的那个特征的内涵,即认识的确具有可错的、历史上短暂的、可转变的特征。这提醒我们,不存在涉及认识的同一性或对应性的必然关系。它表明,被表达的事物,即任何表达所指的事物,绝不可能被还原为或绘制成其表达,正如表达绝不可能被还原为或绘制成被表达的事物一样。但是,这后一种情况,如果要强调一下的话,并不会削弱命题的真理的可能性。的确,“现代西方社会比较复杂”这一陈述,事实上似乎是人们熟悉的(如果是错误的)经济理论化必定是非真实的或假的这个断言的前提,从世界存在的方式来看,这个判断也许是千真万确的。然而,不管情况是否如此,很清楚的是,这里并不存在任何涉及地图绘制或对应性的问题。

承认我们的认识的这个方面,并不是要否认经济学家,像其他任何人一样,必须对其客体采取从单个方面研究的观点。但是,在这样从单个方面看问题时,在这样从具体方面进行抽象时,关于结果并不存在不可避免的虚假。尤其是,重复一下前一章的一个评价,突出某个事物的具体特点,例如一种社会制度或一个人,本身不是把那些特点当做孤立存在的东西看待,或者要将它们进行必要的歪曲。如果我将目光集中于一个人的眼睛,试图看出他或她对我正在说的话作出的反应,或者如果在把我的印象告诉其他人时我描述他们,我并不设想他们孤立地存在着;我也不必然以任何方式歪曲那个人的反应。(当然,正如我在第九章中所强调的那样,关系到把某事物表达为理想化时,甚至也许不存在任何歪曲。它取决于那个表达的所指。理想化可能是真实的。)采取从单个方面看问题的方法本身并不是要歪曲,它可能包含着某种歪曲,但这并不等于就是歪曲。

3. 真理的表达与所指的双重性

使我正在论证的问题更加复杂化的一件事是,在日常交谈中,真理概念的使用方式总是存在着一种固有的两极性,至少这里考虑的客观性方面是如此。具体地说,在日常交谈中,真理这个术语具有既是命题的一个属性又是被表达的实在的一个特点的双重功能。举例来说,当我们谈到寻求包括 241
“只有真理,没有别的”在内的真实陈述时,它似乎是我们所说的前一种用法。对比之下,当我们谈到寻求(知道)"整个真理"时,它是第二种用法或讨论焦点的组成部分。前一种用法主要与对事件或事态等的描述或表达有关,而后一种用法(如果它不是相当无意义的话)则与任何这样的表达所指的事物有关,与被表达或能被表达与了解的事态的一套特点有关。

现在,这种模棱两可的特点,尽管不怎么好,并不限于我们关于真理的观念。它更普遍地出现于可迁的与不可迁的认识客体的非同一性之中。具体地说,某些术语被广泛地用来同时指可迁的与不可迁的两种客体,这就使得有可能把它们误解为一件事或相同的事。例如,在哲学和科学著作中,"科学规律"这个术语有时指一种机制与其行动方式(或不管什么),有时则指对其的一种表达。当一种现象需要解释时,在"解释"这个术语的用法中,固有地存在着同样的两重性。同样,"历史"这个术语既用于时间长河中某种结构或个体的发展过程与"走向",又用于对其发展过程与"走向"的某种描述。这种模棱两可的用法或双重用法甚至还应用于诸如"抽象"或"具体"这样的概念。K. 马克思在区分"真实的具体"与"思维中的具体"上狠下过一番工夫(B. 奥尔曼[Ollman,1993])。两者都是真实的,但这一区分有助于提醒我们同样的术语如何常常被用于横跨可迁的与不可迁的两个不同部分。

结论是必须承认在我们使用所有这样的概念时存在一种固有的两极性,因此,它们的意义通常只能根据语境确定。换句话说,任何这样的术语(这里我们又一次按 R. 巴斯卡的说法进行表述)最好被视为认识—实体的两面性或双重性,如同一个实质上是表达—所指的概念一样。真理,这里讨论中的其客观性方面采取了一种双重性的形式。真理的这种双重性依赖于这样的条件:虽然话语的所指事物,即形成认识的不可迁客体的各种条件与事态是(相对)独立于我们而存在的,但它们只能在认知话语中通过人的中介影响被我们表达。在其认识方面,真理用来认定在科学活动与话语中被作出或可能被作出的真理价值、真理判断和真理主张;在其实体性方面,真理用来认定所表达的事态和主张、判断、命题等的所指事物,这些被表达的事态与所指事物是独立于我们而存在的,凭借它们来判断我们的主张是真或不是真。

242 **4. 真理的标准**

前面主要概略地阐明了我们的理论可能是真的或者说可能包含着真理

的主张的含义。根据所主张的观念，经济学陈述或经济理论中真理的真正可能性是能够被承认的。当然，承认这种可能性也不能肯定地说，当前我们很有根据的断言是没有错误的。无疑，不存在来自外部的意图，没有“上帝之眼的视野”或“阿基米德的目的”，不必用这些东西来决定任何命题含有的真理。命题或语句不能被比作事态。正如已经注意到的那样，没有称之为一致性的第三种事物或关系。对一个命题的真理性的判断，决定哪些命题被认为是（可能）真的标准，对有关科学（或社会活动）必须是内在的固有的。没有办法对世界与语句加以比较，以看两者是否相配，必须承认认识的可错性。

还可以容易地承认，实际上应用于科学范围内外的标准也许并不全是本体论的和凭证据的，而往往出自于一个实用主义者的各种考虑（说服力、简单性、修辞标准、既得利益等），或有赖于一个一致主义者的各种考虑（与现有普遍信仰的一致性或与某种权威的信仰的一致性）。当然，哪些实用特点被看做是公正的将在很大程度上取决于占优势的社会的、文化的与政治的各种语境。举个例子来说，这是最近以来女性主义经济学家一直强调的某种东西。在经济学界，如在许多其他行业中一样，当基于性别、种族、阶级、种族地位等因素考虑问题时，说服力和其他实用性优点已经由一群很不具代表性的跨行业人士组成的团体规定了下来。因此，我们能认可 D. 斯特拉斯曼的看法：“只要论证、训练和社会化的各种方法对有着不同地位的生活、属于不同地位的团体、具有不同地位的经历的学者是有差别且是不得不接受的，那么，人口统计数据表明的事实在理论选择中就非常重要”（Strassman，1994：156）。[5] 所进行的这类研究反映了这些研究的许多受情境限制的性质。[6] 简言之，不仅认识是可错的，而且总是具有改变的可能性，对在科学中作出的并坚持的断言的详尽阐述，是依据各种各样的标准，其中无疑包括许多与确认其本体论基础无甚关系的标准进行的。

5. 判断理性 243

意识到这一点的一个结果是，任何研究团体所面临的一个重要挑战，在于承认其主张易受该团体成员的兴趣、价值观与视角的影响，并会受惠于上述几种因素。但是，并不因此会认为科学中的任何主张或断言都是同样好的，或者，具体地说，被认为有可能是真的认识实际上不可能是真的。D. 斯特拉斯曼的结论是正确的："认可一种独立于时间、历史、性别、种族、阶级和文化的分拣机制的不可能性，与说所有阐释都是同样有效的并非同一回事(1994:157)"。这里承认的认识上的相对主义命题(除了在具体的、历史上短暂的、以兴趣为导向的描述中以外，没有办法知道存在着什么)并不是主张"任何理论与任何其他理论一样好"的相对主义的命题成为必要。更确切地说，认识上的相对主义当其在一定程度上与本体上的实在论(如本书所论的那样)结合在一起时，是判断理性的必要条件与明确补充。虽然"承认知识命题潜在为真"的标准，也许包括实用主义和一致主义的标准(大概还有其他标准)，然而实在论的信念要求我们相信一些理论判断的力量，去阐明(相对而言)独立于心智的实在。根据实在论的观点，真理判断必须把描述与证据两个组成部分包括在内，这对任何实证主义和一致主义的真理观也是必要的。这样的判断必须建立在本体论的基础之上或从本体论出发证实其合理性，从而有助于使科学发现与发展成为一种理性的、有辨别力的、充分适当的过程。

根据这里论证的观点，即依据下面两种已发现受到哲学支持的基本解释模式或解释图式，理论主张是建立在科学的本体论的基础之上的。让我简略地重新表述一下它们。第一种解释模式，被称为纯解释或理论解释或抽象解释，是通过几个步骤进行的。第一，描述某种现象中粗略的规则性。第二，溯因某种解释机制，提出一种假设的机制，假定其按假设的方式存在和行动，就可能会产生被描述的那种现象，并照此进行理论构建。第三，详尽阐释那些竞争性解释，根据其较低的经验充分性将其中一些解释剔除。第四，这样一来就(有希望)成功获得对正在起作用的因果机制的确认，据此后者即成为要被解释的那种现象。

第二种解释模式被称为应用解释或实用解释或具体解释。在根本上开放的条件下，这种形式的解释至关重要，它以某种不同的方式进行。第一，
244 一个复杂的事件或一种令人关注的形势被分解为其不同的组成部分，分解为其分别的决定因素的效果。第二，用理论上有意义的术语对这些组成部分进行重新描述。第三，在回溯可能的先前条件的过程中利用对独立确认的趋势的表述的知识。第四，根据证据，即从经验上对可能的原因的各种竞争性解释进行挑选。

简言之，在纯解释与应用解释两种解释中，根据其解释力(在那些条件中，解释力可简化为预测力，例如在实验控制条件下，一个或一套机制可从

物质上被隔绝）对各种竞争性理论从经验上进行评价。换言之，科学理论可建立在与到目前为止已阐明的观点一致的本体论的基础之上。理论可以这样的方式被认为是经过证明的、有根据的、（可能）正确的，尽管不可避免地具有其相对性的一面。正是因为科学理论既是相对的（在历史长河中暂时的与可错的），又适合于在本体论上能被证明是正确的或有根据的（至少在能够这样做的地方），因此，我才在别的地方论证过认识从其性质看既是相对的又是绝对的这个概念，也论证过对真理的判断标准（见 T. Lawson，1987）。毫无疑问，承认一切认识都是相对的事实，并不能得出这样的结论：经济建模中任何程度的不真实性都可因此而被认为是正常的（见 Sofianou，1995）。

6. 虚假与纯粹谬误

这个概念的一个含义是，如果一种曾经被认为（可能）是真的理论最终被发现在某种意义上是不充分的，从解释力的角度看被某一替代观念所超越，那么，不可避免的结果是初始理论将作为纯粹谬误而被抛弃。我们在上文中已经强调过，“表达”这个术语的用法，或更全面地说，可归属于“表达—所指的”这样一个称谓，可用来描述这里支持的真理理论的性质。这种用法在一定程度上提醒我们，无论是理论上的建构还是其所指的事物都不能被还原为或等同于另一方——两者事实上并不相符。但表达这个术语还表明，有不同的描述事物的方式，包括较好的与较差的。因此，不可能事先假定一个既定的命题将是绝对真的或绝对假的。也许会是这样的。我在上面已经提到，类似“现代西方社会比较复杂”这样的一个命题可能是绝对真的——取决于现代西方社会的性质（当然是我们所谓的“比较复杂”这个说法所指的意义）。但是，诸如“太阳在傍晚落下”这样的命题虽然至今仍然被某些人认为是真的，但现代科学已不再认为它是最充分的描述。尽管如此，
这样的命题还是不大可能是纯粹谬误。这当然是个很有根据的命题，对事 245
态的真实表达方式仍然可能包含着真理。因此，虽然任何一个既定命题的真理是固定的或客观的，但是，这里讨论的真理的客观性方面仍然是有程度差异的。根据被（不同）表达的所指事物的性质，对实在的一定方面的某些表达可能比另一些表达更真。

然而，不能因此说认识的不可避免的可错性与认为具体的理论主张是

正确的或具有真理性的可能性是不相容的(和在从经验上已经被系统而广泛地评价过的那些具体主张中)。也不能说当认识凭借新证据被改变之后,最初的理论表达就必须被视为纯粹谬误而抛弃,且被认为不比任何其他虚假更好。我们甚至也不必对它们失去兴趣。的确,一种曾经被认为可能是正确的理论一旦被某种更具解释力的理论所取代,它就能发人深省地解释为何和如何最初的理论表达完全行得通(或曾经完全行得通)——从最近的更充分的概念出发对其进行解释。通过这样做,我们也许还想得知其继续应用的范围,如果有的话。这就是当我们解释继续使用“太阳在每个傍晚落下”这个断言时真正发生的事。从解释力更强的理论观点看问题,我们还知道这个概念的各种局限。

现在,有可能继续使用被取代理论的某些部分与其说是社会科学的一个特点,不如说是自然科学的一个特点。社会结构毕竟依赖于人的行动与人的观念,因此,也会随着人的行动与观念的纠正而变化。但这一切都依具体情况而定。无论如何,从这里所论证的观点出发,任何对先存在事态的解释,都使其能被理解,研究为什么某些观点过去被认为或被证明是成功的原因,这些工作显然是有启发性的。一句话,以往的成功可有效地与其当时被接受的环境条件和人们所理解的成功联系起来。

7. 真理与经济“建模”

这个具体确定以前被认为最具解释力而现在不再这么看的理论的成功条件的过程,就源于实证主义观点的科学形象而言,正是超验实在论所取得的成果。实证主义观点关于成功的条件,在天文学之外,主要是实验控制的那些条件。在那里,一个或一套内部稳定地机制被隔离,从而在经验上能被确认。在确认这个科学观念关于成功条件的过程中,其各方面的局限性也
246 被暴露出来。超验实在论的这个成就的最值得注意的一个特点是,发现科学分析的实证主义观念几乎完全不适合于社会领域。因而,在广泛流行的社会封闭的前提下构想出的理论或观念与真实社会的许多方面不可能有多大的相关性。肯定地说,频繁提出的各种假说,假设了孤立经济、均衡态、无所不知的代理人、两种商品世界,等等,它们并不是那种具有较强的实证解释力的理论(这种理论只有在后来发展出更具实证合理性的理论之后才能被取代)。它们早就只不过是明显的虚构,一些矫揉造作的玩意儿,一些转

眼就被视为相当荒唐的东西。它们依托于科学的表象，预设了演绎主义的解释结构：演绎主义固然取得了某种程度的成功，但这些成功所依赖的条件，正如我们已经反复提到的那样，是社会科学所不具备的。

简言之，认识的可错性既不能排除认识中含有真理的可能性——当然绝不可能削弱其对真理的追求——更不可能认可学院派经济学的荒唐虚构，尽管有时这样的虚构被理解为多少有点道理的东西。更确切地说，认可本体论实在论就意味着对能被合理坚持的东西施加了额外推理实在的限制。坚持认识上的相对主义与（本体上的）实在论相结合的观点支持判断理性，从这个观点出发，我们发现现代经济建模的大量做法是很差劲的。在以抽象的名义之下，或在社会实在的内在复杂性的基础上，或认为所有认识都是可错的、历史上短暂的等条件下，追求后者只会造成混乱。经济学的整个建模理论与任何有一点真实性的事物存在差距，即便在承认上述关于认识相对性的评论的条件下，也必须要承认这是一个总是在一定程度上表现纯粹虚假的观念，一个也许必须被整个抛弃的观念。

247 # 第十八章 例证说明

现在该谈谈具体一点的东西了。为了完整起见,我至少应当提及从广义上看与批判实在论相一致的那些实质性经济理论或经济分析,并对它们发表一点评论。[1] 确切地说,根据前几章中强调的重点,似乎我有必要适当提一提某些对社会现象的有经验根据的解释,那些解释是从随着时间推移而被再生产出来的结构与机制的角度出发作出的,在那里再生产本身也得到了解释。我可集中讨论大量实例。在一般层面上,很容易指向 F. 哈耶克的自发秩序论;A. 斯密关于劳动分工的理论;J. 凯恩斯从股市上涨、流动性和其对有意义的投机活动的助长的角度对投资不稳定性的解释;K. 马克思对资本主义的分析,其中包括对产生各种各样的超事实趋势(诸如对利率下降的分析)的结构性条件的再生产的分析;等等。[2] 我已经在别的地方进行过大量论述,产生于现代制度学派[3]、后凯恩斯主义、奥地利学派与马克思主义传统的理论大体上与这种方法一致(见 Lawson,1994b)。我还发现与目前在女性主义经济学的标题之下正在崛起的思潮明显重叠的现象(例如,见以女性主义经济学命名的刊物中的文章;收集在 J. 汉弗莱斯[Humphries]1995 年编的《性别与经济学》一书中的论文;N. 弗伯尔(Folbre)最近[1994]对包括社会关怀结构的再生产的方式在内的劳动的性别分工问题的分析;或 J. 纳尔逊[Nelson,1996]的经济学科中的性别研究等)。其他最近发表的论文采取了广义上同样的方法,其中包括大量在演化理论的标题下成为一个体系的著作(关于这一点,见 G. M. 霍奇逊[Hodgson,1993a]),还有一个"路径依赖"文献(与大卫[David]在 1985、1986、1992、1993 和 1994 年出版的著作密切相关)。这些著作的方向明确,都是为了一般性说明"历史很重要"的道理,具体阐明某些技术、传统习俗与其他社会形式如何最终被不断再生产或被"锁定"的。

以上任何一个问题都可成为这里有用的关注焦点。然而,后面的这个
248 路径依赖的方法或理念将是我关注的重点,至少最初应当是这样。考虑到这个继续存在的往往是明确的方法论问题,看上去是一种在表明社会科学实际上可能如何发展的层面上,与我自己的方法直接重叠,这个问题似乎是

初看上去最应当抓住的重点。事实上，被采纳的这个重点具有双重的有用性。无疑，它有助于说明我认为是带根本性的社会再生产的各个方面。但是，我对路径依赖的这个理念确实还有一些保留看法，至少在有时对其的解释上是有保留的。通过对这些问题的研究，到一定的时候我会有机会重新强调和说明在前几章中阐述过的解释框架的一个方面，我认为它具有特殊的意义。

作为此阶段的最后一句话，我应当强调在这一章的剩余部分，我的目的不是要深入思考对被考虑理论的经验支持。任何这样的思考都不可能提供任何具有普遍性的见解。正如我在第十四章中已经强调过的那样，被系统化为批判实在论观点的高度抽象水平，有助于对本质上不可避免地具有相当普遍性的诠释程序的推理。在相关之处，我将提及别人的经验性评价。但是，按照在前几章中受到支持的路线形成的一种被认可的框架并遵照其行动，我这里的目标主要就是要说明所必需的步骤的种类和有可能产生并具有重要意义的思考类型。

1. 路径依赖

对“路径依赖”的研究，特别是对经济学家们最了解的“锁定”现象的研究，已经在第十五章中提到过。[4] 它是由 P. 大卫(Paul David)在 1985 年和 1986 年对人们熟悉的一项技术的一个特点的描述中提供的，[5] 指的是现在很多人正常使用的计算机键盘上字母排列的顺序。[6] 情况是这样的：最近获得的打字技能、打字使用手册、打字班，等等，都是为了适应那个字母排列特殊的键盘，其中顶行字母的排列顺序是 QWERTYUIOP。如何解释满键盘都是这样特别的字母安排方式？很明显，容易买到的个人手提电脑和目前供办公室和其他地方使用的电脑都有以这种方式排列字母的键盘。这也许足以解释未来的打字员要花钱参加有关培训的原因。但对一名社会科学工作者来说，这个解释却很难算得上是发人深省的。这个解释与解释，譬如说，在许多英国人于晚上 11 点 10 分后离开酒吧的现象一样不具什么启发性，因为这个时候酒吧要关门。在这些例子中，饶有趣味的问题是解释那个解释。就 QWERTYUIOP 键盘来说，具体说来，需要探讨的问题显然是：(1) 究竟为什么会出现键盘上这种特殊的字母排列方式(而不是别的什么)？(2) 它(而不是别的什么)是如何取得优势地位的或明显被“锁定”的？P. 大卫追 249

求的基本上就是对这样的两个部分的解释。

在简略探讨 P. 大卫解释的本质之前,先让我顺便回顾一下这个例子是如何立即提醒我们,所有为解释作出的各种探索都是以天生兴趣与知识为条件的,由冲突、惊异和怀疑引起与驱动的。我在第十五章中已经提到过,如果字母是按 ABCDEFGHIJ 这样的顺序排列,那么,我们中的许多人就不会把这种现象看做是令人惊异的一种现象,并不需要对其作出特别解释。当然,即便这样一个不可预测的如 QWERTYUIOP 这样的字母排列方式会引起像 P. 大卫这样的“经济史学家”从印象出发的解释兴趣,但对一名毫无猜疑心的主流经济学家来说,现成的解释总是唾手可得的。因为,后者认可演绎解释框架,这种观念通常(如我们在第八章中所见的那样,如果不是不可避免的话)鼓励一种先验设想,认为一切社会后果都是直接优化决策的简单结果。从这个角度出发,可以预料,如果 QWERTYUIOP 的字母排列方式已经出现并坚持下去,这一定是因为它有助于最高打字速度或某种这样的事情。然而,虽然这种考虑是此事中的一个因素,但有证据显示事情并非那么简单。事实上,在 1991 年版的《剑桥语言百科全书》(Cambridge Encyclopedia of Language)的注释中说:

> QWERTYUIOP 的设计已经招致了几代人基于人类工程学的批评。虽然大多数打字的人是右撇子,但这种键盘却使左撇子完成 56% 的工作。在连续打字母的全部动作中,48% 的人只用一只手而不是两只手——在打如 addressed 这样的单词时最为显著。手指的熟练并没有与字母频率联系起来——例如,右手的两个最强的指头用在了出现频率最低的两个字母 j 与 k 上。
>
> (1991:192)

认识到这种键盘上的字母排列被广泛视为次优布局后,P. 大卫对其进行了重点研究,试图劝说经济学家尽量少依赖先验假设,多关注历史说明。

在寻求解释的第一部分即究竟为什么会出现键盘上这种独特的字母排列方式的问题时,P. 大卫追溯了著名的字母排列的根源,在此过程中,偶然发现一种解决一个具体设计问题的办法,那个问题是早期许多人企图建造
250 一架可靠的打字机时产生的。具体地说,在 19 世纪 60 年代后期,一个生活在威斯康星州密尔沃基市的名为 C. 肖尔斯(Christopher Sholes)的人发明了一架打字机,那架打字机有一个明显的缺陷。如果连续快速打字,机子上的铅字连动杆就容易碰撞和卡住。在像 C. 肖尔斯的打字机那样的向上敲的机

子上,这个问题因印打痕点位于托纸架的下面,打字员不可能看见它们的事实而加剧。因为,铅字连动杆被卡在印刷点或印刷点附近的结果,是每一次连续敲击都只能把同样的印痕敲在纸上,这时,反复出现的一连串字母只能在一段之末或打字员升起托纸架查看打印出了些什么时才能被发现。另外,松开被卡的联动杆相当笨拙与耗时。后来,C. 肖尔斯花了六年时间试图弥补这个缺陷。P. 大卫特别提到了其结果:

> 就在这个痛苦的间隙时期,为了减少铅字连动杆碰撞的频率,发明者在改进原始模型的字母键的次序的过程中经历了大量试验与错误后,终于产生了近似于现代计算机标准键盘(QWERTY 键盘)的四行大写铅字字盘。原始布局的一些遗迹至今仍然保留着,如返回原始点键行序列 FGHJKLJ 即是,字母“I”安排在邻近的第二列……
>
> (P. 大卫,1986:35—6)

在追求第二步的解释分时,即 QWERTY 这样的排列是如何被“锁定的”这个问题,P. 大卫讲得很清楚,对此不存在不可避免性。19 世纪 80 年代美国经济萧条,不是推荐一款新的办公设备的良好时机。此外:

> 19 世纪 80 年代开始的打字机的崛起曾经历过猛增的竞争设计,许多制造公司和键盘设计者向肖尔斯—雷明顿打字机的 QWERTY 的字母排列发起挑战。然而,到了下一个十年的中期,这个时候情况已经很清楚,任何显示 QWERTY 优势的显微技术的依据全部被打字机工程的进步排除,美国的企业界大踏步走向被称为“通用”的四列 QWERTY 键盘的竖式前来回机的标准。
>
> (P. 大卫,1986:38—9)

在 P. 大卫认为的促进了对“QWERTY”系统的认可的不期而遇的事件中,随着“不看键盘打字”方法的产生,包括打字机操作教学中的定时和定向两件事。[7]P. 大卫详细地描述了整个过程,但对其解释的主旨只做了简单陈
述。基本内容是,偶然出现的定时问题导致了需要教授与掌握的技巧,那些 251
技巧是为适应 QWERTY 按键键盘而形成的。考虑到系统一致性或各部分兼容性的各种分散优点,加之淘汰个体已获得的技巧的成本较高,再加上打字机硬件的成本逐渐下降,这些技巧的影响如此广泛,QWERTY 系统最终被锁定。[8] 简言之,P. 大卫描述了“一种在其中精确的定时细节使该系统从短期看是私下有利可图的形势。在这种形势下,机器设计必须适应人的需要而不是颠倒过来。从那以来,工商业一直继续走着这条路”(David,1986:46)。

把像这个例子一样的其他例子集中起来置于“路径依赖”(path-dependece)的标题之下,这些实例很好地说明了往往会涉及对社会再生产或社会转变的描述的一些特点。具体地说,结构的出现可能主要依赖于语境或背景,但是,正是人类生活的那种相互影响的处于一定形势并具有连续性与能被保留下去的特性一旦确立,就会如此牢固,以至于有可能存在使选择的结构被“锁定”的准备就绪的趋势。P. 大卫的工作令人佩服地说明并提供了对这个过程的理解。它有助于提醒我们,过去的东西对今日具有不可避免的重大影响。

然而,我有一种感觉,那就是关于路径依赖的文献正是在这一点上还有可能是误导人的,从我的目的出发,这里对它的这个特点加以注意同样是富于启发性的。具体地说,我对有时强调依据从个案研究中提供的证据进行的概括,其中包括根据刚才讨论的 QWERTY 的例子进行的概括持保留态度。我的忧虑是,如果不对其表现的方式抱足够审慎态度,所维护的方法就会允许,也许甚至鼓励这样的推论,即一旦对一种社会组织形式或技术如何被确立提供了某种解释,这可能会在一定程度上成为严肃研究的终结,或者成为其历史贡献的终结。它有助于形成这样的观点:一旦一种技术或社会结构在起作用,那么,它就可能被看做永远被锁定。过去不仅总是在现场,而且总是起着决定性作用。

2. 功能主义与主流理论

这并不是要否认路径依赖方面的文献一般化地强调,即坚持认为具体结构与技术具有矫正现代主流的某些主要特征的有价值的功能的观点,包括其“新制度学派的”变种。[9] 具体地说,它反对主流学派把资源和其他相关要素看作完全可塑的、具有绝对适应能力的东西,而且能使其成为适合于追求未来“效率”或某些此类目标的东西。似乎它的确与大部分主流学派推理的这种功能主义的特点相冲突,也与认为社会结构和技术是可塑的观点相
252 冲突,这是有关依赖路径的文献给自己确定的基本方向。P. 大卫明确地把他自己的方法与“目的论的”方法进行了比较……特别受到新古典主义经济学家们的青睐(1994:206)。因此,他强调说:

> 虽然他自己的理论是要把目前的结果与某种发源背景联系起来,插入……某种允许以往情形对现状继续施加影响的连接性事件序

> 列……但是经济学家们一如既往地遵循着(另一条路径)……假设事物目前的状况最好从考虑它们的功能,特别是考虑它们在未来世界的某种形态中的功能的角度进行解释。
>
> (P. 大卫,1994:206)

但是,如果除了批评坚持认为包括社会结构在内的资源是完全可塑的观点外,还批评主流思想过分强调功能主义的倾向,显然是正确的做法的话,那么,这里就存在一种过度反应的危险。具体地说,存在着再生产主流经济学的错误的决定论的危险(包括其随机论变种),尽管是以一种被更新的形式,现在又对进化论与严格性表现出兴趣。我不认为P. 大卫会希望鼓励这种做法。然而,它是一种在某些群体中显然已经正在被意识到的可能性。因为,似乎阅读路径依赖文献的人如此之广泛,以致说明了这样一个事实:这种方法毕竟正在受到各种各样的主流经济学家的谨慎欢迎。我们在第八章中看到,主流"模型"中反复出现的一个问题是过多的(均衡或其他)"解决办法"的存在。路径依赖方面的文献似乎一直在某些人中鼓励这个观点,认为现在至少在原则上不抛弃为人所熟悉的那些虚假方程的条件下,主张一种独特的均衡是有可能的。这是通过将获得确定性的任务交给确定"初始条件"而完成的,这个苦差事转过来又以路径依赖的名义被交给了"历史"——在那一点上历史被有效地抛弃了。正如P. 大卫本人观察到的那样:

> 不是因为其不确定性而回避多元均衡模型,经济学家们越来越满足于敞开一扇门,好让尚不确定的看上去暂时出现的影响,其中包括专属于一定历史背景的小扰动,能通过它在造成最终结果中发挥重要作用。由于经济学中自我加强的变化机制的意义在随机过程的语境下得到日益深入广泛的研究,利用来自概率论的现成方法,经济理论家和经济史学家将能够在有用的研究项目方面开始合作。
>
> (P. 大卫,1992:1) 253

考虑到想要促使经济学家更严肃地对待历史,P. 大卫在这里作出的强调是可以理解的。但是,认为历史是重要的那个断言的真正实质可能是什么?如果意在表明这一点的那些考虑也被解释为与一种在其中历史几乎被否认的情况相一致,或在那种情况下有一个对等物的话。说实在的,如果主流经济学家不首先抛弃其基本的"演绎主义"理论就很难期待什么有用的合作研究项目。令人担心的是为了参与合作项目,"史学家们"终会把历史当作小事甚至放弃历史。

3. 作为开放系统的经济

不过，我仍然强调那些路径依赖的文献是对经济学的有益贡献。但是，必须首先承认每一种社会现象都是某种生产，并至少在某种程度上总有可能是不一样的，只有在承认这个观点的条件下，对其强调才是名副其实的。不存在解释在那里本来就是多此一举的社会情况。即便是分散性决策也会导致一个系统朝着一个方向而不是另一个方向运动，总是可能存在固有的力量或趋势与其抗衡或可能与其抗衡。除此之外，如果没有一个集中的方向，这本身也许就需要解释。不在场作为因果关系影响并不比任何其他因素的意义小。例如，在关于北大西洋公约组织或联合国对波斯尼亚战争不干预或有限干预的后果问题的世界范围内的辩论中，或者在经济学家关于国家对"市场经济"不干预或进行"最小限度"的干预的后果问题的辩论中，都承认这个观点。另外，利益冲突、互不相容的目标、革命思想、技术或其他形式的新事物，通常是在场的。在它们不在场的地方，这也许会又一次构成一种本身就需要解释的情况。

让我强调一下，我并非仅仅承认诸如技术、社会组织和行动程序这样的东西能够和的确会过时或被淘汰，尽管往往是在它们不再有用之后很久才会这样。更确切地说，我坚持认为，即使在一种发展势头看上去没有减弱的地方，也许仍然存在着从根本上改变方向的可能性，并且那种可能性任何时
254 候都有可能被触发。为了使某种现象和其原因得到满意的解释，各种具体的不在场与各种正面抵消趋势等需要（或不需要）明确解释的程度，是一个视语境而定的问题，而不是一个先验问题。经济是一个开放系统。

现在，注意到这一切并不是要否认，在某些情况下，根据语境、兴趣和理解，也许需要事后进行少许明确阐述。我们在第十二章中已经看到，社会可能被视为一种各种关系的和相互联系着的地位的网络，个体被安置在具体的地位上，他们仅仅利用相关规则与关系对那些规则与关系的再生产做着贡献。结果是，一旦社会结构的各个方面处于适当位置，人们遵照其行事，它们就会仅凭作为一种——往往是非故意的、未被公认的——个体生活中"正在进行的"日常活动的结果而持续下去。许多惯例都像这种情况，即是说，它们表达认同的行事方式，那些方式已被普遍接受，人们通常按照其行

事(并由此被再生产),纵使有可能产生替代程序以达到同样的目的。人们互致问候的形式、船只从左舷边来来往往、英国的司机驾车走公路左侧、儿童在教室里举手说话等,都是这方面的例子。[10]

在许多情况下,个体在保留特殊的行动程序、社会组织形式和那些他们特别熟知的和他们发现其技能的有用性(或其雇员的那些技能)所依赖的技术中,显然可能有着很大的共同既得利益。同时,使新的组织结构、功能和技术适应那些已经存在的组织结构、功能和技术往往是有必要的或至少是有利的,至少在后者以令人满意的或理想的方式发挥作用的地方,或者以任何不容易被逐出的方式起作用的地方是如此。基于所有这些理由,某些社会结构的具体方面似乎可能以相对平顺的或明显渐进的方式发展。

很明显,P. 大卫展示了 QWERTYUIOP 系统的发展过程,似乎在很多时候从总体上看它是符合这个设想的。但是,并非所有系统都适合于这个模式,即便有些系统至少在一段时间里看上去是适合于它的。诸如 P. 大卫解释 QWERTYUIOP 系统那样的个案研究虽然能描述社会发展的许多方面,但如果没有更详尽的论证和有力的证据,它们肯定不能被视为普遍情况。通常的情况是,社会结构将会不断受到质疑。有时,将集中地试图“干预”分散化的行动结果。在这样的情况下,十分明显的是,经济学家对历史的注意力不能被排挤到初始条件的背景一边。然而,我仍然认为不能让历史靠边站,即便在事后发现结构只具有相对持续性地方。更确切地说,像地理一样,历史是经济科学的一个固有特点。 255

让我用一个相当有根据的例子简略说明一下这些特点中的一些特点。我想选择一个也许比 QWERTYUIOP 键盘与经济学更直接相关的重点。它与一种情况有关,在那里一种结构或者说一套结构再次有可能被说成已被“锁定”。但是,这是这样一个例子,在其中更加明确的是讨论中的结构在任何阶段都不能被视为已知的,在那里其连续不断的再生产需要加以诠释。

然而,在说明这个例子之前,我想再说一遍,我这里的意图不是要探究被考察的解释观念的经验依据。虽然我在下面的确会对集中讨论的解释理论提供某种富有启发性的支持,并在脚注中加上参考性经验评价等,再多说一点不但会占据太多的篇幅,而且如果再重复一遍,也极少具有一般的相关性。更确切地说,我的主要目的仍然是阐明社会解释工作有可能采取的步骤的类型,如果上面主张的框架能被遵循的话。

4. 作为对比半规则性的英国相对生产率的表现

前面章节中已提到的部分规则性或半规则性是指过去几百年里(至少20世纪80年代前)与大多数其他工业化国家相比,英国相对缓慢的生产率增长速度。[11]具体地说,研究工业的经济学家常常不仅要看到英国国内公司里任何既定类型的机构的人员配备水平往往高于其海外的同类公司,而且要看到英国公司对随时发生的技术变革与其他变化的反应不如其他公司快速与灵活。例如,据反复观察,英国公司在采用新产品和新的生产过程时,其行动比它们同类的海外公司显得缓慢,即使那些产品是在英国国内发明和生产的。[12]这就是我打算在此处重点讨论的现象,讨论的目标是在获得充分解释的过程中所产生的那类问题。

立即可以注意到,这种半规则性描述的对比在决定我们所寻求的具体解释因素中是带根本性的。根据自己的标准,战后早期英国的生产率记录比此前的那个世纪大部分时间里这方面的记录给人的"印象"更深。很清楚,集中研究这个后来的对比似乎有可能确定或者在"二战"后的一段时期或者在"二战"前的一段时期起作用的因果因素,但不能确定在两个时期都
256 起作用的因果因素——也许是战后世界贸易与需求惊人的扩大。然而,我在这里选择集中讨论的那种部分规则性并不是为了例示的目的。更确切地说,我想考虑的是如何解释在讨论中的那整个时期里,与其他国家相比英国很"差劲"的业绩表现。为此,有一个初看上去很有说服力的例子,这个例子支持假设那个原由因素对英国的经验来说是独特的并在整个时期都在起作用。因而,说讨论中的那个因果因素是一套已被反复再生产过的相对局部化的结构似乎是有道理的。

这样,一个首要的关键问题是,什么结构(什么样的一套结构),假定存在的话,会产生有可能说明所谈论的那个对比的机制。显然,提出这个问题的大多数经济学家不会在一个知识真空中这样做,他们不可避免地会利用其先前的经济史知识,以及关于结构与机制的那类能促进或阻止取代工作的"生产力增长"变化的知识。这样的知识因而成为对原由因果机制的那些假设的溯因的重要组成部分。

毫不奇怪,鉴于那种现象需要解释的情况,被反复溯因的许多假设包括从关于严肃的天生障碍的理论到英国制造业背景中的灵活性,到有权支配

投资资源的那些人屡犯的错误等许多内容。即是说，它们涉及的范围包括从决定论到唯意志论两个极端的理论（P. 诺斯奥弗［Northover，1995］）。我意识到，试图对如此众多的理论的解释力进行广泛的比较的工作已经由 B. 斯塔福德（Stadfford，1983）完成了。这位作者推导出了可能出现的意义，如果被考虑的各种不同的理论是真的话，并在适当的语境中对每种理论从经验上进行了验证。在研究了大量翔实的证据的基础上，[13]根据一系列基于语境的具体策略，在此我不能进行言之有理地重复（虽然在本章接近末尾时我对这样的问题进行了一些讨论），该作者以赞成一种解释结束了自己的工作，即除了包括英国工人组织的相对地方化的性质外，[14]那个解释还至少部分地将英国相对缓慢的增长经历的责任归咎于与其他地方相比，其非常高度分散的劳资谈判系统。

5. 解释的实质

让我将我还在别的地方阐述过的这个具体解释的实质再略微拓展一下（A. 吉尔帕特和劳森［Kilpatrick and T. Lawson，1980］）。[15]谈论中的系统是这样一个系统，在其中工作的一切方面历来都在地方和全国两个层面上进行商讨。在那里工人们主要是在（也许除大工业外）手工业的基础上组织起来的，当然是在其他地方不能进行再生产的程度上而言的。通常提出的论点 257
是：这种结构比其他结构更有助于形成抑制协同决策的机制，抗拒对生产的可能性所发生的变化作出快速或敏捷的反应。一个关键因素是生产的可能性中的许多变化不是中性的。随着技术的发展，现有的很多技能可能变成不再需要的东西。英国地方工人组织的历史，包括相对严格的分界线，倾向于产生一种在其中任何一定的工人群体必须具有一套具体技能的环境。这意味着随着有可能削弱对某些具体技能的需要的任何技术变革的产生，在工人（包括任何原则上可能受到影响的那些工人）中会引起更大的抵制这种变革的情绪。当然，鉴于工人组织是基于工作的这种性质，有效的抵制很有可能即将发生。

这个解释并不否认重新组织生产会不断发生。它只是承认在抵制或抵制的威胁很强大的地方，一般地说就有可能获得或往往会获得工作条件方面的让步，其中包括为新机械雇用人员的水平，或者保持“技能地位”和相关的工资率等。通常情况下，这些让步为进一步抵制未来可能的变革打下了基础，因而，工业变革的速度以这种或那种方式比在别样情况下趋于更加缓慢。讨论中的那个假设不需要来自工人组织或任何其他组织的任何必要的批评。更准确地说，它构成了对非均衡发展的性质的一种评论。工人和其工会不必要反对新技术本身。可以理解的是，宁可说他们认为在避免解雇和至少保留技术地位与有关人员的工作条件标准的条件下有必要适应新技术。

简言之，讨论中的解释集中于一套赋予工人和其他人对各种各样的结果施加重要影响的权利的结构。行使这样的权利在一定情况下可能是，而且通常是合理的、可以理解的，其实质上是一种防卫力量。工人们通常只会对觉察到不利于自己的处境的有关变革的管理计划作出反应，他们极少倡导各项发展，当然也不控制它们。工人谈判的目的是为了保持生活标准与工作条件，或者至少对有害于工作条件和技术地位等的变革造成的损失予以补偿。然而，谈判可能耗费时间，来自工人的对抗也许会阻止管理层实施可能的变革。

258 当然，维护标准或“准则”是全社会所有成员的事。国际竞争领域的重要因素是实现这些目标的相对能力。如果英国的工人已经获得了就引进一种新工艺的条件进行谈判的能力，而在另一个国家不用谈判就能做到引进，那么，该生产系统在第二个国家则将具有固有的、更大的灵活性，特别是在一个不断变化着的环境里这种生产系统的生产率增长将会更快。无须说，虽然对比几乎不可能十分鲜明，但那时的条件决不会在任何地方都是相同的。

6. 对解释的解释

再说一遍，实际情况是存在支持下面的观点的大量证据，该观点认为集体谈判的相对分散的性质，尤其是工人组织的地方化已经导致了工作场所的固定性特点，抑制了与其他地方的事件相比的生产率增长的速度。然而，这样的解释按现状根本不足以全面理解那个显著的现象。更确切地说，在一个永久变化着的世界里，在那里竞争过程既有趋同的趋势又有形成差别的动力，要充分理解英国持续性的相对“差劲”的生产率表现，就要求对那个解释作出解释。具体地说，要充分理解那种情况，必须至少具备下列几个条件：

（1）对适应手工业的广泛而分散的谈判结构如何首先出现的问题具有某种深刻见解；

（2）对随着时间推移借助其他已经被再生产过程的描述；再加上

（3）对同样的系统为何没有在别的地方建立起来的某种理解，或理解假如它被建立起来了，那么，为何其在英国持续时间更长，或者也许在英国起作用的方式不同。

我已经论证过这样的观点，即解释在其中相对持久的结构被再生产的任务，在大多数语境中都相当重要。但是，当事先已经假定，考虑到承受的结果，所有压力都有可能迫使已确认的那个系统早日终止时，似乎这项任务在讨论中的那个解释过程中显得特别重要。什么能解释《杜诺万报告》（HMSO，1968）的发现，即实际情况依然是"手工业系统深深植根于大量的英国工业中"（HMSO，1968：87），但别的地方的经验却很不相同？为什么情况会是：尽管通过合并大大减少了20世纪里工会的数量，从1913年的1 269个减至1975年的488个，但到了20世纪70年代末，通盘简化或集中控制的办法却收效甚微？（H. 克莱格［Clegg，1976：31—2］）

7. 解释的"起源" 259

那么，是哪些因素能解释英国工业体系的产生、持续和其相对的独特性？显然，出现这个体系的关键因素是英国的时机选择和"认同"工会的背景。在英国，对有组织的集体抵抗的军事镇压与法庭判决相对来说比其他国家结束得要早一些，即发生在19世纪中叶。1867至1875年间，英国通过了一系列的法案，这使得工人们容易举行罢工而不被监禁。1867年通过的《雇佣法案》和1875年建立的《雇主与工人法案》等帮助形成了工会的法定标准（《工会法案》，1871），并使和平示威合法化（《共谋与财产保护法》，1875）。这种早期认可的一个有意义的特征是，它的发生远在采用大规模生产技术之前。因而，工人们便获得了抵制变革和捍卫程序标准的力量，并且，这种力量明显增强。获得这种力量的时间与反映以手工业为基础的大量工业组织的习俗与准则的优势恰好耦合。结果，在适当的时候被制度化的工业关系系统变得高度分散，互不协调，当然不怎么适应后来大规模生产的需要。[16]

如果法定解放的时机选择，是形成走向工人组织的手工业方向性质的制度化的早期动力的一个核心贡献因素的话，那么，解释集体谈判扩大到包括工业决策的大多数方面的现象的一个重要元素则是，没有一个准备好了一份关于工会正当权利的计划的有关政党在场。我一直认为，不在场可以具有与其他任何原因一样的因果效力，有意义的是，不像在其发展中处于起始点或可比点的所有其他欧洲工会运动那样，19 世纪的英国工会没有一个有关政党为它们准备好了"权利"方案并在等待着。虽然在实际法定权利的基础上其他欧洲国家的工会取得了法定集体谈判的权利，即结社、谈判或罢工的权利，英国工会却未能取得行动权，只是如果它们采取了行动不受法律制裁而已。因此，1871 年的《工会法案》为工会提供了基本保护，使其免于承担限制行业教义造成的刑事与民事后果（尽管该法案因缺乏对工会的实际支持而中止）；1875 年的《共谋与财产保护法》规定在没有刑事犯罪行为的条件下，一个组织或团体为促进劳资纠纷的解决举行的罢工不属于刑事共谋；等等。

260 这样一来，工会越来越要求获得法律上的"自由"，目的是取消对其活动的法律限制，以便他们能够以个体的身份自由进行谈判。的确，现代对英国劳动法史的研究倾向于利用唯意志论或合法弃权的概念描述这些发展与其后果。这些术语并非总是以特别简明和一致的方式使用，而是，广义地说，通常被用来具体说明英国的法律系统全面控制劳资关系和行动的程度明显不如其他工业化国家。其建立的"意志体系"不必与任何参与者的准确意向相一致。举例来说，工会起初强烈要求法律保护——某种至少从 18 世纪末以来就一直争取的权利。因为它们争取法律保护的运动基本上未获得成功，所以，它们关于就业的工资、工作时间与其他基本条件的主张渐渐被划入集体谈判的范围，而不是政府部门的规定。

从来没有过能保证产生这样的结果的时期。正如 W. 刘易斯（Lewis）在 1976 年所说的：

> 关于涵盖如此广泛的问题的集体谈判的发展，不存在历史的必然性。在 19 世纪和 20 世纪早期，工会一直在开展争取最低法定工资和在法律上限定工作日的最高工作小时数的运动。这两个目标仍然保留在英国《工会联盟宪法》中目标条款的第二条里。但是，那些运动极少获得成功。
>
> （W. 刘易斯，1976：7）

然而，集体谈判的发展是结果，随之而来的是工会愈来愈指望通过集体

谈判解决工人就业的一切方面的问题。W.刘易斯详述劳动法的历史时发现,因为工会在争取法律保护的斗争中极少成功,所以:

> 工会自己最终不再要求较大范围的法律保护。它们反过来越来越依靠集体谈判,将其作为协调工会会员的就业要求的唯一一种最重要的手段。经过一段时间后,雇主们准备向议会否决的东西让步,结果,通过总结经验,工会深深地依赖于劳资协商的效力,而不选择立法手段。
>
> (W.刘易斯,1976:8)

8. 走向"锁定"的趋势 261

最后的那个观察是很有意义的——假如说时势或法律上的劳工解放等因素构成了英国工业中手工业习气根深蒂固的原因,那么,这些因素并未解释其持续性。常常被引用的一个理解集体谈判的分散系统和工作场所工人组织如何"被锁定"的根本因素,似乎是19世纪末英国许多行业的管理部门承认工人力量的现实和其打算采取调和的策略。英国的企业管理层后来对工人组织的态度比其在海外的相同部门更加宽容,倾向于用安抚手段,而且,他们早就企图将当时的惯例、习俗和解决争议的办法形成制度,写进工作场所或公司的"规程"之中。这样做,力求通过不去公然挑战工人抵抗的基础,而宁可通过限制其后果的办法,将破坏的次数降至最低限度。A.弗里德曼(1977)在讨论从1870年起开始采用这种手段和其他形式的安抚策略时甚至说:

> 19世纪70年代到1914年间,英国资本主义生产方式的最重要的发展是许多雇主承认,有组织的工人抵抗是其与工人们打交道中存在的永久性日常现实(在美国,雇主承认这种情况要晚一些)。
>
> (A.弗里德曼,1977:97)

最近,W.布朗和D.雷(Brown and Rea,1995)发现,"雇主们广泛认为集体谈判是不可避免的,尽管结果不一定令人满意"(1995:367)。[17]他们根据观察继续说道:

> 在大部分制造业和公共部门,就广泛的问题与工会谈判是通常的做法。英国联合协调的一个国际性鲜明特点是,其操作是在工作场所进行的,而不是在较高层次的公司或整个产业的层次进行的(不管是否

存在覆盖整个产业的协议），这样一来，工作场所的工会组织往往在细节上掌握着实际做法。

（A. 弗里德曼，1977：97）

工会在与雇主达成一致意见或协议时是主动的一方，因为它们在其中看到了防御进一步丧失对组织工作的控制的手段。另外，随着与晋升和解雇有关的规程的建立，对各种工人群体还有许多局部好处。通过这种方式，即便是没什么技术的工人也从"外部"劳动力市场的竞争中获得了一些保
262 护。因此，分散决策和内部"集体"谈判的结构得到进一步的强化。

无疑，许多其他因素也有可能对显然"被锁定"的状态，对谈判的分散结构的连续不断的再生产，做出了贡献。可能的候选因素还包括19世纪和20世纪早期普遍存在的内部劳动合同制度[18]，和两次世界大战的对比经验[19]。我不打算在此对这些问题展开论述。我的目标主要是指明通常由严肃考虑这些问题的人确定的那些种类的解释因素。然而，所有这样的考虑都表明，存在着某些结构越来越与一种更大的系统结合起来形成一个整体的趋势。

9. 社会再生产与转变：一种事后对比的现象

到目前为止，所提供的解释结构与路径依赖的文献中发现的解释结构颇为相似。[20]但是，为了解释充分，还有更多的因素需要确定。我们毕竟需要对英国的相对生产率表现作出解释。如果英国的劳资关系系统在讨论中的那整个时期表现出某种程度的连续性的话，那么，它同时也不可避免地处于不断地变动之中。为了充分理解英国相对生产率表现，还有必要解释英国的劳资关系系统发展比较顺利的事实，或者说，其发展方式与其他国家劳资关系系统的发展方式明显不同的事实。如果说英国的管理层对付工人组织的手段比其他国家要温和一些的话，这个事实本身就需要解释。换言之，在一个国际竞争的环境里，正是与其他地方的经历明显不同的事实表明了，英国的发展道路和其明显被锁定的状态，是需要解释的基本情况。那么，为什么英国的劳资关系制度发展得如此顺利，比别的国家的更加顺利？

10. 社会再生产的条件

这里存在无数个可供挑选的因果因素。以前对这个现象的调研足够令

人信服地表明,大多数其他工业化国家由于比较快速的工业变革,不仅经历
了较大的动荡,而且许多国家还经历了未曾发生在英国的政治创伤,这些东 263
西有时与战争(的失败)、强势政府、法律对发展的影响相联系,其中包括劳资谈判的集中化。

例如,在德国劳工运动被纳粹镇压,工会于1933年被取消,直到1945年才有可能重新组织起来。到了这个时候,对产业工会主义的组织障碍已经消失。另外,管理德国重建的西方势力赞成全盘集中化。这后一个目标只是在遭遇到来自英国的工会代表大会的反对后才稍被削弱。德国的工联主义者却旨在创建一种统一的结构以避免魏玛时期的思想、宗教和手工业的分工,结果,造成了当今结构的高度集中(参见H.冈特与G.拉明斯基[Gunter and Leminsky,1978:168,169,197])。

在法国,随着1871年巴黎公社的瓦解(参见H.克莱格[Clegg,1976:34])工会实际上被分裂了。虽然于1884年获得了法律上的认可,但这种认可却隐含着只有联合的权利,雇主方没有协商的义务。不像在英国,没有产生给现存惯例或规程赋予合法性的集体谈判的制度。谈判义务这个观念总是遭到来自法庭的强烈反对,法国只是1971年才立了条法律,规定必须对不答应举行谈判要求的一方进行惩罚(参见F.塞利耶[Sellier,1978:217—20])。

在意大利,墨索里尼借助官方控制的企业联合组织取代了劳工联合会,这种状况一直持续到1945年法西斯统治被推翻。另外,他建立起来的由国家控制的工会在战后期间从未被正式取消过,因而,组织的集中化特性一直延续着。的确,战后的大部分时间,在意大利或法国的工厂里一直没有出现直接联合组织。在意大利只是到了1970年以后,在法国是在1986年以后,这种情况才开始发生变化(A.卡鲁[Carew,1976:31,32,60—4])。

当然,在任何解释性描述中,那些筛选出来的工厂会反映出调研人员的兴趣与其对事件的理解。对许多经济学家来说,最为相关的问题是,为什么竞争过程本身没有导致出现削弱英国相对缺乏弹性的分散谈判制度的趋势。跟踪研究这个问题通常已造成了将重点放在英国的生产商长时期可利用的受保护的市场的存在上,这个因素减少了在调整工作等问题上与工人长时间对抗的必要性。[21]

社会再生产或社会的连续性因而是一种有必要解释为变革的现象。正如其他任何现象一样,他需要适当的条件(包括不存在破坏机制)。如果前

面的简要论述表明了这一点的话,同样有必要强调,即便在外部因素看上去
264 支持(无论如何不是破坏)特定社会结构的地方,后者仍然需要被积极地再生产。我已经强调过,几乎总是存在着一种与各种利益和其他趋势相对抗的内在力量,这些利益与趋势本可以造成结果很不相同的事物。让我再次利用英国的劳资关系制度的历史将这一点进一步阐述一下。

11. 作为事后生产或事后完成的相对连续性

我自始至终都在强调社会的再生产与变革是通过人类日常行动和相互影响的总和而实现的。我已经指出过,某些结构的再生产与变革往往是这种日常相互影响的一个非意向方面。然而,情况并非总是如此。的确,大部分社会生活的一个重要事实是,社会再生产和社会转变依靠在社会结构各个方面的变革目标或抵抗变革的目标被明确系统地表达并被积极追求的地方所采取的行动。英国的劳资关系正如其他地方的劳资关系一样,总是通过在其中公开的冲突作为主要特点的过程中被一直再生产着。在那里,变革与抵制变革的行动不断鲜明地表现出来。在这种冲突普遍流行的地方和普遍流行的时候,显而易见的是,即便在许多结构似乎过去曾持续下去的地方,本来绝不可能存在关于这个结果的任何不可避免性。现在,我打算通过简单回顾英国的劳工法体系发展过程中的几个重要时刻,说明一下为适应地方性集体谈判的整个过程而发展,同时也构建这个过程并成为这个过程的有内在关系的一方面的一个体系,一个我在上面已提及并常指志愿主义的劳工法体系。

我应当立即强调,使用如志愿主义或合法弃权这样的术语并不标志着劳资关系中任何像劳工法缺位那样的东西。更确切地说,它表明 1870 年后出现的劳工法的很大一部分与集体谈判制度关系密切,并在很大程度上支持那个制度。[22]即便如此,当 19 世纪后期发展起来的英国的劳资关系与其他国家相比时,它显然具有相对合法弃权的外部特征。当然,发展极少是一帆风顺或一直向前的,弃权根本没有延伸至战争时期。有意义的是,直到 1985 年,在评论劳工法的最近变化时,K. 韦德伯恩(Wedderburn)仍然能够作出结论:"20 世纪 60 年代和 20 世纪 70 年代的法律似乎在'志愿主义'体系的全面运作中极少留下烙印"(Wedderburn,1985:33)。

265 我想提出的根本观点虽然与之前关于路径依赖的文献的讨论有关(它

有时赞成这样的推论：一旦一种结构被锁定，其持续性就被视为理所当然的），但它却认为，志愿主义体系，无论怎样从广义上解释，尽管其寿命很长，绝不是那种一旦形成或被承认，就会被看做固定的或理所当然的东西。即使在从 1870 年直到第一次世界大战这段时期，这段通常认为志愿主义或合法弃权已被建立起来的时期，劳工所获得的合法权益也常常受到挑战，或被法庭或议会削减，劳工只好再次发起有效保护合法权益的运动。换句话说，法律结构一直处于要求变革的压力之下，必须不断捍卫劳工得到的保护措施。因而，虽然 1871 年的刑法修正案（附有《工会法案》）废止了 1825 年的联合法案，并认为在总体上规定了刑事责任，但是，当 1872 年蒸汽机司炉工罢工的组织者被控为共谋犯罪时，这个解释就被推翻了。接着发生了工会运动，1875 年又制定了《共谋与财产保护法》，在这部法律中，“简单”共谋罪获得了豁免权，而联合共谋则属于“意图制造或助长劳资纠纷”。在其对这个时期的研究中，韦布夫妇（B. Webb 和 S. Webb）注意到，在 19 世纪的最后 25 年里，“工联主义正是由于自己的成功又一次受到有产阶级和专门职业阶层及商界的冷落”（B. Webb and S. Webb，1920：597）。在此时期，出现了一场反对工会的判决风潮。这段时间，合法的威胁建立在法官制造的民事违法责任（民事不法行为）的基础之上。刑事责任由于法官们再次把工会的目标谴责为非法行为而被“简单”共谋的侵权行为的责任所代替（但同时把雇主们的商业目标视为完全合法）。虽然在世纪之交的那段时期工会遇到了无数麻烦和困难（包括引起违约的违法行为），最大的打击却来自 1901 年的“塔夫—韦尔”案（Taff-Wale case）。在这种情况下，上议院认为，一个已登记的工会本身由于与其在政府任职的人员有别，可能要对侵权造成的损失负责。这极大地削弱了工会作为无法人地位的联盟在法律上的优势，致使其在许多案子中有可能承受重罚。随着 20 世纪头十年早期工会的支持力度加大和其附属成员人数大量增加，1906 年 29 名纯“劳动党”党员被选入议会，这样的形势也许促进了新建立的“劳动党”的大发展。无论如何，由于工会开展了争取重新获得合法保护的运动，在民主党选举之后，1906 年的《劳资纠纷法》才得以通过，尽管有律师和雇主的抗议，民主党的这次选举彻底推翻了“塔夫—韦尔”案，牢固确立了后来终于称之为“合法弃权”的传统。 266

然而，事实再次证明没有什么事情是一成不变的。这次工会表现出来的政治力量和影响招致了法官们的敌视态度。事实上，在 1909 年的奥斯本决议中，上议院高级法官们否定了工会对劳动党的经费支持，在一项规定中,他们限制工会在其1871年至1876年的决议的法定说明中明确提到的那些事务中的作用,从而把政治活动从合法目的中排除了出去。根据K.韦德伯恩的说法,“现在人人都把那项规定视为技术上错误的具有阶级偏见的裁决”(Wedderburn,1985:31)。议会在其1913年的决议中认可工会的政治活动,但只能在下面的条件下才算数,即工会建立独立的“政治基金”,许可每个成员在不给工会造成损害的情况下不参加为那笔基金募捐的合约。事实上,假如不是最终爆发的那场战争,1910至1914年间的大罢工也许会达到高潮(G.丹杰菲尔德[Dangerfield,1936])。

一旦劳工保护法获得通过,它就会总是处于要求变革的压力之下,“志愿主义”只好积极不断地被再生产。对事件的这种描述与第一次世界大战前的那段时期有关,但所做的总体观察却适用于整个20世纪。例如,1901年的“塔夫—韦尔”案,1927年的工会与劳资纠纷法案(产生于大罢工失败之后),1971年的劳资关系法和20世纪80年代的法规等,它们的目的都是使大量有效的工会活动成为非法活动。当然,对法律的态度和改变法律的企图一直受到相关流行语境的影响。例如,正式和非正式帝国市场(受保护市场)的存在,特别是在20世纪30年代,使雇主们没有必要与工人在需要改组的问题上长期发生冲突。由于同样的原因,这样的市场的消失,加上几乎充分就业的形势与“二战”后集体谈判过程的范围内因而被强化了的工人的地位,导致了建立在志愿主义体系之上的各种机构的持续非难(Brown and Rea,1955;Wedderburn,1985)。

换句话说,个体行动和群体行动,特别是为实现其在工资或就业方面的要求所进行的那些行动,影响着法律的发展、对其的解释和使用,以及对其的质疑,反过来亦然。事实上,在20世纪80年代前的两个十年里,“劳工法的发展一直受制于令人困惑的速度与方向的变化”(Lewis,1976:1),大多数情况下围绕着试图削弱或以另一种方式再生产现行结构的方面进行。在列
267 举了发生的许多变革后,W.刘易斯评论道:

> 这些事件使人们强烈地感受到,劳工法的主要变革发生在社会矛盾与经济冲突表现明显的时期。法律法规的性质与范围不是由某种抽象的制定规则的力量决定,而是由司法创新、关于公共政策的争论、管理的相对能力和为了获得选举优势的劳工与党派等这些因素之间的相互影响决定的。过去和现在的劳工法只有放在把所有这些因素都考虑进去的坚实的历史框架里才是可解释的。的确,对以前在法律问题上

的争执的回忆本身就是关于劳动立法的政治斗争和劳资斗争的一个显著特点。

(W. 刘易斯,1976:1)

这里的核心意义仍然是,在那个时期的任何阶段,参与者和观察者都不可能把发展理所当然地视为历史上不可避免的事。的确,在整个后"二战"时期的每个阶段,观察者都在质疑志愿主义是否在衰落(K. 霍金斯[Hawkins,1971],Lewis,1976,P. 怀特[White,1978])。"合法弃权"的持续或者相反情况是某种必须确认而不是想当然的事情。事实上,这种对志愿主义能否持续下去的质疑可追溯到 A. 戴西(Dicey),尽管有 1906 年的《劳资纠纷法》,他不以为然地坚决认为,他正在观察的是一种集体主义的合法干预的趋势,这种趋势基于"能从国家行为或国家对那些往往由有关人员的无约束管理的事务的干预中……获得利益的信仰"而产生(1914:259)。韦布夫妇(1920)也曾预言"制定法律"不久将作为处理劳资关系的主要手段取代集体谈判。

简而言之,英国(相对)合法弃权主义制度的持续性必须被理解为一种事后发展。结构的连续性预设了人类行为,相反亦如此。如果讨论中的制度证明具有相对持续性的话(虽然当然总会受到某种变革的制约),关于这个结果绝不存在任何不可避免性。

12. 从更广阔的角度进行解释

在本章的最后几节中,我集中讨论了对于过去一百年左右英国相当多的工业"比较差劲的生产率表现"的一个可能的解释,讨论了一套显然包含一个基于地理—历史的、具有内在动力和内在关系的整体的结构。另外,我 268
还考虑了说明讨论中的那套结构的不断再生产的过程的各个方面。我主要是想表明,即便在很多套结构的易于识别的那些方面看上去相对"原封不动"地被再生产着的地方,也决不存在任何关于它的不可避免性,不存在任何固有的恒定性。发生根本变化的可能性也许常常就在眼前,存在这种可能性的时候,其非实现性也许就是一个值得探索的问题。

也许还值得再强调的一个问题是,在解释讨论中的现象时,被确认为解释中有意义的许多因果因素,构成了一系列相对不在场的情况——战时和占领中的失败的不在场、某些帝国市场与其他市场中的激烈竞争的不在场、许多企业中英国管理层对工人组织的全面敌视的不在场,等等。这些都是重要的考量因素。不在场,我再说一遍,与任何其他因果力量一样的真实和重要。然而,任何在实际上具有持续性的结构和体系还必定积极地被再生产。社会结构或社会系统一旦存在,决不会就此固定下来或成为既定的东西。即便在抵消力量相对缺乏的情况下,讨论中的那些结构也必然会被再生产。[23]

13. 所有解释的片面性

如果说忽视具有因果效力的、关于结构的社会再生产(社会复制)的解释往往过分片面,不能构成对某种现象的充分或足够全面的理解,是前面示例性纵览的一个明确意义的话,我也许有必要再一次公开承认,各种各样的片面性仍然是不可避免的。事实上,按上述思路简述的对英国"比较差劲的生产率表现"的解释(例如,Pilpatrikh and Lawson,1980),已因其被认为的片面性而受到大量批评。各种类型的疏漏(从中抽出来的特点)可根据上面讨论的各种因素种类加以区分。这些疏漏尤其包括:(1) 在讨论中所指的那个时期或空间范围,那些可被当作事后广义上恒定的或在其运行模式中同类(跨国跨行业等)的力量;(2) 或者补充或者对抗被确认的解释机制的因果条件。我将依次讨论此二者。

上面阐述的那种类型的各种解释最近因其没有把资本主义的积累动力,即无休止地试图增加剩余价值考虑进去而已经受到 P. 肯尼迪(Kennedy,1993)的批评。但是,不能因此而认为在这些研究中未被明确强调的任何这
269 样的机制就可被(明确地或隐晦地)看做是不存在的。P. 肯尼迪所指的那种机制将会在整个所谈的时空范围内(最近的几百年和所提及的所有国家和区域)一直起作用。例如,之前的概述明确指的是工人们的抵抗、新技术的可能性、死板的工作制度和受保护的帝国市场。但是,这样的概念当然预设了正在被抵制的趋势、产生新的技术可能性的机制、需要灵活性的资本主义企业的利益、反对竞争的保护主义,等等。P. 肯尼迪确认的这样的因素因而不被忽视。它们对理解整个过程确实极其重要。但是,有意义的毋宁说是阐明随讨论中的地区不同而变化的,并对解释生产率过程的各方面看上去很关键的某些结构与趋势:在相当一段时期各地区的增长率不平衡,特别是英国,其增长率一直比其他工业化国家缓慢。

第二种批评是英国许多与生产率表现直接有关的具体机制被忽略了。尤其是英国政府或英国管理者的某些作为或不作为通常从这个角度被挑选出来。在各种竞争性解释中,或者国家被解释为未能足够有效地干预劳资关系(B. 埃尔鲍姆与 W. 垃索尼克[Elbaum and Lazonik,1986],B. 法恩与 L. 哈里斯[Fine and Harris,1985],P. 霍尔[Hall,1986]),或者英国的管理层不同程度地被视为在某方面缺乏教养的、能力不够的群体,这些人不知轻重缓急,极少下工夫学习新技术,等等。B. 法恩和 P. 哈里斯甚至强调"管理自满"(Fine and Harris,1985)。在这样的断言能够得到经验支持并能补充这里确定的那种解释的程度上说,后者在所有这些方面都不存在问题。任何解释理论的目的通常是确认一种有效机制并对它加以重视,在目前的例子中,是一种对英国比较独特的生产率增长表现至关重要的机制,当然不是鉴别正在发生的一切情况。在一个开放的社会系统中,对某种事态进行完全解释的规定是一个不能实现的目标。但这并不能削弱所提供的解释,犹如为了对任何一片给定的树叶下落路线进行全面解释需要考虑空气动力、热力和许许多多其他趋势并不能削弱作为一种因果机制的引力理论一样。

然而,在其他解释性断言与这里考虑的那个断言形成竞争态势的程度上说,最好是明确哪一个在经验上是最充分的。我已经在上面把 B. 斯塔福 270
德的工作作为一个例子。在这个例子中,关于英国生产率表现的各种竞争假设已经根据其相对经验基础进行了评价。正是本章中自始至终讨论的那套结构与机制被发现在经验上是最充分的。当然,总是有进一步提出各种假设的可能性,因而将需要对它们的比较经验充足性进行考察。事后估测一种理论的经验支持的任何企图,其成功的可能性当然将取决于语境和相关证据的有效性。

例如,如果英国管理层的能力在某种程度上的确比其他国家的管理层弱,或其管理层比其他国家的管理层更加自满,那么,想必应当发现,那些从海外引进的公司和也许是海外跨国公司在英国的生产单位,与往往明显较好的生产率表现相关联。如果投资不足被认为是问题所在的话,那么,检查横跨时间或空间投资的对比率的分析应当揭示出生产率表现中相应关系的某些证据,等等。对这里集中提出的解释本身可被进一步评价,另外,也可通过考察显示于英国外部甚至内部各地区不同的生产率趋势,是否与程度不同的分散集体谈判和以工作为基础的工人组织等明显相关性对其进行评价。

这里不是探讨这样问题的地方，这里的目的仅仅是为了表明某种为解释所做的努力如何可能与必需。但是，不管处于什么阶段的分析，总会有更多的事要做。无疑，关于英国相对生产率的建议性解释，如果是正确的话，还有许多相关问题需要回答。例如，为什么英国的工会得到法律的认可，它们是什么时候被认为是合法的？为什么法西斯主义在英国没有像在某些其他国家那样流行起来？为什么没有任何政党拥有一项在其合法解放时英国工会可用的合法权利的方案？等等。每个解释都是根据一套最终其本身需要解释的结构和机制作出的。

因而，这里构想出的经济解释通常是一个复杂而凌乱的东西。不像阐明事件规则性那样的简明的实证主义科学概念，揭示和解释包括植根于地理-历史的动态整体的有意义的因果结构与机制的过程，通常是一种艰苦费力与耗时的变革性活动，这项活动总是导致片面的偶然的结果（通常是被质疑的）。解释过程将不可避免地包含研究某种结构或机制或体制的某些特
271 征，暂时忽略其他特征，从某一具体角度理解某种结构等，在任何阶段上留下某些（至今）尚待回答的问题，需要给予进一步的关注。但是，如果经济学中这样的复杂情况是不可避免的，在这个方面，我想再次强调，情形正如在任何其他科学中一样。

第五部分

经济政策与预测

第十九章　经济政策与有目的的变革

275

现在我打算考虑一下论证政策规划过程的意义，或更一般地说，任何合理的意向性的社会变革的意义。目前政策分析的主要做法是建立大规模经济计量模型，在产生“最佳预测”中用其来推知过去的趋势。这样的模型由一个“只要事件或事态 x，那么事件或事态 y”的具有通用形式的假设（通常是概率的）关系的集合系统组成。人们最熟悉的表现形式是如下广义上的函数关系：

$$y=f(x_1,x_2,\cdots x_n,z_1,\cdots z_m,\varepsilon) \qquad (A)$$

在这里，(1) y，x′s 和 z′s 是变量或变量的向量，指可测量的事件或事态，(2) x′s 和 y 被认为是内生的，它是在系统内决定的，(3) 对比之下，z′s 则被看做是外生的。分量 ε 常常被称为扰动或误差变量，通常被解释为在方程中被忽略的那些变量（包括假设的解释性变量，y 中的任何内在偶然性和测量误差）的一个代替物，它们集体影响 y，或是 y 的一个部分。[1]

众所周知的是，这样的经济计量模型，无论是建立在一个接一个的方程式的基础之上，还是结合成一个大系统，按预测者们本身制订的预测标准，表现得都相当差劲。正如我们在第一、二部分中所看到的那样，还存在其他问题或紧张状态。让我简略地回顾一下。

1. 正统经济学观念、经济政策与变革

最明显的是，尽管可用概率进行解释，从人的选择几乎完全被否认了的意义上说，这样的模型在本质上是决定论的。例如，在一个“标准的消费函数”里，与在第七章中说明的相一致，消费者的支出（在某种转换之下）表现
276 为一个可支配收入（如果还有其他因素的话）的固定函数，因此，即便在实际消费者终于知道关于最后发生的收入中的任何变化之前，不管其来源与背景如何，收入中（或其变化率或其他什么因素中）一个单位的变化会由一个固定的和已知的数量引起消费中的某种调整。简言之，人们并不是在这种

情形中创造历史,而纯粹是由外部事件与条件推动着。

因此,就出现了在这种语境中谈论经济变革是否有意义的问题(见前面第十二章),同时也产生了是否有理由制定政策的问题。的确,如果我们回过头去看一看公式(A),似乎存在着某种类别变化的范围,如果(至少其中某些)外生变量(z's)被解释为选择变量,被解释为政府控制的手段或不管别的什么的话。即是说,如果这些外生变量的确是政策制定者们进行控制的手段,就可能出现提供一个影响其价值的选择元素,容许对 y 产生某种影响的可能性。但是,两者间任何这样的分离,即一方面是非专业人士没有选择能力,另一方面是政府的政策制定者要有发挥作用的真正可能性,正如我们所见,这种情形几乎是不可能的。

当然,从现代正统派经济学的观点看,其强调的是永远理性的、几乎无所不知的个体,这里明显的反常现象是,假设被看做外生的各种变量,即政府政策的貌似真实的手段,事实上是难以预料的。换种说法,著名的二元论与主流的"一切都终可被内生化",亦即,一切都可从某个"只要这个,那么那个"的公式中被推断的信仰是不一致的。正如我们在第一章与第七章中所看到的,那个影响颇大的理性预期假说的某些鼓吹者们最近明确断言,政府政策手段的变化的确是可预测的,因此,政府部门的任何实质性选择都会被排除得一干二净。但是,我们又被拉回到政策分析是否具有真正意义的问题上——或者,任何其他方面的活动是否有真正意义的问题,而此类活动的前提,是相信事物发展进程是可变的。我们已经看到,这是一个主流经济学家自己反复提出的一个问题或谜,虽然从未获得过令人满意的答案。重复提一下在第一部分中曾讨论过的 M. 雷德尔(Reder,1982)的复杂难题:"到了变量被内生化的程度——选择被解释——社会的选择自由就会被视为幻觉"(1982:35)。

我们还能回想起,即便我们忽略这些紧张,允许政府在这样一个相当勉强的建制中发挥政策手段的调控作用,因此而可能得到支持的变革的观念也是极为苍白无力的。这里没有了转变确定模式的范围,社会生活被还原为无异于事件流的东西。事实上,变革的思想沦为只不过是调整或改良事件和事态的问题。我们在这些问题上对传统主流框架的评价因而被轻而易 277
举地概括为:虽然"经济学"被搞得明白易懂,但选择与变革却被沦为无异于幻觉的东西,制定政策的实践变得毫无意义。

2. 批判实在论、经济政策与变革

那么,什么是我试图辩解的、关于政策和有意变革的可供选择的观点?我的核心主张可简单地陈述为:尽管支持传统实证主义的、科学的、恒定关联观点的大多数经济学家认可任何一致性,主张调控与改良事件和事态是其主要目标,批判实在论者的观点却提供了通过转变结构实现人的解放的真正可能性。因为,根据前者的观点,即唯一可能的目的就是企图固定一套事件 x,以便确定并因此控制一套非独立的事件 y;但在批判实在论者看来,一个可行的目的就是变革真实的社会结构,以有利于造成可供选择的新机会。这样,便会出现拓宽发挥人的潜力范围和增加人的发展机会的可能性,从用人们向往的强有力的结构取代不想要或不需要的限制性的结构的角度考虑问题就成为可行的了。选择不再被否认。相反,它存在于旨在扩大选择范围的政策目标的视野之中,特别是那些有关需要与想要的选择权利。

需要对两个可能造成这样的变革的截然不同的方案加以区别。第一个是这样一种情况,在这种情况下,不必与有关的结构或机制的性质产生不和,即便讨论中的社会变革也许需要周密的计划、组织和协商。在现代英国社会中经常提到的例子包括从公路的左边驾驶转为从其右边驾驶,此过程伴随着其可能招致的所有变更;把钟表时间调整为与日出一致;或者允许星期日举行贸易。

第二个方案从许多方面看都更加有趣,是一种解释性批判的方案。这是一种在其中各种信仰都不足以应对其所处形势的情况。这个方案的重点是一种批判可能性,只可用于社会科学(不适用于自然科学)。在那种情况下,有可能通过以每个结构都被理解的方式促成一种变化从而改变一系列
278 的结构。具体地说,它存在于社会科学的潜力之中,这种潜力既能鉴别社会客体,与关于那些客体的一般信仰和对那些客体的预期,或与这些客体相关的信仰与预期之间的差异,又能提供对这些差异的解释,即鉴别致使发生差异的社会原因。这个目标达到后,就为理性的、有目的的社会变革的可能性(虽然永远不足以完全实现)打下了明确的基础,特别是通过改进相关结构所依赖的实践活动加强这种可能性。

正是这个方案,这个通过转变社会的各种特征或方面所依赖的观念而改变这些特征或方面的目标,至少部分地支持着所有的根本性贡献。它是,

例如马克思主义分析资本主义、环境保护论分析环境破坏或退化、女性主义分析性别关系和等级制度的基础。

3. 社会解放的条件

因此，不像实证主义正统经济学，社会解放是批判实在论能够欣然接受的一个目标。即便如此，仅仅接受批判实在论的思想显然决不足以致使任何进步变革的实际发生。这样的变革所需的各种条件极为重要，现在可以简略地阐明一下那些更带根本性的条件。

首先是人类有着共同的目标，即真实利益、需要和动机。很明显，如果每个人的需要纯粹是主观的，其相互之间的对立不可能调和，那么，制定社会解放的目标从一开始就可能是个以假定为论据的问题。但是，这种共同的真实利益的需求不仅仅是如这里设想的社会解放行动的一个条件，它是一切政策分析的前提，不管是从什么视角出发。例如，每一个国家的政府都宣称其行为代表"自己的人民"，认为相关国家的人民的某些利益是相同的。诚然，这样的主张与观念需要剖析。但是，关于经济与社会秩序的（变化的或持续的）任何方面的所有按程序的观点都预设了某种隐含的道德实在论，预设了所有人或某个群体共同的真实利益的一些前提，这些群体因有着共同的遗传特质而存在，或是作为共同占有具体的包括民族地位在内的社会地位的结果而存在。

正如我们在第十三章中看到的那样，道德实在论的基础在这里的确被认可，即道德理论化的可能性被置于公认的、共同的人性之上。根据作为一个种的植根于我们的生物统一性中的共通本性的事实，承认存在着作为人的所有人的权利的观念受到支持。当然，还有一种论点，认为这种共同的本 279
性总是受历史和社会影响的，因而，需要将会如消费者的欲望那样，以多种可能的方式在经验上显现出来。这样，追求变革将总是会发生在相互冲突的、与地位有关的利益语境之中。无疑，围绕着阶级地位、年龄、性别、民族国家等的利益冲突，都如其他任何事物一样的真实与确定。即便如此，不同的群体也会合作和持续地再生产信任关系，等等。但是，仍然存在着对立的、与地位有关的利益。明确的、更持久的进步的更大可能性，也许就建立在作为种的我们的统一性和我们的社会的、历史的经验与天生特性之上。

其次，解放性社会变革的可能性不仅需要共同的真实需求或利益，同样需要对这些需求和利益的自觉意识。需求与权利只有在一定的历史条件下才可被概括为目标或消费者的欲望或需求,被看作合理的或不合理的。严格说来,它们可能会被不恰当地或错误地概括。具体地说,真实需要可表现在各种各样历史的偶然的需求欲望之中,那些需求欲望也许会被无数可能的能使人得到满足的东西中的任何一种满足(见 L. 多亚尔与 I. 高夫[Doyal and Guogh,1991])。假定或者实际所需如购买的具体的商品,或者明确的目标如比别人拥有的更多,是在界定人的需求,那么,这样的假定就是在彻头彻尾地重犯着认识谬误,尽管这次是以道德形式出现的——将需求还原为消费者的消费欲望,将消费欲望还原为其被满足的或被阐明的各种条件。

当然,我并不是在暗示,表现在行为中的消费者的欲望与基本需要无关。的确,虽然从有利于人的发展与其潜力的开发的观点看,某些活动有时看上去是很不理想的,但往往仍然很容易看到作恶者的所为是如何由各种真实需要驱动的——例如为了得到别人的尊重、内心的安宁或仅仅是为了宣泄沮丧等。但是,真实需要与表现出的消费者的欲望这两个概念不能混为一谈。然而,在现代正统经济学中,个体需要和权利完全变成了偏好、嗜好与消费者的欲望,由所做的购买或其他什么因素来衡量。举例来说,在人们或者虐待自己(嗜酒、嗜毒)或者虐待别人时,经济学正统理论只能把这样的行为看作偏好的直接表达,而不是视为往往看起来很难懂的、戴着面具的、深层需要的表现。几乎不存在划分这样的区别的基础,或者不能允许存在这样的基础。因此我们能注意到,主流学派仅根据简单的贫困指数、收入水平或别的什么测算来评估不同背景中人的福利的很多企图,都是值得严肃商榷和再次系统阐述的。

280 现在应当清楚,尽管我强调它,但我并不是在此暗示,我们要用诸如科学家或政策制定者知道或可能知道人们应当作出的选择的那种假定,来代替正统派坚持的个人偏好的消费者至上的观念。我甚至也不是在说后面的群体或任何其他人,被赋予了代表他人采纳更多的决策的权利。更确切地说,以上所述的含义是,科学的目标是提供对真实需要的更充分的理解,以便了解个体本身作出的那些选择(可能在某个信息丰富的民主研讨会上)。重复一遍,从原因上说,解放性社会变革的一个条件是对人的真实需要与利益的自觉意识。[2]

解放性的或实际上任何有意向的变革的第三个条件是,讨论中的目标被认为是一种真实的可能性。在政策讨论中反事实是合理的,如果它们表达的是真实目标或真实选择权的话。因此,它们可以作为指导行动的观念。这似乎是个显而易见的事情,但却是现代经济学中极少设法解决的问题。尤其是,通常的经济目标——零失业和零通货膨胀、国际收支“平衡”、经济增长,等等——在目前的(或任何其他现实的和可获得的)体制中是否能够达到极少受到质疑。更确切地说,相互竞争的政策取向群体通常都会毫无疑问地认为确定的目标是能够达到的,但却常常从“只要这个,那么那个”的推测出发,花大量时间去辩称他们自己的策略比其他人的更具优势。

关于这个问题,也有一些例外情况。比较有远见的经济学家当然会质疑在现有体制条件与关系状况下真正可能实现的目标的限度。这样一种态度并不能反映任何具体的政治观点。例如,这符合 F. 哈耶克(后期)的看法,也符合 K. 马克思的看法,有时也符合 J. 凯恩斯的看法。对 F. 哈耶克和 K. 马克思来说,我认为这一点很清楚。但是,它也在大多数情况下适用于 J. 凯恩斯。请再考虑一下如在第十二章所提到的《通论》一书中介绍的他对股票市场的不稳定性与稳定性的分析和解释(在上面第十三章中也简略论述过,还可参阅 Runde,1977)。有三种重要的条件因素或解释因素必须确认:心理动机(psychological motives)的普遍性,有关未来收益的不确定性的性质或结构,从有利于“流动性”的观点看现代投资市场的组织。为了减少或消除现实中这样的固有的不稳定性,虽然政府发言人在形势需要的时候很想过分夸张或贬低相关市场价格,对于心理因素却几乎无能为力,更没办法对抗根本的不确定性的事实。不足为奇的是,以 J. 凯恩斯的政策为导向的评论主要不是针对改善事件,而是针对支配现行投资市场的基本制度结构的革命性改组的必要性的。[3]

这里可以简单提一下另外两个解放性变革的条件。上面我说过,解释 281
性批判可能有助于解放。这本身不仅预设了论述在本体论上是有效的,即其他人能够被说服(Bhaskar,1989:113),而且如真理、自由和正义等价值是无处不在的并被广泛接受的。如果没有它们,规范性论述将是徒劳的。

最后一个条件是从实际利益出发的行为倾向,如果它们的确能被正确鉴别并追求它们在实际上可行的话。在任何实际情形中,这样的行为也许会包括巨大的代价、一定程度的风险或只是意志上的努力。并非每一个人都能抓住每一次符合自己利益的机会。

因此,理性的有意向的解放性变革不可能常常是一件简单的事,即便我们现在能够承认它是一种真实的可能性。还要注意,解放或自由不能还原为人的选择。后者无疑是自由的一个条件,但它们绝不是同一回事。即便是被判决的人,也能强装应对其命运的方式。选择与自由都不能被对必需的认可所损害。因此,M. 雷德尔(Reder)的断言"自由……不在于选择的权利,而在于对必需的认可"(Reder,1982:35)是错误的,如果 M. 雷德尔所要的含义,即选择的权利是某种与对必需的认可相矛盾的东西的话,如果其假定自由纯粹是对必需的认可的话,那就更错了。至少自由需要知道真实利益,能够采取行动去实现它们,并有意去那样做。在这一点上,选择的权利和对必需的认可显然是必要的,虽然几乎不是充分的。

简言之,从这里所支持的观点出发,变革而不是或不仅仅是对事件的意向性改变的观念是成立的,解放的目标不是控制而是一种真实的可能性。当然,任何旨在解放的构想都有可能遇到各种各样的困难。但是,一旦抛弃了实证主义的偏狭见解,就比较容易采取正确的政策过程去探索人类进步的真实可能性。简而言之,如果认可这里阐明的框架的代价是抛弃很大一部分现代经济学所输出的东西的话,那么,好处将不仅包括有可能产生一门新的经济科学,而且包括一个比至今拥有的更坚实的基础,一个更适当的连贯一致的构架,以便探索如何使这个世界成为更加安全、更加便利、更具活力的地方,探索如何使其成为一个既能更加容纳我们的亏欠、贫困与潜力,又能使我们作为社会人发挥自己的创造力并实现自己目标和谐统一的地方。

第二十章　经济科学与预测 282

1. 基本论题

形成本书的论点的用意是批判性的,同时也是建设性的。目的不仅仅是为了揭示现代主流经济学固有的局限性,说明该学科的混乱状况,而且是为了简要地描述一种更能持续的、有可能结出丰硕成果的替代路径或观点。

我的核心论题已得到简略陈述。现代主流经济学的本质不在于如大多数批评家所说的实体理论层面,而是在于方法论层面。具体地说,最根本的特点是普遍坚持演绎主义解释模式,包括坚持站不住脚的“只要这个,那么那个”的所谓“法则”结构。正是这个实质性的东西是该学科永久混乱的根源。因为,虽然利用演绎主义依赖于封闭系统的普遍存在,但作为社会科学研究对象的人类社会本质上是开放的,看上去不受科学上有趣的局部封闭的影响,或至少不受现代经济学方法所要求的那种严格的封闭的影响。

所有问题的最终根源是认识上的谬误,相信本体论的问题可被还原为认识论的问题。在 D. 休谟的著作中,这导致了实在被还原为经验赋予的事件过程。由于实在被如此限制,“只要这个,那么那个”的观念便成了科学概括的唯一形式或“不二法则”。这样一来,“实在”(the real)就退化成了“实际”(the actual),而后者则是人类中心主义的认定,带着某些人类的特质。[1]

我并不是想说认可演绎主义和相关的科学观念后,主流经济学家就能与从休谟哲学中派生出来的方式保持一致。的确,许多经济学家从未考虑过这个科学观念是如何建立起来的问题。同时,很难相信许多经济学家不会在某种水平上认可结构、变革、突现、内在关系等在批判实在论的标题之 283
下系统化了的、更加丰富的本体论。但是,如果情况确实如此,对主流经济学家的指责就必然是他们共同一致地接受休谟理论的结果,而毫不质疑那些结果的正当理由。这相当明显地表现在广泛蔑视方法论,特别是在正式论文中完全忽视对本体论的明确关注。这就起到了转移人们对批判实在论支持的世界观,与由主流的演绎主义方法论预设的原子论和封闭观念,其间存在的不可逾越的鸿沟的注意的作用。通过顽固坚持自然科学观念,明确回避质疑其本体论假设的本质与相关性,主流经济学家实际上在坚守着他们自己的科学主义的谬误。

可是,某些东西只好让路。如果我们最好的本体论理论与官方认可的经济学家们的实践活动不一致,至少与其中一项不一致的话,本体论理论或者被认可了的实践就只好改革。假定经济学中的演绎主义理论按照自己的主张或更宽广的视野事后证明是成功的,而且情况确会如此的话,那么,就必定有某些始终支撑它的根据,但事实上又没有这样的根据。更为重要的是,批判实在论既能给予演绎主义在自然科学中取得的成功以适当的地位,并能解释那些成功,还能说明演绎主义方法在经济学中遭到失败的原因。因而,最终必须在现代主流经济学与批判实在论之间作出选择。主要是武断拒绝明确重视方法论的问题[2]妨碍着普遍承认批判实在论才是真正正确的选择。反过来说,这种拒绝起到了支持认为演绎主义的成功只是个时间问题的信仰,认为那只不过是一个需要更多更艰苦尝试的问题。

现在应当明白,我的论证不亚于宣布了正统经济学作为一般方法与主流观点实际上的死亡。这个方向不可避免地会使我们立即认识到,该理论在应对一个开放系统时产生的全部问题和困难都源于它的那个实质。然而,乐观主义的看法是,如果作出的选择支持实在论而不是演绎主义,那么,就会真正有可能产生正确构想的科学的经济学。已经发现人类社会不但是开放的,而且是有结构的,存在于一定的可识别的社会结构,以及各种力量、机制和趋势之中,这些因素是社会事件与事态实际过程的缘由。在接受寻求阐明这些根源因素和事件与事态的挑战中,经济学就有可能成为一门具有科学意义上的学科。

284 **2. 疏漏**

在此阶段,我应当坦率承认,我在这里提供的阐述方式是不完整的。很显然,我并没有企图追述主流经济理论产生的精确道路,也没有探索所有在其中它被再生产的机制。毫无疑问，有无数促成这两个方面的因素。思想意识必须考虑进去：在这些思想因素中，正统理念特别强调的是表面现象，而不是包括社会关系在内的社会的深层结构，因此，把社会看得比真实情况更加和谐（虽然在进行更加充分的历史研究之前不过多地采用功能主义或共谋式的观点很重要）。另一个同样有意义的促成因素是西方文化中数学扮演的神奇角色，当然是自启蒙运动以来，特别是在经济学家中有过无数次的探索，企图将该学科数学化，在法国这样的做法尤甚。目前，我并没有直接给经济学专业的新生过多地宣传假设的演绎主义的优势，而是埋头于教授数学技术，以至于预先假定了演绎主义方法的广泛的相关性。从指导这门学科的人员方面看，这种教学的任何合理性似乎仅仅建立在对形式主义的无批判的热忱之上，只知纸上谈兵的个别教学人员总的来说似乎对具体的形式系统必须被限制在其应用范围之内的事实视而不见。[3] 但是，虽然这些问题很重要，却不是我在这里进一步考虑的事情。

3. 结果

我认为没有必要进一步概括论证的主要过程，其中有些要点已重复说过。当然，如果我集中探讨这个论证的各种核心蕴含意义的话，可能更加有益。我认为，通过我对关系到经济学家们最喜欢的休闲活动——对事件的预测或预报——的那些特点或结果的彻底考查，这个目标能够达到并且是非常有益的。因为正是这个活动比其他任何活动，更能将经济学家的应用方向和政策取向，与其他社会科学家区别开来，就这个活动和任何其他活动而言，以前进行过的讨论具有极其重要的蕴含意义。

4. 对预测的先入之见 285

我这里所指的情况是经济学研究中的一种几乎普遍的做法，即竭力把经济科学的各种概念与成功预测的可能性紧紧地拴在一起。这种科学与成功预测的假设的联系不仅是那些拒绝承认经济学有可能成为科学的经济学家所坚持的看法，也是那些认为如此构想的经济科学已经确立的经济学家所坚持的看法。大量明确的主张实际上表达的都是这个意思。让我仅举几个经济学诺贝尔奖得主的例子。认为一种能成功地进行预测的科学已经确立的获奖者中不仅包括如 M. 弗里德曼这样的著名经济学家，而且包括如 M. 阿莱(Allais)这样的具有正统观念的、目光敏锐的批评家。断定由于成功预测不可能实现，因而经济科学不可能成为精确学科的人中有 J. 希克斯(Hicks)，一位昔日的“理论家”，他似乎在某个阶段彻底抛弃了正统理论。作为一个例子，请看看以下评价：

> 任何科学的本质条件是能够被分析与被预测的事件规则性的存在。在天体力学中情况的确如此。但是，对许多经济现象来说也同样如此。的确，对那些现象的透彻的分析表明了，经济中规则性的存在如在自然科学中发现的规则性一样地引人注目。这就是经济学成其为一门科学的原因，这就是这门科学依赖于与物理学中一样的一般原理与方法的原因。
>
> (M. 阿莱，1992：25)

> 依我说，一门科学是由一系列命题构成的，它们具有三个鲜明的特点：(1) 它们是关于真实事物的，是关于我们观察到的事物的，是关于现象的。(2) 它们是一般命题，是关于分类现象的。(3) 它们是有可能将预测建立在其之上的命题，那些预测在一定程度上支配着信仰。所有这三个特点似乎都是必要的，如果那些命题的聚合是一门科学的话……
>
> (J. 希克斯，1986：91)

> 经济学只不过是在科学的边缘上，因为它所分析的经验中关于它们的很大一部分是不可重复的。
>
> (J. 希克斯，1986：100)

集中对 J. 希克斯的评价做进一步简短讨论是富有启发性的。事实上，J. 希克斯对他的前提(1)和前提(2)没有什么论述(除了关于数学是否是科学的这个问题外)，这是因为考虑到它们是相对无争议的问题。这样一来，他将思考几乎全部集中于前提(3)上，集中于关于科学产生成功预测的必要
286 性上。在此过程中，J. 希克斯作出了以下两个区别：

(a) 有条件预测与无条件预测的区别：不像后者，前者由必须满足某种已知条件的要求加以具体说明。

(b) 强式预测与弱式(有条件)预测的区别：鉴于规定的条件，前者意味着将发生一种特定的事件；鉴于规定的条件，后者意味着将发生一种特定的事件，如果没有干扰的话。

一句话，J. 希克斯坚称，在下面的预测类型学中的 x 和 y 是可观察到的现象：

（1）y 将发生——无条件预测；

（2）如果 x，那么 y——强式有条件预测；

（3）假定没有干扰，如果 x，那么 y——弱式有条件预测。

J. 希克斯将非专业人士的科学观点与（1）联系起来，将 K. 波普尔的证伪主义的科学观点与（2）联系起来，将他自己的科学观点与（3）联系起来。根据 J. 希克斯的看法，经济学与（3）的关系最为密切。但是，由于它说明的是具有高度不可重复性的现象问题，经济学被认为仅仅处于“科学的边缘”（同样处于“历史学的边缘”）。

J. 希克斯的描述显然引起了许多人的共鸣，毫无疑义，这是因为它的确表达了一种深刻的见解。当然，弱式预测的可能性比强式预测看上去更有道理。认可 J. 希克斯的观点产生的问题不仅在于作为科学的经济学的可能性（如 J. 希克斯设想的那样）被排除，而且在于不清楚经济学的存在还有多大的用处。因为如果经济学中令人感兴趣的和具有相关性的客体是可觉察到的现象，如果“只要事件 x，那么事件 y”这种形式的事件规则性，要受在任何有趣的形式中都很难成立的假定其他条件不变条款的约束，那么，主体还有何实际价值？

很容易看到，J. 希克斯辨识的强式预测与弱式（有条件）预测的概念之间的区别与经济学辩论中的某些派别有关。如果正统派经济学家在他们的实质性贡献中预设了强式有条件预测的可能性的话，侧重于哲学反思的非正统派经济学家则倾向于只强调弱式有条件预测的可能性。当然，如果正统派经济学家受到挑战，要他们自己作出解释或为当前的失败辩护的话，他们也会发现自己正在滑向只认可弱式有条件预测的可能性的立场。但是，问题是干扰是否可能是普遍的。承认它们是普遍的就等于（在这个预测框架中）承认在一定程度上整个抛弃实质性工作的论点。这样一来，通常妥协的结果是弱式有条件预测的措辞依然存在，而强式有条件预测的预设则通 287
过后门偷偷爬了进来。当然，少数几个坚持遵循如 J. 希克斯这样的人提出的论证逻辑的人，定会始终如一地坚持到底，除上面的那些人外，还要加上各种各样的主观论者或解释学学者，其中包括奥地利学派的学者和 G. 沙克尔（Shackle），这些人都想完全放弃经济学扮演的任何有意义的角色。简言之，无论用什么样的推理或措辞，现代经济学中觉察到的选择都在承认强式有条件预测是有可能的，或无可奈何地承认经济学所能取得的成就甚微之间——在 M. 阿莱与 J. 希克斯各自评价的两个典型的极端之间进行的。

与其相比，本书所主张的观点是这个所谓的“选择”反映了一种错误的二分法，这种情况的产生仅仅是因为经济学家所持的科学的基本观念是有缺陷的。然而，回到 J. 希克斯的评价，该错误的悄然发生不仅在于他对预测的讨论，而且在于他概括出的两个有关联的前提：科学被限制在其对可感知现象的关注上；科学研究的目标是获得对这样的现象的分类概括。更准确地说，正如我们从头至尾看到的那样，科学的主要任务是，鉴别和阐明产生或有助于产生我们体验到的如包括人的行为在内的各种事件这样的现实性的结构、力量、机制、过程和趋势。

那么，经济学家为取得成功预测所做的持久努力会带来什么样的结果？可以说有三个重要结论，拟在下文中陈述。

5. 经济预测不可能成功

如果预测的目标是成功地预测在科学上有意义的经济事件或事态的话，那么，前面讨论的一个蕴含意义是，这样的目标即便可能实现，也将是极为罕见的，至少会以不合格的形式出现。对非实验型事件的预测依赖于恒定事件关联的自发发生，正如 J. 希克斯所看到的，这样的事在社会领域并不多见，似乎是不可能有的。这个见解并没有排除预测趋势的可能性。我仅仅指的是对事件的（无条件）预测。也许的确存在如树叶下落和利润下降这样的可预测的趋势，即便在具体情况下它们实际上是上升的。也许偶尔还有可能预见可实现的结果的范围界限或边界。例如，如果减少所得税，该经济范围内的个人既可花费多出来的那部分收入的一部分或全部，也可把它们省下来。因而，可以想象这些钱既可被全部花掉也可全省下来的较广泛
288 的结果，我们可以深入思考这样的结果从而确定可能性的范围。当然，其他具体语境中的机制也可被获知。也许减税目标是针对那些只能开销任何增加的收入而别无选择的很穷的人的，这全取决于不可预见的诸多偶然性。一个明确的含义是，如果不关注具体语境中的结构与机制，那么，就可能没什么理性基础做支持，仅仅因为以前发生过那种情况，在这个时刻 x 定会接着 y 发生的假设。

6. 经济预测的成功并非必要

如果事件预测通常情况下是办不到的话，那么，在任何情况下它都不是成功的经济科学的必要条件。因为现在可以承认，科学的主要目的根本不是阐明或预测事件，而是鉴别与理解产生那些事件或有助于那些事件的结构、力量、机制和趋势。这种理解是政策分析与有效行为（在可行的时候）所必需的。因而，T. 哈钦森（Hutchison，1994：30）的看法是相当错误的，即为了抛弃事件预测的目标，就需要有一种"思想上完全虚无主义的形式"。例如，预测病人皮肤上丘疹的形状不是医学研究的最终目标，而鉴别引起这种疾病的病毒或致病因子，以及生产或至少寻求有效解毒剂才是。虽然按现状受到诸如不确定性、一时兴致、情感和偶然机会等因素影响的金融资产的价格和利率几乎可能不同程度地受任何因素的影响，但激励或促进有害的金融市场（不想要的）动荡的条件，如果 J. 凯恩斯是（1973a）正确的（见 Runde，1997），仍然是可鉴别的那些问题和那个可考虑的有效政策反应的问题。同样，经济学的目标既可是鉴别助长突现和世界范围内的贫困、失业、歧视的持续的那些机制，说实在的，同时也可是鉴别所有在其中生产与发挥人的潜力被否认或严重受限的形势，并且，经济学还可用来详尽阐述诸如包括关系在内的替代体制结构等有效应对。总之，有了现在的更加成熟的科学，结果必然与 J. 希克斯的观点相反，经济学可能成为一门在精确的自然科学意义上的科学，尽管这取决于经济学家们惯用的做法的彻底转变。

7. 并不需要成功预测经济事件 289

如果对事件的预测既不可能也不必要，那么，两者都是我们不想要的。因为成功预测的可能性，按现状依赖于事件的恒定关联的存在，这就意味着或者未来已经被决定，或者，如果外生变量由我们操纵的话，未来由社会控制掌握。无论按哪种路径，情况将都与概括化的、人的选择与人的自由的可能性不相一致。这里主张的实在理论与科学的魅力在于，它支持人的选择实际上是人的解放具有真实可能性的观点。从这个观点出发，制定政策和策略的目标就不仅是要改善事件与事态，而且是要用其他所需的和有效力的结构代替那些不想要的结构，促进范围更大更理想分布更公平的人的发展机会的产生。我们会发现合理的、有意向的、解放性的真实变革不再像在实证主义中那样与包括经济学在内的科学的解释功能相冲突——实际上会被公认为是构想正确的科学的一个正当条件。更准确地说，批判实在论提供了一种关于科学、自然、社会和经济的新观点，它不仅有很强的解释力，而且还能维护人类社会历史不仅是可解释的，而且是能够被主动创造的这样的直觉性真理。

注　释 290

第一章　决裂点的持续紧张

1. 这种理论相当盛行，事实上，其支持者和许多其他人常常把它指称为“经济学”（见 J. 吉[Gee，1991]）。

2. 顺便说一下，E. 李默并非唯一的准备公开发表这类关注，并试图对看到的理论与实践不一致现象作出反应的一流计量经济学家（虽然其他这样的人不多）。另外的一个重要声音是 D. 亨德利（David Hendry）发出的。的确，像 E. 李默一样，D. 亨德利非常愿意参加关于方法论问题的所有方面的讨论。令人关注的是，实际上，这两个人与 D. 波里尔（Poirier）之间的一场关于方法论的讨论的内容已在《计量经济理论》杂志上发表（Hendry et al.，1990）。在大量被详尽阐述与辩论的话题和论题中，计量经济理论与实践不一致现象的继续盛行得到 E. 李默的再次确认，同时也得到 D. 亨德利的承认。E. 李默注意到：

> 在统计推断的大众理论与实际做法之间存在着巨大差异。我一直努力在做的事是思考那个差异，思考与理论相比实际做法提出的问题，思考或者更改理论，使其与我认为的实践的那些理想和合理的方面相符和，或者就应当如何改变和监督做法使其更加有效的问题上提出建议。
>
> （D. 亨德利，1990：178）

在接着的一页里，D. 亨德利保持一致地说道：

> 目前，在理论与人们的实际做法之间存在着特殊的鸿沟，E. 李默（1978）的罪人与牧师的比喻在这里是正确的例子。理论计量经济学家们说的是一回事，做的又是不同的另一回事。我正在试图弄明白为什么经济学家们要那样做，鉴于他们了解理论，显然他们是在力图解决实际问题。
>
> （D. 亨德利，1990：179）

3. 在更完整的版本中,J. 杜森伯里(Duesenberry)的著名格言是:"经济学是关于人们如何做选择的学问。社会学是关于人们为什么不能做选择的学问。"

4. 当然,这种态度并不新鲜。例如,《英国皇家经济学会简讯》最近(1992 年 10 月)重新发表了 I. 费雪(Fisher)1932 年 12 月在美国统计学会所
291 作的主席演说的首段,主张的就是这个意思(见下面第十八章的注释 15)。关于最近的一次关于这个态度的重要讨论,参见 K. 胡佛(Hoover,1995)的观点。

5. 这是英国为经济学研究生提供资助的一个主要团体。

6. 重复一下 K. 胡佛对 J. 凯恩斯名言的适当改写:"许多务实派经济学家自以为不受任何方法论的影响,却往往沦为某个已故方法论专家的奴隶"(1995b:733)。

第二章　实在论、解释与科学

1. 它们受到推举的基础往往只是,它们被视为在其他某个领域或语境中早已获得成功。就像,风钻有助于掘路基,由此立即认为它是一种清洁玻璃窗的工具,而不考虑我们对玻璃性质的认识。

2. 为简明起见,我将反复提到讨论中的公式化的表达。

3. 这个"对称命题"为 K. 波普尔之流如 M. 布劳格(Blaug,1994:123)等人所坚持。

4. 这基本上是 C. 亨佩尔(1965[1942])提供的一个众所周知的例子的相当严肃的改写与简化版,内容如下:

> 让一个寒冷的晚上汽车上的散热器破裂成为要解释事件的主要特点。句群(1)[亦即"断言某些事件在某些时候……发生的那套句子"]陈述了下面的初始和边界条件:车被整夜弃置在街道上。其铁制散热器灌满了水,盖子上得很紧。当晚的气温从傍晚的 39℉降至第二天早晨的 25℉;气压正常。散热器材料的爆破压是如此之高。句群(2)[即"普遍假设的那套"]可能包含如下面那样的经验规律:低于 32℉时,在正常气压下,水会结冰。低于 39.2℉时,一定数量的水的压力随着温度降低而增加,如果体积保持不变或减小的话;当水结冰时,压力又上升。最终,这个句群势必包括一个关于水的压力变化的数量法则,作为其温

度与体积的函数。

从这两种陈述中，得出的结论是夜间散热器破裂可通过逻辑推理推导出来，对被考虑事件的解释已经确立。

（C. 亨佩尔，1965［1942］：232）

5. 注意，虽然许多经济理论家事实上不会用经验数据对照检查其"模型"，但这并不会贬低这样的观察事实：他们坚持讨论中的演绎主义解释形式。的确，正如我们将在第八章和第九章看到的那样，他们的经济"理论概括"通常是在获得最终可能面临数据检验的模型的前提下受到支持的——是为了克服当前的问题"再努力尝试一下"的结果。这种情况不是经济学特有的，甚至不在"社会科学"的范围内。而且，经济学接受演绎主义不是特别现代的事（甚至接受的程度也是如此）。正如 R. 米勒（1987）最近观察到的：

现代学院社会学、人类学和经济学的先驱们，如 M. 韦伯（Weber）、 292
E. 涂尔干（Durkheim）、A. 拉德克里夫-布朗（Radcliffe-Brown）、B. 马林诺夫斯基（Malinowski）、C. 门格尔（Menger）、W. 杰文斯（Jevons）和 L. 瓦尔拉斯（Walras）等，全都认为一般规律下的归纳对科学解释是极其重要的，认为发现这样的规律是使社会科学成为真正科学的手段。致力于覆盖律模型在不断令人失望的情况面前已使这样的目标有了活力。例如，当社会人类学家发觉他们的现场调查极少产生涉及比较具体的现象如做母亲或耕种等的令人感兴趣的一般规律时，他们并没有放弃对一般规律的追求。许多经济学家通过在诸如"二元对立"这样的更加抽象的结构中寻求这样的一般关系而作出响应。许多经济学家详细阐述某种一般模型的内在逻辑，平静地承认，他们的工作对解释通胀或失业或特殊的内部经济关系的具体的突发事件，没有做出可观的贡献。理想的合理性基本上是，详尽阐明一般模型是导致发现一般规律——相关解释的实质性方面——的最有希望的途径。

（R. 米勒，1987：28）

6. 同样的陈述还可见 M. 阿莱（1992：25）的著作。

7. 为了获得对这个术语的类似解释或包含它的解释，可参见 A. 布洛克、O. 斯塔里布纳斯和 S. 特朗布力（Bullock, Stallybrass and Trombley, 1988），J. 吉尔德 和 W. 科尔布（Gould and Kolb, 1964），以及 W. 乌恩怀特 和 T. 博托莫尔（Outhwaite and Bottommore, 1993）编的关于实证主义的词条。另可参见特别是 R. 巴斯卡（Bhaskar, 1978）和 R. 米勒（Miller, 1987）的讨论。

我仍然应当承认，虽然有一个还算得上前后一致的主题集合在社会理论中倾向于被系统化为实证主义，但关于它的最重要的历史契机或重要性却没有或至今没有统一的看法。在社会科学中，也许有三大相关原理被反复提出来，那就是现象论（phenomenalism，一种本体理论，根据这种理论，认识仅仅建立在经验之上）；科学的方法论统一性；事实严格与价值分开和规范陈述不可能取得认识地位的价值论原理。虽然“实证主义”标题下的许多题目至少自亚里士多德以来一直存在，首次系统使用这个术语的是 C. 圣—西蒙（Saint-Simon）。后来，当 A. 孔德（Auguste Comete）要表达世界由真实、确定、明确、有用的现象构成，知识只存在于这样的现象的共存与连续中这个主张时，采用了这个术语。A. 孔德的目的是提倡一种自然主义的社会科学，它能利用被认为在研究自然中很成功的探索方法如比较法、实验与观察法，解释人类历史和预见其未来。在他的《实证主义教程》中，A. 孔德（1830—1842）辩称，人类精神的演化经过了三个必要阶段。在“神学或虚构”时期，现象是从超自然实体角度解释的；在“形而上学”时期，是用“抽象”进行解释的；在“科学或实证”时期，是用事实“规律”解释的，那些规律被解释为连接它们的“连续与相似的不变关系”。A. 孔德为旨在综合所有实证知识、揭示社会运行机制和指引建立实证政体的科学捏造了“社会学”这个术语。

从 19 世纪中叶起，实证主义成为一种极有影响的学术与文化倾向，形
293 成了最受欢迎的科学观点的基础。在法国，E. 涂尔干（Durkeim）抛弃了孔德哲学，却保留了他的方法，坚持自然科学与社会科学的密切关系；在英国，一个更具根本性的经验主义版本由 J. S. 密尔开发出来；而在奥地利，维也纳学派，其中包括 M. 石利克（Schlick）、E. 马赫、R. 卡纳普、C. 亨佩尔和 O. 纽拉特（Neurath），企图把休谟的经验主义与逻辑分析结合起来，通过将一切知识置于经验的基础之上而使哲学永远摆脱“形而上学思辨”。关于这些与发展有关的许多讨论之一，参见 B. 考德威尔（Caldwell，1982）的论述。具有某种讽刺意味的是，虽然“实证主义”这个词最初是作为一个肯定的自我命名的术语创造出来的，被维也纳学派吹捧为“结束一切哲学的哲学”，今天（如在此处一样）似乎由那些批判地评价某个选定命题或给其定位的人只在否定意义上使用。的确，在某些群体中，实证主义的版本几乎与批评家的人数一样多，竟成了一个活笑柄。之所以出现过多的解释，正是因为该术语不再被任何人用作肯定性描述或肯定性规定。因此，不同的用法倾向于反映被每个批评家认为是众多实证主义命题的那套最重要的方面或组成部分。这里

所支持的概念的优势，如巴斯卡所指出的，是它“不仅描述与界定与其他哲学观点有关的一方，而且描述与它们通常只好捍卫它们自己和为它们辩护有关的一方”(Bhaskar，1968:229)。无论如何，不管以什么方式给实证主义赋予特点，D.休谟的经验主义在其发展中的历史意义是不可否认的。

8. 当然，在以这种方式继续讨论的过程中，虽然只是出自说明的目的，我姑且认为存在着一个可被定义为社会领域的单独领域，到时将会把这个假设论证清楚。

9. 当然，讨论中的理论的各个方面，特别是部分地存在于结构、力量与趋势等中的实在的概念很难说是R.巴斯卡独创的。然而，据我所知，正是在被R.巴斯卡特征化为超验实在论的理论范围内，讨论中的哲学本体论才被相当明确有效地构成了体系，得到最充分地发展，并成了和谐一致的理论。因此，我在此认可R.巴斯卡的这个标题是公正的(R.巴斯卡使用超验实在论这个标题的理由在第五章中将显示得更加清楚)。

10. 至少在自然界，自然必然性存在于起作用的生成机制的观念之中(即独立于人们及其行动的必然性)。

11. 这里的“支配”一词意指类的、普通的，其解释包括“影响”、“有助于”、“产生”，等等。

12. 在写作的时候(1995)，对那种现象即“疯牛病”(BSE)和致命性人脑病，以及克—雅二氏病(CJD)及绵羊瘙痒病的最好解释，并不是像病毒或细菌那样的东西(如类比推理可能引导我们期望的那样)。更确切地说，它是一种蛋白感染素，一种自发改变形状的“正常”蛋白的“痞子”形式，这样一来，(1)它以其他蛋白经历过的方式获得了对酶破坏的免疫力，(2)它具有了诱使其他蛋白发生同样的改变其形状的潜力。结果，体内可能积聚起带病蛋白，导致身体的自我调节系统不能充分发挥其功能。如果这个理论是正确的，关于那种致病因子的活动规律与该疾病的传播机制，仍然有许多东西不太了解。例如，人们还不完全明白为什么蛋白竟会改变其形状，需要 294
多少病蛋白才会引起连锁反应或整个过程需要多长时间等。仍然不能确定从牛传到人的食物链的病蛋白是否导致人的正常蛋白改变形状。可是，整个事件的确提供了一个非常清楚的例子，一个在大众眼里科学家不满足于明显症状或相关性，而是追求发现造成这些现实性的动因和机制的例子。

13. 请注意，根据这个概念，事件不再按D.休谟的感觉经验的对象而必须解释为原子状的。更确切地说，我认为，它们最好被视为天生统一的现象或现实,被看做转化为现实的可能性,它们在本质上与其多元决定因素有关。A. 怀特海(Whitehead,1929)具有类似的观点:

> 自然的一般特点是演化扩展性。这些我称之为事件的统一体突变成了某种现实性的东西。我们如何描述突变成的那某种东西?赋予这样的一个统一体“事件”这个名称引起了对与现实统一体相结合的固有的暂时性的注意。
>
> (A. 怀特海,1926:131)

14. 这种亚里士多德式的推理模式被例如 C. 皮尔斯(Peirce,1867)、N. 汉森(Hanson,1958)、R. 巴斯卡(Bhaskar,1978)、E. 麦克马林(McMullin,1984)解释为溯因推理,而被 C. 皮尔斯(Peirce,1867)和各种制度派经济学家解释为混合模态三段论。在这个问题上也许 C. 皮尔斯的贡献最大。采用与下面论证的观点(相关综述参见 Hoover,1994)在许多方面相一致的科学实在论的观点,C. 皮尔斯将推理分为包括演绎逻辑和数学在内的“阐述推理”,和包括归纳与混合模态三段论在内的“扩充推理”。关于后者(他还把它称为假设和假定),C. 皮尔斯评论道:“混合模态三段论就产生一个思想的唯一论证方式来说是创新的方法”(1867:2;96)。他还在其他地方展开说过:

> 归纳法绝不可能创造出任何新的思想。演绎法也不可能。所有科学思想都是通过混合模态三段论的推理方式而产生的。混合模态三段论在于研究事实、创设理论来解释它们,其唯一的合理性是,如果我们确实要理解事物的话,只能以这种方式。
>
> (C. 皮尔斯,1867:5:145)

[注意,C. 皮尔斯的参考文献中的(x:y)表示他的论文集的 x 卷,y 段。]

15. 因此,在这个框架中,“假定其他条件不变条款”的用法,即其他条件是(或必须是)平等的规定,恰当的解释是,不适用于一条法则的应用。如果一种机制被触发,趋势在起作用,某条法则就会被无条件引用。更确切地说,满足其他情况不变的条件是使陈述中指明的那种趋势现实化的一个条件。它起着提醒的作用,提醒我们讨论中的系统可能不是封闭的,法则陈述中假定的趋势也许不是孤立行动的,因而不是孤立实现的。当我们用趋势的范畴去指超事实机制的活动,而不是指如果情况不同就可能发生的事件的话,很清楚,原则上“假定其他条件不变条款”可被完全摒弃(还可参见 Pratten,1994)。

16. 重要的是必须清楚,包括思想本身在内,不可迁客体不需要比可迁客体更固定或更持久。的确,如果我试图研究另一个人的思想,那个人的思想即构成我自己的研究的不可迁客体(见下面的第三部分和第四部分)。 295

17. 正如C.皮尔斯(1867)在一个多世纪以前所说的:"只有一种我们从其'启程'的心理状态——一种在其中我们承载着大量已形成的认知的状态……"(1867:5:416)。

18. 正如R.巴斯卡概括的那样:"从超验实在论的科学观点看,其实质在于在任何一个层次上,从显性现象知识往借助先前知识产生的知识、借助产生它们的那些结构产生的知识迁移"(1989:20)。

19. 实际上,情况很可能是,被我们看作直接感觉经验的东西也可以这样的方式理解。这里的意义是所有知觉都"承载着理论",不存在纯未被解释的事实。当我们在一定的语境中看见、听见、接触、尝到或闻到某种东西的时候,我认为,我们立即(没有选择)就在溯因说明我们感觉到的一种现象,其结果是,我们从整体上把感觉视为一种可识别的现象。C.皮尔斯似乎也持有类似的观点(Peirce,1867:5:181,183,291,584—6),还可参见Hoover(1994:301)。

第三章　超验实在论的优越性

1. 当然,至少首个这样的观察在科学哲学文献中被反复提到。我仍然认为,如下面所讨论的那样,它们的充分隐含意义极少受到重视。

2. 这里采用的论证的性质在第五章中进行了详细探讨。

第四章　实证主义的遗产

1. 换言之,选择与正统理论强调的预测不相一致。我们早就看到,在演绎主义框架中,解释与预测是对称的。在这个框架中,如果在一个事件未被观察到之前就推断到它就是预测,在被观察到之后这样做就是解释。认识到这一点之后,布坎南还承认,讨论中的那个科学观念击溃了对人的选择能力的考虑:"就其本质而言,选择不可能在被预先决定的同时,仍然是选择。如果我们由此在表体现观念上可驳倒的预测的现代意义上界定科学的话,选择科学就会变得自相矛盾"(J.布坎南[Buchanan,1979:40])。

第五章　争论的本质

1. 例如，D. 麦克洛斯基（McCloskey，1986）写作“方法论独裁主义者”（1986：36）时的断言：“方法论是资产阶级的”（1986：24），意思是“假如它对这个意义损害不那么大，那么，方法论四处卖弄，向实际操作的科学家发布命令，就将是可笑的”（1986：24）。关于这些，参看 E. 索菲阿努（Sofianou，1995）的论述。

2. 根据 E. 温特劳布（1989）的说法，“方法论的任何规范作用都依赖于
296 一个深刻的错误想法，因而，方法论不可能对经济学的研究方式产生什么后果。方法论……不可能对实践的方式具有任何影响”（1989：478）。

3. 这一点在 C. 劳森、M. 皮科克和 C. 普拉特（Lawson，Peacock and Pratten，1996）的论文中已经做了很好的阐述，该文中，在“对一种经济学在制度方面的努力不够”的语境中采取了与下面阐述的观点相类似的观点。

4. 然而，任何没有耐心阅读论证过程的读者都可跳过这一章，过后也可回过头来再读。

5. 这样，E. 温特劳布凭借 S. 菲什（Fish）的来自“文学批评”的（外部？）指令断言：“没有任何观点完全离开能够影响对经济学的所作所为的仔细考量的经济学的所作所为”（1989：486）。为了支持这个结果，E. 温特劳布改造了 S. 菲什的一段话，要求我们在 S. 菲什用了“理论”一词的地方填入“方法论”这个术语：

> 理论在两种意义上可被视为力图指导实践：（1）试图从其上或其外的一个角度指导实践……（2）试图通过消除偏心，用普遍理性的观点代替某种局部的或偏颇狭隘观点的办法改造实践，个人将其具体语境条件下的意见和信仰置于普遍理性之下……与理论相对立的论点简单地说是，这种用一般代替局部的目标从来没有，将来也绝不会达到。理论是一个决不会成功的不可能的项目。它之所以决不会成功，是因为它的成功所必需的基本数据和形式法则总是要从认为它们独立于其的背景环境范围内被搜集和挑选出来。支持解释和使其具有理论基础的客观事实与预测规则本身就是解释的产物，因而，它们总是并已经被其声称要超越的偏心判断所玷污。
>
> （S. 菲什，1985：110）

6. E. 温特劳布(1989:486)似乎也采取了这个立场。让我们再次借用S. 菲什的结论,再次允许我们在S. 菲什使用"理论"一词的地方插入"方法论",E. 温特劳布重新写成了下面一段,并同意其观点:

> 理论不能指导实践,是因为其规则与程序只是从实践史进行的概括(只是来自其历史的一小部分);理论不能改造实践,是因为不是消除偏见,而是以偏见开始,并以偏见结束,将某种局部的具体的、偏颇的、理论倾向的重要性提高到了普遍性的地位。
>
> (S. 菲什,1985:111—2)

对E. 温特劳布来说,得出接受局部偏颇总是被牵涉进去的结论之后,似乎顺理成章的是,这样的偏颇有必要是理论上的,因而,方法论一定是微不足道的:"经济学中各种不同的竞争流派——后凯恩斯主义、新古典主义、马克思主义、奥地利学派——之间的差别是理论上的,不是认识论的,当然不可能通过方法论上的争论来解决"(Weintraub,1989:487)。

只过了几行字,他又补充道:"如果方法论的议事表,即从第三方的视角考虑,为一种理论是否比另一种理论好提供一个可靠的判断基础,是不可行的,不能成功的,那么,方法论对实践就不会产生什么效果"(Weintraub, 297
1989:487)。

7. 即是说,它可能是对如自然科学实践这样的问题的反思造成的结果。的确,认为那种哲学有权进入(或错误地认为自己能代表所有哲学有权进入)概括化或存在等的某个自治领域是错误的。

8. 当然,应当清楚,虽然拒绝规范方法主义实际上不会使对自然主义的可能性的质疑成为不正当的、无关紧要的或削弱性的,但排除任何对自然主义的可能性的质疑却与公开宣布的多元论的态度不相吻合。

9. 为了理解K. 波普尔证伪主义标准和其产生的过程,有必要回到20世纪20年代K. 波普尔在维也纳的学生时代。在那里,哲学被维也纳学派统治着,其成员包括R. 卡纳普、H. 法伊格尔(Feigl)、P. 弗兰克、K. 哥德尔(Godel)、F. 哈恩、O. 纽拉特(Neurath)、M. 施利克(Schlick)和F. 魏斯曼(Waismann)等人。他们的体系据知为逻辑实证主义,实质上是对E. 马赫(Machian)的经验主义(他的元素理论假设,认为所有现象都可被简化为感觉的复合,他不接受"物在自身"的思想)的重新表述,在L. 维特根斯坦(特别是《逻辑哲学论》[Tracatus]的影响下,罗素对逻辑学的发展(特别是包含在与A. 怀特海合著的《数学原理》中的逻辑思想)使这种表述成为可能。根据逻辑实证主义,科学命题是关于世界的,世界是用感觉经验认识的。如果一句话没有直接或间接地指向经验,如果没有可能的观察与决定其真值相关,那么,它就会被逻辑实证主义者视为不科学的,因而是"无意义的"。逻辑实证主义者从而企图给科学与非科学划界,制定了可证实性的标准,或对实证检验的易感性。

现在,虽然 K. 波普尔承认需要对科学与非科学作出区别,他又提出了他自己的"更好的划界标准:可检验性或可证伪性"(Popper,1992[1974]:79)。根据这个标准,为了称得上"是科学的",任何理论依经验观察都必须至少有可能被证明是假的(或无根据的)。K. 波普尔为提出这个观点找到了经验上、逻辑上和道德上的理由。爱因斯坦对牛顿力学的驳斥从经验上削弱了经验主义者对确定性的强调,这给他留下了深刻印象。同时,他意识到对"所有金属都导电"的形式的普遍陈述,(他曾经把其看作最伟大的科学成就之一)绝不可能被数量有限的观察所证实的。他还吃惊地发现,尽管物理学容易受反驳的损害,但同样的情况似乎并不适用于马克思主义、S. 弗洛伊德的精神分析和 A. 阿德勒的"个体心理学"(和现代背景下的维也纳文化中的所有显著的话题)。这个认识使 K. 波普尔深信,真正的科学家与非科学家的区别在于事实上承认一种科学道德——在于打算提前明确规定在其下他们随时准备放弃自己理论的条件。根据 K. 波普尔的说法,不像物理学家,正是这件事是马克思主义者、精神分析学家等人拒绝做的。所有这些理由使 K. 波普尔选择了可证伪性作为科学划界的标准。

10. 当然,K. 波普尔不久就认识到,他处理划界问题的方法有助于形成
298 一种新的一般科学方法论。根据 K. 波普尔的说法,科学不是通过积累实证案例直到证实一个概括而归纳行进的。科学概括最初是作为大胆猜想提出来的,然后通过说明其含意而对其进行严格检验;一旦一种理论遭到反驳,另一个大胆的猜想就会代替它;等等。简言之,K. 波普尔阐明了他的"演绎主义"版本,"即理论是假设—演绎系统,科学方法不是归纳式的"(1992[1974]:81);关于在经济学语境下 K. 波普尔方法的许多深入讨论,参见考德威尔(Caldwell,1991)和汉兹(Hands,1993b)的论述。

11. 这个方法论的一个主要问题是,如果使用预测精确性的演绎主义标准,那么,几乎每一个假设都非常容易被"证明是假的"。正如 A. 查默斯(Chalmers,1978)所说:

> 对证伪主义者来说,一种令人尴尬的历史事实是,如果他们的方法

论被科学家严格坚持，那么，那些一般被看做科学理论的最好例子的理论就决不会发展，因为它们在其婴儿时期就可能被抛弃了。如果把任何一种经典科学理论作为例子，不管在其最初提出时，还是后来某一天，都有可能发现观察结果在那段时间曾被普遍认可，但后来却被认为与该理论不相一致。尽管如此，那些理论还是没有被抛弃，它们没有被抛弃是科学的幸运。

（A. 查默斯，1978:66）

A. 查默斯提供了关于为了对 K. 波普尔的标准作出反应而提出的其他许多标准也遭到失败的大量实例与细节。在经济学中，演绎主义标准的主要后果是，由于所有理论可以很容易被“证明是假的”，因而现状总是占上风。

12. 无疑，科学的存在是不可否认的。更确切地说，那些采取类似于 B. 考德威尔的“多元论”的观点的人，可被解释为想在两者之间走一条中间道路：一方面，或者荒唐地否认科学的存在，或者荒唐地把方法论作为与科学不相干的东西整个抛弃；另一方面，明显草率地宣称对科学实践和科学方法需要什么有某种洞见。的确，B. 考德威尔在识别这些批判多元论的“对手”方面看法很明确：“一方面，有些人宣称他们懂得什么是科学方法……”而“另一些人……或者否认科学的存在，或者否认方法论与科学的任何重要联系”（1989:64）。

13. 在 D. 麦克洛斯基、P. 米罗沃斯基和 E. 温特劳布与大多数从事方法论研究的人的著作中都大量提到这样的事。

14. 这里之所以使用“必定”一词，是因为它在先验问题中被首次提出而显得重要。当然，正如下面所强调的那样，被问的问题实际上是被解释得最充分的，虽然是我们能给出的可错的解释，它却能使令人感兴趣的现象使人容易理解——这里实验方法被形成了经验概念。

15. 在这些问题上关于 G. 沙克尔观点的讨论，参见 E. 劳斯（Rothem，1993）和 J. 伦德（Runde，1997），关于 F. 哈耶克的观点，参见第十三章。

16. 因此，在这个问题上，我再次同情 K. 波普尔等人，虽然出自不同的角度。正如 M. 布劳格（Blaug，1994）断言，如果方法论者“拒绝限定，他们就会按现状使经济学结束”。“经济学是经济学家做的事”，雅各布. 瓦伊纳曾说。这种对经济科学具有讽刺意味的界定可以很好地作为反 K. 波普尔派 299
的口号。他们把它称为“恢复实践”，不管怎样，它只不过是按现状认可经济学而已(Blaug,1994:129)。

17. 例如,R. 纳多(Nadeau,1995)注意到,“新古典经济学是一种彻底建立在意向性概念上的理论框架”(1995:3);“意向性的现象……是构成经济理论领域的一种实在……”(1995:7);“所有经济概念都是完全意向性的”(1995:9);“自从边际效用革命以来,意向性应当被公认为所有经济概念的标志”(1995:13);意味着“正是经济价值的主观主义方法似乎才使承认经济价值的意向性成为必要”(1995:9);等等。虽然我们的贡献在很多方面是相互支持的,但是,R. 纳多(Nadeau)似乎认为,在评估经济学的可能性时,任何方法必须或者是外部的或者是内部的:

> 现在,观察形势至少有两种根本不同的方式。一种是可从关于“合理的经验科学”必须看上去像什么出发,试图看一看新古典理论是否能通过考试;一种是可选择在某种程度上更加直接地应对如新古典理论描绘的经济实在的认识论上的特殊性。
>
> (R. 纳多,1995:3)

我自己的观点是,这两种“根本不同的处理方式”实际上是一项任务或一个部分地相互支持的两个方面或两股力量。

18. 当然,正如上面间接提及的那样,主观论者或阐释学者(诸如包括F. 哈耶克在内的奥地利学派的学者,参见第十三章)始终承认这一点。然而,他们认为实证主义“只要事件 x,那么事件 y”的概念是科学的组成部分,或对科学是必要的,这种认识倾向于反过来鼓励实质上是唯意志论的能动性的观念,和社会科学的几乎不存在的作用。即是说,通过错误地将科学让位于实证主义,和承认那个观念不适用于社会领域,总的趋势是根本放弃解释社会现象的任务,或者更确切地说,事实上是放弃它,让某些更基本的科学如物理学、生物学或心理学去完成。例如,F. 哈耶克(1942—1944)认为:“社会研究中相关的东西不是……在任何客观意义上自然规律是否是真的,而仅仅是它们是否被人们相信或遵循”(1942—1944:51),他还断言:“相信他们的目的是,解释有意识的行动是一个错误,这个错误往往是由社会科学家的粗心大意的表达所支持的。这个工作,如果能够完全做到的话,是一项不同的任务,是心理学的任务”(1942—1944:68)。还可参见哈耶克(Hayek,1943)的论述。(关于这个反应的进一步的阐述,可参见 Lawson,1994a,1996。)

19. 在 J. 洛克(Locke)的系统阐述中:

> 学术界此时不是没有建筑大师,他们在促进科学发展方面的宏伟设计将成为后人永远瞻仰的纪念碑。但是,并非每个人都必须有希望成为R.玻义耳(Boyle)或T.西德纳姆(Sydenham)。在产生伟大的惠更
> 斯和无人与之比肩的牛顿的时代,对这种类型的某些其他人来说,能够 300
> 清扫一下地面,清除通向知识道路上的一点垃圾,做一点这样的辅助性劳动,就算是足够有抱负的了……
>
> (J.洛克,1985[1690]:xiii)

20. 的确,特别是在近几年,正在进行大量极为有价值的服务性工作。因此,这里报告的内容必须被视为对更加广阔的内容的一个贡献,是我认为最好被解释为突显经济科学的整体工程的基础性工作。虽然这项比较广泛的工作与这里辩护的观点相比,在许多问题上采取了很不相同的思路和取向(例如M.布劳格[Blaug,1980,1944],L.博兰[Boland,1982],T.博伊兰和P.奥戈尔曼[Boylan and O'Gorman,1995],D.科兰德[Colander,1994],D.汉兹[Hands,1993a],D.豪斯曼[Hausman,1992],U.梅基、B.古斯塔夫森与C.克努斯[Mäki,Gustafsson and Knudsen,1993],V.范伯格[Vanberg,1994]),但也有大量的论著与其是一致的。我真的应当强调一下,越来越多的论文明确赞同与我这里主张的实在论框架一样或类似的理论框架。这不仅涵盖作为社会理论的、包括经济学方法论的经济学领域的文章(Caldwell,1990; Fleedwood,1995,1996a,1996b; Lawson,C. 1994; Lawson,C.,Peaock,and Pratten,1996; Mäki,1998,1990a,1990b,1994; Peacock,1993; Pratten,1993,1994,1995; Runde,1993,1995c,1995d,1997; Sofianou,1995),而且,还包括大量被解释为对具体问题有所贡献的论著。后者中比较突出的有以下传统的:奥地利学派的G.奥德里斯科尔和M.里佐(O'Driscoll and Rizzo,1996),制度学派的K.多普费尔、N.福斯、G.M.霍奇逊、E.斯克雷潘蒂、A.詹宁斯与W.沃勒(Dopfer,1989;Foss,1994;Hodgson,1985,1986,1987,1989,1992,1993a,1993b,1993c;Hodgson and Screpanti,1991;Jennings and Waller,1994,1995),后凯恩斯主义的P.阿雷斯蒂斯、V.奇克、A.科特雷尔、J.P.大卫斯、S.道、O.哈穆达、G.哈考特、R.罗塞姆和J.伦德(Arestis,1990,1992; Arestis and Chick,1992; Cottell,1994; Davis,1987,1989,1992; Dow,1990a,1990b,1990c,1991,1995,1997; Hamouda and Harcourt,1989; Harcout,1988,1992; Rotheim,1988,1989,1993; Runde,1990,1995a,1997)和马克思主义的

R. 康德、S. 米克尔、G. 罗伊滕和 M. 威廉斯(Kanth,1991,1992; Meikle,1985; Reuten and Williams,1988)。此外,因为这里主张的观点支持基本囊括经济学家、社会学家、地理学家和哲学家及其他学者所关注的一种社会科学观念,发现表面上处在其他领域的人们做着同样的基础性工作,这一点并不奇怪。因此,除了哲学家外(如 R. 巴斯卡 [Bhaskar,1978,1979,1989], A. 克利尔([Collier,1994]),在人类地理学家(A. 普拉特[Pratt,1995],A. 赛耶[Sayer,1984,1985]),社会学家(M. 特龙[Ekstrom,1992])和历史学家(C. 劳埃德[Lloyd,1993])中也发现了类似的工作。另外,还有难以计数的小组也参与了经济学理论的讨论,虽然它们极少提及实在论这个术语,但其许多目标和一般观点却非常相似。影响愈来愈大的一个项目是"女性主义经济学"的发展(见 N. 佛伯尔 [Folbre,1993],S. 哈丁 [Harding,1995], J. 纳尔逊 [Nelson,1996],D. 施特拉斯曼和 M. 斯托罗勃 [Strassman,1994 and Strober, 1994])。

第六章 走向更加丰富的本体论

1. 最近,随着"后现代主义"和"解构主义"的转向,实在往往被等同于语言、文本或某种这样的东西(对其的精辟分析可参见 Sofianou,1995)。

2. R. 巴斯卡(1986)将其归在"同步突现力唯物论"的标题之下,还可参见 R. 巴斯卡(1993,1994)。

301 ## 第七章 计量经济学

1. 基本目标极少被清楚地加以陈述,或基本框架极少被明确地加以阐述,对 D. 休谟的科学观念与因果性之间的联系则更少论述。但也有值得重视的一些例外。例如,D. 亨德里(Hendry)最近表达了他自己的思考:

> 我认为"因果性"只能在一种理论内才是可解释的。我是个休谟主义者,因为我认为我们不能感知实在中的必然联系。我们所能做的一切是建立理论模型,在其中正如经济学家用映射 $y=f(x)$ 所做的那样,我们就能给"因果性"这个词精确定义。在其理论中那个公式的意思是,如果我们改变 x(有可能改变 x),y 就会发生变化。y 变化的方式可由 f 确定,这样,我们便有了因果理论。他们就可给映射 f(.)一个精确

的或正式的定义。

> 从经验上说，像因果性这样的概念特别难以确切说明。在我的方法论中，在经验水平上，因果性所起的作用很小。尽管如此，人们仍然在寻求着能模拟因果性质的模型，以便能够在经验世界落实该理论家分析的结果，即是说，如果你改变输入，输出就会在对输入干预范围内表现得如期望的那样精确。
>
> （D. 亨德利，1990：184）

2. 不过，这只是一个修改。鉴于这种设置的性质，在明确规定要改变参数或使其“偏离”的地方，只有把恒定性归因于系统中别的地方的其他参数，这才能被分析处理。

3. 见 T. 哈钦森（Hutchison，1994）、E. 李默（Leamer，1983）和 A. 罗森堡（Rosenberg，1992）的论述。虽然计量经济学的失败在许多层面都很显著，但外表相似的标志却是旨在跟踪经济发展的经济计量“模型”的差劲的预报记录。关于最近对许多英国预报小组不成功的表现的一份评价，见 J. 凯（Kay，1995：19）的研究。实际上，在检查 34 个英国的预报小组（其中包括引用最多）的记录时，凯把他的发现归纳如下：“经济预测人员不会以不一致的声音说话，[他们面面相觑]大家都同时说着几乎同样的话。他们的话几乎总是错误的。预报之间的差异比起所有预报与发生的事之间的差异微不足道。”

4. 即当任何给定的限制条件“被估”时，不在手边的观察资料。

5. 即便在获得新的观察资料之前，通常也会发现公认的结果在对限制条件中的任何变化极其敏感的特殊意义上说是相当“脆弱的”。考虑一下 E. 李默的如下评价：

> 我有一种感觉，大多数经济学家感到来自数据集的结论是脆弱的。某人会加上另一个变量，或者他们会以另外的方式在某段时间控制一系列现象，这将会产生一个实质上不同的结论。我们没有严肃地对待经验性工作的理由之一，是有相当多的案例说明结论是脆弱的。某人宣称发现了点什么，6 个月后，评估一种新的均衡时，同样的发现似乎又被颠倒了过来。这样，在经济学家中产生一种感觉，那就是来自数据的结论异常脆弱。
>
> （D. 亨德利，1990：187）

6. 因为 R. 卢卡斯主要关注的是他称之为“经济政策的理论”（1976：20），他利用已经获得的经济计量模型将重点放在政策模拟的蕴含上。然 302

而，足够清楚的是，被确认的问题更加概括化。具体地说，它首先扩展到为建立和估计这样的模型而进行的探索上，如果其中使用的数据涉及政策规则不断发生变化的各个时期的话。

7. 其讨论中的一个意图是，R. 卢卡斯似乎认为有希望揭示对政策分析有用的稳定的经济计量关系。但他又很快表达了一种那是不可能发生的事情的观点。他具体写道：

> 宏观经济预测的早期的这种适应性特点，也许仅仅是支持那个真实结构的最初群集，但它却在统计理论中忽视了所有实践者都知道是必要的东西。如果如此，这篇论文的论点就是临时性的辩论观点，是写下来后即告过时的观点。就我个人来说，假如情况果真如此，我不会感到惋惜，但我不相信会是那样。
>
> （R. 卢卡斯，1976：24）

因此，他提倡政策改变必须被预先告知，才能得到很好理解，以期向一种新结构的任何过渡都尽可能稳定和可预测。

8. 当然，R. 卢卡斯本人把重点放在对政策制定者的后果的研究上。但是，政府或制定政策的团体不愿或不能遵从这些建议又怎么办？请记住，R. 卢卡斯并没有提供任何符合超验实在论观点的替代经济学的路径。无论如何，似乎计量经济学家将很有可能轻易放弃他们投入了大量时间和精力的方法与方向。R. 卢卡斯是以计量经济学传统之外的某个人的方式做出他的贡献的。可是，我的兴趣在于鉴别那些特别看重 R. 卢卡斯的职业计量经济学家可利用的最有吸引力的战略性选择，或者任何有关的但却意在坚持经济计量模型的批判。

9. 这样，E. 李默表明他区分了：

> 数据分析中的三个步骤：计划、批评和修改。计划指为回应假设数据集做准备。考虑到目前你所拥有的实际数据，当发现你的计划不合适时，批评就会发生。当对数据的实际回应与你最初计划的不同时，就会出现修改。我的感觉是，大多数计量经济理论一直在强调计划对假设数据集的回应过程，却没有很好地关注当其计划不能执行下去时会出现的那些问题。
>
> （D. 亨德利，1990：200—1）

10. 因而，E. 李默承认道：

> 批评与修改的现象揭开了关于你能从一套数据集中进行合理推理

的深层次哲学问题。统计理论,不管是贝氏的还是古典的,都被完全限制在计划阶段。我们知道如何仅在没有修改的程度上推断出结果。 303

(Hendry et al. ,1990:203;还可见 E. 李默在 207、211 和 228 页上的评论与 Hendry 的一些回应。)

11. 有许多理由认为,极度节约的规范可能在假定其他因素不变的情况下被选择或至少是想要的。这个原则的大意往往被简化为“奥卡姆剃刀”或“俭省原则”,以及与诸如 E. 马赫(Mach)、H. 普安卡雷(Poincare)和 K. 皮尔逊(Pearson)这样的实证主义者有关的其他原则,这些原则常常被经济学家当作权威性的东西引用。我这里的意思仅仅是,在这个意义上获得简单性的策略有可能主要在 E. 李默的计划阶段内得到支持。这在例如与 D. 亨德里的工作最为有关的“最简式策略”中很清楚。这里的目的是获得一种能以理想方式描述眼前数据集的特征的高度参量化的模型或“一般模型”,然后简化,将零或其他制约因素施加于该模型的参数。有可能在计划阶段发挥外在作用的趋势是下面讨论的重点。

12. 当然,较好的计量经济学家的确会批评这个疏忽。例如,D. 亨德里就说:

经验工作没有受到高度重视的理由之一是……许多研究者把一件经验工作视为最终产品。他们建立其模型,分析它,一次性完成后,既是理论、数据,因而也是结果。在经济学中,建模不像我看待其他学科的情况那样被视为知识的渐进性增量积累。在其他学科中,由于你做别人做过的实验,在一个方向上对其有所改进,对先前的发现有某些新的解释,突出某个人为的成果,表明如果你改变一个方面,另一个方面就会在某个方向上发展,这时,你就会得到称赞。

(D. 亨德利,1990:180—1)

D. 亨德里的工作就因其注重解释先前的结果和深深嵌入或超过先前的显著成就而受到世人的钦佩。

13. 当然,在某些建模策略中,有人建议,在计划阶段一开始就应当把所有想到的影响加入模型。然而,这种做法的可行性却极小。首先,极少见所使用的数据集大得足以允许这种方法。无论研究者能想象到多少潜在的影响,其他人总能想到另外一些影响,尤其是在事件发生之后。

14. 这套条件常常通过据知为单式退出建模的操作或情景分析而得到保证。通常包括精心策划一种安排,在其中不仅假设能动力的行为总是理性的(在某种较强或较弱但确定的意义上),而且,非常关键的是,行为发生的各种环境与讨论中的理性观念相比是如此特殊,只有一种具体的行为方式才会因而产生(见 B. 考德威尔[Caldwell,1994], S. 柯特菊[Koertge,1975], R. 朗格卢瓦[Langlois,1986], R. 朗格卢瓦和 L. 琼托什[Langlois and Csontos,1992], S. 拉齐斯[Latsis,1972,1976a,1976b], K. 波普尔[Popper,1957,1966])。

15. 事实上,如同在个体水平上被确切表达的那样,同一关系常常被假设为仅仅在总水平上成立。虽然这个假设乍看起来不怎么合情理,但其中并没有什么特别新颖的东西。甚至在现代计量经济学确立之前,J. 希克斯
304 (Hicks)就曾说过,从对许多个体或许多单个公司的分析转向对总行为的分析应当"通过使用同样的原则……即一群个体的行为或一群公司的行为如单个单位一样遵循同样的法则"(Hicks,1939:245)。我甚至发现 W. 杰文思(Jevons)在近 70 年前就能断言"经济学法则的一般形式在个体与民族的情况下是同样的"(Jevons,1965[1871]:16)。见 L. 克莱因(Klein,1946)在计量经济学出现后对这个观点的批判,该批判与我们现在知道的观点更加一致。

16. 即便个体都被看做是原子状的,至今尚无内部假设认为所有这样的隐蔽原子是相同的。

17. 关于所采取的各种策略的优点的详细讨论,见 T. 斯托克(Stoker,1993)和 M. 詹森(Janssen,1993)的论述。

18. R. 卢卡斯(Lucas)在几年后明确承认关于人类行为的这样一种观念是"肤浅的",但却把它解释为经济理论化的积极态度,因为它有助于模型预测。他写道:

> 说经济学建立在个体行为和社会行为的肤浅的观点之上,在我看来这算不上什么深刻的见解。我认为,正是这种肤浅性才在很大程度上赋予了经济学目前具有的能力:在对我们力图理解其行为的人们的构成和生活方式知之不多的情况下,它预测人的行为能力。
>
> (R. 卢卡斯,1986:5425)

19. 这种原子论的谬误显然支持更加为人熟知的构成论的谬误。

20. 此刻,我们能够理解在序言中特别提到的 J. 凯恩斯的评论:

> 如果我们正在研究用数字可测的各种独立力量的行为,经过对其的充分分析,我们才知道我们在研究独立的原子因素,试图彻底全面了

解它们之间的相互关系，其相对变动着的力量在时间推移中作用于恒定而同质的物质材料，那么，我们也许能够应用多元相关性的方法比较有把握地弄清楚它们的行为规律……

（J. 凯恩斯，1973b ：286）

众所周知，J. 凯恩斯的结论是："这些条件中的每个条件均远没有被调查中的经济材料所满足。"

第八章　经济"理论"

1. 我在本章中将"理论"一词全都用了引号，以便反复提醒读者，作为理论的经济学实际上具有比这个具体理论项目更丰富的内容。

2. 正如在前面一章中所提到的，在可能的地方，我宁可不将我批判的重点放在实质性工作的任何一个具体问题上——那样会引起反感，容易被视为片面选择而不屑一顾。因此，我挑选出该理论项目的有解释资格的反省性发言人所发表的比较清楚明白的概括性言论，即被该项目内的其他人当作权威性的言论。

3. 在这些特点中，F. 哈恩（Hahn，1984）提到，他对第（1）点的投入"相当强"；对第（2）点的投入不那么强，但他仍然因其"理论富有成效"而认可它（1984：2）；对第（3）点的感觉却是"相当自信"（1984：3）。 305

4. 有些尚未阐明或解释的特点当然是相当重要的。例如，为什么对均衡状态的研究一直包括在该理论的实质性特点之中？注意，对均衡状态研究的专注并不是关于公理的形式的。F. 哈恩（1985）明确补充道："实际上没有什么公理说经济总是处于均衡状态"（1985：14）。那么，为什么会得到那么多的关注？此外，为什么或根据什么正确理由，个体主义观念和理性公理终被采纳？在什么基础上或根据什么证据说这样的观点或公理被视为不容置疑的？这样的问题似乎从来未被认真解决过。不过，我在这里提供的关于正统理论化的性质与问题的任何解释显然都应当解决这样的问题。这的确是下面的事情。然而，暂时要强调的重点是 F. 哈恩的评价是深刻的，在理论家中得到广泛认可。的确，直到目前，至少直到最近，似乎仍未从"内部"受到质疑。

5. 在一般均衡语境中，例如，有许多主体，每个主体都被赋予了一定的偏好、信仰和资产，令人感兴趣的问题是，是否存在潜在贸易，会使每个参与者的经济情况好起来，或至少当一个或更多的人的境况好转时不会使任何一个人的境况变糟。当然,理想的销售或采购取决于流行的价格结构。传统的均衡观念是一个在其中每个人的理想行为都相互协调的具体的价格结构。这样,正统派的特殊的“内部问题”,即一般均衡理论的问题是:(1)如果一个这样的价格向量是可理解的,许多其他价格向量也许也是可理解的;(2)在典型的安排中没什么显示为什么或如何可能产生任何这样的“均衡”价格结构。关于经济学中依赖均衡观念的详尽的、富有启发性的说明,参见B.因劳格(Ingrao)和G.伊斯雷尔(Israel,1990)。

6.20世纪80年代博弈论突然大受欢迎的理由是,当一般均衡理论的任意性必须被另一种理论取代的共识日趋形成时,它已准备好并等待着。这里探讨这项发展的历史与技术细节也许是件令人分心的事。S.里兹维(Rizvi,1994a)提供了一个绝好的讨论,除各种各样的观念问题外,他详尽论述了博弈论何以必然产生自己的无数多的任意性的问题。

7. 值得注意的是,只有在使预期的特定条件成为系统解决方法理念的组成部分的那些分析中,才能期望更大的确定性。相比之下,如果学习模型被直截了当地引入,该系统就容易变得更加不确定。

8. 我当然并非是在否认,可推断性和覆盖率必要条件的每一个可在没有另一个的条件下被非平凡满足。不过,两者都是已经知道的所谓K.波普尔-亨佩尔解释理论的组成部分,我在这里把它称为或归入演绎主义,并把这种解释理论归纳为正统经济学的“理论化”。

9. 在情况并非如此的地方,亦即,在法则式陈述不被视为经验必要性的地方,这些条件下的案例将在第九章中进行讨论。

306 10. 有时是这样明确肯定的。例如,在一篇解释博弈论的论文中,A.鲁宾斯坦(Rubinstein)断言:“总体上说,博弈论仅完成了两项任务:基于直觉建立模型和基于数学知识运用演绎论证”(1991:923)。

11. 甚至连一直明确主张将主体情境的语境特征纳入经济理论的R.索洛(Solow),似乎仍然没有准备好质疑正统派对公理式演绎推理形式的依赖:

> 我没有准备抛弃对具体公理系统的含义的彻底研究,虽然我承认我并不期望从这种研究中获得很多东西。我反对的是,愚蠢地相信当着手研究真实世界时,只有一种有用的公理系统,而且我们已经知道它是什么。
>
> (R.索洛,1986:22)

12. 毫无疑问,大多数认可基本演绎解释模式的普遍性的经济学家,认为那种著名的事件规则性对科学和解释即使是必要的,也是不足的。然而,我一直阐述的论点是,这样的规则性对科学不但是不足的,而且是不必要的。

13. 当然,大多数理论家从没有把其模型中的不确定性理解为一种优势。考虑一下 T. 基欧(Kehoe)、D. 莱文(Levine)和 P. 罗默(Romer)的下述评价:

> 具有不确定性的模型从科学观点看是不理想的。从经济学的基本原理出发,基于这种模型的理论关于应当观察些什么提供不了什么指导,也不可能以被观察的均衡值为条件,进行比较静态分析,因为主要参数中小小的变化可导致观察结果中很大的连续不断的变化。不确定性在动态模型中特别麻烦,因为它会削弱根据均衡对这些模型的解释,在那里主体在现货市场进行交易并形成对未来的预期。如果有关于目前获得的均衡的不确定性,还会有从未来日期出发均衡中的不确定性,这就使得形成预期成为问题。
>
> (T. 基欧,D. 莱文和 P. 罗默,1990:2)

14. 因此,L. 罗宾斯说:

> 同时,必须承认,迄今为止建立起来的命题具有非常一般性的特点。如果某种货品稀缺,那么,对其处理必须符合某些法则。如果其需求一览表是关于某种订货意向的,那么,我们就会知道随着供给的变更,其价格必定以某种方式变动。但是,正如我们已发现的那样,在稀缺性这方面没有任何东西能保证我们将其附着于任何特殊商品。我们的推演不会为鱼子酱是有价物品,而腐肉是负效用的这种说法提供任何合理性。关于需要大量鱼子酱或需要去除腐肉方面,它给我们提供的信息更少。
>
> (L. 罗宾斯,1932:106)

15. 鉴于反复发生的失败,有人期望一些"理论家"否认任何阐明真实世界的志向或愿望。某些说明这种观点的合理性的强烈企图将在下面第九章中加以说明。不过,主要是任何这样的否认,都相当于"免费搭车式"的、依赖其他人"证明"现有可获得的(教学与研究)资源有意义的、那样的"合理性",这些资源被这个庞大的无相关性的理论项目所吸收。然而,同样清楚的是,许多严肃的、具有反思精神的理论家很想该理论得到解释。毫不奇 307

怪，他们做出了正如A. 鲁宾斯坦（Rubinstein）在对J. 纳什（Nash）对博弈论的贡献的颂词中所做出的那样的结论，表达了对于该理论的最终目的和方向的困惑。A. 鲁宾斯坦说：

> 解释经济理论的问题，在我看来，是目前经济理论家们面临的最严肃的问题。我们中很多人的感觉可以归纳如下：经济理论应当研究真实世界。它不是抽象数学的一个分支，虽然它也利用数学工具。由于它是关于真实世界的，人们期望该理论在达到实际目标的过程中被证明是有用的。但经济理论并没有带来多少那方面的好处。经济理论做出的预测远不如自然科学那么精确，经济理论与实际问题的诸如如何讨价还价之间的联系，相当脆弱。虽然我从未听见一位经济学家严肃地宣称，纳什谈判法在真实市场中是一个很好的谈判预测器，但是，这个办法在谈判者之间的模拟交流中是一个标准的工具。经济理论对于其目的和解释缺乏共识。我们一遍又一遍地问自己"经济学要把我们引向何处？"
>
> （A. 鲁宾斯坦，1995：12）

16. 现在我们可以说，为什么新制度经济学和行为主义都不能替代主流经济学。两者都以规则性决定论为基础。此外，最终区分这两者的仅仅是获得确定性的方式。R. 朗格卢瓦和L. 琼托斯（Langlois and Csontos，1993）表明了后一种观点。在将"新制度分析"基本上放入情境分析范围（或"情境逻辑"或SL方法）时，他们写道：

> 如果我们将情境逻辑"项目"与行为主义加以比较的话，我们既会发现其重要区别，又会发现其家庭成员般的相似。将两个项目联合起来的东西是类似的解释目标：从利用关于人类行为的假设模型中产生确定性的结论。两种路径的主要区别在于它们获得确定性的方式不同。
>
> （R. 朗格卢瓦和L. 琼托斯，1993：118）

在接着的两页中，他们进一步写道：

> 在SL方法中没有需要完全信息或"拙劣"的理性观念的固有的东西。我们可把能动力放在我们选择的任何情境中，但有一个限制条件：境况情境的逻辑必须是只给该能动力留下唯一的出口。
>
> （R. 朗格卢瓦和L. 琼托斯，1993：120）

他们补充道："然而，说实在的，SL方法的重点是情境，而行为主义的重点则

是能动力。这才是两者的真正差别”(R.朗格卢瓦和L.琼托斯,1993:121)。 308

17. 正如K.阿罗(Arrow)在引用一般均衡理论时强调的那样,关于个体家庭和公司的“原子状”假设不足以使均衡的存在得到认可:“总体”假设……仍然是需要的。因此,“对隐含于价格理论,特别是其数学版中的趋势设定了一个限制,以便从关于个体经济代理人的假设中推导出综合行为的所有性质”(Arrow,1968:382)。当然,尽管有这个认可,“理论家们”中想从严格的微观基础”导出宏观水平的现象的欲望仍然相当强烈。最近有一些例外,例如:E.迪克(Dierker,1974,1986),J.格朗蒙(Grandmont,1987),W.希尔顿布兰德(Hildenbrand,1983b),A.科尔曼与K.科克(Kirman and Koch,1986),A.科尔曼(Kirman,1989)。本质上,目的是在仅利用关于任何宏观经济结构的最少限制条件(基本上是那些允许表现一种均衡“存在”的限制条件)的“微观基础”的基础之上确立宏观水平的结果。正如A.德拉任对这件事情的说明那样:“对宏观经济现象的解释,只有在这样的解释与微观经济选择理论行为相一致,并能用一般均衡理论的语言进行措辞时才是彻底的”(Drazen,1980:293)。不过,结局是该理论自身根据微观限制条件决定宏观水平上的规则性的目标已经失败,该理论自身的结果表明这个失败是不可避免的。这里不是评述这个片段的地方(对我的论证并不重要),但是,关于其的详尽描述,可参见G.德布勒(Debreu,1974),R.曼特尔(Mantel,1976,1977,1974),特别是H.松嫩沙因(Sonnenschein,1972,1973a,1973b)。这个描述引出了上述几人的成果的负面含义,表明了在一般均衡理论中没有通向宏观经济学的严格的微观基础路径,表明了这样的存在证据取决于无根据的或(与该理论无关的)临时假设(参见M.里佐[Rizvi,1994b])。关于通过探讨“微观基础”问题的所有方面得出相同结论的同样有见地的拓展研究,可参见M.詹森(Janssen,1993)。

18. D.豪斯曼通常只写关于“经济学”的文章,但他说得很明白,他希望这个术语指的是某种他理解的“新古典经济学”这样的东西。他写道:“的确,为了避免不必要的重复,在讨论新古典经济学问题时,我通常会省去形容词‘新古典的’,而只说‘经济学’。这仅仅是为了方便,而不是企图公开贬低经济学的其他流派或无视它们的存在”(1992:3。原文中进行了强调)。

19. 因此,在总结该书的主题思想的一篇文章中,D.豪斯曼(Hausman,1994)写道:

> 为了将讨论简单化,我将专门集中讨论正统派理论的微观经济学和一般均衡理论。讲到“经济学”时,我将只讲该学科的这个部分。这只是在说法上简化了这个术语,当然不是否认经济学的其他重要部分。
>
> (D. 豪斯曼,1994:196)

20. 因此,D. 豪斯曼(Hausman,1994)写道:“经济学家当然承认,不包括在经济理论内的因果因素有时会影响市场现象。经济理论因而是不精确的”(Hausman,1994:207—8)。

21. 在理解为何和如何注重把理性贪婪当作导致强调均衡观念的因果
309 因素时,D. 豪斯曼的解释还存在一个问题。无疑,均衡的存在在“经济理论”中并不被看做如 F. 哈恩(Hahn,1984,1985)那样的“理论家”常常明确指出的已知经验规律。另外,虽然“抽象的一般均衡理论”在 D. 豪斯曼(1994)的概括性文章中几乎没有提到,但显而易见的是,在 1992 年的那本书中他却竭尽全力使其融纳进去(特别参见他的第六章)。然而,一旦我们认识到均衡仅仅是应用于确定某套演绎主义构想的一致性的一种解决方法时,许多折中的问题就会消退。

22. 虽然完全预见、理性预期、两个商品市场和封闭经济——这些都与真实能力无关——当然是根本性问题,但它们确实是不相干的东西。

第九章　替代方法和成功解释的基础条件

1. 事实上,F. 哈恩保留他的最严厉的批判,不是为了那些要求经济学中有更多的真实性的人(因他们不理解他的理论而对他们置之不理),而是为了那些企图利用“理论家们”制造出的模型去解释和预测实际社会现象的人。也就是说,F. 哈恩特别批评了利用关于实际现象的已测数据估计或检验经济“理论”的形式模型的企图。例如,请考虑一下下述典型的评价:

> 我一直谈论的那些经济学家们也许被认为是在从事着下面的工作:探究被观察事件与一个处于连续不断的一般均衡中的经济有多大程度的一致……[即便这项工作不会成功]……并不一定是说我们理解了那些事件。因为我们不理解在一种分散经济中连续均衡如何可能,我们不理解为什么一个有工会和垄断的世界表现得像一个完全竞争世界。我所论证的经济学理论化只是企图去理解,现在我补充一下,蹩脚

> 的理论化是理解的未成熟的判断。这个例子中所发生的事是,“似乎”预测方法论已经占了上风。回顾一下 M. 弗里德曼的例子:一株植物上的叶子采取那样的朝向,似乎这株植物在使其叶子接触阳光的面积最大化。这也许会很好地预测叶子的方向,但它并不是我们精确理解的那种解释,因为我们知道,植物不是如 M. 弗里德曼提到的那样具有任何计算能力。所以,我们不会就此为止。我们研究能说明观察结果的化学反馈机制和我们理解的那些机制。它们符合我们了解的关于在不同背景中化学物质的一般知识,适合我们关于因果过程的一般规定。
>
> (F. 哈恩,1985:15;1994:240)

2. F. 哈恩的观点是,如果要解决真实世界的现象问题,我们就需要理解实际上产生那些现象的机制。因而,任何类似于 M. 弗里德曼(1953)所主张的方法都必须抛弃,因为它不承认任何根据产生那些现象的过程说明其研 310
究的已观察到的现象的需要。M. 弗里德曼 1953 年关于方法论的那篇论文通常被用来说明工具主义者的断言,即在考虑或预测实际现象时,那些现象的机制或者不能鉴别,或者不必要去鉴别(也许它们不存在)。换言之,理论恰当性的标准可独立于任何对产生被质疑的现象的机制(的实在)的考虑而被满足。在 M. 弗里德曼看来,这样的标准实质上可归结为一个:可预测性。的确,不仅预测的精确性被认为是理论选择的唯一实质性标准,而且,事件预测被认为是唯一的或(不管怎样)基本的用途,任何成功的理论最终都必须被说成是符合这个用途的。注意,这里插进来说一句,M. 弗里德曼的工具主义立场并不如许多人(有时包括 F. 哈恩)想象的那样依靠“似乎”从句本身,更确切地说,而是依靠具有更高修饰力的“仅仅似乎”这样的表达(见 Lawson,1992)。溯因论证,包括超验论证(见第五章)是“似乎”推理形式。实在论利用溯因论证的目的,是确切表达本能够产生某些经验现象的各种条件的假设。换句话说,其目标是推断有可能产生讨论中观察到的现象的那些条件,假如它们在起作用的话。当然,在这样的分析中,被确切表达的理论是这样的理论,显著现象似乎是根据它们被产生出来的。但是,关于这样的操作却没有“仅仅”的表达法。换句话说,一旦各种各样的机制被理论化,就必须对其实在进行评价。如果许多竞争性理论被溯因,它们必须根据其(相对的)解释的恰当性从中进行选择。此外,任何机制的便利条件必须逐个得到确认,并在经验上对其进行评价——被认为产生着某种已识别现象的机制也必须相应得到解释;等等。简言之,“似乎”推理模式本质上没有错，只要它被用来启动一项试图识别真实机制的研究，通过这些机制同样真实的现象实际上被产生出来。

当然，工具主义者以 M. 弗里德曼主张的方式依赖于预测，为了其有效性，它预设恒定事件关联并不“在那里”等着被发现。必要前提是，本书提到的那种事件规则性是自发的与普遍的，目前，科学的任务主要是识别它们。正是那个认为世界是如此构成的含蓄的信仰，允许得出（过剩的）理论含义实际上能被当做一种额外选择这样的结论。但是，准确地说，正是这个以经验元素为争论根据的自发事件规则性的一般有效性的推定被拒绝接受（当然是在社会领域）。M. 弗里德曼至少在其 1953 年的论文中只不过是在断言，预测成功的必要条件对经济学家是可用的。由于大多数以明确响应 M. 弗里德曼的解释为方向的论著同样认为事件规则性的广泛有效性是给定的，他的那些结论才尚未被逐出（Lawson，1992）。

3. 并非只有主流经济学家认为这样的解释必然有用，某些很有能力的方法论者似乎也赞同。因此，U. 梅基（Mäki，1992a）

> 进行公式化表达的人似乎对那些怀疑利用被认为不精确的假设的
> 311 经济理论或模型，或用来排除也许被认为是相关因素的假设的理论或模型不屑一顾。在这样的情形中，问题就必须明确规定为，陈述一种理论是无条件狭窄还是全面性的问题或无条件真还是陈述的假的问题。涉及理想化的假设，如商品是完全可分的和同质的，或经济是封闭的，处于充分就业的均衡状态等假设，也许会遭到反对，这仅仅是因为大多数情况下它们是假的，并促使把那些看上去属于总体情形的因素从考虑中排除出去。对这样的隔离和理想化的目标极少或没有给予注意，仅仅是因为明显觉察到的理论与在他们眼里世界像什么样子不一致，那些批评家们就感到不快。具有务实头脑的人、学经济学的新生和其他社会科学领域的学者，或更一般地说，那些更加习惯于用删除制造不受约束的隔离的人，有时持有这样的挑剔性怀疑……
>
> （U. 梅基，1992a：345，346；D. 豪斯曼，1992：131，132）

但是，什么是可能使其有意义的“这样的隔离和理想化的目标？”这个问题和有关问题将在本章中加以讨论。

4. 也许，这个结论已经得到 A. 罗森堡（Rosenberg，1983，1994）非常明确地认可。显然，坚持对科学的经验规律的先决条件；坚信意向性变量（信仰、欲望、期望）的特性是这样的东西，以至于“我们不能超越其目前预测能力的水平期望改进我们对行动的意向性解释”(1994:224);(错误地)由此作出结论,说这妨碍了经济学成为一门成功的科学。在这种情况下,A. 罗森堡正确地观察到这样一条推理思路的逻辑导向:导致一种纯形式的或纯逻辑的器具,应用数学的一个分支,显然配不上提供理解、解释和对政策研讨的任何有意义的输入。重复 F. 哈耶克(1937)认为的主流经济学最终不过是逻辑学的一个分支的评价时,A. 罗森堡断言:

> 围绕经济理论实际发展的大量不可思议的东西——其转向形式主义、其与经验评价的隔离、其对提供纯形式与抽象的可能性的迷恋、其一连若干世纪不变的特性、关于其认知状态的争论——能被理解或作出正确评价,如果我们放弃经济学不再具有目标或经济学不再声称自己是人类行为的经验科学这样的观念的话。更确切地说,我们应当把其视为数学的一个分支,一个致力于研究一系列假设的形式性质的分支,那些假设是关于抽象关系的可迁性的:含蓄地定义“理性”的技术概念的那些公理,正如几何学研究抽象点与线的形式性质一样。这个抽象的术语“理性”也许具有比经济学家们自己意识到的多得多的可能的解释,但比我们无理地要求经济学家揭示的对人的行为和其后果的影响却少得多。
>
> 对经济学究竟是什么的问题的答案有一些重要的实际后果。如果其被视为更像纯公理化与应用几何学之间交叉的数学的一个分支的
> 话,那么,关于经济学的好几个认知奥秘就会被揭开,但更重要的是,我 312
> 们的观点与经济理论的关系就必须根本改变。如果这个看法是正确的,我们就不能要求它对作为总体的经济代理人的行为和经济表现提供可靠的指导,或对公共政策的形成提供这样的指导。我们既不能对在此基础上作出的预测抱有很大的信心,也不能在这些预测遭到失败时严厉谴责它。因为犹如在天体物理学语境下依靠欧几里得几何学并发现其有错误一样,经济学的情况也是如此。无可否认,这种态度会在公共政策的基础只留下一个真空。因为如果没有经济学,我们甚至会失去我们能理解很可能发生的或潜在的、长期或仅仅可能的政策制定者们被迫作出的选择后果的幻想。当然,失去幻想可能促成的警示肯定是有益的。另一方面,真空也许会对关于经济决策和经济改善的决策的真正有用的基础有好处。
>
> (A. 罗森堡,1983:391—2)

5. 在与德国历史学派关于方法的辩论中,C. 门格尔的“调查研究”在削弱该学派假设的反理论方法与观点方面显得特别突出。

6. 根据 C. 门格尔的说法,还有他称之为实用科学或技术的第三类科学。但是,这些东西并不揭示实在的各种特点,而只是集中研究这样的知识怎样由于其有用性才能作为工具应用:

> 无论从历史观点出发或从理论出发,这类科学并不能使我们明白现象,或教我们懂得是什么。它们的问题宁可说是,根据条件的多样性决定那些基本原则,按照那些基本原则非常适当地坚持做某种确定类型的尝试。它们要我们知道为了达到人类的确定目标假定需要什么条件。经济领域里的这类技术是经济政策和金融科学。
>
> (C. 门格尔,1985:38)

7. 如它们所做的那样,联结可观察现象的后一种规则性或经验规律,从来不以严格的或普遍的形式出现:“现象 C 一般地接着现象 A 和 B(即是说,在所有情况下,甚至那些没被观察到的),或者这里讨论中的现象一般是共存的,这个结论超越经验,超越严格的经验主义的观点”(C. 门格尔,1985:57)。

8. C. 门格尔写道:

> 所有这些因素最终都是由具体情况决定的,是独立于人的选择的。一切经济的出发点和目标(一方面是需要和可获得的商品的数量,另一方面是完全满足物质需要的可能性)最终都取决于经济人,按其性质和其手段而被严格规定。
>
> (C. 门格尔,1985:63)

9. 见 C. 门格尔 1985 年提出的:

> 理论科学的目的是理解真实世界,认识其超越眼前经验的部分,并
> 313 对其加以控制。我们借助各种理论理解现象,因为我们在每个具体的案例中仅仅把它们作为一般规则性的例证而发觉它们。我们在具体情况下,通过从某些观察到的事实出发得出关于目前尚未被观察到的事实的结论,从而达到对超出目前经验的现象的认识。我们这样做是基于共存规律和现象连续性规律。我们之所以能掌握真实世界,是因为根据我们的理论知识,我们为在我们掌控之中的一种现象设置各种条件,并能以这样的方式产生现象本身。
>
> (C. 门格尔,1985:55—56)

10. C.门格尔写道：

因为最重要、最基础的理论自然科学也饱受同样的弱点之苦，由于这个弱点，我们的历史经济学家常常指责以前的社会科学理论。用我们的历史学家挑剔的标准衡量，化学与物理学的出现也与实在相悖，也是非经验的，因而需要与理论经济学一样的改革——不过，一系列的其他精确科学如力学、数学等也是如此。

化学没有教我们一定具体现象群的“真实概念”。具体地说，它的元素和化合物在其完全纯净状态中是非经验的，在未受人工影响的自然界它们是观察不到的。的确，在某种程度上，它们是不能合成的。纯金、纯氢、纯氧和其纯化合物，或者本身，或者按化学规律预设的那个理想的严格尺度衡量，都不是以经验形式存在的。化学以非经验定性因素操作，在某些方面也是以定量进行的。另外，它不研究其现象形式的总体中的物质。它告诉我们其性质和规律，但不是就其存在的所有方面而言，而只是就其一个具体方面而言。用我们的历史经济学家的话来说，化学从这样的教条开始：基本的化学物质和它们的化合物在经验上以其完全纯净形式出现，理想地说，它们是能精确测量的，金和氧的真实形式在任何地方任何时候都是完全同样的。此外，它只关注真实世界的单一方面，因而，与现象世界的总体相比，其规律建立在任意的假设之上，并且是非经验的。

正如我们也许不需要进一步阐发的那样，物理学，特别是力学和数学同样如此。

纯力学在其最重要的定律之下以那条任意的非经验假设开始：物体在真空中运动，它们的重量与运动轨迹可精确测量，其重心可精确确定，物体运动所借助的力可精确知道，并是恒定的，没有干扰因素影响它的活动。因而——用我们的历史学家的语言来说——它是以一千条其他任意的非经验信条开始的。正如数学，其非经验前提也许不需要 314
特别指出（想一想数学的点、线、面等），它们也不研究整体的真实现象的世界，而只研究其一单个方面。与“完全经验实在”相比，它们在各方面因而也是任意的和不以经验为基础的。

（C.门格尔，1985：3885—86）

11. 注意，这里插一句，具有趋势的“事物”也许不总是记录在任何关于其趋势的陈述中的同一个“事物”。科学充满着对新种类的成功说明——电子结构、遗传密码、磁场——把它们解释为显示于观察到的(其他)“事物”的行为中的趋势的承载者。不过,这里的意义是,一旦被触发,任何被启动的系列中的趋势将继续行动,不管背景或环境如何,不管抵消机制是否在起作用。如果被触发,趋势能保持在活动中,不管是否被满足,不管最终产生什么实际后果。

12. 换句话说,仅试图解释更加复杂或“有机”的现象可能如何产生出来是不够的,参见 C. 门格尔(Menger)的 BookIII.

13. 无疑,它与下面的那类评价一致:

> 人的力量是有限的:几乎每一个自然之谜都是复杂的。他将其打碎,一次研究一小块,最后,将它的各个部分的解决办法尽全力(小小的力量)结合起来,试图找到对整个谜的某种解法。为了将它打碎(分割),他利用改造后的原始的但却有效的监狱或拘留所,将那些四处游荡恰巧不合时宜的干扰原因分开:该拘留所被称为假定其他条件不变。对某群趋势的研究借助其他条件相同的假定被孤立起来:不能否认其他趋势的存在,但其干扰效应暂时可被忽略。问题被这样收缩得越小,越容易精确操作,但却与真实生活的距离则越大。
>
> (A. 马歇尔,1898:40)

14. 他写道:

> 事实当然是,在完全一致意义上的完全理性的假设,仅仅是在近似真实的各种不同阶段被引入经济分析的具有心理性质的许多假设之一。完全预见,有时便于假定,是一种类似性质的假设。这些假设的目的,不是要树立实在世界与它们在其中进行想象的构造相符合的信仰,而毋宁说是使我们能在孤立状态下研究趋势,在实在世界这些趋势只是与其他趋势一起发挥作用,然后,通过对比与比较,将这样得到的认识又反过来用于对更加复杂的情况的解释。
>
> (L. 罗宾斯,1932:93—4,97)

15. 当然,即便在被当作孤立行动的客体是一种真实趋势的许多情况下,聚焦在归咎于这样的情景的事件规则性一般来说是误导人的或转移注意力的。之所以这样,是因为那时要集中注意力会受到不适当的限制,使人集中于一种也许绝不会发生或无相关性的情势。正如我在讨论 C. 门格尔的
315 观点时已提到的那样,关于一种超事实起作用的趋势的陈述,也许是许可关于在事件进程水平上或许有可能发生的现象的虚拟条件,如果该系统从其

他机制的活动中被隔离了出来的话。但对情形的全面理解却不能以此方式描述或传递。更具体地说,为了获得对情景的全面有用或实际的理解,趋势陈述必须被理解为明确的或指示性的,意思是,如果被触发,机制就会真正发挥作用,不管其效果是否显现出来。

第十章　主观主义

1. F. 哈耶克写道:

数据概念的混乱是这个领域有如此众多的困难的根源,因此有必要在某种程度上对其进行更加仔细的考虑。数据当然是某种已知的东西,却是尚待回答的问题,是在社会科学领域可能作出两种不同的答案的问题,是一个对谁来说事实被认为是已知的问题。关于这一点,经济学家们似乎总是下意识地表现出某种程度的不安,并通过强调它们是已知的事实,以对抗他们不甚明白对谁来说事实被认为是已知的感情来宽慰自己——甚至借助使用如"已知"数据这样的繁冗表达。但这并没有解决所指事实对那位观察经济学家是否被认为是已知的,或对他想要解释其行动的那个人来说是否是已知的问题,如果是后者,是否认为系统中同样的事实对所有不同的人都是已知的,或是否"数据"对不同的人来说也许是不同的。

似乎不可能怀疑这两个"数据"概念,一方面,如那位观察经济学家应当知道的那样,在客观真实事实的意义上;另一方面,如我们试图解释其行为的那些人所知道的事物一样,在主观意义上是根本不同的,应当仔细将两者分开。如我们将要看到的那样,为什么在其主观意义上数据应当符合客观数据的问题,是我们必须回答的主要问题之一。

(F. 哈耶克,1937:39)

2. 虽然某些评论家似乎要作出不同的结论,参见 B. 考德威尔(Caldwell,1988b)或 T. 哈钦森(Hutchison,1981)。

3. 在其科学主义随笔出版后二十年左右的时间里所写的著作中,事情至少看上去的确发生了变化,关于这一点,见 S. 伯姆(Bohm,1989)和 G. M. 霍奇逊(Hodgson,1993a),特别是 S. 菲利特伍德(Fleetwood,1995)。这样,到20 世纪 60 年代时,我们发现 F. 哈耶克(1967)所写的题为《关于占支配地位的认识存在于客观世界和不情愿(相当隐晦的一种真正的可能性)背离通常遵守的规则的倾向》的文章中很明确地表明了这一点(1967:79)。还很清楚的是,行为不再被认为总是根据推理而有意识的,而是深受隐性知识(还有别的因素)的影响。因此,我们能够发现 F. 哈耶克在断言,我们像孩子“根据我们不明确了解的规则”来使用语言那样学习(1967:87);在理解世界和
316 适当地行动时,我们利用“指导我们行动的那些规则,虽然我们从来没有明确阐述过它们”(1967:87)。当然,结果是“我们的有意识的理由只占决定我们行动的环境的一部分”(1967:87);这样一来,行动的各种不同的条件就是需要识别的东西,行动是某种我们能够并应当试图解释的事物(Lawson,1994a;Fleetwood,1995,1996a,1996b)。

不过,问题是如果超验实在论或某种近似理论最终受到 F. 哈耶克的赞同,它也不支持他的有影响的科学主义随笔。正如我们将看到的那样,他的主观主义和各种有影响的方法论教条都来自后来的论文。

4. 例如 M. 皮科克(Peacock,1993)。

5. F. 哈耶克还写了关于社会现象的看法,认为社会现象构成“并非空间或时间秩序的一种秩序,但却只能根据仅能用智力理解的人的态度的关系进行界定”1942—4:97。

6. 注意,这里心理学并没有被包括在社会科学的范围之内。

7. 似乎有理由认为,F. 哈耶克出自对纽拉特(Neurath)的(错误的)排除性物理主义的(过分)反应,在某个时候提出了这些观点。根据后者,不能还原为物理描述的所有术语都必须从科学中排除出去。F. 哈耶克拒绝接受这种形式的还原论,捍卫社会科学的解释学部分,无疑是正确的。然而,这绝不能说明科学主义随笔的极端主观主义是正确的。在这个问题上,我相当赞同 J. 奥尼尔(O'neill,1996)的见解。然而,我认为,J. 奥尼尔觉得纽拉特是“F. 哈耶克科学主义随笔的主要的实证主义敌手”(1996:2),排除式物理主义形成了实证主义主要目标(1996:2,3),却是错误的。虽然无论如何在维也纳实证主义者圈子中影响 F. 哈耶克的势力和他的批评目标,除 O. 纽拉特外还包括其他一些人,从科学主义随笔的文本和写作它时的语境看,似乎很清楚,F. 哈耶克在聚精会神地思考他所观察到的经济学家们正在做的事。然而,看上去的确有可能,纽拉特的物理主义的极端形式,最初使 F. 哈耶克回到整个实证主义理论的局限上。的确,F. 哈耶克在其死后出版的《自我对话》中(Hayek,1994)承认了这一点。因此,当问到他对 20 世纪的头一段时期维也纳“实证主义”的意义的理解时,F. 哈耶克回答道:

几乎完全是物理学家 E. 马赫和其门徒们的影响。他是哲学方面最具影响力的人物。当时,除了参军前我一直阅读的东西外,我觉得,我对我现在仍然几乎很犹豫地称为哲学的东西的接触——我认为科学方法是一个较好的描述——是通过马赫哲学的。一般地说,它在科学史上是件大好事,它支配了维也纳的讨论。J. 熊皮特(Joseph Schumpeter)完全迷上了 E. 马赫。我还在大学时,这个非常有趣的人物——M. 施利克(Moritz Schlick)成了一名哲学教授。这就是维也纳学派的开始,我当然从来不是该学会的成员,但其成员却与我们关系甚密。有一个叫 F. 哈恩考夫曼的人据称是我们的特别学会精神兄弟会(Geistkreis)的一员,也是石里克(Schlick)学会的成员,这些都是严格意义上的维也纳学派,因而,我们当时对那里正在发生的事情相当了解。

劝阻了我的是社会科学家,以及以 O. 纽拉特(Otto Neuath)为代表的传统的科学家,这些人在经济学方面都相当极端与天真。实际上是 317
通过他们我才意识到,在社会科学中实证主义是误导人的。我能认识到实证主义不灵这一点要归功于 O. 纽拉特的极端立场。说实在的,我花了很长时间才得以从中解放出来。只有在伦敦摆脱了维也纳学派之后,我才开始系统思考关于社会科学中方法论的问题,我开始认识到在那个领域实证主义的确是误导人的。

(1994:49,50)

第十二章　社会与经济的再生产相互依赖

1. 当然,即便是可观察的驾驶行为也许也要受讨论中规则的重要影响。可以想象并有可能,驾驶员既不希望明显超过其他驾驶员的平均速度,去冒如果被交警发现并受罚的风险,也不希望超过法定速度到这样的程度,以至于警车出现于地平面时不可能在既定的时间或空间内将车速减至法定最大速度。

2. 当然,制度的范畴是经济学制度学派的核心。因此,我有点犹豫是否要在历史传统或先例面前坚持上面的解释。然而,我的感觉是制度主义传统在这个术语的意义上惊人得模糊不清。例如,T. 凡勃伦把制度视为“大多数人共同的、确定的思维习惯”(1909[1919]:239);汉密尔顿把制度定义为“嵌入一个民族的风俗习惯或一个群体的习惯中的某种流行的和永久的行为或思维方式”(1932:84)。W. 尼尔(Neale)最近的《制度与演化经济学文选》的词条是这样写的：

> “制度”是演化(制度)经济学家用来描述社会中人们惯例的、固定的行为和与这些规则性相关联的思想和价值的一个词。各种各样的措辞用来定义各种制度或一种制度：通过习惯性行为变成了公理的习俗；个体行为约束下的集体行为；广泛流行的高度社会化的习惯；嵌入一个民族的风俗习惯或一个群体的习俗中的思维或行为方式；相关行为的规定模式。
>
> (1994:402)

虽然这些解释的大多数把重点放在经常性活动或习惯上，W. 尼尔本人却把它们与社会规则联系了起来，尽管后者被理解为“规则性或模式”(1994:403)。在我看来，这个文献的一个基本问题是没有详细阐明社会结构的一个观念，即是说，没有阐明不可还原为人的思想或实践的社会实在的一个层次的观念，虽然它依赖于人的思想或实践。当然，所有范畴都会随着改变后的理解而不断修改。似乎制度的范畴根据系统化为批判实在论的那套理解，进行重新概念化的时机已经成熟。因此，如果不坚持它，我仍然会从目前确定的视角出发，把上述理论作为一个站得住脚的解释
318 提出来。具体地说，我建议“制度”这个术语应当用来指那些系统或相互作用的有结构的过程(把规则、关系与地位和习惯及其他实践活动聚集在一起)，这些系统和过程比较持久并严格按该词的词义确定。

3. 从新制度学派的观点出发的一个讨论，是意识到后一派别的这种可能从两方面归纳的固有危险性，虽然会不时错误地鼓吹第一个方面，见 R. 朗格卢瓦(Langlois, 1986, 1989)。

4. 近年来，社会连续性的问题在路径依赖的标题下受到某种迟来的关注。这个文献表达了把更多的历史引入经济学的明确目标，特别参见 David (1985, 1994)。然而，尽管有许多深刻见解，这个文献往往以这样的方式阐述，以至于容易被误解，甚至被用来说明实质上是非历史方法的正确性，参见本书第十八章的讨论。

5. 将会清楚的是，这个讨论与最近以经济学中的演化理论为标题的某些讨论联系在一起。关于这个问题的许多讨论参见 N. 福斯(Foss, 1994)、G. M. 霍奇逊(Hodgson, 1993a)、A. 詹宁斯与 W. 沃勒(Jennings and Waller, 1994)和 J. 弗鲁(Vromen, 1995)。

6. 这个讨论已有必要被确定在一个相当一般的水平上。此外，重要强调（虽然很隐晦）主要放在再生或变形的变化上，在那里，一种结构、一个组织、一个系统或一件事物的确至少能够实质上保持同一种事物，尽管在其形式上不断经历着某些改变或转变。意图一直是强调社会生活中（如在别的任何地方一样）的（内生变化）普遍性。当然，在一个更受支持的分析中，具体的各种类型的变化需要详细阐述，包括明确阐述事物的本质、类型变化及其原因与条件。一个显著的例子是数量与质量型的改变。这是一种过程，在此过程中事物的某个方面变大或变小，更多或更少，更热或更冷，达到一个点时就会发生质变（例如，通过积累货币变为资本，通过增加其成员一个压力集团变成一种运动）。同样的道理，由于矛盾（既有内在联系同时相互依赖又相互对立的）过程的危机解除，产生了新的或不同形式的结构，这种结构的出现方式也值得注意。虽然诸如这样的形式变化在这里不能进一步阐述，但它们与本书概述的一般转化概念明显一致。

第十三章　简论行动主体

1. 女性主义经济学家似乎是这样一个群体，她们认为社会科学家需要寻求对社会实在与物质实在之间的关系的本质的充分的理解，例如 J. 纳尔逊（Nelson，1996）。如 J. 纳尔逊（Nelson）概括的那样：

> 如果没有对物质关系的这样的理解，我们就会有这样的流言蜚语：对任何一个没有丧失人性的观察者来说，在世界上绝大多数人仍然处于贫困状况中时，显而易见的是职业经济学家们在理论上制造着关于偏好的没完没了的奇谈怪论。有了对选择与物质的关系的全面理解，才会有富足的可能性和慷慨大方的特性可言，如果我们的选择很明智的话。 319
>
> （J. 纳尔逊，1996：35）

2. 或如吉登斯所说：“由于婴幼儿最早的经历（造就了基本安全系统，在那里焦虑被疏导或被控制）早于差别语言能力的形成，他们有可能此后仍然处于思辨性意识的‘约束之外’”（Giddens，1984：49）。

3. 如 J. 凯恩斯概括的那样：

> 显而易见的事实是，我们对必须作出的预期收益的估算所依据的知识基础具有极端不稳定性。我们对决定从现在起几年内的一项投资

收益的因素的了解通常很少，并往往微不足道。如果我们坦诚直言，我们只好承认，我们对估算一条铁路、一个铜矿、一个纺织厂、一个专利药品的信誉、一架横越大西洋的飞机、伦敦市的一座建筑物十年内的收益的基本知识知之甚少，有时等于零，甚至连此后五年的也是这样。事实上，那些一本正经地想作出任何这样的估算的人往往只是少数，他们的行为不会支配市场。

(J. 凯恩斯，1973a：149—50)

4. J. 凯恩斯写道：

不过，上述惯例性测算方法与我们业务中连续性和稳定性的大尺度是相容的，只要我们能依靠并维护那个惯例。

因为，如果存在有组织的投资市场，如果我们能依靠并维护那个惯例，投资者就会认为他可能冒的唯一风险，是在最近的未来一段时间里新闻的真实变化，他能试图形成自己对风险的可能性的判断，那种可能性可能不会很大，他因此而受到鼓舞。因为假定惯例性方法适用，能够影响他的投资价值的就只有那些变化，他不需要仅仅因为他对此后十年他的投资值多少没有任何预测而彻夜不眠。因此，对个体投资者来说，短时期内其投资具有合理的“安全性”，由此不管继续多少个短期，如果惯例性方法不被损坏并继续依靠它，依靠在来不及发生重大变化之前，就能很好地利用机会修改他的判断，改变其投资，他的投资就是安全的。对团体来说“固定”的投资，对个体则变成了“流动的”投资。

(J. 凯恩斯，1973a：152，153)

5. 关于 J. 凯恩斯对心理动机的思考的一个更广泛的分析，见 E. 温斯洛(Winslow，1986)。这项研究还探讨了 J. 凯恩斯受益于 S. 弗洛伊德的问题。

6. 因此，例如，(好的)“女性主义研究并没有把政治假设、价值和兴趣引入价值中立的研究领域，它鉴别了已经在那里的那些东西”(Harding，1995：7)。

320 第十五章 不能利用实验方法的经济科学

1. 我认为，鉴于对术语“半”的两种解释(或者解释为部分，或者解释为假)，这种特征性描绘是恰当的。首先，任何观察到的规则性都是部分的或不完整的。其次,虽然任何这样的部分规则性也许是关于真实现象的联系的,但它们并非真正的法则。正如N.卡特赖特(1989)所表达的那样:

> 自然挑选各种不同的因素将拥有的各种能力,并对它们相互作用的方式施加限制。不管自然界发生什么联系,它们都是作为更根本的能力的行为结果而出现的。在某种意义上说,根本没有联系规律。
>
> (N.卡特赖特,1989:183)

2. 虽然有些人如P.利普顿(Lipton,1991)那样对是否能够得出这个结论表达了保留意见。

3. 如同其在其他语境如雕塑或绘画艺术中的意义一样。

4. 然而,请注意,也许在报道的现象与某些关于事物应当是怎样的规范观点之间存在着不一致的情况。在这样的情况下,我们很可能看到,或者对改善状况的各种方式,或者对也许支持它的条件的更加充分的理解进行进一步的探讨,其目的是促使它们转变(见第十九章)。

5. 我认为,这个方向本质上是C.皮尔斯的。根据C.皮尔斯观点,探究的目的是减少怀疑,达到(固定的)信仰状态。对C.皮尔斯来说,你不能批评你不怀疑的东西。(虽然这样的怀疑不是笛卡尔的理性主义怀疑——的确,正如你不能选择是否要怀疑某事一样,怀疑预设了先前的信仰。)因而,对探究来说这样的怀疑是极其重要的,如果没有它和导致它的矛盾,探究就不会接着发生。例如,他写道:

> 怀疑引起的烦恼导致了为达到一种信仰状态所做的挣扎。我将把这种挣扎称为探究,虽然必须承认,有时它不是一个很恰当的称谓。怀疑引起的烦恼只是为达到信仰而挣扎的当前动机。对我们来说当然最好是,我们的信仰应当是能真正指导我们的行动以便满足我们的欲望的那样的信仰。这种反省将使我们拒绝接受其形成似乎不能确保这个结果的任何信仰。但只能通过制造一个怀疑去代替那个信仰的办法去那样做。因而,挣扎开始后会随着怀疑的终止而结束。
>
> (C.皮尔斯,1966:99,100)

C.皮尔斯在其他地方补充道:

> 每一个不管什么探究都产生于对某种存在于三个宇宙的一个或另一个中令人惊异的现象的观察,产生于或者使期望落空的经验,或者突然打乱调查者的某种探究的期望习惯的某种经验。每个明显的例外只能证明这个规则。在不同情况中令人惊异的物体之间存在着显著差

> 异……探究开始于对这些现象的所有方面的沉思，寻求从何处着手解谜的视点。
>
> （C. 皮尔斯，1966：367）

6. 对充分性（adequacy）的含义的解释不可能是独立于语境的。据以确
321 定充分性的任何标准的专指性是所有科学解释的特征，又是挥之不去的实证主义的影响，它坚持其规则的跨学科普适性，把经济学家引入歧途，使他们不能认识解释的依情况而定、讲求实效的、实地具体的性质，使他们忽视了解释的这个方面（Miller，1987：6）。最近至少在英国发生的这个错误的一个后果是，引导经济学专业的研究生离开实地工作和案例研究成了一种趋势，在那里技能与方法依工作而定，学习的是延长了的“已授的硕士生课程”，在那里大量的不相干的先验技术提供的只是肤浅的、貌似经济学教育的货色。

7. E. 李默自己在这些方面（主要是方法论）的贡献令人钦佩。但是，方法论的目的是使其他人感到生活非常简单。的确，一般地说，现代经济学的一个主要问题，是它企图使科学变得极为容易。正如其目前的情况那样，它完全依赖计算机程序包、官方数据和准许的统计程序或其他数学程序，在根本不理解经济或没有经济思想的情况下，经济学就能被提出来或被明确假设出来。无怪乎经济机构中那么多的高级岗位被没有研究实际经济经验的工程师和应用数学家占据着。同样，无怪乎出现了现代经济学学科内目前的混乱，和处在局外的人士对其业务的迅速加深的怀疑。

8. 当然，可能有选择一种理论的许多实际理由。

9. 在一篇我在此不能充分为其作出公正评价的文稿中，T. 博伊兰和 P. 奥戈尔曼（Boylan and O'Gorman）在提出其“因果关系整体论”时写道：

> 我们反对的是 T. 劳森的实在主义论题，它声称具有这些能力的、有结构的实体是非经验的。如果你假定有非经验实体，经济学家如何能继续完成对这些实体的理论描述，怎样知道他们的描述是正确的和接近真实的？W. 奎因教导我们，构建一系列互不相容的经济理论而每个理论都与经验证据相一致，并没有超出经济学家的独创力的范围。鉴于这种多元论，因果关系整体论者看不出有任何合理的方式，能决定他们应当选择哪些非经验所指事物，也看不出哪些理论描述是符合这些非经验实体的。
>
> （T. 博伊兰，P. 奥戈尔曼，1995：212）

在接下来的一页中，他们补充道：

> 此外，因果关系整体论者承认，能达到最好的解释的推理过程（Lipton，1991）是有价值的归纳过程。例如，如果我们看见雪中有许多鞋印，最好的解释是一个人而不是一只穿着鞋的猴子走了过去。然而，如果科学实在论者想根据能达到最好的解释的推理，详尽阐释混合模态三段论推理的概念，并由此辩称，由我们成熟的、确认无误的经济理论假设的实体，是对可观察经济事实和可观察趋势的最好解释，因果关系整体论者却拒绝采纳这最后一步。根据因果关系整体论，被理解为能达到最好的解释的推理的混合模态三段论对可观察事物领域的解释 322
> 力是有限的。（指出）这个局限性的主要理由与用来反对超验实在论使用非经验机制的理由相同。W. 奎恩教导我们，存在这样的解释的多元性，每一个都与经验证据相一致，因而，我们没有合理的办法在它们之间作出选择。换句话说，当能达到最好解释的推理过程被延伸到假定的非经验实体时，就没有了最好的解释。有许多最好的解释，没有合理的办法在其之间作出选择。在因果关系整体论中，经济学家能发现在各种各样的经济系统与其转变中起作用的隐藏的因果关系网，并不依靠关于非经验机制的额外的实在主义策略和关于这些机制的专门的混合模态三段论推理。
>
> （T. 博伊兰，P. 奥戈尔曼，1995：213）

10. 在严格的规则性的标题之下，我纳入了“好的行为”，即易驾驭的概率“规律”。

11. 正如 T. 哈维尔莫（Haavelmo，1944）被迫承认的那样，“在建立计量经济学概率方法时”，“一般地说，对任何感兴趣的变量具有潜在影响的因素的数量也许没有限制”（1944：24）。

12. 再强调一下，自然现象也是如此。正如 N. 卡特赖特（Cartwright，1989）所辩称的那样：

> 在通常情况下，自然是各种不同的原因造成的、变化着的混合体，来来往往，只有在该混合体在某段时期或某个地方被固定下来的时候，才会出现一种稳定的关联模式。的确，在什么地方我们能真正看到能称得上规律的那种持久关联？古代的例子是在天堂，那里极少见不安定的因素，或者其影响很小，现代的例子在物理实验室里，那里……我们的控制相当精确，我们自己能够当场调控造成混合体的原因。不然

的话，在我看来，这些被吹得天花乱坠的联系规律仍然是一大堆非常长期的未偿期票：联系规律事实上在自然界中是很少见的，其运行方式不应当被视为是极为重要的。它们只对我们极为重要，因为它们是我们理解自然能力的主要工具之一。实际上，我们的确能够获得的大多数规则性是我们仅仅为了那个目的而构建的那些规则性。

（N. 卡特特赖，1989:182）

13. 如果我对 T. 博伊兰和 P. 奥戈尔曼（Boylan and O'Gorman，1995）的理解是正确的话，这个区别反映了其对纯经济学与应用经济学的比较。不同的是他们只把后者理解为一种解释性训练（Boylan and O'Gorman，1995：135—41）。然而，我不相信有任何非常有意义的东西依赖于术语的这种对比性使用。

14. 关于这类的一个例子，参见 T. 劳森（Lawson，1981）。在这项研究中，作为需要挑出来加以解释的现象是，一家特殊的剑桥公司在一段较长的时期——20 世纪初期直到 60 年代（这时被一家大型海外跨国公司收购）——成功地将一个初级产品市场结构（对［先进技术］产品具有稳定的高需求）与二级雇佣条件（低工资、个人发展的有限可能性）结合起来，同时，
323 总体经济的一般模式对产品市场与雇佣条件也一直相当配合，参见 F. 威尔金斯（Wilkinson，1981）。

第十六章 抽象

1. 正如 K. 马克思（1973）概括的那样：

具体之所以具体，因为它是许多规定的综合，因而是多样性的统一。因此它在思维中表现为综合的过程，表现为结果，而不是表现为起点，虽然它是现实中的起点，因而也是直观和表象的起点。（马克思.《〈政治经济学批判〉导言》，《马克思恩格斯选集》（第 2 卷），北京：人民出版社，1972:103。——译者注）

（K. 马克思，1973:101）

最近一次关于马克思方法中的抽象过程的有意义讨论，有一个与下面开展的讨论有大量相似之处的文献，参见 B. 奥尔曼（Ollman，1993）。

2. 不管在哪个层面，都需要某种解释性研究，探讨理论与表面上确凿的证据不一致的程度。

3. 最近关于这些问题和有关问题的一个极好的、极为广泛的讨论,参见 Ollman,1933。

4. 因此,M. 多布(1972[1937])特别提到:

> 如果所有设定的东西仅仅是人去"选择",甚至连他们如何选择或什么支配着他们的选择的这样的事情都不陈述一下,在这种情况下,似乎经济学家能为我们提供的最多不过是选择代数那样的东西,只能表明某些相当明显的选择之间的相互关系的形式,却极少告诉我们任何实际情形的行为方式。
>
> (M. 多布,1972[1937]:71)

当然,如对某种显著经济现象的描述那样,广义概括作为开始分析的标记点可能是有用的——的确,这是对上面提到的特征化事实信念的基本原理的阐释。但是,这样的概括作为解释性策略和对经济原因的陈述通常是没用的。正如 M. 多布再次注意到的那样:

> 如果一条经济法则是对实际上有可能发生什么的陈述,而不是对某些定义含蓄的变量之间的关系的纯粹陈述,那么,这样的命题(作为源于如此高度水平上的抽象的结果)肯定极少可能成为发现"资本主义社会运动规律"的指导原则——或者的确极少可能成为他们据以试图进行经济判断的其他任何事情的指导原则。
>
> (M. 多布,1972[1937]:42)

5. 具体地说,这似乎是 N. 卡特赖特最近(1989)的立场。虽然 N. 卡特赖特为能力本体论争辩,在一点上,它却被比作倾向或力量(1989:9)。这些能力或其相关的原因,被解释为"原子化的"(1989:170,174),或至少原则上可用概率测量的(1989:13)。她与 J. S. 穆勒在这个抽象论观点上产生了共鸣,但她却认识到,这个观点遭到 J. 凯恩斯的明确拒绝(1989:13)。然而,这并没有导致 N. 卡特赖特期望事件规则性具有普遍性。的确,她反复拒绝坚持这样的前景方案。因为,虽然原子化假设保证内封闭条件会自动被满足, 324
但 N. 卡特赖特认为实际结果一般产生于变化着的原因的混合体(1989:175,176)。换言之,承认(我现在所指的)内封闭条件不能被满足。现在,它最终成了公认的形而上学,她相信经济现象是原子化的,这就使得 N. 卡特赖特假设,要独立于所有语境将任何原因概念化是一种抽象,而不是一种理想化。她写道:

> 这里讲的是我如何想从这本书的目的出发将理想化与抽象区别开

来的:在理想化过程中,我们从一个具体客体开始,我们在心中重新安排其某些不适宜的特征——它的某些特殊性质——在我们试图写下关于它的一条规律之前……

相比之下,当我们试图确切表达 J.S.穆勒的趋势法则时,我们考虑的是完全脱离语境的因果因素。这不是一个改变任何具体特征或性质的问题,而是一个不仅减去具体环境,甚至减去原因嵌入其中的物质和任何从中产生的东西的问题。这意味着我们通过这种抽象得到的法则所起的作用与理想化的那些法则很不相同。举例来说,在谈论理想化时通常说……“离开真实”往往“觉察不到的小”或“如果大到能够觉察”,那么,“其对相伴模型的影响就能够估算出来,并被考虑进去”。但是,在相关特征被真正减去的地方,谈论剩余法则离开真实,谈论这种离开是否小,或如何计算它,就没什么意义。这些在处理理想化时相当重要的问题到谈到抽象时就成了无意义的东西。

……当我的抽象问题被同化为理想化问题时,就很容易错误地认为一个人能够通过提出某种近似真实的概念解决综合问题,但那并不奏效。

(N.卡特赖特,1989:187,188)

还是 N.卡特赖特的抽象论影响着她对逐步接近的方法(至少如 L.诺瓦克 1980 年确切表达的那样)的支持,鼓励她与 L.诺瓦克一起把它视为可用于全部科学中的方法(N.卡特赖特,1989:204)。

6. 当然,这对自然科学同样是正确的。正如 I.哈金(Hacking,1983)所说:

我们对加起来等于一个“合力”的无数自然法则毫无所知。那个比喻来自力学。你有这个力那个力,这个矢量那个矢量,你可以用圆规和尺子画一个示意图以便看到结果怎样。J.S.穆勒早就说过,这个关于力学的事实不能一般化。大多数科学不是力学。

(I.哈金,1983:226)

325 第十七章 论经济学中的真理

1. 例如,D.亨德里认为,“一个‘真’模型差不多是一个自相矛盾的东西,因为它必须如被假设要代表任何东西的那样复杂”(Hendry,1983:70)。

他还在别的地方阐释道:“我认为这是不证自明的:经济行为足以复杂和足以具有演变性,谈论经济理论或经验模型是‘真’或推理产生‘正确’结果无济于事。”在接着的那一段中,他补充道:“就其实质而言,模型具有固有的简化性,因而不可避免是假的”(Hendry,1987:30,31)。更近一点,M.麦卡利尔(McAleer,1994)把“抽象”这个术语比较明确地与假连在一起:“模型是从现实中抽象出来的,严格地说,没有真模型”(McAleer,1994:324)。他进一步补充道:“经济计量建模不是旨在获得真理,而是企图获得对数据的适当描述”(McAleer,1994:328)。他还可参考了 R.朗格卢瓦和 L.琼托什(Langlois and Csonto,1993:114—16)的观点。

2. 这个观念很可能受到实证主义把认识与直接经验混为一谈,把实在还原为存在于经验的事件与事态的做法的影响。

3. 当然,真理是一个需要从多方面加只考虑的概念,我这里不可能讨论其所有可能的方面,请特别参见 W.乌恩海特和 T.博托莫尔(Outhwaite and Bottomore)版本中巴斯卡的论述部分(Bhaskar,1993:68—1),和 U.梅基在这个题目上的大量论文(Mäki;1988,1992a,1992b,1994)。

4. 参见 D.亨德里(Hendry,1990:189)等人的观点。

5. D.斯特拉斯曼继续道:

> 在一个知识群体中各种具体争辩“起作用”的程度取决于谁在评价它们。在经济学中,一个定义相对狭义的人口统计小组作为争论的“评价者”事实上占了压倒优势。情境知识预言,如果一个知识群体发生变化,诸如性别与种族的变化,由重组后的群体找到的更具说服力的解释就会被产生出来,虽然这样的变化可能保卫者的调控,以便确保那些具有不同背景和属于不同团体的人与流行的观点保持一致。随着更多的妇女进入经济学领域,这正是该行业中一直发生着的事。
>
> (D.斯特拉斯曼,1994:156)

6. 因此,举例来说,女性主义经济学家已经找到对男性本位论的兴趣和价值所在,它们似乎在一定程度上塑造了学院经济学的概念与方法(特别参见 P.英格兰［England,1993］,N.佛伯尔［Folbre,1982,1991,1993］,S.哈丁［Harding,1995］,H.哈特曼［Hartmann,1981］,J.汉弗莱斯［Humphries,1944］,J.纳尔逊［Nelson,1993a,1993b,1996］,J.塞茨和 D.斯特莱拉斯曼［Seiz and D. Strassman,1993,1993a,1993b］)。J.汉弗莱斯在给主流学者对经济学家在方法论方面的不断发展表现出的抵制态度,和他们对方法论的批判表现出的厌恶定位时显得特别有趣。她写道：

> 在其他学科，性别偏见早就被公认，并一直寻找着解决办法。在经济学中，女性修正主义却一直懒散迟钝。为什么？
>
> 答案在于经济学家毫不妥协地坚持其方法论。经济学家能够容忍支持性行动（affirmative action），在其中性别偏见等同于对女性的表达不足。他们甚至容忍女性经验主义，根据这个理论，该学科的偏见可通过更加严格地坚持科学研究的自命的方法论准则而得到纠正。越客观
> 326 冷静，越少浪费时间，更加科学的方法能清除男性本位论。经济学家不能允许的是更加深入的方法论批判。
>
> （J. 汉弗莱斯，1994：483）

第十八章　例证说明

1. 然而，我想强调的是，可能不会有提出用批判实在论对任何事物进行实质性解释的疑问。在这方面，对任何具体项目、理论或例证进行合理评论的大多数话题，是它与这里维护的观点一致还是不一致的问题。不可能期望按照批判实在论办事的研究者总是会得出同样的结论。鉴于具体的社会实在的不可逃避的开放性，研究者甚至会欢迎一系列的解释理论。任何具体的解释性观念可能要经历长时间的发展过程。当然，对于那些按照批判实在论办事的人来说，每个阶段的目的将会是，拿出经验证据或其他证据以便耐心对待鉴别哪一个竞争性解释是最恰当的意图。但不能保证总会达成一致，或者，不能保证，如果达成一致或当达成一致时，新证据与新思维迟早会导致对解释的修正。

因而，实质性解释，即便为了示例的目的，也不应该加上“批判实在论”的标签。它们也不应该顺便被解释为据其评价批判实在论本身的解释框架的构成依据。更确切地说，支持后者的论证已在前些章节展开，采取了从前提出发的超验推理的形式，那些前提被公认为没有重大争议，并受到更强势的新的科学哲学框架的支持者们的赞赏。简言之，例证和接着出现的讨论仅仅提供了：(1) 一个与批判实在论相一致的解释尝试在社会领域是可行的标志；(2) 以比迄今为止各种类型的解释方式的某些方面更加具体的形式提出的示例，和自始至终受到支持的各种推理模式。

2. 诸如这些例子与批判实在论之间的某些关联已经得到明确说明，参

见 Fleetwood, 1995, 1996a, 1996b; C. Lawson, 1994; Peacock, 1993; Pratten, 1993, 1994, 1995; Rotheim, 1993; Runde, 1993, 1997。

3. 然而,在这个范畴中,我没有包括有时被称为"新制度经济学"的大多数如此花样繁多的子集。这里,我实质上与那些已经将其确定为现代主流的一个子集的人的看法一致(例如,P. 大卫[David, 1994], G. 霍奇逊[Hodgson, 1994], R. 波斯纳[Posner, 1992], S. 普拉特[Pratten, 1995], V. 范伯格[Vanberg, 1994])。在强调博弈论的地方,以及在高度形式化的地方,这是很清楚的(如 A. 朔特[Schotter, 1981, 1983], R. 萨格登[Sugden, 1986])。但是,这对于往往更加书面的关于交易成本的文献也是如此——如 O. 威廉森(Williamson, 1975:1)所承认的那样。R. 波斯纳的评价似乎是正确的:"新制度经济学是一个在很大程度上从现代经济理论工具袋里进行选择的学问,其工具(思想)特别适合研究虽然重要但却很狭窄的那些问题,其中包括被新制度主义者选为重点的交易障碍问题"(posner, 1992)。或如 S. 普拉特(Pratten, 1995)断言的那样:"交易成本经济学比现代主流经济学 327
的其他分支,的确更加重视制度等,但把交易成本经济学与经济学正统理论联系在一起的却是共用的基本方法"(1995a:38)。

4. 注意,不但有一个"路径依赖"文献,还有一个"路径相依性"文献。可是,这个文献比与 P. 大卫有关的"路径依赖"的成果更接近主流方法。我这里之所以把重点放在后者,是因为我把它看做这类中最好的,相对没有前面的整个讨论中确认的错误。因此,它为说明性目的和比较性目的都提供了可利用的最扎实的材料。

5. 这里也许看上去有点两手并用的功能,因为我首先集中在一项专门技术上,以便显示一种在需要鉴别或理解社会结构的语境下,已被阐明的解释模式或解释方法。然而,我认为,那项技术必须被理解为,用来指明那个内容是自然的而形式是社会的确定性王国。正是因为形式具有社会性,物质客体才构成了技术客体(药品、牙刷、足球场等),这里部分原因是人的改造活动。这样设计的论证是为技术而进行的,能够被引自技术的实例说明。这个技术观念的发展需要等待另一个机会。

6. 还可参见 W. 阿瑟(Arthur, 1989)和 J. 吉尔德(Gould, 1987)的观点。

7. "在第一批雷明顿制造的打字机面市后不久,就开始由纽约私立商学院提供"其使用指南(David, 1986:39)。1892 年,"辛辛那提的朗利公司(Longley's Shorthand)和打字机研究所的女业主推出了八字打字法的重大

发明。她的小册子恰巧被"改编成便于雷明顿的更加完善的打字机使用"的指南(David,1986:40)。在那一年:

> Wyckoff,Seamans & Benedict 公司的纽约商号刚从 E. Remington & Sons 公司购买了雷明顿打字机全球销售代理权后,就通过组织一个实验班教八个年轻女人学习打字的办法宣传其产品……尽管批评家们预言打字注定仍然是男人干的活,结果,那八个女毕业生全都很快找到了工作。雷明顿打字培训学校很快加入了私人企业和速记"学院",这些机构在所有大城市都如雨后春笋般地发展起来。
>
> (P. 大卫,1986:40)

当朗利夫人的打字课程在《大都市速记杂志》受到一页接一页的指责时,一个叫路易斯· 陶布的人挑战朗利夫人,要她证明她的方法,这个人鼓吹在 Caligraph 上的四指打字法,这样便举行了首次大众快速打字比赛,结果朗利夫人的代表获胜。P. 大卫继续写道:

> F. 麦格理(Mcgurrin)在比赛中获胜……他的打字表演使观众大为惊讶,已经在整个西方赢得了声誉,因为除了熟练运用"全指"技术外,他还熟记 QWERTY 键盘。我们永远不会知道他是否早就掌握了 Caligraph 机的 72 个键的同样的技艺。
>
> (P. 大卫,1986:40,41)

328 8. 接着,P. 大卫又阐述道:

> 触摸式打字技术的出现……导致了促进生产系统的三个特点,它们在使 QWERTY 被"锁定"为主要键盘字母排列中起到了关键性作用。这些特点是技术相互关联性、规模经济,以及投资的准不可逆性。
>
> (P. 大卫,1986:40,41)

这里,技术的相互关联性实质上意味着,那些"购买了一台作为生产工具的打字机的人",需要将此"硬件"与由一个特殊排列的键盘的触摸式打字者的"记忆"软件相配套(David,1986:40,41)。这里所谓的"规模经济",基本上是那些借助使用指南给青年男女教授触摸式打字技术的私立商业学院所利用的经济(David,1986:44)。最后,"投资的准不可逆性"指的是打字者基于 QWERTY 键盘发展的潜意识技能的持续性,和其被淘汰和为另外的系统保留的成本。用 P. 大卫的话说:

> 在学习触摸式打字过程中形成的技能资本具有显著的持续性,因为该技能就像骑自行车或游泳那样的技能一样,一旦掌握,就会长期保

持在某个功能水平上，而且，还可能通过练习迅速提高。此外，一旦一种专门的触摸打字程序被“装进记忆”，要想让一名受尽折磨的打字员转到另一个程序，（因延长时间和打字错误产生的）成本相当高昂。

（P. 大卫，1986：44—5）

同时，由于技术发展相当迅速，键盘由一个系统转到另一个系统的成本也在下降。

因此，就键盘转换的成本而言，出现了促进打字系统发展中软件与硬件不对称的问题：打字机软件转换的成本在上升，而其硬件转换成本却在下降。

（P. 大卫，1986：45）

9. 在阐明这个对比时，P. 大卫直截了当地将他的路径与“新制度经济学”进行了比较，新制度经济学提出要以彻底的新古典方式解释组织和经济机构目前的许多特点，那些解释必须通过援引在其中这些代表了眼下有效解决资源分配问题的办法而进行（David. 大卫，1994：206：7）。这里，他断言：“制度安排是完全可塑的隐性推定，似乎是许多主流经济学家持之以恒的偏爱”（David，1994：207）。他还把他的方法与下面的方法进行比较：

即与经济史专业的一些学生的方法比较，这些学生信奉这样的原则：制度安排是可塑的，因此，只要人们看到那样做会有利于获得自己在经济上的优势，它们就可能并会随时适应新情况以取得效率的意义上说，理解制度变革的关键与其说是在过去，不如说是在现在与将来。 329

（P. 大卫，1994：206—7）

10. 某些惯例甚至在其不再发挥最初的功能很长时间后，还会持续下去。例如，发生于某些地方的与一个陌生人见面时的握手就常常具有这种性质。P. 大卫推测，这种行为源于：

出自表示一个人没有携带如小刀、棍棒或石头之类的武器的需要。我们认为，一种曾经具有重大功能的惯例在某个时刻就会变为习俗，并会持续下去，即便最初的功能不再重要，这是自然的。

（P. 大卫，1994：205）

11. 关于各个国家不同时期生产率的估计平均增长率，请特别参见 A. 麦迪逊（Maddison，1964，1977，1989，1994）的研究。虽然英国的数字位居第一，根据它自己的标准，1951—1973 之间每人每小时 GDP 的平均年增长率为2.8%，可明显看出，即便在这段时期，在可比国家中据估计只有美国做得较差，为 2.3%。举例来说，与这两个数字相比，比利时为 4.5%，加拿大为 3.1%，丹麦为 4.0%，法国为 4.9%，德国为 5.8%，意大利为 5.3%，日本为 7.5%，荷兰为 4.1%，挪威为 4.4%，瑞士为 3.8%。

12. 被广泛引用的关于现象的例子不仅包括最近与计算机相关的技术，而且包括 20 世纪或其前后的许多革命性产品，如贝塞麦转炉炼钢法（the Bessemer），吉尔克里斯特 · 托马斯（the Gilchrist Thomas）和苏尔维（the Solvey Processes）程序，苯胺紫染料（Mauve Dyes），帕森式汽轮发动机（the Parsons Steam Engine），环锭细沙机（the Ring Spindle），等等。为了详细阐明后者，W. 拉索尼克（Lazonick，1978）发现，虽然纺织生产中的"环锭纺纱机"的发明从 1888 年开始取代过了时的"走锭纺纱机"，尽管它们主要由英国的纺织机械制造商供给，但直到 1907 年，环锭纺纱机在英国的全部纺锤中所占比例还不到 15%，而此时德国为 40%，法国为 48%，奥地利为 36%，意大利为 65%，俄国为 56%，美国竟高达 80%。P. 佩恩（Payne，1978：679）提到一系列惊人的新发明、新思想和新发展，美国人和欧洲人把这些新东西比英国人更快地转化为生产力，这些材料是格雷和特纳于 1916 年编辑成册的。对英国采用新技术相当缓慢和人员数量较高的状况作出最著名的描述的人中有 H. 哈巴卡克（Habakkuk，1967）和 S. 兰德斯（Landes，1969）。关于最近的高水平人员的证据，参见普拉提（Pratten，1967）；关于新技术推广缓慢的证据，见经济合作与发展组织（OECD，1970）和雷（Ray，1979）及所提供的参考数据。

13. 还有大量证据 B. 斯塔福德（Stafford）没有引用。例如，W. 拉索尼克（Lazonick，1978）详细描述了与德国、法国、奥地利、意大利、俄国和美国相比，英国在采用与推广环锭纺纱机方面惊人地缓慢的发展状况。在分析这个现象时，W. 拉索尼克发现，美国的"雇主在整个 19 世纪实际上保持着对整个劳动过程的控制"（Lazonick 1978：50）。比较之下，由于：

> 英国工会组织的较长期的传统和使产生于较早时代的劳动分工持
> 330 久化的英国走锭纺纱机纺织工人工会的力量……英国走锭纺纱机纺纱
> 工人有能力在劳动过程中保护其具体岗位，并能对工作节奏实施控制，
> 这种情况一直延续到 20 世纪 60 年代。

（W. 拉索尼克，1978：45）。

通过观察他继续写道：

> 在英国任何用环锭纺纱机大规模取代走锭纺纱机的企图，都会导

致与资本家的大规模冲突，而资本家绝没有把握获得胜利。该时代强调的是劳资调解。如果在兰开斯特的棉纺企业中出现“企业家失败”的情况，那么，对劳动重新分工的可能性和对采用新技术的有效（如果不总是明显的）限制就与其有很大关系。

（W. 拉索尼克，1978：60）。

M. 伯格（Berg，1979）分析了一本书，其中收集了 19 世纪由不同的人写的 50 多篇关于英国工业中工种安排的文件，他发现“欲通过管理达到对生产过程中所有功能的控制，这种控制欲望遭到工人阶级的战斗精神的抵抗”（Berg，1979：14）。例如，新技术遭到排字工和纺纱工的抵制；在刀具行业、锻工、锉刀制造工、模子制造工、丝织品工和蹄铁工中，新技术遭到同样的抵制（Berg，1979：14）。在美国的鞋业中，机械技术在“较早阶段”就被采用，而在英国，制鞋工人对机械化和一种成功的更加优越的操作系统的激烈抗拒，意味着那个过程耗费了 50 多年（Berg，1979：169）的时间。我还发现手工艺行业的许多做法，即便在产品和工艺过程技术有了重大变化的时候也特别能够持续。举例来说，在英国，造船从用木料转用钢铁，“该行业无论是规模还是材料都未能改变基本工种安排，这种安排仍然在按照手工艺方式继续”（Berg，1979：169）。另一个抵制的例子是由英国工程设计行业提供的，在该行业，“手工艺方向的工程师们能延缓……发生于美国和其他欧洲大陆在泰勒制下的转变。”M. 伯格发现：

所有这些行业内围绕合理化而进行的斗争，都迅速反映在英国的可比较的行业表现中。其他国家当时技术都占了领先地位。在英国……工人们的抵制遇上了自动化、劳动分工、新流程技术、高速化和生产率的激励，K. 马克思曾预言这些东西将可能形成现代工业较高阶段的特点。

（M. 伯格，1979：170）

更近的示例体现在 B. 埃尔鲍姆和 F. 威尔金森（Elbaum and Wilkinson，1979：300—2），R. 麦克西和 L. 亨特（McKersie and Hunder，1973：68—160）与鲁伯雷（Rubery，1978：32）等人的论著中。

14. 关于可被解释为得出类似结论的更近的一个比较研究，参见 M. 柯比（Kirby，1992）。

15. 我意识到，利用我本人已经为之做出贡献的重要成果会涉及许多风险。具体地说，我增加了根据一种具体的实质性解释（即这里所说的那种）

331 使批判实在论受到错误评价的可能性。即便如此，回避我自己的贡献的结果也许会涉及更大的风险。因为根据基本上不相干的但却非常熟悉的指责，即从事方法论研究是没有能力获得实际工作经验或缺乏实际工作经验的反映的指，有立即将其抛弃的可能性。这种指责通常受到一种顽固看法的支持，这种看法认为，不必认真对待方法论的论点，除非其倡导者将其付诸实践。这里，我们可回忆一下第一章中的观察，即直到最近《英国皇家经济学会简讯》(1992,10:2)还觉得最好重复一下 I. 费雪(Fisher)1932 年对美国统计学会所作的主席演说中的主张，意思是：

> 我早就觉得，学社会科学的学生，特别是社会学和经济学专业的学生，耗费了太多的时间去讨论他们称之为方法论的东西。我常常觉得，企图告诉我们如何解决棘手问题的人，如果通过亲自解决几个这样的问题而证明一下其宣称的方法的话，就更能说服人。显然，那些总是告诉别人如何取得成果的人，他们自己却不能取得任何成果。

16. 部分原因是，承认合法后，工会的数量立即迅速增加，隶属于新建立的工会联合会的会员从 1869 年的 250 000 人增加到 1873 年的 510 000 人，增加了一倍多。最初，这些仅仅是技术工人的组织，维护着既有的习俗和其作为手工艺者的特殊地位。然而，到 20 世纪 80 年代时，非技术工人也能建立稳定的组织。这些非技术工人的“新”工会最初因较老的手工业工会内向的性格和精英主义倾向而对其看不顺眼，倾向于将其精力集中在全国性问题上。然而，在世纪之交，他们也采纳了手工艺工会的做法，也想独占过去的利益和维护既有的习俗惯例(T. 克拉克和 L. 克莱门特[Clarke and Clements,1977:12])。

17. 请注意，虽然国家想竭力取得工业和平，但并没有立法支持集体谈判，它通过支持促成仲裁的办法帮助后者：商务部在把雇主慢慢推向集体谈判的过程中起了指导性的作用。另外，在战争期间，军需部促使雇主们在这方面有又前进了一步。

18. 许多英国的早期工会主要是分包签约人联合会，内部合同作为手段似乎有可能起到了控制工作和对工艺型组织提供结构性支撑的作用(B. 埃尔鲍姆与 F. 威尔金森[Elbaum and Wilkinson,1979:290—3],E. 霍布斯保姆[Hobsbawm,1964:299])。在分包签约人拥有招聘与解聘控制权的范围内，这个权力可用来保持排他性和控制工作机会。此外，由于取消合同是由非技术工人造成的，而不是由雇主造成的，这种控制结构有可能被保留了下来，例如，关于钢铁工业，B. 埃尔鲍姆和 F. 威尔金斯（Elbaum and Wlkinson，1979）报道了不同工会中反对签约的非技术工人如何造成分包签约的终结的情况：

> 但他们保留了签约人控制工作节奏的相当大一部分权力。科学管理的力量不大或没有产生什么影响，雇主们不能轻而易举地调节人员配备，只好被迫通过纠纷诉讼程序解决纠纷，在那里，正如在赢得较高工资中所做的那样，工会在确立决定人员配备和工作规则的优先权方面做得相当成功。
>
> （B. 埃尔鲍姆和 F. 威尔金斯，1979：300）

19. 不像欧洲的大陆工业化国家，英国既没有被侵占也没有被打败的历史，似乎"二战"中的经验强化了对集权化的抵制，实际上加强了基于工作的工人组织。例如，"作战"要求的"合作精神"导致了联合生产委员会的建立，特别是在工程行业。这些委员会的基础是工厂，工会成员（往往是工人代表）是经过投票选举出来的，涉及战争时期工厂生产的所有方面。这些委员会分布在全英国的各类工厂中，包括那些先前没有工人代表传统的工厂（H. 佩林［Pelling，1976：220］）。因此，正如在"国民利益社团主义"中发挥过重要作用那样，这些委员会使车间工会主义的机制固定下来，并强化了它。另外，它们赋予了车间为基础的组织更大的独立性，比原来在工会头目制约下的活动有了更多的自主性，这种做法终于被工人们当做惯例或准则 332
看待。

20. 虽然切诺迪克式（cherodic）的发展观念（C. 沃丁顿，1957，1972）在这里也许更合适，因为在范围上它比与"路径依赖"的例子有关联的"过度选择"更具一般性与灵活性（关于这个讨论，参见 Hodgson，1993a：206—7）。

21. 特别是，1888 年以后，在英国国内和出口市场竞争日趋激烈的时候，帝国市场提供了保护。英国的出口商发现，回避在加速翻新生产结构上产生的冲突对他们有利，常常在资本输出的帮助下将销售转向这些受保护的市场。因此，举例来说，1880 至 1941 年间，出口向帝国和其他受保护市场扩大的结果，延缓了提高诸如棉花、纺织和铁路这样的中央企业的竞争力的必要性（C. 金德尔伯格［Kindleberger，1978：224］）。1932 年的"渥太华协定"提供了另一个例子，英国殖民地被吩咐给予英国的出口优惠待遇，对其他国家的出口，特别是日本的纺织品，实行配额限制，同时，向其他许多国家提出优惠待遇的类似要求。虽然贸易增加了，这些行动的长远好处却是值

得怀疑的。正如W.刘易斯(Lewis,1949)提到的那样:

> 在这些市场实施保护的结果,对英国来说就是将国外竞争转向总体上英国的地位不怎么理想的其他市场。似乎如果英国在保护市场做得不怎么成功的话,有可能在其他地方做的好一些。
>
> (W.刘易斯,1949:84)

这个观点还为例如1915年以来一直受到保护的英国发动机工业的经验所证实。虽然它在国外很成功,但这主要是由关税特惠造成的(A.扬森[Youngson,1960])。到1937年时,85%的出口车去了别的国家,"该行业在欧洲市场没有多大作为,也不想有很大作为,主要留给了法国和德国的制造商"(Youngson,1960:107)。这样一来,在战后关税被降低后的那段时期,英国的制造商发现,在竞争更强的欧洲市场很难获得成功。另一个例子是受
333 保护的钢铁工业:

> 该行业没有显示出降低自己的成本与其竞争者的成本之间的差异的迹象……空话只是通过更加集中的生产送给了经济理性……1937年仍然缺乏现代性的高炉。
>
> (A.扬森,1960:106)

22. K.韦德伯恩(Wedderburn,1972)对形势作了如下描述:

> 事实上,1871年后对英国的工业关系产生了一个阐述明确的法律框架和结构,这种结构与周围致力于谈判和冲突的社会机构的关系相当密切,以至于"框架"特别显示了作为在社会网络中成长的固有线索的法律的一个相隔遥远的特点。不管还有别的什么内容,大量劳动法的因素被包含其中。
>
> (K.韦德伯恩,1972:270)

23. 关于一个1980年以来相关发展的描述,包括重大结构转变及其原因,参见W.布朗和G.雷(Brown and Rea,1995)。

第十九章 经济政策与有目的的变革

1. 这个扰动项目总是被明确规定为具有"表现好"的(数学上易于处理的)性质。最广泛采用的惯例是假设实际价格是在零均值与不变差条件下根据正态分布产生的,扰动本身是非相关的。

2. 关于人的需要的整个问题的精彩讨论,参见L.多亚尔和I.高夫

(Doyal and Gough,1991)。

3. 参见 T. 劳森与 J. 伦德的讨论(Lawson and Runde,1997)。

第二十章　经济科学与预测

1. 当然,最近的"后现代主义"、"实用主义"、解释学和其他趋势通过将实在还原为文本、语言、修辞学、个体观念,或诸如此类的东西取得了同样的成果(参见 Sofianou,1995)。

2. 我认为,在这个标题之下我们最终必须包含先验态度,即方法论必须被限制在经济学方法的描述性历史上。

3. 至于对经济学专业的学生所面临的有关形势的具有深刻见解的简要说明,我认为 D. 施特拉斯曼最近的描述给出了一个再好不过的例子:

> 对于一个主流经济学家来说,理论意味着模型,模型意味着以数学形式表达的思想。在学习如何"像经济学家思考"方面,学生们学会了某些关键性概念与模型,思想通常是通过简单的数学分析灌输的。学 334
> 生们学习的这些模型是理论。在较高级的课程中,经济理论是以数学上复杂的模型呈现的。主流经济学家相信,适当的模型——好模型——采取可认知的形式:用数学表达的定义、假设和清晰设计的理论阐述以方程式呈现。学生还学习经济学家论证的方法。他们懂得合理的论证方式是用模型和经济计量上构建的证明形式。虽然呈现给学生们的还有产生于过去时代的语言和几何方面的杰作,他们很快就知道,想要工作的新手们应当追随他们目前的老师,而不是模仿已故权威。
>
> 因为所有模型都不是完整的,学生们还应知道没有完美的模型。实际上,学生们懂得对简化假定提出过多的质疑是很不好的做法。说一个模型有缺陷是雕虫小技——也许任何人都能做到。真正有价值的是想出一个更好的模型,提出一种更好的理论。因此,受过正规教育的经济学家积累起来的智慧认为,那些没有提出更好模型却批评别人的人都是些缺乏想象力的狙击手。重要的科学成功要求具有以可认知形式表达的更好的理论。经济学家们以这种方式学会他们的行道。我的理论也是这样学到的。
>
> 因而,可以想象,当我听说来自其他学科的女性主义者把理论这个术语用于以语言形式表达的思想,用于没有包含哪怕是可能性很小的

数学形式表达的思想时，我的反应是什么吗？“这还算理论么？”我问道，“数学在哪里？”

（D. 特拉斯曼，1994：154）

参考文献

Abreu, D. and pearce, D. G. (1984) 'On the Inconsistency of Certain Axioms on Solution Concepts for Non-Cooperative Games', *Journal of Economic Theory* 34:169-74.

Allais, M. (1992) 'The Economic Science of Today and Global Disequilibrium', in Baldassarri M. et al. (eds) *Global Disequilibrium in the World Economy*, Basingstoke: Macmillan.

Arestis, p. (1990) 'Post-Keynesianism: A New Approach to Economics', *Review of Social Economy* 48 (3):222-46.

—(1992) the *Post-Keynesianism Approach to Economics: An Alternative Analysis of Economic Theory and policy*, Aldershot: Edward Elgar.

—(1996) 'Post-Keynesian Economics: Towards Coherence', *Cambridge Journal of Economics* (20)1:111-35.

Arestis, p. and Chick, V. (1992) *Recent Developments in post-Keynesian economics*, Aldershot: Edward Elgar.

Arrow, K. J. (1968) 'Economic Equilibrium', *International Encyclopedia of the Social Sciences* 4:374-89. London: Macmillan.

Arrow, K. J. and Hahn, F. H. (1971) *General Competitive Analysis*, San Francisco, Cal.: Holden-day.

Arthur, W. B. (1989) 'Competing Technologies, Increasing Returns, and Lock-in by Historical Events', *Economic Journal* 99(1):116-31.

Backhouse, R. E. (1992) 'Should we Ignore Methodology?' *Royal Economic Society Newsletter* 78:4-5.

—(1994) *New Directions in Economic Methodology*, London: Routledge.

Baert, p. (1996) 'Realist Philosophy of Social Science and Economics: a Critical Evaluation', *Cambridge Journal of Economics* 20(5).

Basu, K. (1990) 'On the non-existence of a rationality definition for extensive games', *International Journal of Game Theory* 19:33-44.

Bell, D. and Kristol, I. (eds) (1981) *The Crisis in Economic Theory*, New York: Basic Books.

Berg, M. (ed.) (1979) *Technology and Toil in Nineteenth-Century Britain*, London: CSE Books.

Bhaskar, R. (1978) *A Realist Theory of Science*, Hemel Hempstead: Harvester Press (lst edn leeds, 1975).

—(1979) *The Possibility of Naturalism*, Hempstead: Harvester Press (republished with postscript in 1989–page references to latter edition).

—(1986) *Scientific Realism and Human Emancipation*, London: Verso.

—(1989) *Reclaiming Reality*, London: Verso.

—(1993) *Dialectic*, London: Verso.

—(1994) *Plato, etc.*, London: Verso.

336 Binmore, K. (1990) *Essays on the Foundations of Game Theory*, Oxford: Basil Blackwell.

Blackaby, F. (1979) '*De-industrialization*', *NIESR Economic Policy Papers 2*, London: Heinemann.

Blaug, M. (1980) *The Methodology of Economics: Or How Economists Explain*, Cambridge: Cambridge University Press.

—(1994) '*Why I Am Not A Constructivist: Confessions of an Unrepentant Popperian*' in Backhouse, R. E. *New Directions in Economic Methodology*, London and New York: Routledge.

Böhm, S. (1989) 'Hayek on knowledge, Equilibrium and Prices: Context and Impact', *Wirtschaftspolitische Blätter* 36(2):201–13.

Boland, L. a. (1982) *The Foundations of Economics Method*, London: George Allen & Unwin.

Boylan, T. A. and O'Gorman, P. F. (1995) *Beyond Rhetoric and Realism in Economics: Towards a Reformulation of Economic Methodology*, London: Routledge.

Brown, W. and Rea, D. (1995) 'The Changing Nature of the Employment Contract', *Scottish Journal of Political Economy* 42(3):363–77.

Buchanan, J. M. (1979) *What should Economists Do?*, Indianapolis: Liberty Press.

Bullock, A., Stallybrass, O. and Trombley, S. (eds) (1988) *The Fontana Dictionary of Modern Thought* (second edn), Hammersmith and London: Fontana Press.

Caldwell, B. J. (1982) *Beyond Positivism: Economic Methodology in the Twentieth Century*, London: George Allen & Unwin.

—(1988a) 'The Case for Pluralism', in De Marchi, N. (ed.) The *Popperian legacy in Economics*, Cambridge: Cambridge University Press: 231-44.

—(1988b) 'Hayek's Transformation', *History of Political Economy* 20: 513-41

—(1989) 'Post-Keynesian Methodolgy: An Assessment', *Review of Political Economy* 1(1) March 43-64.

—(1990) 'Does Methodology Matter? How Should it be Practised?', *Finnish Economic Papers* 3(1): 64-71.

—(1991) 'Clarifying Popper', in *Journal of Economic Literature* XXIX(1): 1-33.

—(1993) 'Economic Methodology: Rationale, Foundations, Prospects', in Mäki, U. Gustafsson, B. and Knudsen, C. (eds) *Rationality, Institutions and Economic Methodology*, London and New York: Routledge.

—(1994) 'Two Proposals for the Recovery of Economic Practice', in Backhouse, R. E. (ed.) *New Directions in Economic Methodology*. London and New York: Routledge.

Cannong, D. (1990) *Equilibrium, learning and Economic Dynamics*, Cambridge: mimeo.

Caplin, A. and Nalebuff, B. (1989) 'Aggregation and imperfect Competition: On the Existence of Equilibrium', *London school of Economics Discussion Paper*.

Carew, A. (1976) *Democracy and Government in European Trade Unions*, London: George Allen & Unwin.

Cartwright, N. (1989) *Nature's Capacities and their Measurement*, Oxford: Clarendon Press.

Chalmers, A. F. (1978) *What is This Thing Called Science?*, Milton Keynes: Open University Press.

Clarke, T. and Clements, L. (eds) (1977) *Trade Unions under Capitalism*,

Glasgow: Fontana / Collins.

Clegg, H. A. (1976) *Trade Unionism under Collective Bargaining*, Oxford: Basil Blackwell.

337 —(1979) *The Changing System of Industrial Relations in Great Britain*, Oxford: Basil Blackwell.

Colander, D. (1994) 'The Art of Economics by the Numbers', in Backhouse R. E. (ed.) *New Directions in Economic Methodology*, London and New York: Routledge.

Collier, A. (1994) *Critical Realism: An Introduction to Roy Bhaskar's Philosophy*, London: Verso.

Commons, J. R. (1934) *Institutional Economics–Its Place in Political Economy*, New York: Macmillan. (Reprinted with new introduction by M. Rutherford (1990), New Brunswick: Transaction.)

Cottrell, A. (1994) 'Post-Keynesian Monetary Economics', *Cambridge Journal of Economics*, 18(6): 587–607.

Dangerfield, G. (1936) *The Strange Death of Liberal England*, London: Putnam.

David, P. A. (1985) 'Clio and the Economics of QWERTY', *American Economics Review* (*Papers and Proceedings*) 75(2): 332–7.

—(1986) 'Understanding the Economics of QWERTY: The Necessity of History', in Parker, W. N. (ed.) *Economic History and the Modern Economics*, Oxford: Blackwell.

—(1992) 'Path-dependency in economic processes: implications for policy analysis in dynamical system contexts', *Centre for Economic Policy Research*, Stanford, Cal.: Stanford University, mimeo.

—(1993) 'Path-dependence and Predictability in Dynamic Systems with Local Network Externalities: A Paradigm for Historical Economics', in Foray, D. and Freeman, C. (eds) *Technology and the Wealth of Nations*, London: Francis Pinter.

—(1994) 'Why Are Institutions The "carriers Of History": Path Dependence and the Evolution of Conventions, Organisations and Institutions', *Structural Change and Economics Dynamics* 5(2): 205–20.

Davis, J. B. (1987) 'Three Principles of Post Keynesian Methodology', *Journal of Post Keynesian Economics*, 9(4):552-64.

—(1989) 'Keynes on Atomism and Organicism', *Economic Journal* 99: 1159-72.

—(1992) 'Atomism, Identity Criteria, and Impossibility Logic', *Methodus* 4(1): 83-7.

Debreu, G. (1974) 'Excess demand Functions', *Journal of Mathematical Economics*, 1.

Dicey, A. V. (1914) *Law and Opinion in England during the Nineteenth Century*, London: Macmillan.

Dierker, E. (1974) *Topological Methods in Walrasian Economics*, Berlin: Springer-Verlag.

—(1986) 'Existence of a Nash Equilibrium in Pure Strategies in an Oligopoly with Price Setting Firms', University of Bonn: Working Paper.

Dobb. M. (1972[1937]) 'The Trend of Modern Economics', in Hunt E. K. and Schwartz J. G. (eds) *A Critique of Economic Theory*, Harmondsworth: Penguin. (Originally in *Political Economy and Capitalism*, London: Routledge and Kegan Paul.)

Donaldson, P. (1984) *Economics of the Real World* (third edn), Harmondworth: Penguin.

Dopfer, K. (1989) 'Causality and Consciousness in Economics: Concepts of Change in Orthodox and Heterodox Economics', in Tool, M. R. and Samuels, W. J. (eds) *The Methodology of Economic Thought*, New Brunswick and oxford: Transaction.

Dow, S. C. (1990a) 'Post-Keynesianism as Political Economy: a Methodological Discussion', *Review of Political Economy* 2(2):345-58.

—(1990b) 'Post-Keynesian Methodology: A Comment', *Review of Political* 338
Economy 4(1):111-13.

—(1990c) 'Beyond Dualism', *Cambridge Journal of Economics* 14(2): 143-57.

—(1991) 'Post Keynesian School', in Mair, D. Miller, A. (eds) *Comparative Schools of Economic Thought*, Aldershot: Edward Elgar.

—(1995) 'The Appeal of Neoclassical Economics: Some Insights from Keynes's

Epistemology', *Cambridge Journal of Economics*, 16(6): 715-34.

—(1997) *Macroeconomic Thought: a Methodological Approach* (revised edn; first edn 1985), Oxford and New York: Basil Blackwell.

Doyal, L. and Gough, I. (1991) *A Theory of Human Need*, Basingstoke: Macmillan Education Ltd.

Drake, D. et al. (1920) *Essays in Critical Realism: A Co-operative Study of the Problem of Knowledge*, London: Macmillan & Co Ltd.

Drazen, A. (1980) 'Recent Developments in Macroeconomic Disequilibrium theory', *Econometric* 48(2).

Duesenberry, J. S. (1960) 'Comments', in National Bureau OF Economic Research *Demographic and Economic Change in Developed Countries*: 231-4.

Dunlop, J. T. and Galenson, W. (1978) *Labour in The Twentieth Century*, New York: Academic Press.

Eatwell, J., Milgate, M. and Newman, P. (eds) (1987) *The New Palgrave: A Dictionary of Economics*, London: Macmillan.

Ekström, M. (1992) 'Causal Explanation of Social Action: the Contribution of Max Weber and of Critical Realism to a Generative View of Causal Explanation in Social Science', *Acta Sociologica*, 35: 107-22.

Elbaum, B. and Lazonick, W. (1986) *The Decline of the British Economy*, Oxford: Clarendon Press.

Elbaum, B. and Wilkinson, F. (1979) 'Industrial Relations and Uneven Development: a Comparative Study of the American and British Steel Industries', *Cambridge Journal of Economics* 3(3): 275-205.

England, p. (1993) 'The Separative Self: Androcentric Bias in Neoclassical Assumptions', in Ferber, M. A. and Nelson, J. A. (eds) *Beyond Economic Man: Feminist Theory and Economics*, 37-53, Chicago: Chicago University Press.

Erikson, E. H. (1963) *Childhood and Society*, New York: Norton.

Farmer, M. K. (1982) 'Rational Action in Economic and Social Theory: Some Misunderstandings', *Archives europÿeenes de sociologie*, 23: 179-97.

Farmer, M. K. and Matthews, M. L. (1991) 'Cultural Difference and Subjective

Rationality: Where Sociology Connects with the Economics of Technological choice', in Hodgson, G. and Screpanti, E. (eds) *Rethinking Economics: Markets, Technology and Economic Evolution*, 103 – 16, Aldershot: Edward Elgar.

Feynman, R. (1988) Chapter 9, in Dacies, P. C. W. and Brown, J. (eds) *Superstrings: a Theory of Everything*, Cambridge: Cambridge University Press.

Fine, B. and Harris, L. (1985) *The Peculiarities of the British Economy*, London: Lawrence and Wishart.

Fish, S. (1985) 'Consequences', in Mitchell, W. J. T. (ed.) *Against Theory*, 106–31, Chicago: University of Chicago Press.

Fisher, I. (1932) 'Presidential Address to American Statistical Association', reprinted in *Royal Economic Society Newsletter*, 79 (1992): 2.

Fleetwood, S. (1995) *Hayek's Political Economy: the Socio-economics of Order*, London: Routledge.

—(1996a) 'Order without Equilibrium: a Critical Realist Interpretation of Hayek's Notion of Spontaneous Order', *Cambridge Journal of Economics forthcoming*.

—(1996b) 'Hayek III: The Necessity of Social Rules of Conduct', in Frowen, S. 339
(ed.) *Hayek the Economist and Social Philosopher*, Basingstoke and London: Macmillan.

Folbre, N. (1982) 'Exploitation Comes Home: A Critique of the Marxian Theory of Family Labour', *Cambridge Journal of Economics* 6: 317–29.

—(1991) 'The Unproductive Housewife: Her Evolution in Nineteenth-Century Economic Thought', *Signs: Journal of Women in Culture and Society* 16(3): 463–84.

—(1993) 'How Does She Know? Feminist Theories of Gender Bias in Economics', *History of Political Economy* 25(1): 167–84.

—(1994) *Who Pays for the Kids?: Gender and the Structures of Constraint*, London: Routledge.

Foss, N. J. (1994) 'Realism and Evolutionary Economics', *Journal of Social and Evolutionary Systems*, 17(1): 21–40.

Friedman, A. L. (1977) *Industry and Labour*, London: Macmillan.

Friedman, M. (1953) 'The Methodology of Positive Economics', in *Essays in Positive Economics*, Chicago: University of Chicago Press.

Frowen, S. (ed.) (1996) *Hayek the Economist and Social Philosopher: A Critical Retrospect*, Basingstoke: Macmillan.

Gee, J. M. A. (1991) 'The Neoclassical School', in Mair, D. and Miller, A. G. (eds) *A Modern Guide to Economic Thought: An Introduction to Comparative Schools of Thought in Economics*, Aldershot: Edward Elgar.

Gerschenkron, A. (1955) 'Comment on Hoselitz, B. F. (ed.) *Entrepreneurship and Capital Formation in France and Britain Since 1700*', in NBER Capital Formation and Economic Growth, Princeton, NJ: Princeton University Press.

Giddens, A. (1984) *The Constitution of Society*, Cambridge: Polity press.

Goffman, E. (1963) *Behaviour in Public Places*, New York: Free Press.

Gould, S. J. (1987) 'The Panda's Thumb of Technology', *Natural History*, 1: 14–23.

Gould, J. and Kolb, W. L. (1964) *A Dictionary of the Social Sciences*, London: Tavistock publications.

Grandmont, J. M. (1987) 'Distrbutions of Preferences and Law of Demand', *Econometrica*, 55(1).

Granick, D. (1972) *Managerial Comparisons of Four Developed Countries: France, Britain, United States and Russia*, Cambridge, Mass.: MIT Press.

Green, M. (1988) Chapter 4, in Davies, P. C. W. and Brown, J. (eds) *Superstrings: a Theory of Everything*, Cambridge: Cambridge University Press.

Gregory, D. and Urry, J. (1985) *Social Relations and Spacial Structures*, Basingstoke: Macmillan.

Günter, H. and Leminsky, G. (1978) 'The Federal Republic of Germany', in Dunlop, J. T. and Galenson, W. (eds) *Labour in the Twentieth Century*, New York: Academic Press.

Haavelmo, T. (1944) 'The Probability Approach in Econometrics', *Econometrica* 12: 1–118, supplement.

Habakkuk, H. J. (1967) *American and British Technology in the Nineteenth*

Century, Cambridge: Cambridge University Press.

Hacking, I. (1983) *Representing and Intervening: Introductory Topics in the Philosophy of Natural Science*, Cambridge: Cambridge University Press.

Hahn, F. (1984) Equilibrium and Macroeconomics, Oxford: Basil Blackwell.

—(1985) 'In Praise of Economic Theory', *The 1984 Jevons Memorial Fund Lecture*, London: University College.

—(1991) 'The Next Hundred Years', *Economic Journal* 101(1): 47–50.

—(1992a) 'Reflections', *Royal Economic Society Newsletter 77*.

—(1992b) 'Answer to Backhouse: Yes', *Royal Economic Society Newsletter 78*: 5.

—(1994) 'An Intellectual Retrospect', *Banca Nazionale del Lavoro Quarterly* 340
Review 245–58.

Hall, P. (1986) 'The State and Economic Decline', 286–302 in Elbaum and Lazonick (eds) *The Decline of the British Economy*, Oxford: Clarendon Press.

Hamilton, W. H. (1932) 'Institution', in Selighan, R. A. and Johnson, A. (eds), *Encyclopedia of the Social Sciences*, 8: 84–9.

Hamouda, O. and Harcourt, G. (1989) 'Post-Keynesianism: From Criticism to Coherence', in Pheby, J. (ed.) *New Directions in Post-Keynesian Economics*, Aldershott: Edward Elgar.

Hands, D W. (1985) 'Karl Popper and Economic Methodology: a New Look', *Economics and Philosophy* 1(1): 83–99.

—(1993a) *Testing, Rationality, and Progress: Essays on the Popperian Tradition in Economic Methodology*, Lanham: Rowman and Littlefield.

—(1993b) 'Popper and Lakatos in Economic Methodology', in Mäki, U., Gustafsson, B. and Knudsen, C. (eds) *Rationality, Institutions and Economic Methodology*, London: Routledge.

—(1994) 'The Sociology of Scientific Knowledge: Some Thoughts on the Possibilities', in Backhouse, R. E. (ed.) *New Directions in Economic Methodology*, London and New York: Routledge.

Hansen, G. D. (1985) 'Indivisible Labour and the Business Cycle', *Journal of Monetary Economics* 16: 309–28.

Hansen, G. D. and Sargent, T. J (1988) 'Straight Time and Overtime in Equilibrium', *Journal of Monetary Economics* 21:281–308.

Hanson, N. R. (1958) *Patterns of Discovery: An Inquiry into the Conceptual Foundations of Science*, Cambridge: Cambridge University Press.

Harcourt, G. (1988) 'Post-Keynesian economics', entry for Eatwell J., Milgate M. and Newman P. (eds) *The New Palgrave: A Dictionary of Economics*, 924–8, London: Macmillan.

—(1992) 'A Post-Keynesian Comment', *Methodus* 4(1):30.

Harding, S. (1995) 'Can Feminist Thought Make Economics More Objectivc?', *Feminist Economics* 1(1):7–32.

Hartmann, H. (1981) 'The Family as the Locus of Gender, Class, and Political Struggle: The Example of Housework', *Signs* 6(3):366–94.

Hausman, D. M. (1989) 'Economic Methodology in a Nut Shell', *Journal of Economic Perspectives* 3(2):115–28.

—(1992) The *Inexact and Separate Science of Economics*, Cambridge: Cambridge University Press.

—(1994) 'Kuhn, Lakatos and the Character of Economics', in Backhouse R. E. (ed.) *New Directions in Economic Methodology*, London and New York: Routledge.

Hawkins, K. (1971) 'The Decline of Voluntarism', *Industrial Relations Journal* 2 (2).

Hayek, F. A. (1937) 'Economics and Knowledge', *Economica* IV:33–54.

—(1942–4) 'Scientism and the Study of Society', *Economica* (reprinted in *The Counter-Revolution of Science*, Indianapolis: Liberty Press).

—(1943) 'The Facts of the Social Sciences', *Ethics* LIV(1):1–13.

—(1967) *Studies in Philosophy, Politics and Economics*, London and Henley: Routledge and Kegan Paul.

—(1994) *Hayek on Hayek: An Autobiographical Dialogue*, Kresge, S. and Wenar, L. (eds), London: Routledge.

Hempel, C. (1965) 'The Function of General Laws in History', in *Aspects of Scientific Explanation*, New York: Free Press.

Hendry, D. F. (1980) 'Econometrics- Alchemy or Science?', *Economica* 47:

387–406.

—(1983) 'On Keynesian Model Building and the Rational Expectations Critique: a Question of Methodology', *Cambridge Journal of Economics* 7 (1): 69–76. 341

—(1987) 'Econometric Methodology: a Personal Perspective', in Bewley, T. F. (ed.) *Advances in Economics: Fifth World Congress*, Vol. II, Cambridge: Cambridge University press: 29–48.

Hendry, D. F., Leamer, E. E. and Poirier. D. J. (1990) 'The ET dialogue; A Conversation on Econometric Methodology', *Econometric Theory* 6: 171–261.

Hesse, M. (1974) *The Structure of Scientific Inference*, Cambridge: Cambridge University Press.

Hicks, G. D. (1938) *Critical Realism: Studies in the Philosophy of Mind and Nature*, London: MacMillan & Co. Ltd.

Hicks, J. (1939) *Value and Capital*, Oxford: Oxford University Press.

—(1986) 'Is Economics a Science?', in Baranzini, M. and Scazzieri, R. (eds) *Foundations of Economics* (91–101) Oxford: Basil Blackwell.

Hildenbrand, W. (1983a) 'On the "Law of Demand"', *Econometrica* 51 (4): 997–1020.

—(1983b) Introduction, in *Mathematical Economics: Twenty Papers of Gérard Debreu*. Cambridge: Cambridge University Press.

Hobsbawm. E. J. (1964) *Labouring Men*, London: Weidenfeld and Nicolson.

Hodgson, G. M. (1985) 'Persuasion, Expectations and the Limits to Keynes', in Lawson, T. and Pesaran, M. H. (eds) *Keynes' Economics: Methodological Issues*, Beckenham: Croom Helm.

—(1986) 'Behind Methodological Individualism', *Cambridge Journal of Economics* 10(3): 21–4.

—(1987) 'Economics and Systems Theory', *Journal of Economic Studies* 14 (4): 65–86.

—(1988) *Economics and Institutions: A Manifesto for a Modern Institutional Economics*, Cambridge: Polity Press.

—(1989) 'Post-Keynesianism and Institutionalism: The Missing Link', 94–123in Pheby, J. (ed.) *New Directions in Post-Keynesian Economics*,

Aldershot:Edward Elgar.

—(1992) 'Thorstein Veblen and Post-Darwinian Economics', *Cambridge Journal of Economics* 16(3):285-302.

—(1993a) *Economics and Evolution: Bringing Life Back into Economics*, Cambridge:Polity Press.

—(1993b) 'Theories of Economic Evolution: a Preliminary Taxonomy', *Manchester School of Economic and Social Studies*125-43.

—(1993c) 'Institutional Economics: Surveying the "Old" and the "New"', *Metroeconomica* 44(1):1-28.

—(1994) 'Institutionalism, 'Old' and 'New'', in Hodgson, G., Samuels, W. J. and Tool, M. R. (eds) *The Elgar Companion to Institutional an Evolutionary Economics* A-K:397-402. Aldershot:Edward Elgar.

Hodgson, G. and Screpanti. E. (1991) (eds) *Rethinking Economics: Markets, Technology and Economic Evolution*, Aldershot:Edward Elgar.

Hodgson, G, Samuels, W. J. and Tool, M. (1994) *The Elgar Companion to Institutional and Evolutionary Economics*, Aldershot:Edward Elgar.

Hoover, K. D. (1988) *The New Classical Macroeconomics: A Sceptical Inquiry*, Oxford:Basil Blackwell.

—(1994) 'Pragmatism, Pragmaticism and Economic Method', in Backhouse R F,. (ed.) *New Directions in Economic Methodology*, London and New York: Routledge.

342 —(1995a) 'Facts and Artifacts: Calibration and the Empirical Assessment of Real-business-cycle Models', *Oxford Economic Papers* 47(1).

—(1990b) 'Why does Methodology Matter for Economics?', *Economic Journal* 105(430):713-35.

Humphries, J. (1994) 'Review of Ferber, M. and Nelson, J. (eds) *Beyond Economic Man: Feminist Theory and Economics*', *Journal of History* 54:483, 484.

—(1995) *Gender and Economics*, The International Library of Critical Writings in Economics 45, Aldershot:Edward Elgar.

Hutchison, T. W. (1981) *The Politics and Philosophy of Economics: Marxians, Keynesians and Austrians*, Oxford:Basil Blackwell.

—(1994) 'Ends and Means in the Methodology of Economics', in Backhouse, R. E. (ed.) *New Directions in Economic Methodology*, London and New York: Routledge.

Ingrao, B. and Israel, G. (1985) 'General Equilibrium Theory: A History of Ineffectual Paradigmatic Shifts', *Fundamenta Scientae* 6(1): 1–45 and 6(2): 89–125.

—(1990) *The Invisible Hand*, Cambridge Mass.: MIT Press.

International Labour Office (1974) *Collective Bargaining in Industrialised Market Economies*, Gencva: ILO.

Janssen, M C. W. (1993) *Microfoundations: A Critical Inquiry*, London and New York: Routledge.

Jennings, A. and Waller, W. (1994) 'Evolutionary Economics and Cultural Hcrmeneutics: Veblen, Cultural Relativism and Blind drift', *Journal of Economic Issues* XXVIII(4): 997–1030.

—(1995) 'Cultural: Core Concept Reaffirmed', *Journal of Economic Issues* XXIX(2): 407–18.

Jevons, W. S. (1965 [1871]) *The Theory of Political Economy*, New York: A. M. Kelly.

Kaldor, N. (1978a) 'Productivity and Job Opportunities', Speech to the House of Lords, Hansard.

—(1978b) *Further Essays on Applied Economics*, London: Duckworth.

—(1985) *Economics Without Equilibrium*, Cardiff: University College Press.

Kanth, R. K. (1991) 'Economic Theory and Realism: Outlines of a Reconstruction', *Methodus* 3(2): 37–45.

—(1992) *Capitalism and Social Theory: The Science of Black Holes*, Armonk, NY and London: Sharpe.

Kapp, K. W. (1976) 'The Nature and Significance of Institutional Economics', *Kyklos* 29: 209–32 (reprinted in Samuels, W. (ed.) *Institutional Economics* 1, (1976): 68–91, Aldershot: Edward Elgar- page references are to the former).

Kardiner, A. (1939) *The Individual and His Society*, New York: Columbia University Press.

Kay, J. (1995) 'Cracks in the Crystal Ball', *Financial Times* 29 September.

Kehoe, T. J., Levine D. K. and Romer P. M. (1990) 'Determinacy of Equilibria in Dynamic Models with Finitely Many Consumers', *Journal of Economic Theory* 50:1–21.

Kennedy, P. (1993) 'British Economic Decline: Bourgeois Methodology versus Marxism', Glasgow: mimeo.

—(1994) *The Decline of Capitalism and the Rise of Labourism*, Chapter 1, PhD, Glasgow University.

Keuzenkamp, H. A. and McAleer, M. (1995) 'Simplicity, Scientific Inference and Econometric Modelling', *The Economic Journal*, 105(428):1–21.

Keynes, J. M. (1905) 'A Theory or Beauty', in the unpublished writings of J. M. Keynes, (1904 – 12), The Provost and Scholars of King's College, Cambridge.

343 — (1973a) 'The Collected Writings of John Maynard Keynes: The General Theory', *Royal Economic Society* VII.

—(1973b) 'The Collected Writings of John Maynard Keynes: The General Theory and After: Part II Defence and Development'. *Royal Economic Society* XIV.

Keynes, J. N. (1980) *The Scope and Method of Political Economy*, London: Macmillan.

Kilpatrick, A. and Lawson, T. (1980) 'On the Nature of Industrial Decline in the UK', *Cambridge Journal of Economics* 4:85–102 (reprinted in Coates D. and Hillard J. (eds) *The Economic Decline of Modern Britain*, Harvester Press, 1986; also reprinted in Feinstein, C., (ed.) *The Economic Development of Modern Europe Since 1980*, Cheltenham: Edward Elgar (forthcoming)).

Kindleberger, C. P. (1964) *Economic Growth in France and Britain 1851–1950*, Cambridge, Mass.: Harvard University Press.

—(1978) *Economic Response: Comparative Studies in Trade, Finance and Growth*, London: Harvard University Press.

King, R. G. and Plosser, C. I. (1989) 'Real Business Cycle Models and the Test of the Adelmans': paper presented to the Federal Reserve Bank of San

Francisco's Fall Academic Conference.

Kirby, M. W. (1992) 'Institutional rigidities and economic decline: reflections on the British experience', *Economic History Review* XLV(4):637-60.

Kirman, A. (1989) 'The Intrinsic Limits of Modern Economic Theory: The Emperor has no clothes', *Economic Journal* 99(395).

Kirman, A. and Koch, K. J. (1986) 'Market excess demand in exchange economies with identical preferences and collinear endowments', *Review of Economic Studies* 53(3).

Klein, L. (1946) 'Macroeconomics and the Theory of Rational Behaviour', *Econometrica* 14:93-108.

Knudsen, C. (1993) 'Equilibrium, Perfect Rationality and the Problem of Self-Reference in Economics': in Mäki, U., Gustafsson, B. and Knudsen, C. (eds) *Rationality, Institutions and Economic Methodology*, London and New York: Routledge.

Koertge, N. (1975) 'Popper's metaphysical research program for the human sciences', *Inquiry* 18:437-62.

Kydland, F. E. (1984) 'Labour-force Hetcerogeneity and the Business Cycle', in Brunner, K. and Meltzer, A. H. (eds) *Essays an Macroeconomic Implications of Financial and Labour Markets and Political Processes*, Carnegie-Rochester Conference Series on Public Policy, 21.

Kydland, F. E. and Prescott, E. C. (1982) 'Time to Build and Aggregate Fluctuations', *Econometrica* 50:1345-70.

—(1988) 'The Workweek of Capital and Its Cyclical Implications', *Journal of Monetary Economics* 21:243-60.

Landes, S. (1969) *The Unbound Prometheus*, Cambridge: Cambridge University Press.

Langlois, R. N. (1986) 'The New Institutional Economics: an Introductory Essay', in Langlois, R N. (ed.) *Economics as a Process: Essays in the New Institutional Economics*, Cambridge: Cambridge University Press.

—(1989) 'What was Wrong with the Old Institutional Economics (and What is Still Wrong with the New)?', *Review of Political Economy* 1(3):270-98.

Langlois, R. N. and Csontos, 1. (1993) 'Optimization, Rule-Following, and the

Methodology of Situational Analysis', in Mäki, U., Gustafsson, B. and Knudsen, C. (eds) *Rationality, Institutions and Economic Methodology*, London and New York: Routledge.

344 Latsis, S. J. (ed.) (1972) 'Situational determinism in economics', *British Journal for the Philosophy of Science* 23:207–45.

—(1976a) *Method and Appraisal in Economics*, Cambridge: Cambridge University Press.

—(1976b) 'A research programme in economics', in *Method and Appraisal in Economics*, Cambridge: Cambridge University Press: 1–41.

Lawson, C (1994) 'The transformation model of social activity and economic activity: a reinterpretation of the work of J. R. Commons', *Review of Political Economy* 6(2).

Lawson, C., Peacock, M. and Pratten, S. (1996), 'Realism, Underlabouring and Institutions', *Cambridge Journal of Economics* 20(1):137–51.

Lawson, T. (1981) 'Paternalism and Labour Market Segmentation Theory', in Wilkinson F. S. (ed) *Dynamics of labour Market Segmentation*, London: Academic Press.

—(1987) 'The Relative/Absolute Nature of Knowledge and Economic Analysis', *Economic Journal* 97(388):951–70.

—(1992) 'Realism, Closed Systems and Friedman', *Research in the History of Economic Thought and Methodology* 10:149–69

—(1994a) 'Realism and Hayek: A Case of Continuing Transformation', in Colonna, M., Hagemann, H. and Hamouda, O. F. (eds) *Capitalism, Socialism and Knowledge: The Economics of F. A. Hayek, Vol. II*, Aldershot: Edward Elgar.

—(1994b) 'The Nature of Post Keynesianism and its Links to other Traditions', *Journal of Post Keynesian Economics* 16(4):503–38 (reprinted in Prychitko D. L. (ed.) *Why Economists Disagree: An Introduction to the Contemporary Schools of Thought*, New York: State University of New York press, 1996).

—(1995) 'Exoectations and Economics', in Dow S. and Hillard J. (eds) *Keynes, Knowledge and Uncertainty*, Aldershot: Edward Elgar.

—(1996) 'Development in Hayek's Social Theorising', in Frowen S. (ed)

Hayek, the Economist and Social Philosopher: A Critical Retrospect, Basingstoke and London: Macmillan Press.

Lazonick, W. (1978) 'The Division of Labour and Machinery: The Development of British and US Cotton Spinning', *Discussion Paper* 620, Cambridge, Mass.: Harvard University.

Leamer, E. E. (1978) 'Specificaton Searches: Ad hoc Inferences with Non-experimental Data', New York: John Wiley and Sons.

—(1983) 'Let's Take the Con out of Economics', *American Economic Review* 73 (1): 31–43.

Leontief, W. (1982) Letter in *Science* 217: 104–7.

Leplin, J. (ed.) (1984) *Scientific Realism*, Berkeley, Cal.: University of California Press.

Levy, D. J. (1981) *Realism: an Essay in Interpretation and Social Reality*, Manchester: Carcanet Press.

Lewis, R. (1976) 'The Historical Development of Labour Law', *British Journal of Industrial Relations* XIV(1): 1–17.

Lewis, W. A. (1949) *Economic Survey* 1919–39, London: Geroge Allen & Unwin.

Lipton, P. (1991) Inference to the Best Explanation. London: Routledge.

Lloyd, C. (1993) *The Structures of History*, Oxford: Blackwell Publishers.

Loasby, B. J. (1976) *Choice, Complexity and Ignorance: An Enquiry into Economic Theory and the Practice of Decision Making*, Cambridge: Cambridge Universtiy press.

Locke, J. (1985 [1690]) 'An Essay Concerning Human Understanding', *An Abridgment Selected and Edited by Yolton, J. W.*, London and Melourne: Dent.

Lucas, R. E. (1976) 'Econometric Policy Evaluation: A Critique', in Brunner K. 345
and Meltzer A. H. (eds.) *The Philiips Curve and Labour Markets* (reprinted in Lucas R. E. *Studies in Business-Cycle Theory* (1981) Oxford: Basil Blackwell).

—(1986) 'Adaptive Behaviour Economic Theory', *Journal of Business* 59(4).

Luethy, H. (1955) *France against Herself*, New York: Praeger.

McAleer, M. (1994) 'Sherlock Holmes and the Search for Truth: A Diagnostic

Tale', *Journal of Economic Surveys* 8(4) December:317–70, University of Western Australia.

McCloskey, D. N. (1983) 'The Rhetorics of Economics', *Journal of Economic Literature* xxi (June):481–517.

—(1986) *The Rhetoric of Economics*, Brighton: Wheatsheaf Books.

McKersie, R. G. and Hunter, L. C. (1973) Pay, *Productivity and Collective Bargaining*, London: Macmillan.

McLean, J. M. and Rush, H. J. (1978) 'The Impact of Microelectronics on the UK: A Suggested Classification and Illustrative Case Studies', *SPRU Occasional Paper Series No. 7*, Sussex University.

McMullin, E. (1984) 'A Case for Scientific Realism', in Leplin, J. (ed.) *Scientific Realism*, Berkeley, Cal.: University of California Press.

Maddison, A. (1964) *Economic Crowth in the West*, London: Allen & Unwin.

—(1977) 'Phases of Capitalist development', *Banca Nazionnle del Lavoro Review*.

—(1989) *The World Economy in the Twentieth Century*, Paris: OECD Development Centre.

—(1994) *Monitoring the World Economy* 1820–1992, Paris: OECD Development Centre.

Madison, G. B. (1990) 'Getting Beyond Objectivism: the Philosophical Hermeneutics of Gadamer and Ricoeur', in Lavoi, D. (ed.) *Economics and Hermeneutics*, London: Routledge.

Mäki, U. (1988) 'How to Combine Rhetoric and Realism in the Methodology of Economics', *Economics and Philosophy*, 4(1):89–109.

—(1990a) 'Scientific Realism and Austrian Explanation', *Review of Political Economy*, 2(3):310, 344.

—(1990b) 'Methodology of Economics: Complaints and Glidelines', *Finnish Economic Papers* 3(1):77–84.

—(1992a) 'On the Method of Isolation in Economics', *Poznan Studies in the Philosophy of fhe Sciences and the Humanities* 26:319–54.

—(1992b) 'Friedman and Realism'. *Research in the History of Economic Thought and Methodology* 10:171–95.

—(1993a) 'Economics with Institutions: Agenda for Methodological Enquiry', in Mäki, U., Gustafsson, B. and Knudsen, C. (eds) *Rationatity, Institutions and Economic Methodology*, London and New York: Routledge.

—(1993b) 'Social Theories of Science and the Fate of Institutionalism in Economics', in Mäki, U., Gusfafsson, B. and Knudsen, C. (eds) *Rationality, Institutions and Economic Methodology*, London and New York: Routlcdge.

—(1994) 'Isolation, Idealization and Truth in Economics', *Poznan Studies in the Philosophy of the Sciences and the Humanities* 38: 147–68.

Mäki, U., Gustafsson, B. and Knudsen. C. (eds) (1993) *Rationality, Institutions and Economic Methodology*, London and New York: Routledge.

Mantel, R. (1974) 'On the Characterization of Aggregate Excess Demand', *Journal of Economic Theory* 7(3).

—(1976) 'Homothetic Preferences and Community Excess Demand Functions'. *Journal of Economic Theory* 12(2).

—(1977) 'Implications of Microeconomic Theory for Community Excess Demand 346
Functions', in Intriligator, M. D. (ed.) *Frontiers of Quantitative Economics* Vol. IIIA, Amsterdam: North Holland.

De-Marchi, N. (1992) *Post-Popperian Methodology of Economics: Recovering Practice*, Nonvell, Mass. and Dordrecht: Kluwer Academic Press.

Marshall, A. (1920[1890]) *Principles of Economics*, London: Macmillan Press.

—(1898) 'Distribution and Exchange', *Economic Journal* 8: 37–59.

Marx, K. (1973) *Grundrisse: Foundations of the Critique of Political Economy*, translated by Nicolaus, M., Harmondsworth: Penguin Books in association with *New Left Review*.

—(1977) *The Eighteenth Brumaire of Louis Bonaparte*, in McLellan, D (ed.), *Karl Marx: Selected Writings*, Oxford: Oxford University Press. (Reprinted from Marx, K. and Engels, F., *Selected Works*, Vol. 1, Moscow: Lawrence and Wishart Ltd.)

Meikle, S. (1985) *Essentialism in the Thought of Karl Marx*, London: Duckworth.

Menger, C. (1985 [1883]) *Investigations Into The Method Of The Social Sciences With Special Reference To Economics*, version edited by Louis Schneider, translated by Francis J. Nock, with introduction by Lawrence White, New York: New York University Press.

Mill, J. S. (1844) *Essays on Some Unsettled Questions of Political Economy*, London: J. W. Parker.

Miller, R. W (1987) *Fact and Method: Explanation, Confirmation and Reality in the Natural and the Social Sciences*, Princeton, NJ: Princeton University Press.

Miller, E. S. (1989) 'Comment of Boettke and Samuels: Austrian and Institutionalist Economics', *Research in the History of Economic Thought and Methodology* Vol. 6: 151, 158.

Minchenton, W. E. (1957) *British Tinplate Industry*, Oxford: Clarendon Prcss.

Mirowski, P. (1989) *More Heat Than Light: Economics as Social Physics, Physics as Nature's Economics*, Cambridge: Cambridge University Press.

—(1994) 'What Are The Questions?', in Backhouse R. E. (ed.) *New Directions in Economic Methodology*, London and New York: Routledge.

Musgrave, A. (1981) '"Unreal assumptions" in Economic Theory: The F-Twist Untwisted', *Kyklos* 34: 377-87.

Nadeau, R. (1995) 'Economics and Intentionality', h Manon, M. and Cohen, R. S. (eds) *Québec Studies in Philosophy of Science*, Dordrecht/Boston/London: Kluwer Academic Publishers (page references to mimeo: Université du Québec à Montreal).

Nash, J. F. Jr. (1950) 'Equilibrium Points in n-person Games', *Proceedings of the National Academy of Sciences of the United States* 46: 48–9.

—(1951) 'Non-cooperative Games', *Annals of Mathematics* 54: 289–95.

Neale, W. C. (1994) 'Institutions', in Hodgson, G. M., Samuels, W. J. and Tool, M. R. (eds), *The Elgar Companion to Tnstitutional and Epolutionary Economics*, Vol. A–K: 402–6.

Nelson, J. (1993a) 'Value-Free or Valueless? Notes on the Pursuit of Detachment in Economics', *History of Political Economy* 25(1): 121–45.

—(1993b) 'The Study of Choice or the Study of Provisioning? Gender and the Definition of Economics', in Ferber, M. A. and Nelson, J. (eds) *Beyond Economic Man* 23–36, Chicago University Press.

—(1996) *Feminism, Objectivity and Economics*, London and New York: Routledge.

Northover, P. (1993) *On Explaining Economic Growth: A Methodological Enquiry* unpublished Ph. D. dissertation, Cambridge.

Nowak, L. (1980) *The Structure of Idealization, Towards a Systematic Interpretation of the Marxian Idea of Science*, Dordrecht: Reidel. 347

Oakeshott, M. (1962) *Rationalism in Politics and Other Essays*, London: Methuen.

O'Driscoll, G. P. and Rizzo, M. J. (1996) *The Economics of Time and Ignorance*, London: Routledge, second edn (first edn 1985, Oxford: Basil Blackwell).

OECD (1970) 'Gaps on Technology: Comparisons between Member Countries in Education, Research and Dcvelopment, Technological Innovation', International Economics Exchanges, Paris: OECD.

Ollman, B. (1993) *Dialetical Investigations*, New York and London: Routledge.

O' Neill, J. (1996) 'Hayek', in Frowen, S. (ed.) *Hayek the Economist and Social Philosopher: A Critical Retrospect*, Basingstoke and London: Macmillan (page references to mimeo version).

Ormerod, P. (1994) *The Death of Economics*, London: Faber and Faber.

Outhwaite, W. (1987) *New Philosophies of Social Science: Realism, Hermeneutics and Critical Theory*, Basingstoke and London: Macmillan Educahon Ltd.

Outhwaite, W. and Bottomore, T. (eds) (1993) *The Blackwell Dictionary of Twentieth-Century Social Thought*, Oxford: Basil Blackwell.

Payne, P. L. (1978) 'Industrial Entrepreneurship and Management in Great Britain', in Mathias, P. and Postan, M. M. (eds) *Cambridge Economic History in Europe*. Vol. 7, Part I, Cambridge: Cambridge University Press.

Peacock, M. (1993) 'Hayek: Realism and Spontaneous Order', *Journal for the Theory of Social Behaviour* 23(3): 249, 264.

Peck, M. J. (1968) 'Science and Technology', in Caves, R. E. et al. *Britain's Economic Prospects*, Washington DC: Brookings Institution.

Peirce, C. S. (1867) in Hartshorne, C. and Weiss, P. (eds) *Collected Papers of Charles Sanders Peirce*, 1931 – 35, Vols 1 – 6, Cambridge, Mass.: Harvard University Press.

—(1966) 'Selected Writings: Values in a Universe of Chance', ed. with an introduction and notes by Weiner, P. P., New York: Dover Publications.

—(1931–58) *Collected Papers of Charles Saunders Peirce*, 1–8, in Burks, A. W., Hartshorne, C. and Weiss, P. (eds) Cambridge, Mass.: Belknap Press.

Pelling, H. (1976) A *History of British Trade Unionism*, London: Macmillan.

Penn, R. (1978) 'Skilled Manual Workers in the Labour Process', presented at *Nuffield Conference on the Labour Process*, mimeo.

Pesaran, M. H. (1987) 'Econometrics', in Eatwell et al (eds) 2:8–19.

Pheby, J. (1988) *Methodology and Economics: A Critical Introduction*, Basingstoke: Macmillan Press.

Popper, K. (1957) *The Poverty of Historicism*, New York: Harper & Row.

—(1965) *Conjectures and Refutations: The Growth of Scientific Knowledge*, New York: Harper & Row.

—(1966) *The Open Society and its Enemies*, fifth edn, Princeton, NJ: Princeton University Press.

—(1990) *A World of Propensities*, Bristol: Thoemmes Antiquarian Books.

—(1992 [1974]) *Unended Quest: An Intellectual Autobiography*, London: Routledge (first published as *Autobiography by Karl Popper*, 1974).

Posner, R. A. (1992) 'The New Institutional Economics Meets Law and Economics', paper presenteci at the *Tenth International Seminar on the NewInstitutional Economics*, Wallerfanger/Saar, Germany.

Pratt, A. C. (1995) 'Putting Critical Realism to Work: the Practical Implications for Geographical Research', *Progress in Human Geography* 19(1):61–74.

Pratten, C. F. (1976) *Labour Productivity Differentials Within International Companies*, Cambridge: Cambridge University Press.

348 Pratten, S. (1993) 'Structure, Agency and Marx's Analysis of the Labour Process', *Review of Political Economy* 5(4):403–26.

—(1994) 'Marshall on Tendencies, Equilibrium and the Statical Method', Chapter 2 of PhD thesis: Forms of Realism, Conceptions of Science and Approaches to Industrial Organisations, Cambridge: forthcoming in *History of Political Economy*.

—(1995) 'Operationalizing Transaction Cost Economics: Implicatiorts and

Alternatives',De Montfort University:mimeo.

Quine,W. V. O. (1903) *From a Logical Point of View*, Cambridge, Mass.: Harvard University Press.

Rattaggi,M. L. (1995) 'Banking Safety and Regulation in the US: A Critical Realist Perspective',*Quaderni Di Ricerca*,No. 19,Centro di Studi Bancari.

Ray,G. F. (1979) Comment on Freeman,C., 'Technical Innovation and British Trade Performance', in Blackaby, F. (ed.) *De-industrialisation*, London: Heinemann.

Reder,M. W. (1982) 'Chicago Economics:Permanence and Change', *Journal of Economic Literature* 35:1-38.

Reuten,G. and Williams,M. (1988) *The Value-Form Determination of Economic Policy:a Dialectical Theory of Economy,Society and State in the Capitalist Epoch*,Amsterdam:B. R. Cruner B. V. Publishing Company.

Rizzo,M. J. (1990) 'Hayek's Four Tendencies Toward Equlibrium', *Cultural Dynamics* 3(1):12,31.

Rizvi,S. A. T. (1994a) 'Game Theory To The Rescue?', *Contributions to Political Economy* 13:1-28.

—(1994b) 'The Microfoundations Project in General Equilibrium Theory', *Cambridge Journal of Economics* 18(4):357-78.

Robbins,L. (1932) *An Essay on the Nature and Signifiicance of Economic Science*,London:Macmillan.

Rosenberg,A. (1976) *Microeconomic Laws:A Philosophical Analysis*,Pittsburgh, Penn.:University of Pittsburgh Press.

—(1978) 'The Puzzle of Economic Modelling',*The Journal of Philosophy* 75 (11):679-83.

—(1983) 'If Economics Isn't Science,What Is It?',*The Philosophical Forum* 14(3-4):296-314 (reprinted in Hausman,D. M. (cd.) *The Philosophy of Economics: an Anthology* (second edn): 376-94, Cambridge: Cambridge University Press (page references are to the latter).

—(1992) *Economics- Mathematical Politics or Science of Diminishing Returns?* Chicago:University of Chicago Press.

—(1994) 'What is the Cognitive Status of Economic Theory?',in Backhouse,

R. E. (ed.) *New Directions in Economic Methodology*, London: Routlcdge.

Rotheim, R. J. (1988) 'Keynes and the Language of Probability and Uncertainty', *Journal of Post Keynesian Economics* 11 (1):82–99

—(1989) 'Organicism and the Role of the Individual in Keynes' Thought', Journal *of Post Keynesian Economics* 12 (2):316–26

—(1993) 'On the Indeterminacy of Kevnes's Monetary Theory of Value', *Review of Political Economy* 5(2):197,216

Rubery, J. (1978) 'Structured Labour Markets, Worker Organisation and Low Pay', *Cambridge Journal of Economics*. 2(1):17–36

Rubinstein, A. (1991) 'Comments on the Interpretation of Game Theory', *Econometrica* 59(4):909–24

—(1995) 'John Nash: the Master of Economic Modelling', *Scandinavian Journal of Economics* 97(1):9–13.

349 Runde, J. (1990) 'Keynesian Uncertainty and the Weight of Arguments', *Economics and Philosophy* 6:275–92.

—(1993) 'Paul Davidson and the Austrians. Reply to Paul Davidson', *Critical Review*, 7(2–3):381–97.

—(1995a) 'Risk, Uncertainty and Bayesian Decision Theory: A Keynesian View':197–210, in Dow, S. and Hillard, J. (eds) *Keynes, Knowledge and uncertainty*, Aldershot: Edward Elgar.

—(1995b) 'Review of Young Bak Choi's Paradigms and Conventions', *Economics and Philosophy* 11(2):379–85.

—(1995c) 'Chances and Choices: Some Notes on Probability and Belief in Economic Analysis', *The Monist* July (78):331,352.

—(1995d) 'Assessing Causal Explanation', Cambridge: mimeo.

—(1997) 'Keynesian Methodology', in Harcourt, G. C and Riach, P (eds) *Keynes General Theory: second edition*, London: Routledge.

Samuels, W. J. (1989) 'Austrian and Institutional Economics: Some Common Elements', *Research in the History of Economic Thought and Methodology* Vol. 6:53,72.

Sargent, T. J and Wallace, N. (1976) 'Rational Expectations and the Theory of Economic Policy', *Journal of Monetary Economics* 2.

Sayer, A . (1984) *Method in Social Science: A Realist Approach*, London: Hutchison.

—(1985) 'Realism and Geography': 159–73 in Johnston, R. J. (ed.) *The Future of Geography*, London: Methuen.

Schotter, A. (1981) *The Economic Theory of Social Institutions*, Cambridge: Cambridge University Press.

—(1983) 'Why Take a Game Theoretical Approach to Economics? Institutions, Economics and Game Theory', *Economie Applique* 36:673–95.

Seiz, J. (1993) 'Feminism and the History of Economics Thought', *History of Political Economy* 25(1):185–201.

Sellars, R. W. (1916) *Critical Realism: a Study of the Nature and Conditions of Knowledge*, New York and Chicago: Rand McNally and Company.

Sellier, F. (1978) 'France', in Dunlop, J. T. and Galenson, W. (eds) *Labor in the Twentieth Century*, New York: Academic Press.

Shackle, G. L. S. (1972) *Epistemics and Economics: A Critique of Economic Doctrines*, Cambridge: Cambridge University Press.

—(1989) What Did the 'General Theory' Do? 48–58 in Pheby, J. (ed.) *New Directions in Post-Keynsian Economics*, Aldershot: Edward Elgar.

Sims, C. A. (1980) 'Macro-ecomonics and Reality', *Econometrica* 48(1):1–48.

—(1982) 'Policy Analysis with Econometric Models', *Brookings Papers on Economic Activity* (1):107, 152.

Sofianou, E. (1995) 'Post-modernism and the Notion of Rationality in Economics', *Cambridge Journal of Economics* 19(3):373–90.

Solow, R. E. (1986) 'Economics: Is Something Missing?', in Parker, W. N. (ed.) *Economic History and the Modern Economics*, Oxford: Basil Blackwell.

Sonnenschein, H. (1972) 'Market Excess Demand Functions', *Econometrica* 40 (3).

—(1973a) 'Do Walras Identity and Continuity Characterize the Class of Community Excess Demand Functions?', *Journal of Economic Theory* 6(4).

—(1973b) 'The utility Hypothesis and Market Demand Theory', *Western Economic Journal* 11(4).

Stafford, B. (1983) 'The Class Struggle, the Multiplier and the Alternative Economic Strategy', in Sawyer, M and Schott, K. (eds) *Socialist Economic Review*, London: Merlin Press.

350 Stoker, T. M. (1993) 'Empirical Approaches to the Problem of Aggregation over Individuals', *Journal of Economic Literature* XXXI: 1827-74.

Strassman, D. 1. (1993a) 'Not a Free Market: The Rhetoric of Disciplinary Authority in Economics': 54-68 in Ferber, M. A. and Nelson, J. (eds) *Beyond Economic Man: Feminist Theory and Economics*, Chicago: Chicago University Press.

—(1993b) 'The Stories of Economics and the Power of the Storyteller', *History of Political Economy* 25(1): 147-65.

—(1994) 'Feminist Thought and Economics; Or, What do the Visigoths Know?', *American Economic Review, Papers and Proceedings* 84 (2): 153-8.

Strober, M. H. (1994) 'Rethinking Economics through Feminist Lens', *American Economic Review, Papers and Proceedings* 84(2): 143-7.

Sugden, R. (1986) *The Economics of Rights, Co-operation and Welfare*, Oxford: Blackwell.

Sullivan. H. S. (1955) *The Interpersonal Theory of Psychiatry*, London: Tavistock.

Thompson, J. B. (1989) 'The Theory of Structuration', in Held, D. and Thompson, J. B. (eds) *Social Theory of Modern Societies: Anthony Giddens and his Critics*, Cambridge: Cambridge University Press.

Vanberg, V (1994) *Rules and Choice in Economics*, London: Routledge.

Veblen, T. B. (1909) 'The Limitations of Marginal Utility', *Journal of Political Economy* XVII(9) (reprinted in The Place of Science in Modem Civilisation (1919), New York: Viking Press; the latter reprinted with new introduction by Samuels, W. (1990), New Brunswick: Transaction Publishers).

—(1919) *The Place of Science in Modern Civilisation and Other Essays*, New York: Huebsch (reprinted with a new introduction by Samuels, W. J., New Brunswick: Transaction (1990)).

Von Neumann, J. and Morgenstem. O. (1944) *Theory of Cames and Economic Behaviour*, Princeton, NJ: Princcton University Press.

Vromen, J. J. (1995) *Economic Evolution: an Enquiry into the Foundations of New Institutional Economics*, London: Routledge.

Waddington, C. H. (1957) The Strategy of the Genes, London: George Allen & Unwin.

—(ed.) (1972) *Towards a Theoretical Biology* 4 vols, Edinburgh: Edinburgh University Press.

Webb, B. and Webb, S. (1920) *The History of Trade Unionism*, (revised edn), London: Longmans.

Wedderbum, K. W. (1972) 'Labour Law and Labour Relations in Britain', *British Journal of Industrial Relations* X(2): 270-90.

—(1985) 'The New Poliaes in Industrial Relations Law', in Fosh, P. and Littler. C. R. (eds) *Industrial Relations and the Law in the 1980s*, Aldershot: Gower.

Weintraub, E R. (1989) 'Methodology Doesn't Matter, But the History of Thought Might', *Scandinavian Journal of Economics* 91(2): 477-93.

White, P. J. (1978) 'Is Voluntarism in Decline?', *Industrial Relations Journal* 9 (3): 34-43.

Whitehead, A. N (1926) *Science and the Modern World*, Cambridge: Cambridge University Press.

Wiles, P. and Routh. E. (1984) *Economics in Disarray*, Oxford: Basil Blackwell.

Wilkinson, F. W. (ed) (1981) *The Dynamics of Labor Market Segmentation*, London: Academic Press.

Williamson, O. E. (1975) *Markets and Hierarchies*, New York: Free Press.

Winslow, E. G. (1986) 'Keynes and Freud: Psychoanalysis and Keynes's Account of the "Animal Spirits" of Capitalism', *Social Research* 53(4): 549-78.

Witten, E. (1988) Chapter 3, in Davies, P. C. W. and Brown, J. (eds) 351
Superstrings: a Theory of Everything, Cambridge: Cambridge University Press

Youngson, A. J. (1960) *The British Economy* 1920-57, London: George Allen & Unwin.

人名索引

Abreu, D——D. 阿布勒 104, 335
Adams, J. C. ——J. C. 亚当斯 217
Adler, A. ——A. 阿德勒 297 n
Allais, M. ——M. 阿莱 285, 287, 392 n, 335
Arestis, P. ——P. 阿雷斯蒂斯 157, 300 n, 355
Aristotle——亚里士多德 292 n
Arrow, K. J. ——K. J. 阿罗 308 n, 335
Arthur, W. B. ——W. B. 阿瑟 327 n, 335

Bachelard, G. ——G. 巴凯拉德 xvii
Backhouse, R. E. ——R. E. 巴克 xv, 11, 12, 47, 355, 336, 337, 340, 341, 342, 346, 348
Baert, P. ——P. 巴尔 157, 335
Baldassarri, M. ——M. 巴尔达萨里 3335
Baranzini, M. ——M. 巴拉齐尼 341
Basu, K. ——K. 巴苏 104, 335
Bell, D. ——D. 贝尔 4, 335
Berg, M. ——M. 伯格 330 n, 335
Bettleheim, B. ——B. 贝特尔海姆 181-2
Bewley, T. F. ——T. F. 比利 341
Bhaskar, R. ——R. 巴斯卡尔 xvii, xviii, 19, 20, 25, 27, 33, 49-51, 54, 56, 57, 157, 158, 169, 176, 199-200, 203, 209, 212, 223-4, 227, 241, 281, 292 n, 293 n, 294 n, 295 n, 300 n, 325 n, 335, 336, 337
Binmore, K. ——K. 比莫尔 104, 336
Blackaby, F. ——F. 布莱卡比 336, 348
Blaug, M. ——M. 布劳格 5, 14, 47, 52, 291 n, 298-9 n, 300 n, 336
Boettke, P. J. ——P. J. 博埃特克 346

Bohm, S. ——S. 伯姆 315 n, 336
Boland, L. A. ——L. A. 博兰 300 n, 336
Bottomore, T. ——T. 博托莫尔 292 n, 325n, 347
Boulding, K. ——K. 博尔丁 xiv
Boylan, T. A. ——T. A. 博伊兰 xv, 133, 215, 300n, 321-2n, 336
Boyle, R. ——R. 玻义耳 299 n
Brown, J. ——J. 布朗 338, 339, 351
Brown, W. ——W. 布朗 261, 266, 333 n, 336
Brunner, K. ——K. 布伦纳 343, 345
Buchanan, J. M. ——J. M. 布坎南 295 n, 336
Bullock, A. ——A. 布洛克 292 n, 336
Burks, A. W. ——A. W. 伯克斯 347

Caldwell, B. J. ——B. J. 考德威尔 13, 47-8, 54-5, 293 n, 298 n, 300 n, 315 n, 336
Canning, D. ——D. 坎宁 88, 90, 101, 336
Caplin, A. ——A. 卡普林 89, 336
Carew, A. ——A. 卡鲁 263, 336
Carnap, R. ——R. 卡纳普 293 n, 297 n
Cartwright, N. ——N. 卡特赖特 129, 235, 320 n, 322 n, 323-4 n, 336
Caves, R. E. ——R. E. 卡夫 347
Chalmers, A. F. ——A. F. 查默思 298 n, 336
Chick, V. ——V. 奇克 300 n, 335
Choi, Y. B. ——Y. B. 乔依 349
Clarke, T. ——T. 克拉克 331 n, 336
Clegg, H. A. ——H. A. 克莱格 258, 263, 336, 337
Clements, L. ——L. 克莱门特 331 n, 336
Coase, R. ——R. 科斯
Coates, D. ——D. 科茨 343
Cohen, R. S. ——R. S. 科恩 346
Colander, D. ——D. 科兰德 300 n, 337
Collier, A. ——A. 科利尔 xvii, 157, 199-203, 223, 225, 300 n, 337

Colonna,M. ——M. 科隆纳 344
Commons,J. R. ——J. R. 康芒斯 31-2,337,344
Comte,A. ——A. 孔泰 292-3 n
Cottrell,A. ——A. 科特雷尔 300 n,337
Csontos,L. ——L. 琼托什 303 n,307 n,325 n,343

Dangerfield,G. ——G. 丹杰菲尔德 266,337
David,P. A. ——P. A. 大卫 211,247-254,318 n,326 n,327-9 n,337
Davidson,P. ——P. 戴维森 349
Davies,P. C. W. ——P. C. W. 戴维斯 338,339,351
Davis,J. B. ——J. B. 戴维斯 300 n,337
353 De-Marchi,N. ——N. 德马尔希 346
Debreu,G. ——G. 德布勒 308 n,337,341
Dicey,A. V. ——A. V. 戴西 267,337
Dierker,E. ——E. 迪克 308 n,337
Dobb,M. ——M. 多布 xiv,232-4,323 n,337
Donaldson,P. ——P. 唐纳森 3,337
Dopfer,K. ——K. 多普费尔 300 n,337
Dow,S. C. ——S. C. 道 157,300 n,337,338,344,349
Doyal,L. ——L. 多亚尔 279,333 n,338
Drake,D. ——D. 德雷克 157,338
Drazen,A. ——A. 德拉任 308 n,338
Duesenberry,J. S. ——J. S. 杜森伯里 8,290 n,338
Dunlop,J. T. ——J. T. 邓洛普 338,339,349
Durkheim,E. ——E. 涂尔干 292 n

Eatwell,J. L. ——J. L. 埃克斯 338,340,347
Einstein,A. ——A. 爱因斯坦 297 n
Ekstrom,M. ——M. 特龙 300 n,338
Elbaum,B. ——B. 埃尔鲍姆 269,330-2 n,338,340
Engels,F. ——F. 恩格斯 346
England,P. ——P. 英格兰 325 n,338

Erikson, E. H. ——E. H. 埃里克森 180-1, 338

Farmer, M. K. ——M. K. 法默 8, 9, 338
Feigl, H. ——H. 法伊格尔 297 n
Feinsteim, C. ——C. 范斯坦 343
Ferber, M. A. ——M. A. 费伯 338, 342, 346, 350
Feyerabend, P. ——P. 法伊尔阿本德 xvii
Feynman, R. ——R. 范曼 224, 338
Fine, B. ——B. 法恩 269, 338
Fish, S. ——S. 菲什 296 n, 338
Fisher, I. ——I. 费雪 290 n, 331 n, 338
Fleetwood, S. ——S. 菲利特伍德 135, 136, 157, 300 n, 315 n, 316 n, 326 n, 338, 339
Folbre, N. ——N. 佛伯尔 247, 300 n, 325 n, 339
Foray, D. ——D. 福雷 337
Fosh, P. ——P. 福什 350
Foss, N. J. ——N. J. 福斯 157, 300 n, 318 n, 339
Frank, P. ——P. 弗兰克 297 n
Freeman, C. ——C. 弗里曼 337, 348
Freud, S. ——S. 弗洛伊德 297 n, 319 n, 350
Friedman, A. L. ——A. L. 弗里德曼 261, 339
Friedman, M. ——M. 弗里德曼 217, 285, 309-10 n, 339, 344, 345
Frowen, S. ——S. 弗罗温 339, 344, 347

Gadamer, H. G. ——H. G. 加达默尔 345
Galenson, W. ——W. 加伦森 338, 339, 349
Galle, J. G. ——J. G. 加勒 217
Gee, J. M. A. ——J. M. A. 吉 290 n, 339
Gerschenkron, A. ——A. 格申克龙 339
Giddens, A. ——A. 吉登斯 169, 180-2, 319 n, 339, 350
Gödel, K. ——K. 戈德尔 297 n
Goffman, E. ——E. 戈夫曼 181, 339

Gough, I. ——I. 高夫 279, 333 n, 338
Gould, J. ——J. 吉尔德 292 n, 339
Gould, S. J. ——S. J. 吉尔德 327 n, 339
Grandmont, J. M. ——J. M. 格朗蒙 308 n, 339
Granick, D. ——D. 格拉尼克 339
Green, M. ——M. 格林 222, 339
Gregory, D. ——D. 格雷戈里 339
Gunter, H. ——H. 冈特 263, 339
Gustafsson, B. ——B. 古斯塔夫森 300 n, 336, 340, 343, 345

Haavelmo, T. ——T. 哈维尔莫 70, 153, 154, 219, 322 n, 339
Habakkuk, H. J. ——H. J. 哈巴卡克 329 n, 339
Hacking, I. ——I. 哈金 324 n, 339
Hagemann, H. ——H. 哈格曼 344
Hahn, F. H. ——F. H. 哈恩 4, 11-13, 18, 24, 40, 87-97, 101, 108, 110-13. 297 n, 304-5 n, 309 n, 310 n, 335, 339, 340
Hall, P. ——P. 霍尔 269, 340
Hamilton, W. H. ——W. H. 汉密尔顿 317n, 340
Hamouda, O. F. ——O. F. 哈穆达 300n, 340, 344
Hands, D. W. ——D. W. 汉兹 47, 59, 298n, 300n, 340
Hansen, G. D. ——G. D. 汉森 128, 340
Hanson, N. R. ——N. R. 汉森 294n, 340
Harcourt, G. C. ——G. C. 哈考特 300n, 340, 349
Harding, S. ——S. 哈丁 300 n, 319 n, 325 n, 340
Harre, R. ——R. 阿尔 xvii
Harries, L. ——L. 哈里斯 269, 338
Hartmann, H. ——H. 哈特曼 325 n, 340
Hartshorne, C. ——C. 哈茨霍恩 347
Hausman, D. M. ——D. M. 豪斯曼 47, 103-5, 300 n, 308 n, 309 n, 311 n, 340, 348
Hawkins, K. ——K. 霍金斯 267, 340
Hayek, F. A. ——F. A. 哈耶克 xiv, xv, xviii, 52, 134-151, 153, 167, 168, 194,

247,280,298 n,299 n,311 n,315-16 n,336,338,339,340,344,347,348
Hegel,G. W. F. ——G. W. F. 黑格尔 10,281
Held,D. ——D. 赫尔德 350
Hempel,C. ——C. 亨佩尔 17,52,291 n,293 n,305 n,340
Hendry,D. F. ——D. F. 亨德里 3,14,290 n,301-3-n,325 n,340-1
Hesse,M. ——M. 赫西 xvii,341
Hicks,J. ——J. 希克斯 285-8,304 n,341
Hicks,G. D. ——G. D. 希克斯 157,341
Hildenbrand,W. ——W. 希尔顿布兰德 89,308 n,341
Hillard,J. ——J. 希拉德 343,344,349
Hobsbawn,E. J. ——E. J. 霍布斯保姆 331 n,341
Hodgson,G. M. ——G. M. 霍奇逊 3,9,57,247,300 n,315 n,318 n,326 n,332 354
n,338,341,346
Hoover,K. D. ——K. D. 胡佛 74,128,129,291 n,294 n,301 n
Hoselitz,B. F. ——B. F. 霍斯利兹 339
Hume,D. ——D. 休谟 19,33-4,48,65,282,294 n,301 n
Humphries,J. ——J. 汉弗莱斯 247,325 n,342
Hunt,E. K. ——E. K. 亨特 337
Hunter,L. C. ——L. C. 亨特 330 n,345
Hutchison,T. W. ——T. W. 哈钦森 52,288,301 n,315 n,342,349
Huygenius [Huygens,C.]——惠更斯 299 n

Ingrao,B. ——B. 因格劳 305 n,342
Intriligator,M. D. ——M. D. 英特里利盖托 346
Israel,G. ——G. 伊斯雷尔 305 n,342

Janssen,M. C. W. ——M. C. W. 詹森 304 n,308 n,342
Jennings,A. ——A. 詹宁斯 300 n,318 n,342
Jevons,W. S. ——W. S. 杰文斯 87,292 n,304 n,339,342
Johnson,A. ——A. 约翰斯顿 340
Johnston,R. J. ——R. J. 约翰斯顿 349

Kaldor, N. ——N. 卡尔多 xiv 208-9, 342
Kant, I. ——I. 康德 45, 49
Kanth, R. K. ——R. K. 康德 157, 300 n, 342
Kapp, K. W. ——K. W. 卡普 101, 342
Kardiner, A. ——A. 卡丁纳 181, 342
Kaufmann, F. ——F. 考夫曼 317 n
Kay, J. ——J. 凯 301 n, 342
Kehoe, T. J. ——T. J. 基欧 306 n, 342
Kennedy, P. ——P. 肯尼迪 269-270, 342
Keuzenkamp, H. A. ——H. A. 科善坎普 303 n, 342
Keynes, J. M. ——J. M. 凯恩斯 xiv, xv, 30, 64, 182-3, 235, 247, 280, 288, 291 n, 304 n, 319 n, 324 n, 336, 337, 338, 341, 342-3, 344, 348, 349, 350
Kilpatrick, A. ——A. 吉尔帕特 256, 268, 343
Kindleberger, C. P. ——C. P. 金德尔伯格 332 n, 343
King, R. C. ——R. C. 金 128, 343
Kirby, M. W. ——M. W. 柯比 330 n, 343
Kirman, A. ——A. 克尔曼 4, 88, 308 n, 343
Klein, L. ——L. 克莱因 304 n, 343
Knudsen, C. ——C. 克努森 300 n, 336, 340, 343, 345
Koch, K. J. ——K. J. 科克 308 n, 343
Koertge, S. ——S. 柯特菊 303 n, 343
Kolb, W. L. ——W. L. 科尔布 292 n, 339
Kresge, S. ——S. 克雷斯吉 340
Kristol, I. ——I. 克里斯托尔 4, 335
Kuhn, T. ——T. 库恩 xvii, 340
Kydland, F. E. ——F. E. 基德兰德 128, 343

Laing, R. D. ——R. D. 莱恩 180
Lakatos, I. ——I. 拉卡托斯 xv, xvii, 340
Landes, S. ——S. 兰德斯 329 n, 343
Langlois, R. N. ——R. N. 朗格卢瓦 34, 113, 303 n, 307 n, 318 n, 325 n, 343
Laplace, P. S. ——P. S. 拉普拉斯 30

Latsis, S. J. ——S. J. 拉齐斯 303 n, 344

Lavoi, D. ——D. 拉瓦 345

Lawson, C. ——C. 劳森 157, 296 n, 300 n, 326 n, 344

Lawson, T. ——T. 劳森 135, 136, 244, 247, 256, 268, 299 n, 310 n, 316 n, 321 n, 322 n, 333 n, 341 n, 343, 344

Lazonick, W. ——W. 拉索尼克 269, 329-30 n, 338, 340, 344

Leamer, E. E. ——E. E. 李默 3, 6-8, 14, 76, 213-15, 290 n, 301 n, 302-3 n, 321 n, 341, 344

Leminsky, G. ——G. 拉明斯基 263, 339

Leontief, W. ——W. 列昂惕夫 4, 344

Leplin, J. ——J. 立本 344, 345

Leverrier, U. J. J. ——U. J. J. 勒威耶 217

Levine, D. K. ——D. K. 莱文 306 n, 342

Levy, D. J. ——D. J. 利维 266, 344

Lewis, R. ——R. 刘易斯 260, 266-7, 344

Lewis, W. A. . ——W. A. . 刘易斯 332 n, 344

Lipton, P. ——P. 利普顿 320 n, 321 n, 344

Littler, C. R. ——C. R. 利特勒 350

Lloyd, C. ——C. 劳埃德 300 n, 344

Loasby, B. J. ——B. J. 罗斯比 9, 344

Locke, J. ——J. 洛克 299-300 n, 344

Longley, L. V. ——L. V. 朗利 327 n

Lucas, R. E. ——R. E. 卢卡斯 6, 14, 56, 71-5, 81-4, 302 n, 304 n, 345

Luethy, H. ——H. 吕特 345

Mach, E. ——E. 马赫 293 n, 303 n, 316 n

Maddison, A. ——A. 麦迪逊 329 n, 345

Madison, G. B. ——G. B. 麦迪逊 145, 147, 149, 345

Mair, D. ——D. 梅尔 338, 339

Mäki, U. ——U. 梅基 xv, xvi, xvii, 47, 59, 129, 131-3, 235, 300 n, 310-11 n, 325 n, 336, 340, 343, 345

Malinowski. B. ——B. 马林诺夫斯基 292 n

Manon, M. ——M. 曼依 346
Mantel, R. ——R. 曼特尔 308 n,345,346
Marshall, A. ——A. 马歇尔 xiv,128,314 n,346,348
Marx, K. ——K. 马克思 xiv,xv,173,241,247,280,323 n,330 n,346,348
Mathias, P. ——P. 马赛厄斯 347
Matthews, M. L. ——M. L. 马修斯 8,338
MaAleer, M. ——M. 麦卡利尔 303 n,325 n,342,345
355 McCloskey, D. ——D. 麦克洛斯基 5-6,14,46,295 n,298 n,345
McGurrin, F. E. ——F. E. 麦格里 327 n
McKersie, R. G. ——R. G. 麦克西 330 n,345
McLean, J. M. ——J. M. 麦克莱恩 345
McLellan, D. ——D. 麦克莱伦 346
McMullin, E. ——E. 麦克马林 294 n,345
Meikle, S. ——S. 米克尔 300 n,346
Meltzer, A. H. ——A. H. 梅尔策 343,345
Mendeleyev, D. I. ——D. I. 门捷列夫 222
Menger, C. ——C. 门格尔 xiv,113-126,129,153,292 n,312-15 n,346
Milgate, M. ——M. 米尔盖特 338,340
Mill, J. S. ——J. S. 穆勒 132,235,293 n,324 n,346
Miller, A. G. ——A. G. 米勒 338,339
Miller, E. S. ——E. S. 米勒 346
Miller, R. W. ——R. W. 米勒 291 n,292 n,321 n,346
Minchenton, W. E. ——W. E. 米内赫顿 346
Mirowski, P. ——P. 米罗沃斯基 46,105,298 n,346
Mitchell, W. J. T. ——W. J. T. 米切尔 338
Morgenstern, O. ——O. 摩根斯顿 305 n,350
Musgrave, A. ——A. 马斯格雷夫 127-8,130,235,346
Mussolini, B. ——B. 墨索里尼 263

Nadeau, R. ——R. 纳多 299 n,346
Nalebuff, B. ——B. 纳莱巴夫 89,336
Nash, J. F. Jr. ——J. F. Jr. 纳什 305 n,307 n,337,346,348

Neale, W. C. ——W. C. 尼尔 317 n, 346
Nelson, J. ——J. 纳尔逊 247, 300 n, 318-19 n, 325 n, 338, 342, 346, 350
Neurath, O. ——O. 纽拉特 293 n, 297 n, 316 n, 317 n
Newman, P. ——P. 纽曼 338, 340
Newton, I. ——I. 牛顿 29, 128-30, 216, 224, 299 n
Nicolaus, M. ——M. 尼古劳斯 346
Northover, P. ——P. 诺斯奥弗 256, 346
Nowak, L. ——L. 诺瓦克 129, 132, 235, 323 n, 347

O'Driscoll, G. P. ——G. P. 奥德里斯科尔 300 n, 347
O' Gorman, P. ——P. 奥戈尔曼 xv, 133, 215, 300 n, 321-2 n, 336
O' Neill, J. ——J. 奥尼尔 316 n, 347
Oakeshott, M. ——M. 奥克肖特 187, 347
Ollman, B. ——B. 奥尔曼 241, 323 n, 347
Ormerod, P. ——P. 奥默罗德 4, 347
Outhwaite, W. ——W. 乌恩怀特 157, 292 n, 325 n, 347

Parker, W. N. ——W. N. 帕克 337, 346, 349
Payne, P. L. ——P. L. 佩恩 329 n, 347
Peacock, M. ——M. 皮科克 135, 157, 296 n, 300 n, 316 n, 326 n, 344, 347
Pearce, D. G. ——D. G. 皮尔斯 104, 335
Pearson, K. ——K. 皮尔逊 303 n
Peck, M. J. ——M. J. 佩克 347
Peirce, C. S. ——C. S. 皮尔斯 294 n, 295 n, 320 n, 347
Pelling, H. ——H. 佩林 332 n, 347
Penn, R. ——R. 佩恩 347
Pesaran, M. H. ——M. H. 佩萨兰 69, 341, 347
Pheby, J. ——J. 菲比 340, 341, 347, 349
Plosser, C. I. ——C. I. 普罗索 128, 343
Poincare, H. ——H. 普安卡雷 303 n
Poirier, D. J. ——D. J. 波里尔 290 n, 341
Popper, K. ——K. 波普尔 xv, xvi, xvii, 17, 47, 52, 286, 297-8 n, 303 n, 305 n,

336,340,343,347
Posner,R. A. ——R. A. 波斯纳 326 n,347
Postan,M. M. ——M. M. 波斯坦 347
Pratt,A. C. ——A. C. 普拉特 157,300 n,347
Pratten,C. F. ——C. F. 普拉特 329 n,347
Pratten,S. ——S. 普拉特 23,157,294 n,296 n,300 n,326 n,327 n,344,348
Prescott,E. C. ——E. C. 普雷斯科特 128,343
Prychitko,D. L. ——D. L. 普雷奇特科 344

Quine,W. V. ——W. V. 奎因 215,321-2 n,348

Radcliffe-Brown,A. R. ——A. R. 拉德克里夫-布朗 292 n
Rattaggi,M. L. ——M. L. 拉塔基 157,348
Ray,G. F. ——G. F. 雷 329 n,348
Rea,D. ——D. 雷 261,266,333 n,336
Reder,M. W. ——M. W. 雷德尔 10,14,276,281,348
Reuten,G. ——G. 罗伊藤 300 n,348
Riach,P. ——P. 里亚赫 349
Ricoer,P. ——P. 李库尔 345
Rizvi,S. A. T. ——S. A. T. 里兹维 305 n,308 n,348
Rizzo,M. J. ——M. J. 里佐 300 n,347,348
Robbins,L. ——L. 罗宾斯 95-7,128,129,306 n,314 n 348
Romer,P. M. ——P. M. 罗默 306 n,342
Rosenberg,A. ——A. 罗森堡 129,301 n,311-12 n,348
Rotheim,R. J. ——R. J. 罗塞姆 157,298 n,300 n,326 n,348
Routh,E. ——E. 劳斯 4,350
Rubery,J. ——J. 鲁伯雷 330 n,348
Rubinstein,A. ——A. 鲁宾斯坦 306 n,307 n,348
Runde,J. ——J. 伦德 9,53,157,182,280,288,298 n,300 n,326 n,333 n,349
Rush,H. J. ——H. J. 拉什 345
Russell,B. ——B. 罗素 297 n
Rutherford,M. ——M. 拉瑟福德 337

Saint-Simon, C. ——C. 圣-西蒙 292 n
Samuels, W. J. ——W. J. 塞缪尔斯 337, 341, 342, 346, 349, 350
Sargent, T. J. ——T. J. 萨金特 9, 74-5, 128, 340, 349
Sayer, A. ——A. 塞耶 300 n, 349 356
Scazzieri, R. ——R. 斯卡齐利 341
Schlick, M. ——M. 石利克 293 n, 297 n, 316 n, 317 n
Schott, K. ——K. 肖特 349
Schotter, A. ——A. 朔特 326 n, 349
Schumpeter, J. A. ——J. A. 熊彼特 316 n
Schwartz, J. G. ——J. G. 施瓦茨 337
Screpanti, E. ——E. 斯克雷潘蒂 300 n, 338, 341
Seiz, J. ——J. 塞茨 325 n, 349
Selighan, R. A. ——R. A. 赛力格汗 340
Sellars, R. W. ——R. W. 塞拉斯 157, 349
Sellier, F. ——F. 塞利耶 263, 349
Shackle, G. L. S. ——G. L. S. 沙克尔 xiv, 9, 52, 287, 298 n, 349
Sholes, C. L. ——C. L. 肖尔斯 250
Sims, C. A. ——C. A. 西姆斯 73, 75, 349
Smith, A. ——A. 斯密 xiv, 10, 247
Sofianou, E. ——E. 索菲阿努 53, 157, 244, 295 n, 300 n, 333 n, 349
Solow, R. E. ——R. E. 索洛 90, 306 n, 349
Sonnenschein, H. ——H. 松嫩沙因 308 n, 349
Stafford, B. ——B. 斯塔福德 256, 269, 329 n, 349
Stallybrass, O. ——O. 斯塔里布纳斯 292 n, 336
Stigler, G. J. ——G. J. 施蒂格勒 10
Stoker, T. M. ——T. M. 斯托克 265, 304 n, 350
Strassman, D. L. ——D. L. 斯特拉斯曼 242-3, 300 n, 325 n, 333-4 n, 350
Strober, M. H. ——M. H. 斯托罗勃 300 n, 350
Sugden, R. ——R. 萨格登 326 n, 350
Sullivan, H. S. ——H. S. 沙利文 181, 350
Sydenham, T. ——T. 西德纳姆 299 n

Thatcher, M. ——M. 撒切尔 230
Thompson, J. B. ——J. B. 汤普森 162, 350
Tool, M. ——M. 托尔 337, 341, 346
Toulmin, S. E. ——S. E. 图尔明 xvii
Trombley, S. ——S. 特朗布利 292 n, 336

Urry, J. ——J. 厄里 339

Vanberg, V. ——V. 范伯格 180, 300 n, 326 n, 350
Veblen, T. B. ——T. B. 凡勃伦 xiv, xv, 10-11, 167, 317 n, 341, 342, 350
Viner, J. ——J. 维纳 298 n
Von Neumann, J. ——J. 冯诺依曼 305 n, 350
Vromen, J. J. ——J. J. 弗鲁门 318 n, 350

Waddington, C. H. ——C. H. 沃丁顿 332 n, 350
Waismann, F. ——F. 魏斯曼 297 n
Wallace, N. ——N. 华莱士 9-10, 349
Waller, W. ——W. 沃勒 300 n, 318 n, 342
Walras, L. ——L. 瓦尔拉斯 284, 292 n, 349
Webb, B. ——B. 韦布 265, 267, 350
Webb, S. ——S. 韦布 265, 267, 350
Weber, M. ——M. 韦伯 292 n, 338
Wedderburn, K. W. ——K. W. 韦德伯恩 264, 266, 333 n, 350
Weimer, P. P. ——P. P. 韦默 347
Weintraub, E. R. ——E. R. 温特劳布 44, 295-6 n, 298 n, 350
Weiss, P. ——P. 韦斯 347
Wenar, L. ——L. 温纳 340
White, L. ——L. 怀特 346
White, P. J. ——P. J. 怀特 267, 350
Whitehead, A. N. ——A. N. 怀特海 40, 222, 294 n, 297 n, 350
Wiles, P. ——P. 怀尔斯 4, 350
Wilkinson, F. W. ——F. W. 威尔金森 323 n, 330-2 n, 338, 344, 350

Williams, M. ——M. 威廉斯 300 n, 348
Williamson, O. E. ——O. E. 威廉森 326 n, 350
Winslow, E. G. ——E. G. 温斯洛 319 n, 350
Witten, E. ——E. 威滕 203, 351
Wittgenstein, L. ——L. 维特根斯坦 297 n

Yolton, J. ——J. 约尔顿 345
Youngson, A. J. ——A. J. 扬森 332-3 n, 351

主题词索引

abduction 不明推理式，混合模态三段论；见“溯因推理”条下

absences 不在场，缺位 63，65，210，253，259-60，263，268

abstraction 抽象 131，133，157，192，221-2，227-37，241，246，323-5

相关主题：抽象与广义概括 232-4；抽象与经济学中的理论上的隔离（绝缘）或理论理想化比较 131-3，222，234-6，246，324-5；抽象与批判实在论，228-32；从具体中抽象 227，231；抽象与经济建模 227，234-7；抽象的概括化水平 228，230-1；抽象的范围/扩展 228，231-2；抽象的优势点 228-30

action 行动，行为，动作 31，56-7，137-9，159-88

相关主题：行动对社会的中心地位 170，187-8，192；作为连续流的行为 187 还可参见：实践的二重性；结构的二重性；人的有意向的能动性；实践；社会规则；

actual：domain of 真实的，实际的：真实领域 21-4，31，38，57，62-3，91，106，282，294

actualism 现实论 62-3，65，106，158，282

agent and agency 能动力（主体）与能动性 22-3，50，77，123，130，174-6，229，288，294

human 人，人的，见人的有意向的能动性

anthropic fallacy 人类的谬误 34

Aristolelian tradition 亚里士多德的传统 113-4，294

Austrian school of economics 经济学奥地利学派 113，194，247，287，296，299-300，另见哈耶克；

Menger 门格尔；subjectivism in economics 经济学中的主观主义

Atomism 原子论，原子主义 83，99，129，132，145，151，324

相关主题：原子论与构成论比较 166；事件与事态的原子论 19-20，33，39，41，48，170，294；哈耶克的原子论 145-9，151；凯恩斯拒绝原子论 xiv，xv，235，304，323；主流经济学预设的原子主义本体论 65，79-80，98-

100,133,158-9,164,235-6,283,308,323;经济信息描述中的原子论10;还可参见原子论的谬误;
atomistic fallacy 原子论的谬误 84,107,132,235,304

beauty,nature of 美,美的本质 64
Behaviorilism 行为主义 307-8

capacities and power 能力
Cartesian rationalism 笛卡尔的理性主义 302
causal criterion for ascribing reality 归属(界定)实在的因果标准 31,57-8,63
causal holism 因果关系整体论 321-2;另见奎因的证据不足论题 215-6
ceteris paribus clause,use of 假定其他条件不变条款,假定其他条件不变条款的应用 23-4,286,294,314
choice 选择 8,9,38,56,125,168,174-5,277,280
相关主题:选择的条件 30-1,56;选择与经济理性 104,186-7;选择与自由 280-81;凯恩斯论选择 30;选择的意义 9,30-1,174;选择的可能性——主流经济学中未能充分论证 8-11,31,38,56,117,275-7,289;选择与预测 295;选择与情境理性 187-8,318-19;被认为是主流经济学特征的选择理论 8-9,30,89,290,308;还可参见“人的有意向的能动性”
closed system(s)封闭系统 19,26,33-4,65,75,78,97,101-2,122,153-4,220,283
相关主题:天体的封闭系统 29-30;封闭系统与假定其他条件不变条款 294-5;封闭系统的条件,见“封闭条件”;实验封闭系统 28-9,202-4;封闭系统与经济学中的均衡及其他解决办法概念 102;封闭系统与社会领域 37,70,79,109,195,202,246,282;随机封闭系统 76,164,214 358
closure conditions 封闭条件 76,81-2,84,107,118,154,235-6,324
相关主题:封闭条件与附加性 79,132;加总封闭条件 89-1,303-4;封闭条件与“经济理论”100-2;外封闭条件 77-8,99-100,107,154,324;内封闭条件 78-9,98-9,107,154,324;封闭条件与内在恒定性 79,82,98,100,304;封闭条件与 R. 卢卡斯批判 81-4;封闭条件与可还原性 79,82,98,100;另见:原子论的谬误;孤立主义的谬误;隔离的方法
concrete 具体 114,121,144,157,227-8,233-6,240-3,313,323-4;

相关主题:真实的具体与思维中的具体 241
contrastives 对比物,比较物; 见解释,对比物的对比性质的解释
conventions 惯例,习俗 162,172,178-9,247,254,329;Keynes on conventions 凯恩斯论惯例 182-4,319
critical realism 批判实在论 65,157-8,191,212,247,283,289,328,326
相关主题:批判实在论与抽象 228,231-2;批判实在论与人的解放 227-8;批判实在论与实质性理论 247,326,330-1;另见:实在论;超验实在论

deductivism 演绎主义,见解释(对演绎主义的解释)
demi-laws 半规律 204-5,320;另见半规则性(部分规则性);特征化事实
demi-regs 半规则性,部分规则性 204-13,216-21,255,320
相关主题:对比半规则性 207-8,220
determinate negation 明确否定 50-1,60,211;另见"内在批判"
determinism 决定论 10,11,38,65,111,117,167-8,252,256,275
相关主题:技术决定论 167;另见规则性决定论;规则性随机论
duality of praxis 实践的二重(元)性 169-70
duality of structure 结构的二重(元)性 169-70

econometrics 计量经济学 69-85,229,301-4,334
相关主题:计量经济学的校准方法 128;计量经济学与因果关系 301;计量经济学与农业实验方法的比较 213-15;计量经济学与演绎主义 18;计量经济学的理论与实践的不一致 6-8,36-8,290;凯恩斯对计量经济学的批判 xiv,xv,235,304;计量经济学与 R. 卢卡斯批判,见 R 卢卡斯批判;计量经济学与节俭原则 303;计量经济学与政策制定 72-3,275,333;计量经济学与真实模型的可能性 238-9,325;计量经济学与后休谟科学观念 69,76,84;计量经济学的基本任务 69-70;计量经济学的问题 3-4,36,70,153,275,301,303,322 对计量经济学失败的反应;计量经济学的可持续方面 69,221
economic evolution 经济演化 171,254,262-8,325
economic methodology 经济学方法论,见"方法论"条下
economics as social theory 作为社会理论的经济学 300
economics,contemporary mainstream 经济学,现代主流经济学 3-4,8-9,158-

9,290;

相关主题:经济学与抽象 234-7,323;经济学的特点 282;经济学的反复失败 65,222-5;作为计量经济学的经济学,见计量经济学,;作为"经济理论"的经济学,见"经济理论";外部对主流经济学的批评 2;主流经济学与功能主义 251-3;对主流经济学的内部批判 3-5,120,134-5;主流经济学的限度 152-4;作为数学的"经济学"311-12,334;经济学与方法论个体主义 159,194;经济学与预测的先入之见 285-7;对失败的反应 153-4;作为社会原子论的经济学 158-9;另见:方法论经济学:主流对方法论的态度;理论与实践的不一致

economics of scientific knowledge 科学知识经济学 59

economic theory 经济理论 86-107,304-8

相关主题:经济理论的特征 103,106;经济理论与明确性或精确性 112;对经济理论的各种竞争性解释 103-5,308-9;经济理论与演绎主义 18,91-3,95-8,291-2,306;经济理论与结果的确定性 93-5,111,305-6;对经济理论的经验上的评价 309-10;经济理论的功能主义特征 251-3;经济理论与理想化 108-9;经济理论所宣称的与其所取得的成就之间的不一致的状况 8-11,38-9,295;作为数学的经济理论 311-12,334;经济理论的名义特征 86-8;经济理论一种片面解释方法 113-27;经济理论解 359
释的初级步骤 127-33;经济理论存在的问题 3-4,36,89,305,307;对经济理论的最新进展的解释 100-2;经济理论和其公理与世界的关系 91-2;对经济理论的失败的回应 89-91,98-100,106-7,154,307;经济理论与特别理论 94-5;经济理论与真理 246,311;经济理论与理解 110-12;另见:经济均衡;博弈论;经济理性

eliminativist physicalism 排除性物理主义 316

emancipation 解放 189,277-81,289

相关主题:解放的条件 278-81;解放与解释性批判 278,281;合法解放 259,261,270;通过结构转变(获得解放)277

embeddedness 嵌入

相关主题:社会嵌入自然 63-4,176;嵌入与环境问题 177,278

emergence 突现,涌现 63-5,124,130-2,175-7,217,251,283,318

相关主题:突现与不同层面 63,176;突现与突现力(能力)63,176,300;突现与突现特性 57,129,175,194;突现与事件 294;另见:突现力唯物

论;决定方式;决定方式的多元性
emergent powers materialism 突现力唯物论,突现力唯物主义 63,300
empirical domain 经验领域 19,21-4,62,114-15,120,301
empiricism 经验主义,经验论 51,54,128,136,138,149-50,239,293,297,312,325-6
相关主题:经验主义与认识谬误 33,282;经验主义与外在关系性 166;休谟的经验主义 33-4,39,51,48,150,239-4;经验主义与休谟的因果性 19,27,29,301
epistemic fallacy 认识谬误 33,62,154,279,282
ethical form 道德形式 279
epistemological relativism 认识论的相对论 58-9,239,243,246
equilibrium,economic 经济均衡 2,10,15,80,87-92,102-3111,134,246,252,305-6,308-9,311;另见:经济理论;解决办法的概念
exact orientation to research 研究的精确方向 115-21,313-14
相关主题:研究的精确方向与经济学 117,120;研究的精确方向与精确规律 114-19,121-5;研究的精确方向与精确科学 116,313-14;研究的精确方向与所有真实事物的最简单的元素 121-4
experimental activity 实验活动 27,33-4,53-4,122,125
相关主题:对实验活动的分析 28-30,39,49-52,56,59,175,205-6,298;实验活动与计量经济学 213-14,303;实验活动的限度 203;实验活动的意义 202-4;对实验活动缺失的社会科学补偿物 199-202,218
explanation 解释,诠释 15-20,23-4,27,33,36-8,42,52,56,69,91-2,106-8,159,171,192-5,202,204-22,228-23,242-4,247,251,253-5,282,291-3,295,305-6,309,311,321-3,326
相关主题:解释的充分性 213,215-16,243,321;应用解释 220-1,243-4;解释的对比性质 206-14,217-21,220-30;解释的覆盖律模型 17,36,91,292,305;解释与批评、不一致和惊异 210-12;演绎-推理法则(自然法则)的解释 17,154,159;演绎主义(的)解释 16-20,23,26-7,33-4,36-8,40-2,69,86,91-3,95,87-103,105-12,127,152-4,186,191,202,208,219,223,235,246,253,283-4,291,295,298,306,309;解释与半规则性 204-13,216-21;解释与解释力 60,212-8,244-5;功能主义的解释 251-3;哈耶克主观主义解释方法 104-51;解释与人的解放 278-81;归

纳-概率解释 17;依赖于兴趣的解释 209-10,229;解释的主流路径 109-27;解释与主流理论 86-107;解释的片面性 268-71;解释的波普尔-亨佩尔模型 17,305;解释的逐步程序 127-33;解释与特征化事实 208;理论解释 220-1,243-4;对失败的反应类型的解释 152,154

explanatory critique 解释性批判

external relations 外在关系 164,166,195

相关主题:外在关系与原子论 166,235,324

events,nature of 事件;事件的本质 22,294

evolutionary economics/theory 演化经济学,演化理论 247,317-8

fallacy of composition 构成论的谬误 304

feminist economics 女性主义经济学 230,242-3,247,278,300,318-20,325-6,334

financial system 金融系统,金融体系;Keynes on the financial system 凯恩斯论金融系统 182-3,280,288,319

foundationalism 基础主义 360

相关主题:哈耶克的基础主义 145-7,150; 解释学基础主义 145,149,299;认识(论)中的基础主义 42,58-9

functionalism 功能主义 251-2

game theory 博弈论 89,104-5,305-7,326

gender bias 性别歧视,性别偏见 185,216,242-3,247,278-9,325-6

相关主题:性别歧视与性别关系 216,278;另见"地位"

hermeneutic insight 解释学的见解 141,145,149-51,168,200-2,223-5,316

hermeneuticism:in economics 解释学:经济学中的解释学 45,52,141-5,149,196-7

相关主题:解释学与基础主义 145,149,299,333;哈耶克的解释学 141-3,145-7;另见经济学中的主观主义

hermeneutic moment in science 科学中的解释学契机 35,145,150-1,200-1,223-5

historical school of economics 经济学历史学派 119,120,312-13

human intentional agency 人的有意向的能动性 30-5,56-8,63-5,124-6,157,167-9,174-6,183,187,198,275,277,281,299,311

相关主题:人的有意向的能动性与社会现象的构成 157,299;作为嵌入的有意向因果关系的人的有意向的能动性 63

human nature 人的本性,人性 184-5,278-80 另见个体性(个性);人的需要

human world 人类世界,人类社会 63-4

idealizations 理想化 108,120,126-7,129

相关主题:经济学中的理想化 108-9,114,118,120,126-7130,132,159,208,240,311,324;另见隔离的方法

immanent critique 内在批判 45,50-1,211-12

immediate acquaintance 直接认识,直接相识 96

individuality 个体性(个性)184-51,188;另见人的本性(人性);人的需要

industrial relations 劳资关系 22,223,259-60,262-9,333

inexact nature of economics 经济学的不精确性质 103,309;另见研究的精确方向与经济学

institutional school of economics 经济学制度学派 167,247,294,300,317

institutions:causes and consequences of 制度:制度的起因与后果 xv

相关主题:制度经济学中的概念化制度 317-18;制度的定义 165,317-18;制度与理想的社会变革 280,288;人类对制度的需要 126;作为社会理论题材的制度 39,327,328-9;在主流经济学中尚未理论化的制度 8

instrumentalism 工具主义 309-10

insulations 孤立,隔离 28-9,122,194-5,202-5224-5,315

相关主题:物理性隔离或相对隔离 29,121-4,126,205

intentionality 意向性,参见人的有意向的能动性

internal relations 内在关系 63-5,84,107,164-6,195-6,231-2,235-6,264,268,283,288,318

相关主题:内在关系与机体论 166

intransitive domain / objects of knowledge 知识的不可迁领域/客体,参见知识条下“知识的不可迁客体”

isolationist fallacy 孤立主义的谬误 84,107,132,235

isolations :of economics 孤立,隔离:

相关主题:经济学的隔离 10-1,78,824,101,117,129-30,152,234-6,240,246;物理性隔离或相对隔离,见(理论的)隔离,孤立(insulations)条下 78,84,98-101,116-17,129-32,222,234-5,311,314;还可见:使用假定其他条件不变条款;理想化;隔离的方法;逐步接近的方法

judgemental rationality 判断理性 59,243,246;另见:认识论的相对论;实在论(本体论的)

judgemental relativism 判断相对主义 59,243

knowledge 认识(知识)

相关主题:作为社会活动条件与结果的知识 25-8,58-61;作为有意向的行为的一个条件的知识 30-1;实验知识 28-9,52;认识的可错性 25-6,58-60,142,149-50,157,201,238-9,242-6,298;哈耶克的认识(知识)理论 136-9,141;认识的不可迁客体 25-6,28,40-2,49,58,60,149-51,197-8,200,239-41,295;认识的片面性 59,131,169,196,340,268-71;认识的实证主义理论,见实证主义;认识理论的预设 38-9,41,49;作为生产的已有手段的认识(知识)25-6;认识的相对性 50,58-9,229,238-9,242-6;作为感觉经验或感性印象的认识 19-21,39,41,48,138,150,294,297;先验综合性知识 50;意会知识或实际知识 45,63,141,150,168,177-9,183-4,187-8193,196,3,15-16,328;认识的可迁客体 25,49,239-41,295;认识与潜意识 63,179-81,183-4,193;另见:抽象;认识谬误;认识论的相对论;真理 361

labour law 劳工法,劳动法 259-60,263-7,331,333

laws 法则,定律,规律 xv,23-5,27-9,36,51-2,114,112-5,130,234,241,294,322-4

相关主题:作为事件恒定关联的定律 16-9,24,27-8,33,36,38,51,91,93,95,110,112-13,119,121-2,125-6,219,293,313;覆盖律 17,91,292,304;法则与计量经济学 69-7,74,96-7,153;经济法则 32,96-7,104,117-19,304,306;经验规律 17,29,115,291,311-12;精确规律 114-19,121-3,125;休谟的因果律 19,29-30,41-2;自然法则 28,115-16,313;规律的时空特殊性 223-4;统计定律 17,另见:半规律;特征化事

实;趋势

legal abstentionism in UK industrial relations 英国的劳资关系中的合法弃权(回避)政策;另见唯意志论条下

lock-in 锁定,封锁 171,248-9,261;另见路径依赖的方法

logical positivism 逻辑实证主义,见实证主义条下

Lucas critique R.卢卡斯批判 6,70-3;

相关主题:R.卢卡斯批判的概括化 84;对 R.卢卡斯批判的反应 73-5,84;对 R.卢卡斯批判的重新解释 81-6

Mainstream economics 主流经济学,见经济学条下现代主流经济学

Marxian economics 马克思的经济学 46,247,296-76,300

mathematics in economics 经济学中的数学 4,8,12,69,86,110,233,248,306-7,311-12,321,334

mechanisms 机制 21-3,28-30,34,133,194-6,202-4,293-4,315

相关主题:作为研究对象的机制 23-6,28-30,36,51-2,122-3,202-22,287-8,294;机制的超事实性质 123,129,202,216,219,294;另见:力(量),趋势

Methodenstreit "方法论辩论" 113,312

method of isolation 隔离的方法 131-3;另见:逐步接近的方法;解释性阐述的逐步程序

method of successive approximation 逐步接近的方法 127-33,154,235-6,324 另见:隔离的方法;解释性阐述的逐步程序

methodological individualism 方法论个体主义 57,145-6,159,193-4

methodological pluralism 方法多元论,见:多元论(方法论的)

methodology, economic 方法论(经济学方法论)43-61,128-9,282-3,290,321,325

相关主题:反对方法论的论点 44-8,295-8,331;忽视方法论的后果 14,62,282-4,298;批判性的或规范的方法论 43-5;方法论与女性主义经济学325-6,334;作为内在批判的方法论 45,50-1;经济学家的实际做法与其对方法论的态度之间的不一致 11-14,39-12,291;方法论的限度与极限 58-61;主流对方法论的态度 11-14,291-2;方法论与经济学的可能性 52-61,297;作为经济科学的服务者角色的方法论 60-1,296,

300;方法论与科学 45-9,60-1,297-8;方法论的传统重点 24;作为超验分析的方法论 49-52;另见:方法论的多元论
modes of determination 确定模式 64,185,188,276
相关主题:确定模式的多元性 64;另见:突现;整体性

naturalism 自然主义 45-6,52-60,126,134-5,292-3,297;
相关主题:自然主义与还原论和科学主义比较 60;对自然主义的限制 203,224-5
needs,human 需要,人的需要 278-80
相关主题:需要与欲望比较 279;需要与满足 297-80
negativity 否定性,参见不在场
neoclassical economics 新古典经济学 87,101,103-5,132,252,296,299,308,328-9;另见经济学,现代主流经济学
new institutionalist school of economics 经济学的新制度学派 251,326-9;唯意志论和决定论的错误的结合 168,318;新制度学派与门格尔 113;新制度学派与规则性决定论 307;新制学派与情境分析 307

old institutionalist school of economics 经济学旧制度学派,见制度学派
ontological security 本体上的安全感 180-1
ontology 本体论 xiv,xv,xvi,15-16,20,25,52,59,65,151,212,239,243,246 362
相关主题:原子主义本体论 65,148,151,159,166,324;批判实在论的本体论 284;本体论与认识谬误 33-4,62,282;作为认识理论的隐性(式)预设的本体论 19,33-4,39,48-9;经济学对本体论的忽视 xiv,xvi,37,40-2,62,283;机体论的本体论 166;本体论与科学 49;社会本体论 157;有层次的本体论 22,62,161;超验实在论的本体论 28,33,60,150,293
organic combination 有机结合 80,130-1,166,314

path-dependence approach 路径依赖的方法 247-55,262,265,318,327,332;
distinguished from path-dependency 有别于路径相依性 327
phemomenalism 现象论,见实证主义条下
philosophy of science 科学哲学 30,40-1,43-6,48,50-2,60,157-8,211-12,215,224,282,292-3,295,297,316,326;

philosophy of science applied to economics 应用于经济学的科学哲学，见经济学方法论

pluralism, methodological 多元论，方法论的多元论 47-8, 54-5, 58, 297-8, 321

policy analysis: counterfactual 政策分析：反事实政策分析 280

相关主题：政策分析与事件的改良 277, 280-81, 289；政策分析与解释性批判 277；政策分析与预测模型 275；从主流角度看政策分析的无意义性质 9-10, 277；政策分析与结构转变 277, 281, 288-9；另见：解放；解释性批判

positions 地位，职位 31, 57, 126, 159, 163-8, 185-7, 194, 209, 279-81

相关主题：具有内在关系的地位 166；地位与地位惯例 254；地位与地位规则系统 165-6；地位与社会规则 172-3

positivism 实证主义 xvi, 19-20, 33, 38-42, 46, 52, 134, 153-4, 157-9, 245-6, 277

相关主题：实证主义与康德的社会学 292；实证主义与计量经济学 69-70, 84-5, 153；实证主义与事实/价值相区别 292；哈耶克的主观主义取代实证主义 134-6, 138, 144-6, 149-51, 153；实证主义与休谟 19；逻辑实证主义 xvi, 292-3；实证主义的意义 292-4；实证主义与自然主义 52-4, 56, 225-6, 232-4, 292-3；作为现象论的实证主义 292；实证主义与维也纳学派 293, 297；另见：休谟的经验论；科学的后休谟观念

post-Keynesian school of economics 经济学后凯恩斯学派 247, 296, 300

potentials 潜力，可能性；见力量

powers 力量，力，能力 21-3, 28, 50, 106, 122-7, 129, 133, 174, 185, 202, 220, 283, 287-8, 293, 323

相关主题：力量的基础 21, 122-7；突现力（能力、力量）63-4, 124, 129, 175-7, 300；力量（能力）及其施展（被使用）21, 23, 106, 123-6, 202-3；转变能力 174；另见：机制；趋势

Praxis 实践，实际行为 168, 169, 173

prediction 预测，预见 97, 298, 309, 311

相关主题：由日常惯例提供的预测 180-2；预测与选择 295；预测与因果解释对比 35, 213, 244；作为演绎解释的预测 17；经济模型的失败 14, 36, 71-2, 75, 275, 307, 311-12；预测与工具主义 309-10；经济学家对预测的先入之见 285-9, 304

Process 过程 34-5,165,170-1,187

productivity performance (relative) of UK economy 英国经济的(相对)生产率表现 22,192,204

相关主题:作为一种对比半规则性(半规律)的英国的生产率表现 211,255-6,329-30;解释对英国生产率表现的解释 258-9;对英国生产率表现的解释 256-8,321;解释的"起源"259-61;对英国生产率表现的任何解释的片面性 268-71;英国生产率表现的条件的再生产 261-4;英国生产率表现与唯意志论,见唯意志论条下

psychological motives 心理动机 64,176-7,181-2,193;Kynes'account of 凯恩斯对心理动机的解释 182-3,280,319

Psychology 心理学 142,297,299,316

Quine's under-determination thesis 奎因的证据不足的说明的命题 215-16,321-2 QWERTY keyboard arrangement 当代计算机标准键盘的字母排列 248

相关主题:QWERTY 键盘的出现 249-50;对 QWERTY 键盘优异地位的路径依赖解释 249-51,254-5,327-8;作为需要解释的一种现象的 QWERTY 键盘 211,249

rational expectations 理性预期 9-10,73-5,87,89,110-11,154,276,309 363

rationality 理性

相关主题:经济理性 9,87-9,91,100,104-6,108,185-7,236,276,305,309,311,314;作为一种能力的理性 106;理性与选择 186-7;理性与非理性 104-6;判断理性 59,243-4,246;理性与遵循规则 179-80;科学中的理性 xv,xvi,xvii,51,243;理性与单式退出建模 303,307-8;情境理性 187-8,257

real,domain of 真实,真实领域 21-2,62-3,282

realism 实在论 xiv,15-1634,38,48-53,56,58-60,291,300,310

相关主题:经验实在论 19-20,22,25,29,34,170;形而上学实在论 48 道德实在论 278;本体论实在论 xiv,59,239,243,246;科学实在论 15,48;结构实在论 60,超验的,见超验实在论;超事实实在论 60;实在论与真理判断 243

realistic-empirical orientation to research 研究的实在论-经验论的方向 115
reflective monitoring of conduct 行动的反省性监视 177-9
regularity determinism 规则性决定论 98-100,106,117,218,307
regularity stochasticism 规则性随机论 76-81,84,99,218
retrodiction 回溯(推理)221,224
retroduction 溯因推理 24,26,112,160,196,212-13,215,221,243,256,294-5,310;也称为混合模态三段论 24,294,321-2
相关主题:在类比或比喻的逻辑下操作 24,212;作为溯因推理典型例子的超验推理 212,310
routines 常规,惯例 57,63,159-64,167,171,177,179-82,188;见定义 159-6;另见:地位;社会规则

science:aims of 科学
相关主题:科学的目的 23-6;科学的变化与连续 239;科学与控制实验,见实验活动;科学与演绎主义 xvi,xvii,xviii,17,19,26,33,36,92,95,292,298;科学与非科学的分界 xvi,45-52,297-9;科学与人的兴趣 209-19;科学与方法论 39-45,60-1,295-6,299-300,331;科学的本质 25-6,28,39,293;科学与本体论 16,20,62;科学与实证主义 xvii,19,33,38-9,70,136,297-9;科学的后休谟观念 29,32,37,69,76,84,95;科学的实用主义目标 59;科学与溯因推理 24-5;社会的,见社会科学条下;受成功预测束缚的科学 285-7,295,311;科学与真理 xvii,241-2,另见:抽象;解释
Scientism 科学主义,唯科学主义 60,134-6,139-40,144-5,149,151,167-8,315-16
scientistic fallacy 科学主义的谬误 42,283
simplest elements 最简单的元素 115-6,118-19
single exit modeling 单式退出建模 168,303,307-8
social activity:as inherently transformative 社会活动:具有固有变革能力的社会活动 25-6,34,63,65,70,125,158,169-71,174,194-7,219,251,264,270,277-8,281,327;另见:实践的二重性;结构的二重性;社会变革;常规、惯例
social change 社会变革 158,167-73,200,219,224,275-7,289

相关主题:社会变革的类型 318;另见:解释性批判;具有固有变革能力的社会活动

social collectivities 社会集体 165

social phenomenon,meaning of 社会现象的意义 50,157,299

social relations 社会关系 8,31,57-8,139-40,163-8,171,185,194,216,254,278;另见:外在关系;内在关系

social rules 社会规则 xv,31,57-8,159-69,178-80,182,187,194,315-18

相关主题:社会规则与社会地位 172-3

social science:broad aims of 社会科学:社会科学的主要目标 193-4

相关主题:批判的社会科学 157-8,210-12;社会科学有别于自然科学 34-5,60,63,103,105,134-5;建立社会科学的可能性 30-3,45-9,52-8,60,282-3,287-9,300,;哈耶克的主观主义社会科学观 137-49,194,351-17;社会科学中的解释学契机 200-2;社会科学的限度 194-8;门格尔论社会科学方法 113-27;社会科学的相对失败 223-6;L. 罗宾斯的经济学观念 59-7;社会科学中对比半规则性的作用 207-8;社会科学中的逐步程序 127-33;社会科学的题材 184;社会科学的用途 227-81;另见:解释;自然主义;科学;科学主义的谬误

social structure 社会结构 25,35-6,38,52,57-8,133,139-41,143,160-37, 364
283-4,318

相关主题:哈耶克对社会结构的忽视 139-40;社会结构的实在性31-2,56-7;社会结构的不可还原性 160-2,176,318

社会科学研究的对象192-222,287;社会结构与人的能动性的关系 32,34,125,158-9,166-70,187-8;另见结构

social systems 社会系统(体系)165

social wholes:Hayek's conception of 社会整体:哈耶克的社会整体观 143-5

sociology of scientific knowledge 科学知识社会学 59

solution concepts 解决办法的概念,80,88-91,102,134-5,252,305,307,309;另见经济均衡

step-wise procedures of explanatory elaboration 解释性阐述的逐步程序 109,127-9,133,236;逐步程序的成功条件 129;另见:隔离的方法;逐步接近的方法

Structure 结构 21-5,51,60,107,122,129-30,133,293

相关主题:复杂结构 65,77-8,83-4,99,107,122-4,143,159,165,196;结构与事件或表面现象有别 21-5,28,31,150;内在结构 21,24,29,78-9,122-3,126,130;作为研究对象的结构 23-4,28;另见:社会结构
stylised facts 特征化事实 207-8,323;另见:半规律;半规则性
subjectivism in economics 经济学中的主观主义 52,134-54,167,197,201,287,299,315-17;另见:奥地利经济学派;经济学中的解释学主义
successive approximation 逐步接近,见逐步接近的方法
synthetic a prior knowledge 综合性先验知识,见知识

tacit or practical knowledge 意会或实际知识,见知识
technological determinism 技术决定论,见决定论条下
technology 技术
相关主题:技术的意义 327;技术的本质 251-2
tendencies 趋势 21-4,28-9,52,106,123-5,129-31,202,223-4,293
相关主题:趋势的承载者 314;趋势与假定其他条件不变的限制 23-4,294,314;对趋势的各种不同的解释 23,324;趋势与经济法则 32;科学研究的对象 23-6,122-6,133,220,287-8;可预测趋势 287-8;趋势的超事实特点 23,115,122-3,129,202,247,294,315;另见:机制;力量(力)
theory/practice inconsistencies 理论与实践不一致 5-15,36-12,45,71-2,210-11,283,290
totalities 总体,全体 63-5,80,143,166,168,196,267-8,270,313-14;另见内在关系
transcendental analysis 超验分析 49-51,36-12,45,71-2,210-11,283,290
transcendental realism 超验实在论 20-7,37,38,42,59-60,85,123,134-5,153,211-12,245,293,295,302
相关主题:超验实在论与哈耶克 139-10,144,150-1,316;超验实在论的非基础主义的瞬变性质 49-50;超验实在论与批判实在论的关系 157-8;超验实在论与社会实在论 32-5,39,53-6,159;另见:实在论;批判实在论;超验分析
transfactuals,contrasted with counterfactuals 超事实 23,60,115,;122-3,129,202,216,219,247,294,315;超事实与反事实对比 23,123,127
transitive domain/objects of knowledge 知识的可迁领域/客体,见知识

truth 真理 xvii,238-46,281,297,325

相关主题:真理与抽象 240,246,324-5;真理的对应性理论 238-9;真理标准 242;真理与经济建模 238-9,245-6,311,325;作为具有表达-所指双重性的真理 240-1,243;真理的表达理论 240-1;真理与理想化 240,311,324;真理的多面性 325;真理与规范对话 281;客观真理 xvi,xvii,239-41;波普尔论真理(xvii);真理与纯粹谬误 244-6

uncertainty 不确定性 8,75,87,182-4,235,280,288

unconscious needs and motivations 潜意识需要与潜意识动机,见知识条和潜意识条

Vienna Circle 维也纳学派,见实证主义条下

Voluntarism 唯意志论 16-8,256,299

相关主题:作为工业关系中合法弃权的唯意志论 260,264-7